Giancarlo Collet

»... bis an die Grenzen der Erde«
Grundfragen heutiger Missionswissenschaft

Giancarlo Collet

»... bis an die Grenzen der Erde«

Grundfragen heutiger Missionswissenschaft

HERDER

FREIBURG · BASEL · WIEN

Die Deutsche Bibliothek – CIP-Einheitsaufnahme

Collet, Giancarlo:
»… bis an die Grenzen der Erde« : Grundfragen
heutiger Missionswissenschaft / Giancarlo Collet. –
Freiburg im Breisgau ; Basel ; Wien : Herder 2002.
ISBN 3-451-27929-0

Alle Rechte vorbehalten – Printed in Germany
© Verlag Herder Freiburg im Breisgau 2002
Umschlaggestaltung: Finken & Bumiller, Stuttgart
Satz: SatzWeise, Föhren
Inhalt gesetzt in Minion und Abadi
Druck und Bindung: difo-Druck, Bamberg 2002
Gedruckt auf umweltfreundlichem, chlorfrei gebleichtem Papier
ISBN 3-451-27929-0

Inhalt

III ◼ Missionstheologische Fragmente

Vorwort

Zu den heute schwer vermittelbaren Grunddaten christlichen Glaubens gehört die Vorstellung, dass ihm eine missionarische Qualität zukommt, auf die er nicht verzichten kann, ohne sich damit selbst aufzugeben. Auch wenn mittlerweile sowohl die katholische als auch die protestantische Kirche bei uns das lange Zeit verdrängte, verdächtigte und verschwiegene Wort Mission wieder in offiziellen Verlautbarungen benutzen, es bleibt nach wie vor belastet. Mission ist ein negativ besetzter Begriff, nicht zuletzt deshalb, weil er an die Geschichte westlichen Kolonialismus und Kulturimperialismus erinnert und bei einigen »Schuldgefühle« wachruft. Anders verhält es sich in Partnerkirchen der weltweiten Ökumene, für die das Wort Mission durchaus positiv besetzt ist. Ehemals durch die missionarische Tätigkeit vom Westen gegründete Kirchen sind selbst zu missionierenden Kirchen geworden, während sich die aus offenen Adern zu verbluten scheinenden Kirchen bei uns vor die Herausforderung gestellt sehen, wie sie den christlichen Glauben vor dem freien Fall bewahren können. In diesem Zusammenhang ist nun erneut die Rede von Mission.

Die Vorstellung, wonach Mission als besondere »Sendungsveranstaltung« von Kirchen in nichtchristliche Regionen verstanden wurde, ist längst durch eine grundlegende Neubesinnung überholt worden, welche dieses Konzept »entterritorialisierte«. Mission ist eine Lebensäußerung der Kirchen, wo immer sie sich auf der Welt befinden, und der Auftrag, »Salz der Erde« und »Licht der Welt« (Mt 5,13 ff.) zu sein, gilt sowohl für die Glaubenden als auch für die Glaubensgemeinschaft. Von ihrem Ursprung her ist die christliche Glaubensgemeinschaft von einer Vision geleitet, die über das eigene Entstehungsmilieu hinausreicht und alle Menschen im Blick hat. Im Sendungsauftrag des Auferstandenen an die Jünger, »Zeugen zu sein in Jerusalem und in ganz Judäa und Samarien, bis an die Grenzen der Erde« (Apg 1,8), findet diese Vision ihren Niederschlag. Den Menschen vor Ort gilt Gottes befreiende Botschaft, aber nicht nur ihnen. Das Evangelium richtet sich an alle Menschen, auch wenn das gläubige Sich-Einlassen auf dessen Verheißung nicht in der Hand derer liegt, die sich als Christinnen und Christen bezeichnen und das Evangelium bezeugen. Dem Christentum eignet jedenfalls ein lokaler und ein universaler, globaler Charakter. Mission ist deshalb interkontinental und interkulturell geworden, so dass die Kraft der Vision des Christentums bis heute in viele Richtungen strömt. Diese Vision wird vom Glauben bestimmt und findet darin ihren Grund, dass ein Leben im Geiste Jesu Zukunft hat, die nicht nur allen Menschen offen steht, sondern zugleich eine Perspektive auf das Ganze ihres Lebens eröffnet und »Leben in Fülle« (Joh 10, 10) verspricht. Soll der Glaube freilich eine solch missionarische Gestaltungskraft neu gewinnen, so ist ein Wiedergewinn seiner argumentativen Sprachfähigkeit und eine respektvolle Dialogwilligkeit unerlässlich.

Christliche Mission erfolgt heute allerdings in einer Welt, die von einer anderen Vision stark geprägt wird, nämlich vom komplexen Prozess der Globalisierung, in dem ökonomische, kommunikationstechnische und kulturelle Dynamiken ineinander verwoben sind, und der wohl die entscheidende und alles dominierende Herausforderung für die Kirchen darstellt. Raum und Zeit sind zusammengeschrumpft. Das »World Wide Web« ist zum Symbol weltweiter Vernetzung geworden, einer Welt, deren bisherige kulturellen Grenzen im Auflösen begriffen sind. Für viele Menschen in Afrika, Asien und Lateinamerika geht aber Globalisierung mit Marginalisierung einher, welche sie nicht bloß von der wirtschaftlichen Entwicklung ausschließt, sondern auch zum Verlust ihrer Menschenwürde führt als Folge der kulturellen Homogenisierung der Welt sowie einer neuen Universalisierung bestimmter Lebensstile und Werte. Deshalb machen sich vor allem die Kirchen des Südens zu Anwältinnen und zur Stimme der Armen, um im Namen der Gerechtigkeit ihre Rechte einzuklagen. Ihre Mission sehen sie in der Ermöglichung eines Lebens für alle.

Missionswissenschaft, wie sie hier verstanden wird, beschäftigt sich mit Mission als der universalen Bestimmung des Evangeliums. Es mag überraschen, wenn an diesem nicht unumstrittenen Begriff nach wie vor festgehalten wird. Deshalb möchte ich als Gründe für dessen weitere Benutzung nur soviel anmerken:

• Der Verzicht auf das Wort Mission könnte dazu führen, sich von der notwendigen, kritischen Aufarbeitung der eigenen christlichen Vergangenheit dispensiert zu sehen. Das würde nicht nur bedeuten, missionsgeschichtliche Klischees, undifferenzierte Kenntnisse der Christentumsgeschichte und Vorurteile gegenüber der Mission leichtfertig aufrecht zu erhalten und stillschweigend mitzutragen, sondern es hieße auch aus der eigenen Vergangenheit nicht die nötigen Lehren und Konsequenzen zu ziehen, womit die Gefahr bestünde, erneut genau das zu wiederholen, was heute angeblich als »überwunden« gilt. Missionswissenschaft, die sich explizit als solche bezeichnet und sich beim Wort nehmen lässt, steht hingegen permanent vor der Herausforderung, sich über diese Geschichte Rechenschaft zu geben.

• Der Verzicht auf das Wort Mission bedeutet über die Konsolidierung und Perpetuierung von Vorurteilen hinaus aber auch die Weigerung, eine neue Wirklichkeit, die von den Betroffenen selbst auf den Begriff Mission gebracht wird, zur Kenntnis zu nehmen und sich ihr zu stellen. Besonders in den Kirchen des Südens gehört Mission unbestreitbar ins Zentrum theologischen Nachdenkens und kirchlichen Lebens. Insofern legt sich die Vermutung nahe, dass die Schwierigkeiten, welche nicht nur der Begriff Mission, sondern auch der mit ihm verbundene Anspruch bereitet, nicht primär Schwierigkeiten der Anderen sind, sondern oft mit unserem eigenen Christsein zusammenhängen.

Der vorliegende Band enthält einige missionswissenschaftliche Beiträge, die in den letzten Jahren entstanden sind und zu drei Themenkomplexen zusammengestellt wurden. Sie befassen sich mit Fragen eines neu zu erarbeitenden Profils und neuer Perspektiven von Missionswissenschaft (I.), mit dem zur Zeit oft diskutierten Problem von Inkulturation und Identität (II.) sowie mit einigen missionstheologischen Grundfragen (III.). Damit ist weder der Anspruch erhoben, eine Einführung in Missionswissenschaft oder gar eine systematische Theologie der Mission vorzulegen, noch *die* Grundfragen eingehend zu bearbeiten. Wohl aber bin ich der Ansicht, mit diesem Band einige wichtige Aspekte missionswissenschaftlicher Grundfragen anzusprechen und möchte sie zur Diskussion stellen. In den Einleitungen zu den drei Teilen habe ich versucht, eine kurze inhaltliche Zusammenfassung zu geben, um die verschiedenen Aufsätze, die hier nicht in der Folge ihres Entstehens, sondern ihrer thematischen Entfaltung abgedruckt werden, aufeinander abzustimmen. Dadurch sind gewisse Überlappungen gegeben, ohne – so hoffe ich wenigstens – die Grenze des Zumutbaren überschritten zu haben.

Abschließend möchte ich all jenen danken, die am Zustandekommen dieses Bandes beteiligt waren: Thomas Reschke, der mich schon vor vielen Jahren in die Arbeit mit dem PC einführte und charmant auf einige sprachliche »Helvetismen« hinwies; Ruth Stadtbäumer, die nebst ihren Sekretariatsarbeiten einzelne Texte erfasste und sich um das Personenverzeichnis kümmerte; Eva Mundanjohl und Arnd Bünker, welche die Artikel kritisch-kommentierend durchlasen und sich des Lesens der Korrekturen annahmen. Schließlich gilt auch dem Verlagslektor, Herrn Dr. Bruno Steimer, ein besonderer Dank, weil er sich schnell und ohne Vorbehalt für eine missionswissenschaftliche Veröffentlichung aussprach und sich dafür kompetent einsetzte.

Auch wenn ich als Angehöriger einer staatlichen Universität zu lehren und zu forschen privilegiert bin, ein Privileg, dessen ich mir angesichts großer Arbeitslosigkeit gerade auch im akademischen Bereich dankbar bewusst bin, so bedeutet diese Tatsache noch lange nicht, dass sie frei von »Müh und Arbeit« wäre. Selbst diese tagtägliche Beschäftigung mit Missionswissenschaft ginge jedoch nicht, wenn nicht im Hintergrund viel »Schattenarbeit« von anderen geleistet würde: in diesem konkreten Fall von meiner Frau Veronika und von unseren Kindern, die alle auf ihre Weise auch das eine oder andere »einstecken« müssen. Dafür und nicht zuletzt für das entschiedene und beherzte Eingreifen am 3. April 1998 möchte ich Veronika herzlich danken und unseren Kindern Franziska, Manuel und Andreas das Buch widmen. Darin finden sie nicht nur das, was mich in der alltäglichen Arbeit bewegt, sondern auch ein wenig davon, von dem ich mir wünsche, dass sie es auf ihrem Lebensweg mitbekommen haben.

Giancarlo Collet

I ▪ Profil und Funktion von Missionswissenschaft

Katholische Missionswissenschaft gibt es im Rahmen der theologischen Disziplinen, wie sie an Universitäten organisiert sind, noch keine hundert Jahre. Missionswissenschaft hatte auf Grund verschiedener Faktoren immer eine Randstellung, und sie scheint nicht aus ihrem Schattendasein heraustreten zu können, obwohl Mission seit dem 2. Vatikanischen Konzil zur Wesensbestimmung von Kirche gehört, und es in den vergangenen Jahrzehnten zu großen Veränderungen gekommen ist, die eine Gestaltenvielfalt von Mission zur Folge hatten. Dennoch halten sich hartnäckig Vorbehalte gegenüber Mission. Solche Vorbehalte sind zwar wegen der zeitlichen Koinzidenz von westlicher Expansion und weltweiter Christianisierung und deren Folgen verständlich, sie sind jedoch durch kirchlich-theologische Entwicklungen sowohl im Westen wie auch in der Dritten Welt »überholt« worden. Diese Entwicklungen haben auch Auswirkungen für unsere Theologie und namentlich für Missionswissenschaft, die sich um ein neues Selbstverständnis bemühen muss, damit sie deren Sache zur Geltung bringen kann. Während der *erste* Beitrag nach Gründen fragt, warum Missionswissenschaft nach wie vor eher die Stellung eines »Randfaches« innerhalb der Theologie einnimmt, hat der *zweite* Beitrag mehr programmatischen Charakter.

Ausgehend von der Tatsache, dass sich der Schwerpunkt der Weltchristenheit mittlerweile vom Norden in den Süden verlagert hat, wird danach gefragt, was die damit verbundene Relativierung unseres kirchlichen Handelns und theologischen Denkens für eine Missionswissenschaft in unserem Kontext bedeuten kann. Ein Perspektivenwechsel allein ermöglicht noch nicht die Überwindung des lange auch in unserer Theologie wirksamen Eurozentrismus, wenn dieser nicht mit einem weltkirchlichen Bewusstsein und umfassenderem theologischen Denken einhergeht, wie sie sich von der real existierenden Weltkirche aufdrängen. Gott selbst, dessen Evangelium den Menschen als Geschenk zur Weitergabe anvertraut wurde, ist es, der im kirchlich-theologischen Aufbruch der Dritten Welt zur Sprache kommt und zu einer »Relativierung« Europas führt. Damit stellt sich unserer Theologie und vor allem einer Missionswissenschaft, welche über die universale Bestimmung des Evangeliums zu reflektieren hat, das Problem der Kommunikation zwischen den verschiedenen Kirchen und Theologien. Ausgehend von diesem Selbstverständnis wird der missionswissenschaftliche Beitrag u. a. in der Überwindung einer provinzialistischen Selbstgenügsamkeit unserer Kirchen und Theologien und in der kritischen Aufmerksamkeit gegenüber weltkirchlichen »Vereinheitlichungstendenzen« gesehen bzw. in der Vermittlung eines weltkirchlichen Erfahrungs- und Reflexionspotentials für unsere Kirchen und Theologien hier.

Als Alternative zur herkömmlichen Missionswissenschaft, welche lange Zeit Kommunikation einseitig als »Einwegkommunikation« verstand, wurden verschiedene Vorschläge unterbreitet: Vergleichende Theologie und Interkulturelle Theologie. Diese Vorschläge werden in einem *dritten* Beitrag aufgenommen, weitergeführt und kritisch beleuchtet. Bis zum vergangenen Konzil findet sich ein Verständnis von Missionswissenschaft, wonach diese den Verlauf, die Grundlagen und Gesetze der christlichen Glaubensverbreitung zu untersuchen und zu erörtern hatte. Dabei wurde Mission im Sinne der Bekehrung von Nicht-Christen verstanden; als ihr Ziel galt die Christianisierung der nichtchristlichen Welt. Nicht nur das Reich Gottes wurde hier kurzschlüssig mit der katholischen Kirche identifiziert, sondern es wurden auch in einem weitreichenden »Superioritätsgefühl« die überkommenen kulturellen Formen von Kirche- und Christsein anderen gegenüber als allgemeinverbindlich unterstellt. Dagegen sucht »vergleichende Theologie«, welche die Stelle von Missionswissenschaft übernehmen sollte, jeglichen Vorherrschaftsanspruch aufzugeben, die Anderen in ihrer jeweiligen Identität ernst zu nehmen und alle an einem gemeinsamen Lernprozess zu beteiligen. Dieselbe Intention verfolgt auch eine interkulturelle Theologie, allerdings wird hier im Unterschied zum vorherigen Modell stärker auf interkulturelle Konflikte geachtet, welche eine Kommunikation zwischen den verschiedenen Kirchen und Theologien erschweren. Einen Verstehensschlüssel für solche Konflikte bietet die Wahrnehmung von Gewalt, die in unserem Verhalten gegenüber außereuropäischen Völkern und Kulturen noch immer am Werke ist. Da wir selbst in Frage gestellt werden, kann dies zu Identitätskrisen führen, gleichzeitig aber auch eine neue Identität ermöglichen, die aus der Begegnung mit dem uns Fremden und Anderen entsteht. Dem Fremden und Anderen kommt in jenem missionswissenschaftlichen Selbstverständnis eine besondere hermeneutische Bedeutung zu, das sich als Xenologie versteht. Entscheidend dafür ist, dass der Andere nicht als Objekt der Mission betrachtet wird, sondern in seinem kulturellen und religiösen Subjektsein anerkannt wird. Dies ermöglicht erst Gemeinschaft und Dialog. Angezielt ist die Begegnung mit dem Fremden, sei dieser nun religiös oder sozial fremd. Missionswissenschaft wäre so »die Wissenschaft von der Begegnung der Kirche mit den ihr Fremden«.

In einem *vierten* Beitrag wird auf die Aufgaben eingegangen, die sich einer Missionswissenschaft heute stellen, wenn sie daran festhält, dass nach christlichem Selbstverständnis dem Evangelium eine universale Bestimmung zukommt. Dazu gehört auch, dass sich Missionswissenschaft selbstkritisch den »Altlasten« christlicher Mission stellt, die einen Zugang zum Thema erschweren. Neben dem Vorwurf einer ideologischen Schützenhilfe bei der weltweiten Expansion und westlichen Machtausübung über andere Völker durch das Christentum ist es besonders die allgemeine religiöse Zurückhaltung, die den Gedanken der Mission obsolet machen. Was die neuen Herausforderungen betrifft, so sind vor allem der rapide voranschreitende Prozess der Globalisierung, welcher die soziale Frage weltweit verschärft, sowie der kulturelle und religiöse

Pluralismus und dessen Rückwirkungen auf das Selbstverständnis des Christentums und das missionarische Handeln zu nennen. Aufgabe von Missionswissenschaft ist die Reflexion auf die universale Bestimmung des Evangeliums, wobei solches Nachdenken entscheidend durch die Glaubensreflexionen von den Christen und Christinnen der Dritten Welt geprägt wird, die nach der konkreten Bedeutung des Evangeliums in unterschiedlichen Kontexten fragen. Dies impliziert zum einen, dass nicht kontextlos von *der* Mission gesprochen werden kann, weil sich diese vielfältig differenziert darstellt. Zum andern gilt es, eine dem eigenen Kontext verpflichtete Theologie zu erarbeiten, für welche die Erfahrungen christlicher Gemeinschaft wegweisend sind.

Der *fünfte* Beitrag geht auf die Entstehungsgeschichte der katholischen Missionswissenschaft in Deutschland und auf deren anfängliches Selbstverständnis ein. Die Erinnerung an diese Geschichte kann einige Schwierigkeiten, mit denen Mission als theologische Disziplin zu kämpfen hat, verständlicher machen. Es ist dies die Zeit des europäischen Imperialismus und Kolonialismus, in der eine allgemeine Kolonialbegeisterung herrschte. Davon profitierte auch der deutsche Katholizismus. An der Mission interessierte Kreise nutzen nämlich die Gunst der Stunde, um Missionswissenschaft als eigenständige Disziplin an der Münsteraner Fakultät zu etablieren, auch wenn es dazu eines staatlichen Anstoßes bedurfte. Die anfängliche Koppelung von Missionsanliegen mit dem Kolonialwesen wurde allerdings bald aufgegeben, auch wenn eine »koloniale Mentalität« bis in die Theologie Spuren hinterließ. Mit der Errichtung des ersten katholischen missionswissenschaftlichen Lehrstuhls konnte nicht zuletzt ein Rückstand gegenüber der protestantischen Theologie wett gemacht werden, die schon einige Jahre zuvor einen Lehrstuhl für Missionswissenschaft eingerichtet hatte. Von ihr zog auch die neue katholische Disziplin ihren Nutzen, was sich in dem systematischen Selbstverständnis äußerte. Wie schon bei Gustav Warneck, dem protestantischen Pionier der modernen Missionswissenschaft, der diese in eine historische und eine systematische Sektion gliederte, findet sich auch bei Josef Schmidlin, dem Begründer der katholischen Missionswissenschaft, eine Zweiteilung. Während sich Missionskunde mit der Situation und der Geschichte der Mission beschäftigt, so hat die Missionstheorie mehr normativen Charakter. Dieses stark westlich geprägte Verständnis von Missionswissenschaft als Wissenschaft »vom Missionar für den Missionar« hielt sich bis zum 2. Vatikanischen Konzil. Bereits in dessen Vorfeld schlugen sich aber weltkirchliche Entwicklungen und Herausforderungen missionswissenschaftlich nieder, was sich in der verstärkten Beschäftigung mit Fragen der praktisch-methodischen Anpassung bzw. der Akkommodation an fremde Kulturen und der theologischen Bedeutung nichtchristlicher Religionen äußerte. Erst unter dem Druck weltpolitischer und -kirchlicher Ereignisse fing Missionswissenschaft an, eine eurozentrische Mentalität zu überwinden.

Von der Marginalisierung zur Verabschiedung?

Zur Stellung von Missionswissenschaft innerhalb der Theologie

1. Mission – theologisch heimatlos?

Mission als ausdrückliche Verkündigung des Evangeliums unter jenen Menschen, die bisher von Gottes Handeln in Jesus von Nazaret noch nichts gehört haben, zeichnet von Anfang an die christliche Religion aus. Das Christentum war seit Beginn seines Entstehens eine missionarische Religion, die von ihrem Selbstverständnis her andere Menschen für sich zu gewinnen suchte, und es gehört mit dem Buddhismus und Islam zu jenen Weltreligionen, die einen universalen Anspruch stellen, auch wenn es sich bei näherer Betrachtung um verschiedene Konzeptionen von Universalität handelt.[1] *Missionswissenschaft* als wissenschaftliche Beschäftigung mit Mission hingegen hat relativ spät eingesetzt. Die Spärlichkeit missionswissenschaftlicher Reflexion in den ersten Jahrhunderten der Christentumsgeschichte ist um so erstaunlicher, als die Kirche gleichzeitig bewusst und intensiv für das Evangelium geworben hat. Christen und Christinnen waren davon überzeugt, dass das mit Jesus Geschehene für die Welt als Ganze und die Menschheit insgesamt von Bedeutung war. »Die Urchristenheit ist eine missionierende Kirche gewesen. All ihr Verkündigen, ihr Lehren und Tun hatte eine missionarische Dimension. Zwar lässt sich kein Begriff der ›Mission‹ im Neuen Testament nachweisen; das hebt aber die Tatsache nicht auf, dass die Urchristenheit von der Aufgabe der Mission in ihrer ganzen Existenz und ihrem ganzen Wirken bestimmt war. Wenn irgendwo der missionarische Dienst der Kirche selbstverständlich war, dann in den ersten 50 Jahren.«[2]

---

[1] Vgl. P. Antes, Mission in den Religionen, in: Lexikon missionstheologischer Grundbegriffe, Hg. K. Müller – Th. Sundermeier, Berlin 1987, 274–277, 276; Ders., Toleranz und die Missionspraxis unter den anderen Religionen, in: Hg. K. Hilpert – J. Werbick, Mit den Anderen leben. Wege zur Toleranz, Düsseldorf 1995, 181–197, bes. 190 ff.; R. Spaemann, Sollten universalistische Religionen auf Mission verzichten?, in: Das Europa der Religionen. Ein Kontinent zwischen Säkularisierung und Fundamentalismus, Hg. O. Kallscheuer, Frankfurt a. M. 1996, 277–289.
[2] F. Hahn, Mission und Bekenntnis im NT, in: Probleme japanischer und deutscher Missionstheologie, Heidelberg 1972, 95–111, 95; vgl. A. von Harnack, Die Mission und Ausbreitung des Christentums in den ersten drei Jahrhunderten, Leipzig 1924, passim; H. Lietzmann, Ge-

Profil und Funktion von Missionswissenschaft ▮▮▮▮

Das Fehlen missionswissenschaftlicher Reflexion sollte nicht missverstanden werden, als sei in Sachen Mission wenig reflektiert oder gar unbegründet missioniert worden. Über Grund und Gestalt christlicher Mission und damit zusammenhängende Fragen wurde immer nachgedacht. Das zeigen schon neutestamentliche Glaubenszeugnisse wie die Paulusbriefe oder die Apostelgeschichte, welche uns über die urchristliche Missionspraxis und -theologie eingehend berichten und belehren. Erst im Mittelalter jedoch kam es zur *wissenschaftlichen* Auseinandersetzung mit diesem Thema, und die Institutionalisierung dieses Nachdenkens in Form einer eigenständigen theologischen Disziplin erfolgte nach verschiedenen Vorstößen im Verlauf des 19. Jahrhunderts zunächst in der evangelischen Theologie. In der katholischen Theologie dauerte es länger, bis sich Missionswissenschaft innerhalb des theologischen Fächerkanons etablieren konnte. Erst seit Beginn des 20. Jahrhunderts nämlich gibt es sie unter den verschiedenen theologischen Disziplinen. Wie kommt es, dass erst so spät eine verstärkte missionstheologische Reflexion einsetzte und mittlerweile Fragestellungen, mit denen sich bisher vor allem Missionswissenschaft auseinander setzte, auch von anderen theologischen Disziplinen aufgegriffen werden und sie beschäftigen?

Das theologische Nachdenken über Mission hat in der Geschichte der Theologie keinen eigenen Ort gehabt, weder in der Form eines klassischen Traktates noch innerhalb der Lehre von der Kirche.[3] Die mittelalterliche Kirche identifizierte sich dermaßen stark mit der Gesellschaft, dass sich das Problem der Mission nicht stellen konnte, zumindest solange nicht, als nicht im Zuge der aufkommenden europäischen Entdeckungen gleichzeitig auch andere »Welten« ins Blickfeld gerieten und das theologische Nachdenken mit neuen Fragestellungen herauszufordern begannen. Die noch weit über das Mittelalter hinaus wirksame Idee einer *societas christiana* bzw. eines *corpus christianum*, eine Idee, die sich auch in der damaligen Ekklesiologie niederschlug, ließ die Missionsproblematik unbearbeitet, weil die »neuen Welten« als ideell bereits in diesen *corpus* integriert galten oder aber als grundsätzlich in ihn integrierbar

---

schichte der Alten Kirche, Berlin – New York 1999, I, 64; R. Pesch, Voraussetzungen und Anfänge der urchristlichen Mission, in: Mission im Neuen Testament, Hg. K. Kertelge, Freiburg – Basel – Wien 1982, 11–70; L. Schenke, Die Urgemeinde. Geschichtliche und theologische Entwicklung, Stuttgart – Berlin – Köln 1990, 186 ff.; E. Dassmann, Kirchengeschichte I. Ausbreitung, Leben und Lehre der Kirche in den ersten drei Jahrhunderten, Stuttgart – Berlin – Köln 1991, 34 ff.; K. Berger, Theologiegeschichte des Urchristentums. Theologie des Neuen Testaments, Tübingen – Basel [2]1995, passim; The Mission of the Early Church to Jews and Gentiles, Hg. J. Ådna – H. Kvalbein, Tübingen 2000; W. Reinbold, Propaganda und Mission im ältesten Christentum. Eine Untersuchung zu den Modalitäten der Ausbreitung der frühen Kirche, Göttingen 2000, passim; G. Theißen, Die Religion der ersten Christen. Eine Theorie der ersten Christen, Gütersloh 2000.
[3] Vgl. S. Dianich, Chiesa in missione. Per una ecclesiologia dinamica, Milano [3]1987, 18 ff.

gehörten. Erst dort, wo eine solche kirchlich-gesellschaftliche Identifikation fragwürdig zu werden begann bzw. sich als nicht realisierbar erwies, konnte Mission als theologisches Problem verstärkt thematisiert und zugleich die missionarische Verantwortung des eigenen Glaubens erkannt werden.[4]

Eine bestimmte Weltsicht, die Vorstellung eines *corpus christianum*, welche auch theologisch ihren Niederschlag fand, hat also dazu geführt, dass sich die explizite missionswissenschaftliche Beschäftigung im Rahmen der theologischen Disziplinen lange verzögerte und sie als Angelegenheit von wenigen Interessierten und »Liebhabern« erscheinen ließ. Dazu kommt noch, dass auch in der damals herrschenden Ekklesiologie eine Sicht der Kirche vertreten wurde, welche dem theologischen Problem der Mission abträglich war und sich auf eine mögliche Disziplin Missionswissenschaft negativ auswirkte. »Entscheidend für die Anfänge missionswissenschaftlicher Forschung und Lehre scheint ... die Tatsache zu sein, dass die systematische Theologie damals die Kirche eigentlich noch nicht entdeckt hatte. Die katholische Theologie beschäftigte sich mit ihr vorwiegend unter fundamentaltheologischen Rücksichten und beschrieb sie in soziologischen und kanonistischen Kategorien. Dogmatische Ansätze ... wurden in Exkursen behandelt ... Weil die systematische Theologie (aber) die Kirche nicht richtig im Blick hatte, konnte (auch) die Missionswissenschaft die Mission nicht richtig in den Blick bekommen.«[5] Kam dann schließlich die historische Wirklichkeit der Mission mit all ihren Licht-, aber auch Schattenseiten in den Blick, so geriet mit ihr vermehrt auch Missionswissenschaft – sofern sie zwischenzeitlich einen Platz unter den theologischen Disziplinen gefunden hatte – in eine Krise, die sie zwar durch verschiedene Neuansätze zu bewältigen suchte, aber offenbar nicht zu bewältigen vermochte.

Nicht allein Missionswissenschaft musste um ihr Heimatrecht in der Theologie kämpfen, sondern – so überraschend das klingen mag – auch Mission um das ihre in der Kirche. Denn während es in den Anfangszeiten des Christentums noch keine Trennung von Kirche und Mission gab, weil Kirche Mission war,[6] setzte im Verlauf der Zeit ein über Jahrhunderte dauernder Prozess ein, in dem die Verbreitung des Glaubens über die eigenen Grenzen hinaus durch deren Organisation zunehmend zu einem Spezialunternehmen von bestimmten Gruppen innerhalb der Kirche zu werden begann.[7] Mission war nun

---

[4] Vgl. D. J. Bosch, An die Zukunft glauben. Auf dem Wege zu einer Missionstheologie für die westliche Kultur, Hamburg 1996, 27 ff.

[5] J. Glazik, Aufgaben und Ort der Missionswissenschaft heute, in: Ders., Mission – der stets größere Auftrag. Gesammelte Vorträge und Aufsätze, Aachen 1979, 104–113, 104.

[6] Zu den Gedankenreihen, welche das Fehlen einer theologischen Theorie des kirchlichen Missionsauftrags erklären, vgl. N. Brox, Zur christlichen Mission in der Spätantike, in: Mission im Neuen Testament, Hg. K. Kertelge, aaO. 190–237, bes. 194 ff.

[7] Auch innerhalb der evangelischen Tradition ist eine Distanz von Kirche und Mission festzustellen. Vgl. K. Schäfer, »Mission ist ... die Eine Kirche Gottes in ihrer Bewegung«. Reflexio-

nicht mehr Sache der Kirche als Ganzer, sondern von eigens dafür Verantwortlichen: primär der obersten Kirchenleitung, in deren Delegation aber dann konkret von Orden, Kongregationen und Missionsgesellschaften.[8] Mission bedeutete dementsprechend Aussendung von Glaubensboten zu den Heiden und Andersgläubigen, und die Gebiete, in denen solche Glaubensboten, Missionare genannt, wirkten, wurden ebenfalls Mission bzw. Missionen genannt. Eine Reintegration von Mission und Kirche findet sich im katholischen Bereich erst im Zweiten Vatikanischen Konzil (1962–1965) wieder, welches Mission zur Aufgabe aller Christen und Christinnen erklärte.

2. Reintegration von Mission und Kirche

Das Zweite Vatikanische Konzil räumte mit der landläufigen Vorstellung auf, Mission sei ein kirchliches Randphänomen, das lediglich das Interesse einiger Spezialisten findet. Das Konzil nahm die Mission bewusst in die Wesensbestimmung von Kirche auf. Im Vordergrund stand dabei nicht eine bestimmte, also etwa die westliche Kirche, als es die missionarische Dimension der Kirche herausstellte und das Werk der Evangelisation als eine Grundpflicht des gesamten Gottesvolkes bestimmte (AG 35; LG 17). Vielmehr hatten die Konzilsväter *alle* Ortskirchen und *alle* Christen und Christinnen im Blick. So erklärte das Konzil in der dogmatischen Konstitution über die Kirche: »Christus ist das Licht der Völker. Darum ist es der dringende Wunsch dieser … Synode, alle Menschen durch seine Herrlichkeit, die auf dem Antlitz der Kirche widerscheint, zu erleuchten, indem sie das Evangelium allen Geschöpfen verkündet (vgl. Mk 16, 15). Die Kirche ist … in Christus gleichsam das Sakrament, das heißt Zeichen und Werkzeug für die innigste Vereinigung mit Gott wie für die Einheit der ganzen Menschheit. Deshalb möchte sie das Thema der vorausgehenden Konzilien fortführen, ihr Wesen und ihre universale Sendung ihren Gläubigen und aller Welt eingehender erklären …« (LG 1). Dieser Text lässt nicht nur die missionarische Grundausrichtung des Konzils selbst erkennen, sondern er bezieht Kirche und Mission *so* aufeinander, dass Mission geradezu der Grund von

---

nen zur missionarischen Dimension der Kirche, in: Der Mission verpflichtet. 25 Jahre Evangelisches Missionswerk in Deutschland, Hamburg 2002 (EMW Informationen Nr. 125), 45–64, bes. 46 ff.

[8] Wie lange diese Auffassung sich halten konnte, wird erkennbar, wenn man sich beispielsweise vergegenwärtigt, dass Th. Ohm nur wenige Jahre vor dem 2. Vatikanischen Konzil in seinem Buch »Machet zu Jüngern alle Völker. Theorie der Mission«, Freiburg 1962, schreiben konnte: »Die Päpste haben tatsächlich eine ›Sendung‹ an alle Nichtchristen. Sie sind es sogar, die Christus in erster Linie mit dem Werke der Weltmission beauftragt hat. Alle anderen, die sich für die Mission und in der Mission betätigen, sind … nur in Kraft eines Mandats des Heiligen Stuhles tätig. Sie tun nicht ihr Werk, sondern das des Papstes.« (443).

Kirche ist. Das Missionsdekret nahm dies auf und formulierte schlicht: »Die pilgernde Kirche ist ihrem Wesen nach missionarisch« (AG 1).

Der Verlust der missionarischen Dimension trifft demnach das Wesen der Kirche, aber – so wird man hinzufügen können – er trifft in analoger Weise auch das Wesen einer jeden Theologie. Theologie hat *missionarische* Theologie bzw. Missionstheologie zu sein, d. h. eine Theologie, die über Grund und Auftrag der Kirche in einer politisch, ökonomisch und kulturell bunten und von zahlreichen Spannungen beherrschten Welt immer wieder neu nachdenkt, um den Menschen Gottes befreiendes Evangelium nahe bringen zu können. Nur so wird sie der Bestimmung des Evangeliums gerecht werden können, das niemanden und nichts ausschließt. Glaube drängt zur Mitteilung, und an den Gott des Evangeliums zu glauben und ihn nicht weitersagen zu wollen, wäre ein Widerspruch. Unter Mission ist dann allerdings nicht vordergründig die mit mehr oder weniger überzeugenden Methoden arbeitende Propaganda zwecks Zugewinnung von Menschen zur christlichen Religion bzw. zur Kirche zu verstehen. Diese immer noch weit verbreitete, nichtsdestotrotz verzerrte Vorstellung, welche tief das Missionsverständnis auch nicht weniger Christen anhaltend prägt, versperrt bis heute einen offenen Zugang zum Thema und hindert an einer eingehenderen Beschäftigung mit ihm. Unter Mission wäre vielmehr das Bemühen zu verstehen, »Raum zu schaffen für Gott durch möglichst liebenswürdige Verkündigung des Evangeliums«, bzw. »Menschen die Augen zu öffnen, für die universale Herrschaft Gottes«.[9] Missionswissenschaft wiederum könnte in einem ersten Zugang – etwas allgemein formuliert – als »Wissenschaft von Gottes Einmischung in die inneren Angelegenheiten der Welt«[10] beschrieben werden.

Die historisch gegebene und lang wirksame Trennung von Kirche und Mission hatte ohne Zweifel auch Auswirkungen auf die missionswissenschaftliche Reflexion. So ist es dazu gekommen, dass sich vor allem solche Orden und Kongregationen auf eine theologische Auseinandersetzung mit dem Thema eingelassen haben, die es auf Grund ihrer missionarischen Tätigkeit unter Völkern und Gebieten, die nicht vom christlichen Glauben geprägt waren, unmittelbar betraf. Missionarisch ausgerichtete Institutionen dachten über die in ihren Arbeitsfeldern gemachten Erfahrungen nach, suchten sich den ihnen begegnenden Fragen und Herausforderungen zu stellen, und mit Hilfe ihrer »Mis-

---

[9] O. H. Pesch, Kleines Plädoyer für die christliche Mission. Versuch einer Ehrenrettung – mit Blick auf die Zukunft, in: Zeitschrift für Mission 27 (2001) 46–64, 59; D. J. Bosch, An die Zukunft glauben. Auf dem Wege zu einer Missionstheologie für die westliche Kultur, aaO. 31; Th. Ahrens, Zur Mission kirchlicher Entwicklungsdienste und zum Entwicklungsbeitrag der Missionen, in: Ders., Mission nachdenken. Studien, Frankfurt 2002, 37–56, bes. 46 ff.
[10] Vgl. K. Blaser, Christentum und Missionsgesellschaften aus der Perspektive eines Missionswissenschaftlers, in: Zeitschrift für Mission 16 (1990) 43–48, 44.

siologien« bereiteten die Orden und Missionsgesellschaften ihre Mitglieder auf die zukünftige Arbeit vor. Missionswissenschaft war gleichsam die Wissenschaft vom Missionar für den Missionar. Diese missionswissenschaftliche Grundorientierung hat zwar ihren praktischen Bezug herausgestellt und gesichert, war allerdings verbunden mit der Gefahr, dass Missionswissenschaft leicht zur Theorie einer bestimmten (bestehenden) Praxis der Glaubensverbreitung und damit zur schlechten Apologie werden konnte. Darüber hinaus bestand die Gefahr, dass Mission theologisch noch mehr ins Abseits geriet, nicht immer mit dem jeweiligen, zeitgenössischen, theologischen Erkenntnisstand und Bewusstsein mitzog. Damit verlor Mission auch die Chance einer konstruktiven theologischen Kritik. Es dürfte nicht bloß eine Anfangsschwierigkeit der Missionswissenschaft innerhalb der theologischen Disziplinen gewesen sein, sie intellektuell diskussionsfähig zu halten.[11] Gelegentlich findet sie gerade deshalb unter den anderen Disziplinen weniger Beachtung, weil sie ihren Weg abseits von allgemein theologischen Diskussionen geht und sich damit selbst in eine Außenseiter-Position begibt.

Mit der theologiegeschichtlich wirksam gewordenen Trennung von Kirche und Mission ging allerdings auch ein notwendiger Stachel für die inzwischen im Westen weitgehend etablierte Kirche und Theologie verloren, weil diese sich – von sich und ihrer ganzen Wahrheit überzeugt – nicht herausgefordert sahen, sich mit Problemen auseinander zu setzen, die jenseits der eigenen Welt entstanden, der Frage etwa, wie denn das Evangelium in eine andere Kultur überhaupt zu vermitteln sei, wie es in anderen Kontexten verstanden und gelebt werden könne usw.[12] Doch auch das Nachdenken über den eigenen gesellschaftlichen Standort, in dem Theologie getrieben wurde, und über die Auswirkungen des eigenen theologischen Nachdenkens für andere, die Beachtung der »ideologischen« Wirkung und Funktion unserer europäischen Theologie auf außereuropäische Menschen und Gesellschaften fielen fast vollständig aus. Das hing weitgehend mit dem damaligen christlichen Selbstverständnis und der Weltsicht zusammen.

Mission geschah lange Zeit als »Transkulturation« bzw. »Imposition« eines westlich geprägten Christentums in andere Kulturen, d. h. Mission forderte von ihren Adressaten die uneingeschränkte Annahme einer fremden, ihnen aufgebürdeten Kultur. Missionare exportierten westliche Christentümer in die ganze Welt. Nicht die westliche Prägung des Christentums war das Problematische daran, denn ein kulturloses Christentum gibt es wegen seiner geschicht-

---

[11] O. G. Myklebust, The Study of Missions in Theological Education, Vol. I (to 1910), Oslo 1955, 214 f.
[12] Zur praktischen Relevanz missionstheologischer Bildung vgl. Th. Ahrens, Theology: a tool for mission?, in: Lutheran World Federation – Consultation on churches in Mission, Genf 1999, 57–72.

lichen Bestimmung nicht, und wird es auch nie geben können. Vielmehr das geschichtliche Wirksamwerden der christlichen Glaubensverbreitung im Rahmen europäischer Kolonialgeschichte und die Gleichsetzung dieser *konkreten* Bestimmung mit *dem* Christentum sind das Fragwürdige an diesem Vorgang. Der eigenen Welt und »Weltsicht« wurde selbstverständlich eine *allgemeine* Normativität unterstellt, nach der auch die Anderen sich zu richten hatten und an der das Fremde bemessen und beurteilt wurde.[13] Das führte mitunter dazu, andere Kulturen und Religionen als so bedeutungslos für den eigenen Glauben anzusehen, dass eine ernsthafte Auseinandersetzung mit ihnen nicht notwendig schien. Manchmal galten außereuropäische Völker sogar als unmenschlich bzw. barbarisch, so dass die Notwendigkeit ihrer gewaltsamen Eliminierung erklärt wurde. Sich mit Fragen fremder Kulturen und Religionen zu beschäftigen, gehörte im Allgemeinen nicht zum theologischen Alltagsgeschäft, weil dies eben das Problem einer christlichen Minderheit war, jener Minderheit nämlich, die durch ihre Gegenwart und ihr Wirken fremden Kulturen und Religionen konkret begegnete. Und diese Minderheit wiederum setzte sich in unterschiedlichem Maße damit auseinander, doch immer mit der Zielsetzung, – wie ein herausragender Missionar einmal bekennt – »um das Gift, das den Körper befallen hat, zu kennen«.[14] Nur durch eine eingehendere Kenntnis der fremden Kulturen und Religionen war langfristig die wirksame Heilung, d. h. eine effektivere Missionierung möglich. Das schließt nicht aus, dass es unter den Missionaren bedeutsame Forscher, beispielsweise auf linguistischem oder ethnologischem Gebiet gab, deren Leistungen allgemein anerkannt wurden.[15] Selbst kritische Stimmen unter Ethnologen und Religionswissenschaftlern zehren heute noch heimlich von den Verdiensten solcher Forschungen. Doch waren diese Missionare eher die Ausnahme als die Regel.

3. Wiederentdeckung der missionarischen Dimension des Glaubens

Die Weltlage hat sich inzwischen grundlegend verändert und mit ihr auch die Situation von Christentum und Kirche. Mission, die bisher als vitaler Ausdruck christlichen Glaubenszeugnisses galt, geriet seit den 60er Jahren ins Kreuzfeuer heftiger Kritik von außen und innen und damit in eine Identitätskrise, von der sie sich – bei uns jedenfalls – nur mühsam zu erholen scheint. Schon die gesell-

---

[13] Was dies im Bereich christlicher Moral bedeutet vgl. B. Bujo, Wider den Universalanspruch westlicher Moral. Grundlagen afrikanischer Ethik, Freiburg – Basel – Wien 2000.

[14] B. de Sahagún, Historia general de las cosas de Nueva España, Ed. A. M. Garibay K., México [5]1982, 17.

[15] Vgl. Der Missionar als Forscher. Beiträge christlicher Missionare zur Erforschung fremder Kulturen und Religionen, Hg. J. Triebel, Gütersloh 1988.

schaftlichen Voraussetzungen und Bedingungen christlicher Mission waren nach dem Zusammenbruch der Kolonialreiche und dem Erwachen des nationalen Selbstbewusstseins, dem Wiedererstarken einheimischer Kulturen und Religionen u. a. ganz andere. Die politischen, ökonomischen und kulturellen Prozesse in der »Dritten Welt« ließen die westliche Mission und die hinter ihr stehenden Institutionen wie Missionsgesellschaften und Hilfswerke nicht unberührt, vielmehr stellten sie in einem bisher noch kaum wahrgenommenen Ausmaß das traditionelle Missionsverständnis und die entsprechenden theologischen Konzepte und kirchlichen Programme in Frage. Die Krise der Mission war nicht zuletzt auch eine Krise der Missionsgesellschaften, denn aus dem faktischen »Erfolg« ihrer Arbeit entstanden Ortskirchen, die selbst missionarische Kirchen wurden, ohne dass sie aber die Möglichkeiten hatten, ihre pastoralen Visionen zu realisieren. »Die anstehenden Probleme – Selbstverständnis und Funktion der … Kirchen in ihrer sozio-kulturellen und politischen Umwelt, zwischenkirchliche Beziehungen im Spannungsfeld globaler Interdependenz- und Abhängigkeitsverhältnisse, neue Formen christlicher Gemeinden, kirchlicher Strukturen und kirchlicher Ämter usw. – … (konnten) nicht mehr mit den theologischen Kategorien und mit den institutionellen Möglichkeiten der traditionellen Mission begriffen werden.«[16] Dazu kam das allgemeine, veränderte geistige Klima bei uns, ein vielfältiger, religiöser und weltanschaulicher Pluralismus und Relativismus, der in der Mission einen permanenten »Hausfriedensbruch« wittert und sich deswegen deutlich von ihr zu distanzieren genötigt glaubt. Solche Ereignisse und geistesgeschichtlichen Veränderungen haben auch unsere Kirchen und Theologien vor eine neue Situation gestellt und zu einer Verabschiedung missionstheologischer Konzepte aus der Vergangenheit geführt.[17]

So wie Mission im herkömmlichen Sinn aber unmöglich wurde, genauso kann es Missionswissenschaft im ursprünglichen Sinn auch nicht mehr geben. Die Gestalt von Mission, wie sie noch zu Beginn des 20. Jahrhunderts üblich war, als die neue theologische Disziplin aufkam und sich im Haus der Wissenschaften zu etablieren begann, ist mittlerweile durch gesellschaftliche und kirchlich-theologische Entwicklungen überholt. Das betrifft sowohl die herkömmliche Begründung von Mission (»Seelenrettung«, Bekehrung der »Heiden« aus der Finsternis und Gottesferne, Gründung von Kirchen in bisher dem Christentum verschlossenen Gebieten u. ä.) als auch deren Subjekte (Papst beziehungsweise in dessen Vertretung Missionsorden und -gesellschaften). Mis-

---

[16] L. Rütti, Mission – Gegenstand der Praktischen Theologie oder Frage an die Gesamttheologie?. Überlegungen zum Ende der kolonialen Mission, in: Praktische Theologie heute, Hg. F. Klostermann – R. Zerfaß, München – Mainz 1974, 288–307, 303 f.
[17] Vgl. Missionarische Kirche im multireligiösen Kontext, Hamburg 1996 (Weltmission heute 25).

sionswissenschaft hat sich heute ein neues Profil zu geben, das die veränderten sozio-politischen, geistesgeschichtlichen und kirchlich-theologischen Situationen in den Blick nimmt und ihnen Rechnung zu tragen versucht. Dabei geht sie nach wie vor davon aus, dass der christliche Glaube und die Glaubensgemeinschaft eine universale Bestimmung haben, und sie auch weiterhin daran festhalten – trotz der geschichtlichen Belastungen, welche mit der praktischen Verwirklichung dieser Bestimmung gegeben sind. Denn auch wenn gewisse Erscheinungsformen der Missionspraxis und der theologischen Begründung christlicher Mission vom 16. Jahrhundert bis in unsere Zeit schuldbeladen sind, so lässt sich daraus nicht einfach schließen, die Legitimität der Mission sei prinzipiell zu bezweifeln.

In offiziellen Statements von Kirchen zu Fragen der Mission ist derzeit ein breiter Konsens festzustellen, wonach das In-die-Welt-Gesandt-Sein zum Wesen einer jeden Kirche gehört. »Gemeinsam kommen wir zu der Erkenntnis, daß jegliche Ortskirche keine andere Wahl hat, als anderen das Evangelium der Liebe Christi für alle Völker zu bringen. Wenn man ›Kirche‹ sagt, sagt man ›Mission‹.«[18] Kirche ist wesentlich missionarisch, und Evangelisierung gehört zum Auftrag eines jeden Christen, wobei in den letzten Jahrzehnten eine Schwerpunktverlagerung des missionarischen Engagements der Kirchen im Blick auf die Mission »vor Ort«, im eigenen Kontext, eingetreten ist.[19] Mission ist zu einer Gemeinschaftsaufgabe aller Kirchen geworden, d. h. dass Mission im Horizont ökumenischer Verbundenheit mit anderen Kirchen zu verstehen und zu leben ist. Das hebt die Unterscheidung zwischen sendenden und empfangenden Kirchen auf, weil auch Kirchen anderer Länder, die aus westlicher Perspektive lange als Missionsgebiete betrachtet wurden, den Auftrag wahrnehmen, das Wort Gottes Anderen zu verkünden und das Leben mit ihnen zu teilen. »Heute ist die territoriale Vorstellung von Mission als herrschaftsförmige Weltchristianisierung, eine in einem Absolutheitsanspruch des Christentums verwurzelte Strategie der Ablösung anderer Weltreligionen bzw. der Ausbreitung eines christlichen Imperiums unwiderruflich an ihr Ende gekommen.«[20] Mission ist vielmehr zu etwas Wechselseitigem geworden, indem die verschiedenen Ortskirchen das Evangelium in vielfältiger Weise miteinander teilen, ausgehend von ihren besonderen Gaben, Fähigkeiten und Bedürfnissen.

Viele Kirchen der Dritten Welt, die aus der westlichen Missionsarbeit hervorgegangen sind, haben sich zwar von manchen Formen und Aktivitäten dieser Arbeit distanziert, sie haben jedoch weder den Begriff der Mission aufgegeben,

---

[18] »Bis an die Grenzen der Erde«. Pastorale Erklärung der Bischöfe der Vereinigten Staaten über die Mission, in: Weltkirche 6 (1986) 25–35, 28.
[19] Vgl. D. Werner, Aufbruch zu einer missionarischen Ökumene in Deutschland!?, in: Zeitschrift für Mission 27 (2001) 161–170.
[20] D. Werner, Aufbruch zu einer missionarischen Ökumene in Deutschland!?, aaO. 165.

noch haben sie sich von der damit bezeichneten Sache verabschiedet. Für diese Kirchen gehört die missionarische Dimension zum Wesen der Kirche; Mission bleibt deshalb unverzichtbar. Gleichzeitig halten sie an der Einsicht fest, dass es nicht nur eine theologisch legitime Gestalt von Mission gibt, die von einer Kirche allein für sich und für andere definiert werden kann, sondern eine Gestaltenvielfalt, die sich je nach den unterschiedlichen gesellschaftlichen, kulturellen und religiösen Kontexten und den Bedürfnissen der darin lebenden Menschen differenziert. Den Kirchen ist es aufgetragen, im jeweiligen Kontext nach der konkreten Bedeutung des Evangeliums als guter Nachricht zu fragen, ohne den weiten Horizont, innerhalb dessen sie den missionarischen Auftrag wahrnehmen, aus dem Blick zu verlieren: ausgehend von Jerusalem bis an die Grenzen der Erde (vgl. Apg 1, 8). Zwischen den beiden Brennpunkten lokaler Identität und universaler Solidarität hat sich Mission deshalb heute zu vollziehen.

In ihrem missionarischen Handeln entdeckten Christen und Christinnen das Evangelium vor allem als »Wort des Lebens« (1 Joh 1, 1). Das Evangelium als eine das Leben orientierende und motivierende Quelle zu sehen und zu verstehen, hatte wiederum eine eigene christliche Multikulturalität zur Folge. Multikulturalität kennzeichnet nicht allein das gesellschaftliche Zusammenleben von heute, sondern sie ist zur theologisch-praktischen Realität und zur programmatischen Herausforderung ersten Ranges für eine Weltkirche geworden, deren Mehrheit ihrer Mitglieder im Unterschied noch zum Beginn des 20. Jahrhunderts inzwischen nicht in der nördlichen, sondern in der südlichen Hemisphäre lebt.[21] Die Schwerpunktverlagerung der Christenheit verstärkte den Druck, auch bei uns ein neues Profil theologischen Denkens zu suchen und zu formulieren, ein Profil, das nicht allein einer veränderten Einschätzung des »Fremden« und Anderen sowie der jeweiligen Situationen Rechnung trägt, sondern uns zugleich die eigene *europäische* Tradition in einem selbstkritischen Lichte sehen lässt und die *westliche* Kirche und Theologie zu einer Selbstbesinnung auf ihre Identität zwingt, aus der heraus sie Mission definiert.[22]

Was die Ökumenische Vereinigung von Dritte-Welt-Theologen (EATWOT) in ihrer ersten Generalversammlung in New Delhi 1981 programmatisch erklärte, ist von allgemeiner missionarischer Bedeutung: »Obwohl in Lateinamerika und auf den Philippinen die meisten Menschen Christen sind, gehört im übrigen in Asien und in Afrika, die drei Viertel der Dritte-Welt-Bevölkerung ausmachen, die große Mehrheit anderen Religionen an. Wenn diese Mehrheit in die Welt der Christen hereinbricht, dann muss die Dritte-Welt-Theologie,

---

[21] Vgl. K. Blaser, Le Conflit Nord – Sud en Théologie, Lausanne 1990.
[22] Vgl. Th. Kramm, Theologie im Kontext der Kulturen, in: Hg. R. Hoeps – Th. Ruster, Mit dem Rücken zur Transzendentaltheologie. Theologische Passagen (FS H. Jorissen), Würzburg 1991, 208–224, bes. 221 ff.

um wirklich sinnvoll und befreiend zu sein, zu dieser nicht-christlichen Welt und durch sie sprechen. Andernfalls wird Theologie zu einem esoterischen Luxus der christlichen Minderheit. Die Christen der Dritten Welt haben die Verpflichtung, aufmerksam zu sein gegenüber den Ansprüchen der Unterdrückten anderen Glaubens und die Implikationen ihrer Forderungen nach Befreiung der Menschheit wie auch nach einem tieferen Verständnis Gottes und der Geschichte zu begreifen« (Art. 54).[23]

Auch die Situation des europäischen Christentums hat sich in den vergangenen Jahrzehnten stark verändert. Was vor über fünfzig Jahren noch Aufsehen erregen konnte, als die beiden französischen Priester H. Godin und Y. Daniel von Frankreich als einem *Missionsland* sprachen,[24] wird dies heute kaum noch erreichen, weil die Sachlage inzwischen zu offenkundig ist.[25] In einer Erklärung der Herrnhuter-Brüdergemeine von 1986 heißt es: »Inzwischen ist uns auch deutlich, daß unser eigenes Land Missionsland geworden ist. Die Schar der Christen ist mancherorts bereits eine verschwindende Minderheit. Wir sehen uns darum im eigenen Land zur Mission herausgefordert und müssen uns dabei kritisch mit der eigenen Geschichte auseinandersetzen. Wir kommen nicht um das Eingeständnis herum, dass wir, die einst ›äußere Mission‹ getrieben haben, zu Hause oft kläglich versagt haben.«[26] Von Prozessen wie Säkularisierung und Pluralisierung religiöser Anschauungen, von der Individualisierung der Religion, von der Erlebnis- und Risikogesellschaft u. a. ist das hiesige Christentum unmittelbar betroffen.[27] Es kam im Verlauf der letzten Jahre nicht nur zu einer gewaltigen Erosion der institutionellen Kirchen durch Kirchenaustritte, welche die bisherige gesellschaftliche Position der Kirchen in Frage stellen und sie zwingen, sich auf ihren Ort und ihren Auftrag in einer »postchristlichen« Gesellschaft und Kultur zu besinnen. Auch die durch den »Mauerfall« zu Gesicht gekommene neue Situation Europas und die unterschiedlichen Kirchenerfahrungen in West- und Osteuropa gilt es aufzuarbeiten sowie nach einer neuen Ortsbestimmung europäischen Christentums in der Weltchristenheit zu fragen.[28]

---

[23] Herausgefordert durch die Armen. Dokumente der Ökumenischen Vereinigung von Dritte-Welt-Theologen 1976–1986, Freiburg – Basel – Wien 1990, 128.

[24] H. Godin – Y. Daniel, France pays de mission?, Lyon 1943.

[25] Vgl. U. Ruh, Evangelisierung in Europa – Mission in den klassischen Missionsländern, in: Lebendige Katechese 11 (1989) 75–80.

[26] Brüdergemeine in der Mission heute (1986), in: Hg. J. Wietzke, Mission erklärt. Ökumenische Dokumente von 1972 bis 1992, Leipzig 1993, 398–404, 400.

[27] Vgl. Hg. A. Feldtkeller – Th. Sundermeier, Mission in pluralistischer Gesellschaft, Frankfurt a. M. 1999.

[28] Vgl. Hg. J. Wanke, Wiedervereinigte Seelsorge. Die Herausforderung der katholischen Kirche in Deutschland, Leipzig 2000; Hg. M. Entrich – Ders., In fremder Welt zu Hause. Anstöße für eine neue Pastoral, Stuttgart 2001; Der evangelische Theologe Chr. Grethlein bemerkte unlängst (Praktische Theologie und Mission, in: Evangelische Theologie 61 (2001) 387–399,

Wenn die Weitergabe des christlichen Glaubens an die kommenden Generationen durch die neuen Bedingungen erschwert ist, und unseren Kirchen, wie Religions- und Kirchensoziologie aufgezeigt haben,[29] ein »Traditionsabbruch« größeren Ausmaßes droht, so bedeutet dies gleichzeitig den Verlust eines missionarischen Dynamismus, von dem sie bisher zehren konnten und den sie nun neu zu gewinnen haben. Diese Aufgabe wird heute innerhalb der katholischen Kirche unter dem Stichwort der Neuevangelisierung diskutiert, wobei Erfahrungen und Überlegungen außereuropäischer Kirchen wichtig sein können, wenn sie denn als für die europäischen Glaubensgemeinschaften relevant zugelassen werden.[30] Doch ist unsere Situation auch dadurch eine andere geworden, dass die christlichen Kirchen infolge von Migrationsbewegungen auch aus außereuropäischen Ländern mit missionarischen Ansprüchen anderer Provenienz konfrontiert werden, und die eigene Identitätsfindung durch das vielfältige religiöse Angebot der Gegenwart erschwert ist. Auch von da her könnte von Deutschland als »Missionsland« gesprochen werden.

4. Und die Missionswissenschaft?

Was die neue welt- und kirchengeschichtliche Situation für unsere Theologie allgemein und für eine Missionswissenschaft im Besonderen bedeutet, hat G. Söhngen schon vor vielen Jahren weitsichtig bemerkt, als er schrieb: »Mission und Missionswissenschaft sind durch die Zeitereignisse in Afrika und Ostasien vor ein Umdenken gestellt, das auch die abendländische Theologie in sich selbst in neue Bewegung setzen sollte, sie kann sich auch vor sich selbst nur noch behaupten, wenn sie über sich selbst, über ihren abendländischen Horizont hinausdenkt und vor einer kosmischen Revolution der abendländischen Denkart nicht zurückschreckt. Es ist schon lange an der Zeit, dass die Missions-

391): »Die Vereinigung Deutschlands setzte … das Thema Mission unabweisbar auf die Tagesordnung der kirchlichen Arbeit – allerdings ohne dass dies von der Mehrzahl der westdeutschen Praktischen Theologen bisher bemerkt wurde –, z. T. aber in problematisch reduzierter, d. h. einer der heutigen Situation angemessenen Missionsverständnis nicht entsprechenden Weise.« Ähnliches scheint mir, trifft auch für katholische Theologen zu, wie ein Blick in das von H. Haslinger herausgegebene Handbuch Praktische Theologie, 2 Bde, Mainz 1999 f., zeigt.
[29] F. X. Kaufmann, Kirche begreifen. Analysen und Thesen zur gesellschaftlichen Verfassung des Christentums, Freiburg – Basel – Wien 1979, bes. 147 ff.; Ders., Religion und Modernität. Sozialwissenschaftliche Perspektiven, Tübingen 1989, 222 f.; K. Gabriel, Christentum zwischen Tradition und Postmoderne, Freiburg – Basel – Wien 1992.
[30] In dem von der Pastoralkommission der deutschen Bischofskonferenz herausgegebenen Schreiben »Zeit zur Aussaat. Missionarisch Kirche sein«, wird auf diese Möglichkeit hingewiesen, ohne sie aber wirklich zu nutzen. »Auch aus anderen Ortskirchen, in Europa und weltweit, kommen wichtige Anstöße zur Erneuerung einer missionarischen Pastoral.« (Die deutschen Bischöfe: Zeit zur Aussaat. Missionarisch Kirche sein, Bonn 2000, 34).

wissenschaft in führende Stellung in der Theologie rückt ...«.[31] Wie wenig
selbstverständlich dies nach wie vor allerdings ist, kann schon ein flüchtiger
Blick auf die theologischen Neuerscheinungen bei uns bestätigen. Ein Großteil
von ihnen, die sich mit zentralen Glaubensfragen wie Gotteslehre, Christologie
oder Ekklesiologie beschäftigen, scheint nach wie vor ohne den expliziten Einbezug weltkirchlicher Perspektiven und theologischer Entwicklungen im außereuropäischen Bereich auszukommen, und dies trotz einer mittlerweile auch
deutschsprachigen Lesern und Leserinnen breit zugänglichen Literatur.[32] Zwar
ist in verschiedenen theologischen Fächern etliches unternommen worden, um
den Blick auf Erfahrungen und Probleme der Weltkirche zu weiten, so vor allem
in der praktischen Theologie.[33] Auch in der Fundamentaltheologie und in den
christlichen Sozialwissenschaften ist eine verstärkte Sensibilität für weltkirchliche Fragestellungen bemerkbar.[34] Doch bleibt noch viel zu tun, damit unsere
Theologie ein wirklich katholisches bzw. ökumenisches Profil erhält.

Mit der in der konziliaren Theologie erfolgten Reintegration von Mission
und Kirche ist nicht automatisch eine Aufwertung der Missionswissenschaft
innerhalb des theologischen Fächerkanons gegeben. Die grundlegende Bedeu-

---

[31] G. Söhngen, »Die Weisheit der Theologie durch den Weg der Wissenschaft«, in: Mysterium
Salutis. Grundriss heilsgeschichtlicher Dogmatik, Hg. J. Feiner – M. Löhrer, Bd. 1, Einsiedeln –
Zürich – Köln 1965, 905–980, 960.

[32] Vgl. die vom Missionswissenschaftlichen Institut Missio seit 1981 herausgegebene Reihe
»Theologie der Dritten Welt« (Freiburg – Basel – Wien) oder die von »Theologie interkulturell« e. V. am Fachbereich Katholische Theologie der Universität Frankfurt a. M. seit 1986
organisierte Reihe »Theologie interkulturell« (Düsseldorf, Frankfurt a. M.). Beide umfangreichen Reihen bieten vielfältige Einblicke in die genannten Entwicklungen. Auch die vom Exo-
dus-Verlag (Luzern) veröffentlichten Werke sind in diesem Zusammenhang zu nennen.

[33] Chr. Grethlein vertritt im Hinblick auf die evangelische Theologie die These: »Die – weit-
gehende – Ausblendung des Themas ›Mission‹ aus der (westdeutschen) praktisch-theologi-
schen Arbeit der letzten dreißig Jahre hat eine empfindliche Lücke hinterlassen; eine
sachgemäße praktisch-theologische Bearbeitung wichtiger durch die Stichworte Pluralismus
und Multikulturalität bezeichneter Phänomene erfordert die Beschäftigung mit dem Missions-
Thema und damit – unter den gegebenen Umständen der disziplinmäßigen Ausdifferenzie-
rung der Theologie – den Kontakt mit der Missionswissenschaft« (Praktische Theologie und
Mission, aaO. 389). Als positive Beispiele innerhalb der katholischen Theologie vgl. etwa
H. Steinkamp, Solidarität und Parteilichkeit. Für eine neue Praxis in Kirche und Gemeinde,
Mainz 1994; Ders. – N. Mette, (kreative) Rezeption der Befreiungstheologie in der praktischen
Theologie, in: Hg. R. Fornet-Betancourt, Befreiungstheologie: Kritischer Rückblick und Per-
spektiven für die Zukunft, Bd. 3: Die Rezeption im deutschsprachigen Raum, Mainz 1997, 9–
25.

[34] Vgl. J. B. Metz, Glaube in Geschichte und Gesellschaft. Studien zu einer praktischen Fundamentaltheologie, Mainz 1977; H. Waldenfels, Kontextuelle Fundamentaltheologie. Paderborn – München – Wien – Zürich 1985; E. Klinger, Armut. Eine Herausforderung Gottes.
Der Glaube des Konzils und die Befreiung des Menschen, Zürich 1990; G. Kruip, Die Rezeption der Theologie der Befreiung in der Christlichen Sozialethik in Deutschland, in: Hg.
R. Fornet-Betancourt, Befreiungstheologie: Kritischer Rückblick und Perspektiven für die Zukunft, Bd. 3: Die Rezeption im deutschsprachigen Raum, aaO. 41–66.

tung, welche das Konzil der missionarischen Aufgabe der Kirche beigemessen hat, lässt gewiss die berechtigte Erwartung zu, dass auch der missionswissenschaftlichen Ausbildung innerhalb des Theologiestudiums ein entsprechendes Gewicht zukommt. Die Wirklichkeit sieht jedoch anders aus. Paul VI. hatte in seinem Schreiben »Ecclesiae Sanctae« von 1966, in dem es um Normen zur Ausführung einiger Konzilsdekrete geht, erklärt, die »Theologie der Mission soll(e) in die Darstellung der theologischen Lehre und in ihre weiterführende Entfaltung so eingebaut werden, dass die missionarische Natur der Kirche voll ins Licht tritt«.[35] Auch später erschienene Dokumente wie die apostolische Konstitution »Sapientia Christiana« über die kirchlichen Universitäten und Fakultäten (1979) oder die Missionsenzyklika »Redemptoris Missio« (1990) kommen auf die Missionswissenschaft zu sprechen[36]; diese gehört aber bei uns nach wie vor nicht zu den Pflichtfächern der katholischen Theologie. Die faktische Entwicklung an theologischen Fakultäten in unseren Breitengraden lässt im Allgemeinen eine den kirchlichen Erklärungen gegenläufige Tendenz erkennen: missionswissenschaftliche Lehrstühle sind nicht zuletzt im Zuge von universitären Sparmaßnahmen gestrichen worden, missionswissenschaftliche Vorlesungen oft zur studentischen »Wahlpflichtübung« erklärt, einer nicht »prüfungsrelevanten« und darum uninteressanten Materie, und Vorlesungen in systematischer Theologie streifen missionswissenschaftliche Fragen, wenn dafür überhaupt ein Sensorium vorhanden ist, meistens gegen Ende der Traktate[37] und des Semesters. Dies dürfte jedoch zum Schaden von Theologie und Kirche insgesamt sein. Denn Theologie und Kirche sind heute ohne eingehende Berücksichtigung der missionarisch-ökumenischen Perspektive und ohne Einbezug der »Einen Welt« nicht mehr denkbar, wenn sie sich nicht selber a priori durch »Wirklichkeitsverweigerung« oder durch einen selbstgewählten »Provinzialismus« diskreditieren wollen.[38]

---

[35] Papst Paul VI., Motuproprio »Ecclesiae Sanctae«. Normen zur Ausführung einiger Dekrete des Zweiten Vatikanischen Konzils: Revidierte Übersetzung, Trier 1967, Nr. 1.

[36] Vgl. H. Rzepkowski, Der Stellenwert der Missionswissenschaft nach »Redemptoris Missio«, in: Verbum SVD 33 (1992) 3–12.

[37] Vgl. beispielsweise die unterschiedliche Wahrnahme und Gewichtung weltkirchlicher Phänomene und Fragestellungen bei M. M. Garijo-Guembe, Gemeinschaft der Heiligen. Grund, Wesen und Struktur der Kirche, Düsseldorf 1988, M. Kehl, Die Kirche. Eine katholische Ekklesiologie, Würzburg 1992, S. Wiedenhofer, Das katholische Kirchenverständnis, Graz-Wien-Köln 1992, und bei J. Werbick, Kirche. Ein ekklesiologischer Entwurf für Studium und Praxis, Freiburg – Basel – Wien 1994.

[38] M. Delgado macht namentlich zwei Gründe für die Verdrängung der Missionswissenschaft als theologischer Disziplin bei uns namhaft: Zum einen den »schlechten Ruf dieser Disziplin selbst« und zum andern »manche Entwicklungen in der nachkonziliaren Theologie«, wie sie etwa im »antiwestlichen Affekt« von EATWOT zum Ausdruck kommt (M. Delgado, Missionswissenschaft vor neuen Aufgaben. Überlegungen zu einem neuen Selbstverständnis, in: Wege der Theologie: an der Schwelle zum dritten Jahrtausend (FS H. Waldenfels), Hg. G. Riße –

Jede Kirche und alle kirchlichen Institutionen sind Teil der weltweiten Christenheit, und darin ist es zu Verschiebungen gekommen, welche nicht zuletzt auch die theologische Ausbildung bei uns betreffen. Es wäre deshalb nicht nur wünschenswert, wenn es beispielsweise zu einer theologischen Kooperation mit Studienzentren in Afrika, Asien, Lateinamerika, Nordamerika und Ozeanien käme und ein Austausch von Studierenden stattfände. Genauso wichtig ist es, Studierende aus Übersee unter uns zu haben, damit unsere Theologie nicht verarmt. Ansonsten können wir weder von unseren Gästen lernen, noch nimmt jemand unsere Theologie in seinem Gepäck mit sich nach Hause zurück.[39] Studienpläne und faktische Ausbildung von Theologen und Theologinnen stehen leider in einem Missverhältnis zur Bedeutung und zur Notwendigkeit, sich mit Fragen der *Weltkirche* und *Weltchristenheit* auseinanderzusetzen und mit außereuropäischen Theologien beschäftigen zu müssen. Das gilt auch für die evangelische Theologie, zumindest was die Ausbildung in Deutschland betrifft.[40] Auch hier wurden »bereits ausgeschriebene Professuren für diese Disziplin, die an deutschen Fakultäten heute in der Kombination mit entweder Religionsgeschichte oder Ökumenik gelehrt wird, ... gestrichen bzw. ›auf Eis gelegt‹«[41].

Diese Entwicklungen haben vermutlich weniger mit mangelndem Interesse an weltkirchlichen Fragen oder Unwilligkeit, sich mit ihnen auseinander zu setzen, zu tun, obwohl eine theologische und kirchliche Selbstgenügsamkeit nach wie vor nicht ausgeschlossen werden kann. Vielmehr spielen hier eingeschliffene »Standards« theologischer Ausbildung eine Rolle. Neben einem allgemeinen »morphologischen Fundamentalismus« in Sachen Ausbildung gehört dazu die latente Abneigung vieler theologischer Fakultäten, Missionswissenschaft in den Curricula fest zu verankern. Das Anliegen wird im Allgemeinen, wenn auch nicht von allen Theologen und Theologinnen, mitgetra-

---

H. Sonnemans – B. Theß, Paderborn 1996, 791–803, bes. 792 f.). Allerdings scheint mir Delgados Erklärung nicht sehr überzeugend. Steht denn beispielsweise Kirchenrecht in einem wesentlich besseren Ruf als Missionswissenschaft? Und wie erklärt sich die Tatsache, dass ausgerechnet dort, wo der »antiwestliche Affekt« sehr stark ist, missionswissenschaftliche Lehrstühle eingerichtet wurden? Statt zu einer Abschaffung kam es bekanntlich gerade in der Dritten Welt zur Errichtung solcher Lehrstühle! (Vgl. O. G. Myklebust, Missiology in contemporary theological education. A factual survey, in: Mission Studies 6 (1989) 87–107.)

[39] G. H. Anderson, The State of Missiological Research, in: The Book, the Circle and the Jandets. Missiological Education for the 21st Century, Ed. J. D. Woodberry – Ch. Van Engen – E. J. Elliston, Maryknoll 1996, 23–33, 24.

[40] Vgl. D. Werner, Theologie zum Leben bringen. Anforderungen an eine zukunftsorientierte Ausbildung. Ein deutscher Beitrag zum ÖRK-Studienprozeß über »Viability in Theological Education«, Hamburg 1995 (EMW Informationen Nr. 105).

[41] V. Küster, Religionsgeschichte – Missionswissenschaft – Ökumenik, in: Deutsches Pfarrerblatt 97 (1997) 342 f., 342. Vgl. Chr. Sauer – V. Krüger, Das Lehrangebot in Missions-, Ökumene- und Religionswissenschaft in Deutschland, Tübingen 1998.

gen, zumindest verbal respektiert, solange es nicht studientechnisch zu konkretisieren ist. Wenn aber der »theologische Kuchen« verteilt werden soll, dann sieht die Sache anders aus. Und selbst wenn Missionswissenschaft in die allgemeine theologische Ausbildung aufgenommen und darin fest verankert würde, bedeutete dies noch lange nicht, dass sie von der »theologischen Zunft« als eine zentrale Disziplin behandelt würde. Zum abstrakten Interesse kommt nämlich die historische Hypothek hinzu, die das Thema Mission stark belastet und viele oft daran hindert, sich mit ihm ernsthaft auseinander zu setzen, weil mit Missionswissenschaft ein imperialistisch-westliches Gehabe assoziiert wird, von dem man sich distanzieren möchte. Der allgemeine Konsens des »Zeitgeistes« ist schließlich ein »anti-missionarischer Konsens«. Mission gilt als erledigt, bevor das Thema überhaupt zur Sprache kommt, und wenn man sich mit ihm beschäftigt, dann oft um Mission endgültig zu verabschieden. Vorschnelle Urteile sind auch in diesem Bereich leicht gefällt.

Demgegenüber fällt freilich auf, wie gerade jene, die unter der westlichen Mission am meisten zu leiden hatten, programmatisch von Mission reden, Missionswissenschaft als wichtige theologische Disziplin reklamieren und beginnen, sie an verschiedenen Orten neu zu institutionalisieren. Diese empirisch leicht nachweisbare Tatsache sollte auch uns zu denken geben. Es gibt zwar noch keine umfassende Untersuchung über die Stellung von Missionswissenschaft in der theologischen Ausbildung, doch zeigen neuere Untersuchungen, dass Missionswissenschaft bei uns stark marginalisiert oder gar abgeschafft wurde, während sie andernorts gleichzeitig beginnt, ins Zentrum theologischen Denkens zu treten.[42] Das gilt vor allem für den asiatischen Raum, in dem Indien, Südkorea und auch Taiwan sehr viel unternommen haben, um Missionswissenschaft innerhalb der theologischen Ausbildung zu fördern (wobei freilich genau hingeschaut werden muss, was denn unter Missionswissenschaft verstanden wird). Dies ist ebenfalls eine Frucht des erwachten missionarischen Bewusstseins in den außereuropäischen Kirchen, welches zu den Hoffnungszeichen im gegenwärtigen Christentum gehört. Sichtbaren Ausdruck fand dieses Bewusstsein in der im Jahre 1972 erfolgten Gründung von IAMS, der International Association for Mission-Studies, der Missionswissenschaftler und Missionswissenschaftlerinnen aus allen Kontinenten angehören und die sich regelmäßig zu Kongressen trifft, um anstehende Probleme der Weltchristenheit zu erörtern. Festzuhalten bleibt allerdings auch, dass Missionswissenschaft quantitativ »immer noch eine Domäne des Westens« ist, wobei das eigentliche Schwergewicht in den Vereinigten Staaten liegt.[43]

Missionswissenschaft, die sich um ihren Ort innerhalb der Theologie bei

---

[42] O. G. Myklebust, Missiology in contemporary theological education, aaO. 87–107.
[43] W. Ustorf, Art. Missionswissenschaft, in: TRE XXIII, 88–98, 94.

uns bemüht, wird freilich die zahlreichen Schwierigkeiten und Widerstände gegenüber dem Thema Mission nicht ausblenden und ihre Bedeutung ebenso wenig mit Rekurs auf lehramtliche Autoritäten erweisen können. Missionswissenschaft kann sich innerhalb der Theologie nicht primär mit kirchlichen Verlautbarungen oder Studienordnungen um ihre Rehabilitierung oder Bedeutsamkeit empfehlen, sondern sie sollte dies mit der Überzeugungsmacht jener Sache tun, in deren Dienst sie steht. Diese Sache ist nach meinem Verständnis die *universale Bestimmung des Evangeliums*, d.h.: Gottes gute Botschaft gilt allen Menschen, in besonderer Weise den Armen (Lk 4,18).[44] Die Botschaft, dass Gott uns nahe sein will, damit wir das »Leben in Fülle« (Joh 10,10) haben, kann keiner für sich behalten, sondern sie ist ein unverdientes Geschenk, das wir nur dankbar mit anderen teilen können. Seit ihren Anfängen war darum das Ziel der Mission, das Evangelium allen Menschen mitzuteilen, weil es allen gilt und im buchstäblichen Sinn allen zu Gute kommen soll. Bei diesem Nachdenken über die universale Bestimmung des Evangeliums kommt Missionswissenschaft allerdings nicht an einer Revision ihres Selbstverständnisses vorbei. Wenn ihr von anderen die Grenzen bewusst gemacht werden, so wird sie die kritisch, oft auch aggressiv vorgetragenen Beanstandungen zu prüfen haben. Missionswissenschaft wird auch ehrlich Fehler eingestehen müssen, ohne gleich »gegen zu rechnen«. Sie braucht sich jedoch nicht jeden Vorwurf gefallen zu lassen, was nur unter der Voraussetzung möglich ist, dass auch sachliche Argumente zählen und dabei, aus welchen Gründen auch immer, die »Ehrenrettung der Mission« ein permanentes theologisches Anliegen ist.

Dass europäische Missionswissenschaft unter einem besonderen Legitimationsdruck steht, hängt mit der Geschichte Europas zusammen. Im Zuge der kolonialistischen Expansion Europas gelangte das Christentum in die Dritte Welt. »Unabhängig von ihren eigenen Motiven und Zielvorstellungen waren es das allgemeine Interesse an den außereuropäischen Welten und die öffentliche Erwartung eines Beitrags zur jeweils nationalen Überseeexpansion ..., die den Missionen gesellschaftliche Anerkennung verschafften. Und dies ist nun disziplingeschichtlich relevant, weil Missionswissenschaft erst in diesem Umfeld ihre Anerkennung als eigenständige akademisch-theologische Disziplin erhielt.«[45] In diesen Zusammenhang gehören auch die Ursprünge katholischer Missionswissenschaft. Immerhin steht hinter der Gründung des ersten katholischen, missionswissenschaftlichen Lehrstuhls in Münster im Jahre 1914 staatlicherseits der Wunsch, die Kolonien in den theologischen Studien zu berücksichti-

---

44 Vgl. S. Wiedenhofer, Universalität und Partikularität des Glaubens in der parteilichen »Option für die Armen«, in: Hg. J. Hainz – H. W. Jüngling – R. Sebott, »Den Armen eine frohe Botschaft« (FS F. Kamphaus), Frankfurt a. M. 1997, 169–185.
45 W. Ustorf, Missionswissenschaft, in: D. Ritschl – Ders., Ökumenische Theologie – Missionswissenschaft, Stuttgart – Berlin – Köln 1994, 99–144, 102.

Profil und Funktion von Missionswissenschaft ▬▬

gen. Diesen Wunsch scheint die Münsteraner Fakultät aufgenommen zu haben, um beim Ministerium einem seit längerer Zeit sich äußernden kirchlichen Bedürfnis nach einem Lehrauftrag für Missionskunde Nachdruck zu verschaffen, einer Materie, »deren theologisch-wissenschaftliche Behandlung an den Hochschulen in unserer Zeit infolge der kolonialen Aufgaben und Bestrebungen des Deutschen Reichs immer mehr zum Bedürfnisse«[46] würde.

Was wird aus einer Missionswissenschaft, die »kolonial-ideologisch« befangen ist, wenn das europäische Kolonialunternehmen zu Ende geht, und unser neokoloniales Verhalten von anderen, unmittelbar davon Betroffenen, als solches demaskiert wird? Wenn Theologie, insbesondere Missionswissenschaft, dermaßen unter den Verdacht der ideologischen Rechtfertigung und Verbündung mit westlicher Expansion und Herrschaft geraten ist, wie kann Missionswissenschaft – aber nicht nur sie – dann noch verstanden werden? Die Krise, in welche die Missionswissenschaft zeitgleich mit der Krise der Mission geriet, hat dort, wo die mit ihr gegebenen Herausforderungen angenommen wurden, statt dass ihnen stillschweigend ausgewichen wurde, dazu geführt, dass Missionswissenschaft sich verstärkt auf ihr Anliegen besinnen musste und damit zugleich ein neues Selbstverständnis zu formulieren begann.

Das Problem eines neuen Selbstverständnisses von Missionswissenschaft ist, wie noch zu zeigen sein wird, keineswegs ausdiskutiert, sondern es bleibt aufzunehmen und weiter zu erörtern, auch wenn unserer Theologie wenig Chancen bezüglich ihrer Erneuerung eingeräumt werden. So ist nach der Meinung des afroamerikanischen Theologen J. Cone von unserer Seite wenig zu erwarten: »Zu erwarten, dass weiße Theologen von sich aus, nur durch die Logik ihrer Theologie geleitet, eine Relevanz dieser Theologie für den Kampf der Schwarzen um Gerechtigkeit entdecken, ist doch dasselbe, wie wenn man vom ägyptischen Pharao erwartet hätte, dass er freiwillig die Hebräer aus ihrer Sklaverei entließe. Nur die Opfer und diejenigen, die sich mit ihnen identifizieren, vermögen den Zusammenhang zwischen ihrem Befreiungskampf und dem Evangelium zu entdecken … Wer danach fragt, wo heute eine kreative Theologie entsteht, sollte sich nicht mehr an erster Stelle in Europa im Allgemeinen und in Deutschland im Besonderen umsehen. Nachdem die Armen in Asien, Afrika und Lateinamerika endlich in Erscheinung getreten sind, sprechen nun in der Dritten Welt neue theologische Stimmen, die ganz anders reden, als wir dies auf Grund der herrschenden Theologien Europas und Nordamerikas gewohnt sind. Die Theologen der Dritten Welt stellen nicht nur die ungerechten wirtschaftlichen und politischen Verhältnisse in Frage, sondern sie setzen sich

---

[46] E. Hegel, Der Lehrstuhl für Missionswissenschaft und die missionswissenschaftlichen Studieneinrichtungen in der katholisch-theologischen Fakultät Münster, in: 50 Jahre katholische Missionswissenschaft in Münster 1911–1961, Hg. J. Glazik, Münster 1961, 3–21, 6.

auch ganz besonders mit den religiösen und theologischen Strukturen auseinander, die jenen als Rechtfertigung dienen. Nach meiner Meinung ist ohne
eine Auseinandersetzung mit dem Denken dieser Theologen und mit der Wirkung ihrer Theologie heute keine wirklich kreative Theologie mehr möglich.«[47]
Was aber, wenn wir uns auf dieses Denken einlassen, und es erneut versuchen
zu sagen, um was es in Missionswissenschaft gehen sollte?

---

[47] J. Cone, Zeugnis und Rechenschaft. Christlicher Glaube in schwarzer Kirche, Freiburg/
Schweiz 1988, 59; 121.

Mission und Kommunikation

Zum Beitrag von Missionswissenschaft für die Gegenwärtigkeit der Theologie*

Der Begründer der katholischen Missionswissenschaft, Josef Schmidlin, konnte zu Beginn des 20. Jahrhunderts die neue Disziplin noch als »Kolonialausgabe der gesamten Theologie« etikettieren.[1] Damit meinte Schmidlin nicht nur, Missionswissenschaft sei gleichsam das »Außenministerium« der Theologie, sondern meldete zugleich – wenn auch nicht explizit – den Anspruch an, von europäischer Seite aus für Andere, eben die Christen der »Missionsländer«, theologisch verbindlich denken zu können.[2] Unter dem Druck äußerer, weltpolitischer und -kirchlicher Ereignisse wie auch auf Grund inzwischen neu gewonnener oder wiederentdeckter theologischer Einsichten, hat sich die »eurozentrische Mentalität« seither merklich geändert.[3] Nicht mehr für Andere soll

---

* Antrittsvorlesung vom 7. Juni 1989 an der Katholisch-Theologischen Fakultät der Westfälischen Wilhelms-Universität in Münster.
[1] J. Schmidlin, Katholische Missionslehre im Grundriss, Münster 1919, 10. Zum besseren Verständnis des zeitgeschichtlichen Hintergrundes vgl. E. Hegel, Der Lehrstuhl für Missionswissenschaft und die missionswissenschaftlichen Studieneinrichtungen in der katholisch-theologischen Fakultät Münster, in: 50 Jahre katholische Missionswissenschaft in Münster 1911–1961, Hg. J. Glazik, Münster 1961, 3–11. Die »eurozentrische Haltung« kommt deutlich zum Ausdruck in Schmidlins Aufsatz: Deutsche Kolonialpolitik und katholische Heidenmission, in: Zeitschrift für Missionswissenschaft 2 (1912) 25–49. Gegen die »Europäisierung oder Amerikanisierung« der Mission wandte sich Schmidlins Nachfolger, Thomas Ohm, des Öfteren: vgl. Th. Ohm, Machet zu Jüngern alle Völker. Theorie der Mission, Freiburg 1962, 320; Ders., Ex contemplatione loqui. Gesammelte Aufsätze, Münster 1961, 132–149.150–172.
[2] Das schließt nicht aus, dass Schmidlin Missionswissenschaft für »lernfähig« hielt und das von ihr auch erwartete (vgl. Ders., Einführung in die Missionswissenschaft, Münster 1917, 18: Es liegt der Missionswissenschaft fern, »die Missionspraxis schulmeistern oder sich gar an die Stelle der kirchlichen Missionsautoritäten setzen zu wollen, wie sie im Gegenteil von jener gerne und dankbar die wichtigsten Belehrungen empfängt«), nur waren die Rahmenbedingungen klar vorgegeben: die der katholischen Theologie seiner Zeit, welche als die Theologie betrachtet wurde. Diese Bemerkung ist nicht im Sinne einer »Gesamtbeurteilung« des Schmidlinschen Werkes misszuverstehen, sondern als Hinweis auf einen bei ihm anzutreffenden »Zeitgeist«, von dem nicht nur Missionswissenschaftler geprägt waren, sondern der weit darüber hinaus bestimmend war. Eine umfassende Würdigung des Lebenswerkes von J. Schmidlin wie auch desjenigen von Th. Ohm ist nach wie vor ein Desiderat. Inzwischen erschien: K. Müller, Josef Schmidlin (1876–1944). Papsthistoriker und Begründer der katholischen Missionswissenschaft, Nettetal 1989 (Studia Instituti Missiologici Societas Verbi Divini 47).
[3] Vgl. W. Schweitzer, Art. Europa, in: TRE X, 528–537, bes. 535.

gedacht werden, sondern wenn schon für sie, dann zugleich doch mit ihnen oder besser noch: von den Anderen her. Dies geschieht heute bisweilen sogar in der Weise, dass fremde kirchliche Erfahrungen und theologische Erkenntnisse unvermittelt übernommen und unkritisch reproduziert werden. Damit aber entsteht (abgesehen von der Versuchung, den eigenen Problemen und Schwierigkeiten zu entfliehen) die Gefahr, Dritte-Welt-Theologien als Konsumartikel der Ersten Welt zu missbrauchen. Jedenfalls legt sich die Frage nahe, ob sich in unserer Beziehung zu den außereuropäischen Kirchen und Theologien tatsächlich ernsthaft etwas verändert hat, oder ob das Schild »Einbahnstraße« nur in die andere Fahrtrichtung umgestellt wurde; darüber hinaus aber stellt sich die Frage, wie die uns zunächst fremden Erfahrungen und Erkenntnisse in unsere theologische Arbeit eingebracht werden können, ohne sie zu »vereinnahmen« und ohne die eigenen Aufgaben und Themen zu vernachlässigen.

Für das Selbstverständnis der Missionswissenschaft und für den Beitrag, den sie innerhalb der Theologie leisten kann, ist der angedeutete Perspektivenwechsel nicht belanglos. Er zeigt sich etwa in den missionswissenschaftlichen Aufgabenstellungen und den neuerdings aufgenommenen Themen, aber auch in der Art und Weise, wie sie angegangen werden.[4] Er zeigt sich genauso in dem wachsenden Stellenwert, den die kirchlichen Erfahrungen und theologischen Konzepte außereuropäischer Christen in unserem Theologietreiben und Christsein einnehmen. Sollen diese Vorgänge mehr als eine modische Zeiterscheinung sein, auf die sich unsere Theologie einlassen kann oder auch nicht, und soll es bei der bloß appellativen Aufforderung an sie, es doch bitte zu tun, nicht bleiben, dann verdienen jene Gründe Interesse, welche die Bereitschaft, sich mit den Erfahrungen und Erkenntnissen der außereuropäischen Christen theoretisch und praktisch auseinander zu setzen, als Notwendigkeit erscheinen lassen. Im Folgenden möchte ich darum zunächst an die Anlässe erinnern, die zu einem Perspektivenwechsel bzw. zu einer – zumindest aus unserer Sicht – Horizonterweiterung sowohl innerhalb der Theologie allgemein wie auch innerhalb der Missionswissenschaft im Besonderen geführt haben. Was daraus für das Selbstverständnis von Missionswissenschaft folgt, wird in einem weiteren Punkt zu erörtern sein. Schließlich soll gefragt werden, was eine dementsprechende Missionswissenschaft zur Theologie überhaupt beitragen könnte und was darum ihren spezifischen Sinn ausmacht.

---

[4] So findet sich beispielsweise für den deutschsprachigen Raum seit 1984 in der Zeitschrift für Missionswissenschaft und Religionswissenschaft eine Zusammenstellung der theologischen Examensarbeiten zur Missionswissenschaft und Religionswissenschaft. Auch das International Bulletin of Missionary Research informiert regelmäßig über missionswissenschaftliche Arbeiten, die in den USA verfertigt werden.

1. Ursachen des Perspektivenwechsels

Es sind vor allem drei Klassen von Gründen zu nennen, die einen Perspektivenwechsel in der Missionswissenschaft bewirkt haben und die, soll diese ihre
Themen und Gegenstände nicht unhistorisch und abstrakt konzipieren,[5] für
ihr Selbstverständnis relevant sind: Gründe sozio-politischer, kirchlicher und
theologischer Art. Über ihre gegenseitige Abhängigkeit, Wechselwirkung soll
hier nichts ausgeführt werden. Dass zwischen Sozialgeschichte, Kirchen- und
Theologiegeschichte ein enger Zusammenhang besteht, versteht sich von selbst.
Gerade für die Missionsgeschichte liegt dazu umfangreiches Material vor. Die
Auflistung der Gründe sagt natürlich auch noch nichts über ihr historisches
Wirksamwerden aus.

– Seit Beginn der Entkolonialisierung treten die Länder der Dritten Welt
als eigenständige Subjekte der Weltpolitik auf. Belastet durch die kolonialen
Hypotheken und unter neokolonialen Strukturen und Mechanismen leidend,
bringen sie ihre Rechte und Vorstellungen in der Weltöffentlichkeit immer
deutlicher zur Geltung. Dieser Prozess, der weder zu revidieren noch aufzuhalten oder zu verlangsamen ist, wird von einem Bewusstsein getragen, das die
eigene Lage als »tragische Realität« der Dritten Welt wahrnimmt, d. h. als eine
durch Jahrhunderte, vor allem von Anderen gestaltete Wirklichkeit, die durch
vielfache Facetten des Todes gekennzeichnet ist. Es ist dies kein elitäres Bewusstsein einiger weniger oder ein durch fremde Ideologien geformtes: das mag es
zwar auch geben. Entscheidender ist, dass es durch die realen Probleme provoziert wurde und ihnen entspricht. Es sind die alltäglichen Erfahrungen der
Menschen (zu denen die Mehrheit der Christen gehört), die – wie die erste
Generalversammlung der ökumenischen Vereinigung von Dritte-Welt-Theologen in New Delhi 1981 formulierte – »einen Aufbruch der ausgebeuteten
Klassen, marginalisierten Kulturen und gedemütigten Rassen bewirk(en). Von
der ›Rückseite‹ der Geschichte brechen sie hinein in die lange vom Westen
beherrschte Welt. Es ist ein Aufbruch, der in revolutionären Kämpfen, politischen Aufständen und Befreiungsbewegungen zum Ausdruck kommt. Es ist ein
Aufbruch von religiösen und ethnischen Gruppen, die nach Bestätigung ihrer
authentischen Identität suchen; ein Aufbruch von Frauen, die Anerkennung
und Gleichberechtigung fordern; und es ist ein Aufbruch der Jugend, die gegen
die herrschenden Systeme und Werte protestiert. Es ist ein Aufbruch all derer,
die um volle Menschlichkeit und um ihren rechtmäßigen Platz in der Geschich-

---

[5] Vgl. L. Rütti, Mission – Gegenstand der Praktischen Theologie oder Frage an die Gesamttheologie? in: Praktische Theologie heute, Hg. F. Klostermann – R. Zerfaß, München – Mainz
1974, 288–307; H. Gensichen, Zur Lage der Missionswissenschaft an den deutschen Hochschulen, in: Jahrbuch Mission 18 (1986) 180–187.

te kämpfen.«[6] Dieser Kampf um Gerechtigkeit in den internationalen und innernationalen Beziehungen, das Ringen um Gleichberechtigung zwischen Mann und Frau, um die Anerkennung der politischen und ökonomischen Autonomie wie auch um die eigene kulturelle und religiöse Identität richtet sich nicht zuletzt gegen unsere Gesellschaften und ihre Ideologien, welche die Wahrnehmung dieser Rechte erschweren und ihre Realisierung behindern. Darum bedeutet dieser sozio-politische Aufbruch schon als solcher eine direkte Anfrage an uns: wie wollen wir den eigenen Ort in einem globalen System von Unterdrückung und Ausbeutung bestimmen und wessen Interessen vertreten?

– Analog verläuft der Prozess in der Weltchristenheit. Der »Ruf der Freiheit« erklingt auch in ihr und er wird umso vernehmbarer, je mehr die Stimme der bisher Tonangebenden abklingt oder aber jene andere zum Verstummen gebracht werden soll. Dass auch dieser Prozess irreversibel sein dürfte, ergibt sich schon aus statistischen Gründen.[7] Während die Europäer zur Jahrhundertwende noch ziemlich genau die Hälfte der Christenheit ausmachten, so in den achtziger Jahren schon weniger als 30 %. Im gleichen Zeitraum ist der prozentuale Anteil Afrikas, Asiens und Lateinamerikas gewaltig gestiegen, wenn auch von Kontinent zu Kontinent verschieden und innerhalb der einzelnen Kontinente nochmals regional in unterschiedlichem Maße. Dabei erklärt sich die Zuwachsrate nicht allein durch das natürliche Wachstum, sondern ebenso (vor allem in Afrika) auch durch den bewusst vollzogenen Übertritt Erwachsener zum christlichen Glauben. Den größten Anteil an der Weltchristenheit stellen bekanntlich die Lateinamerikaner. Wichtiger als die einzelnen Zahlen dürfte jedoch die im Allgemeinen noch zuwenig ernstgenommene Tatsache sein, dass sich der Schwerpunkt der Weltchristenheit inzwischen verlagert hat zu den Christen der Dritten Welt. Die Tertiaterranität des Christentums ist seit Jahren Wirklichkeit.[8] »Zwanzig Jahre nach dem Konzil (um nur von der katholischen

---

[6] Herausgefordert durch die Armen. Dokumente der Ökumenischen Vereinigung von Dritte-Welt-Theologen 1976 – 1983, Freiburg – Basel – Wien 1983 (Theologie der Dritten Welt 4), 120 (Nr. 26 der Schlusserklärung von New Delhi).

[7] Vgl. World Christian Encyclopedia. A Comparative Study of Churches and Religions in the Modern World, ed. by D. B. Barrett, Nairobi – Oxford – New York 1982, 4.6; Ders., Annual Statistical Table on Global Mission: 1989, in: International Bulletin of Missionary Research 13 (1989) 20 f.

[8] Der Begriff »Tertiaterranität des Christentums« stammt von H. J. Margull, Überseeische Christenheit II: Vermutungen zu einer Tertiaterranität des Christentums, in: Verkündigung und Forschung 19 (1974) 56–103, 56.67.70.82 u. ö. Im Unterschied zu dem von J. B. Metz in die Diskussion gebrachten Begriff von der »kulturell polyzentrischen Weltkirche«, der mehr eine zukünftige und darum noch zu realisierende Wirklichkeit im Blick hat, trifft der Begriff »Tertiaterranität des Christentums« m. E. die heutige Situation der Christenheit besser. Dabei sind die von Metz angesprochenen Dimensionen teilweise enthalten, vgl. 67: »Eine Tertiaterranität erkennt man … überall dort, wo authentisch (und deshalb vor allem in der überseeischen Christenheit) der Christus Jesus auf der Seite der Unterdrückten stehend geglaubt und christ-

Kirche zu reden) hat sich das Anfang der siebziger Jahre voraussehbare Profil einer missionarischen Weltkirche, die sich mehr und mehr in den Ländern der Dritten Welt beheimatet, (also) bestätigt.«[9]

Ihrer zahlenmäßigen Bedeutung und dem erstarkten Bewusstsein ihrer Eigenständigkeit entsprechend erlangten die Kirchen und Theologien in den Ländern Afrikas, Asiens und Lateinamerikas im Verlauf der letzten Jahre zunehmend eigenes Gewicht und weltkirchliche Bedeutung, was auf den Stellenwert des europäischen Christentums und seiner Theologien unmittelbar, und zwar relativierend, zurückwirken musste.

Mit der äußeren Schwerpunktverlagerung des Christentums vom reichen Norden in den armen Süden ging eine Dezentralisierung des theologischen Denkens einher. Theologie als Reflexion auf reale Erfahrungen des Glaubens wird inzwischen an verschiedenen Orten, unter verschiedenen Bedingungen, von verschiedenen Subjekten und nach verschiedenen Methoden betrieben. Nicht mehr der europäische Kontext und seine Tradition, nicht mehr europäische Theologie und ihr Wissenschaftskanon orientieren die Theologien der Dritten Welt, sondern ein buntes Kaleidoskop neuer Themen und Verfahren: schwarze Theologie und afrikanische Theologie, indische und japanische Theologie, Minjung-, Graswurzel- und Wasserbüffel-Theologie, lateinamerikanische Befreiungstheologie und Chicano-Theologie – um einige der neuen Theologien zu nennen.[10] Für unsere Arbeit ergibt sich damit nicht nur die Chance, mit den Theologien so unterschiedlicher Herkunft ins Gespräch zu kommen, sondern auch die Notwendigkeit, auf den eigenen Ort, nämlich den europäischen, bewusster zu reflektieren (eine Aufgabe, der sich die herkömmliche Missionswissenschaft kaum schon gestellt hat).[11] In dem Maße aber, wie sich die Theologie

---

licher Glaube authentisch als Akt umfassender geschichtlicher Befreiung verstanden wird.« Die Polyzentrismusthese und Differenzierungen in ihrem Verständnis finden sich u. a. in: F. X. Kaufmann – J. B. Metz, Zukunftsfähigkeit. Suchbewegungen im Christentum, Freiburg – Basel – Wien 1987, 93–123.

[9] H. Czarkowski, Weltkirche in Zahlen: Situation und Perspektiven 20 Jahre nach dem Konzil, in: Herderkorrespondenz 39 (1985) 457–461, 461.

[10] Zur Erstinformation und für einen Überblick vgl. Th. Witvliet, Befreiungstheologien in der Dritten Welt. Eine Einführung. Black Power, Karibik, Südamerika, Südafrika, Asien, Hamburg 1986; B. Chenu, Théologies chrétiennes des tiers mondes. Théologies latino-américaine, noire américaine, noire sud-africaine, africaine, asiatique, Paris 1987; Theologien der Dritten Welt – Konvergenzen und Differenzen, in: Concilium 24 (1988) 339–432; Theologie als konziliarer Prozess. Chancen und Grenzen eines interkulturellen Dialogs zwischen Theologien der »Dritten« und »Ersten Welt«. Mit einer Einleitung von J. Wietzke, Hamburg 1988 (Weltmission heute 3). Vgl. auch die entsprechenden Stichworte im Lexikon missionstheologischer Grundbegriffe, Hg. K. Müller – Th. Sundermeier, Berlin 1987.

[11] Auch die Oecumenische Inleiding in de Missiologie. Teksten en Kontexten van het Wereldchristendom, Hg. A. Camps – L. A. Hoedemaker – M. R. Spindler – F. J. Verstraelen, Kampen 1988, thematisiert nicht den europäischen Ort, an dem Missionswissenschaft betrieben wird. Zwar wird der europäische Kontext mehrfach angesprochen, doch wäre eine explizit systema-

als kontextuelle verstehen lernt, wird freilich auch die Frage nach der Universalität und Verbindlichkeit ihrer Aussagen unausweichlich, genauso wie umgekehrt die Frage nach dem spezifischen Beitrag des europäischen Christentums und seiner Tradition für die Weltchristenheit.[12]

- Damit sind wir bei den theologischen Gründen, die zum Perspektivenwechsel in der Missionswissenschaft beitrugen. Sie können am besten am Leitfaden wichtiger Aussagen des vergangenen Konzils aufgezählt werden, das namentlich für die Missionswissenschaft als das bedeutendste und wichtigste religiös-kirchliche Ereignis des 20. Jahrhunderts gelten darf.[13]

Wenn das Konzil – erstens – die nichtchristlichen Religionen als positive Wege würdigt[14] und sogar dem Atheisten, der dem Spruch des Gewissens folgt,

---

tische Reflexion darauf erforderlich, um den kirchlichen und theologischen Aufbruch in der Dritten Welt gerade als Herausforderung an die europäische Theologie und darin auch an die Missionswissenschaft in selbstkritischer Absicht thematisieren zu können. Denn ihnen wird »Komplizenschaft« und »theologische Legitimation« im europäischen Kolonisations- und Expansionsprozess vorgeworfen (vgl. beispielsweise die Schlusserklärung der Konferenz von Daressalam 1976, in: Herausgefordert durch die Armen, aaO. 36).

[12] Vgl. H. Waldenfels, Art. Kontextuelle Theologie, in: Lexikon missionstheologischer Grundbegriffe, aaO. 224–230 (Lit!); Ders., Die europäische Theologie – herausgefordert durch außereuropäische Kulturen, in: Stimmen der Zeit 111 (1986) 91–101; K. Rahner, Aspekte europäischer Theologie, in: Ders., Schriften zur Theologie XV, Zürich – Einsiedeln – Köln 1983, 84–103; L. Vischer, Europäische Theologie – weltweit herausgefordert, in: Ökumenische Rundschau 28 (1979) 233–247; K. Blaser, Christliche Theologie vor der Vielfalt der Kontexte, in: Zeitschrift für Mission 10 (1984) 5–20; K. Raiser, Europäische Theologie und Kirche im Horizont der Ökumene, in: Theologie – was ist das?, Hg., G. Picht – E. Rudolph, Stuttgart – Berlin 1977, 387–402; E. Käsemann, Evangelische Wahrheit in den Umbrüchen christlicher Theologie, in: Theologen und Theologien in verschiedenen Kulturkreisen, Hg. H. von Stietencron, Düsseldorf 1986, 259–271.

[13] Vgl. die verschiedenen Beiträge von K. Rahner in seinen Schriften zur Theologie VIII, Einsiedeln – Zürich – Köln 1967, 329–444; XIV, Zürich – Einsiedeln – Köln 1980, 287–318; XVI, Zürich – Einsiedeln – Köln 1984, 131–142.

[14] Vgl. NA 2: »Von den ältesten Zeiten bis zu unseren Tagen findet sich bei den verschiedenen Völkern eine gewisse Wahrnehmung jener verborgenen Macht, die dem Lauf der Welt und den Ereignissen des menschlichen Lebens gegenwärtig ist, und nicht selten findet sich auch die Anerkenntnis einer höchsten Gottheit oder sogar eines Vaters. Diese Wahrnehmung und Anerkenntnis durchtränkt ihr Leben mit einem tiefen religiösen Sinn. Im Zusammenhang mit dem Fortschreiten der Kultur suchen die Religionen einen genaueren Begriffen und in einer mehr durchgebildeten Sprache Antwort auf die gleichen Fragen. So erforschen im Hinduismus die Menschen das göttliche Geheimnis und bringen es in einem unerschöpflichen Reichtum von Mythen und in tiefdringenden philosophischen Versuchen zum Ausdruck und suchen durch aszetische Lebensformen oder tiefe Meditation oder liebend-vertrauende Zuflucht zu Gott Befreiung von der Enge und Beschränktheit unserer Lage. In den verschiedenen Formen des Buddhismus wird das radikale Ungenügen der veränderlichen Welt anerkannt und ein Weg gelehrt, auf dem die Menschen mit frommem und vertrauendem Sinn entweder den Zustand vollkommener Befreiung zu erreichen oder – sei es durch eigene Bemühung, sei es vermittels höherer Hilfe – zur höchsten Erleuchtung zu gelangen vermögen. So sind auch die übrigen in der ganzen Welt verbreiteten Religionen bemüht, der Unruhe des menschlichen Herzens auf verschiedene Weise zu begegnen, indem sie Wege weisen: Lehren und Lebensregeln sowie auch

eine reale Heilschance zuspricht[15], dann verändert sich damit nicht nur die traditionelle Begründung von Mission überhaupt, sondern es tritt auch das »Objekt der Mission«[16] auf neue Weise in Erscheinung: nämlich als vollwertiges Subjekt und gleichrangiger Partner eines »colloquium salutis«.[17] Wie aber ist unter diesen veränderten Voraussetzungen dann der Sinn von Mission zu bestimmen?[18]

Wenn das Konzil – zweitens – die geschichtliche Bedingtheit der christlichen Offenbarung und ihrer Überlieferung herausstellt und zugleich die religiös-kulturellen Überlieferungen der nicht christlichen Völker neu bewertet (auch wenn nach wie vor unklar bleibt, nach welchen genauen Kriterien die notwendigen Unterscheidungen zu treffen sind und wem die Unterscheidungskompetenz zufällt)[19], so ist damit für die Missionswissenschaft das Problem von Evangelium und Kultur in radikalerer Form als bisher gestellt. Das Fremde kann dann nämlich nicht mehr einfach im Hinblick auf ein »unabänderlich Gegebenes« betrachtet und an ihm gemessen werden, so wie es die Hermeneutik der herkömmlichen Adaptations- und Akkommodationstheorien ver-

---

heilige Riten«. Dazu: C. Geffré, La théologie des religions non chrétiennes vingt ans après Vatican II, in: Islamochristiana 11 (1985) 115–133, bes. 124 f.; M. Seckler, Theologie der Religionen mit Fragezeichen, in: Ders., Die schiefen Wände des Lehrhauses. Katholizität als Herausforderung, Freiburg – Basel – Wien 1988, 50–70; Ders., Synodos der Religionen. Das ›Ereignis von Assisi‹ und seine Perspektiven für eine Theologie der Religionen, in: Theologische Quartalschrift 169 (1989) 5–24, bes. 17 ff.

[15] Vgl. LG 16: »Die göttliche Vorsehung verweigert auch denen das zum Heil Notwendige nicht, die ohne Schuld noch nicht zur ausdrücklichen Anerkennung Gottes gekommen sind, jedoch, nicht ohne die göttliche Gnade, ein rechtes Leben zu führen sich bemühen.« Vgl. auch AG 7; GS 22.

[16] »Vielleicht ist das eine der schwersten ›Sünden‹ der Mission, dass man von ihnen (scil. den Menschen, zu denen man sich gesandt wusste) als ›Missionsobjekten‹ sprach« (Th. Sundermeier, Konvivenz als Grundstruktur ökumenischer Existenz heute, in: Ökumenische Existenz heute, W. Huber – D. Ritschl – Th. Sundermeier, München 1986, 49–100, 92).

[17] Vgl. H. R. Schlette, Colloquium salutis – Christen und Nichtchristen heute, Köln 1965.

[18] In »Das Missionsverständnis der Kirche in der gegenwärtigen Diskussion, Mainz 1984 (Tübinger Theologische Studien 24)« habe ich versucht, ausgehend von einem kommunikativen Verständnis von Freiheit den Sinn von Mission als Vermittlung des unbedingten Ja Gottes zu bestimmen. Diese Bestimmung will weder darauf verzichten, die anderen von der eigenen »Sache« zu überzeugen, noch kann sie in Selbstüberschätzung der eigenen Position für sich die absolute Heilsgewissheit beanspruchen. Vielmehr hat Mission als »freies Angebot eschatologischen Lebens« auf die »Kraft ihrer Evidenz« zu vertrauen (vgl. aaO. 245–266). Zur existentiell-spirituellen Dimension dieses Ansatzes vgl. G. Collet, Art. Sendung/Mission, in: Praktisches Lexikon der Spiritualität, Hg. Chr. Schütz, Freiburg – Basel – Wien 1988, 1138–1142, bes. 1140 ff.

[19] Vgl. J. Amstutz, Über die Religionen. Nostra Aetate, Art. 1 und 2, in: Neue Zeitschrift für Missionswissenschaft 29 (1973) 81–92, bes. 88 ff.; H. Waldenfels, Theologie der nichtchristlichen Religionen. Konsequenzen aus »Nostra aetate«, in: Glaube im Prozess. Christsein nach dem II. Vaticanum (Für K. Rahner), Hg. E. Klinger – K. Wittstadt, Freiburg – Basel – Wien 1984, 757–775.

---

stand,[20] sondern dieses, also das missionierende Christentum herkömmlicher Prägung, muss seinerseits als zwar keineswegs ungültige, aber doch nur partikulare Realisierung des Christentums beurteilt werden. In eben dem Maße also, wie die Gleichsetzung des Christentums mit seiner jüdisch-hellenistisch-römisch-germanischen Überlieferungsform aufgegeben wird und damit der bisher selbstverständlich angenommene Argumentationsboden ins Wanken gerät, muss die Frage nach der Bestimmung christlicher Identität und die mit ihr verbundene hermeneutische Problematik an Schärfe gewinnen.[21] Gerade der Missionswissenschaft (aber nicht nur ihr) stellt sich das Problem theologischen Verstehens und Vermittelns heute auf dringlichere und radikalere Weise als jemals zuvor.

Wenn – drittens – inzwischen eingetreten ist, was man mit der Rede von der »planetarischen Diaspora«[22] und dementsprechend der »Mission in sechs Kontinenten«[23] gemeint hat, und wenn zugleich das Konzil die Bedeutung der Ortskirchen und die Eigenverantwortlichkeit ihres Denkens und Handelns herausstellt,[24] so fordert dies von der Missionswissenschaft vor allem eine Präzisierung ihres Aufgabenfeldes: sie selber wird damit nämlich auf ihren eigenen und nächsten Kontext und die ihm anstehenden Aufgaben verpflichtet. Das rückt sie in die Nähe der Pastoraltheologie, nicht um dieser ihre Aufgabe streitig zu machen oder mit ihr zu konkurrieren, sondern um sie als Verbündete für das Bemühen zu gewinnen, in einem klar gegebenen Kontext den universalen Bezug des Evangeliums zur Geltung zu bringen. Denn was Gottes befreiendes Evangelium, das allen Menschen gilt, tatsächlich bedeutet und fordert, wird erst sichtbar, wenn seine Verheißung und sein Anspruch in der Situation aller, also auch derer »vor Ort«, bestimmt und konkretisiert sind.

---

[20] Vgl. J. Müller, Missionarische Anpassung als theologisches Prinzip, Münster 1973, bes. 1–63.

[21] Vgl. F. X. Kaufmann, Theologie in soziologischer Sicht, Freiburg – Basel – Wien 1973, 148; H. W. Gensichen, Mission und Kultur. Gesammelte Aufsätze, München 1985, passim.

[22] K. Rahner, Theologische Deutung des Christen in der modernen Welt, in: Ders., Sendung und Gnade. Beiträge zur Pastoraltheologie, Innsbruck – Wien – München [4]1966, 13–47, 27.

[23] In sechs Kontinenten. Dokumente der Weltmissionskonferenz Mexiko 1963, Hg. Th. Müller-Krüger, Stuttgart 1964, 230.

[24] Vgl. B. Neunheuser, Gesamtkirche und Einzelkirche, in: De Ecclesia. Beiträge zur Konstitution »Über die Kirche« des Zweiten Vatikanischen Konzils, Hg. G. Baraúna, Bd. 1, Freiburg – Basel – Wien – Frankfurt 1966, 547–573; H. Wieh, Konzil und Gemeinde. Eine systematisch-theologische Untersuchung zum Gemeindeverständnis des Zweiten Vatikanischen Konzils in pastoraler Absicht, Frankfurt a. M. 1978; H. Waldenfels, Das Mysterium der Kirche und die Gemeinschaft der Kirchen. Einheit und Vielheit in der Weltkirche, in: Ordenskorrespondenz 27 (1986) 420–437.

Profil und Funktion von Missionswissenschaft

2. Folgen für das Selbstverständnis von Missionswissenschaft

Für das kirchliche Leben und die theologische Reflexion ist die Tertiaterranität des Christentums vor allem deshalb von weitreichender Bedeutung, weil sie zu einem neuen weltkirchlichen Bewusstsein und umfasserenderen theologischen Denken führen kann, in dem die Schwierigkeiten der eigenen Situation gleichwohl nicht heruntergespielt oder verdrängt zu werden brauchen. Wohl aber ist unser gewohntes kirchliches Handeln und eingespieltes theologisches Denken zu relativieren, d. h. zu etwas Umfasserenderem in Beziehung zu setzen: der Tatsache einer real existierenden Weltkirche nämlich. Von einem theologischen Bewusstsein, das auf seine Gegenwärtigkeit bedacht ist, muss auch erwartet werden, dass ihm daran liegt, auf die Fragen und Nöte der Mehrheit seiner Weggenossen und Weggenossinnen im Glauben zu achten, aber auch ihrer Erfahrungen und Freuden mit dem Evangelium inne zu werden, nicht um sie weiterhin zu belehren, sondern selbst belehrt zu werden. In der Sprache des Paulus: »um des Evangeliums willen«, damit wir selber »des Evangeliums teilhaftig werden« (1 Kor 9,23).[25] Mit anderen Worten: Kommunikation mit den anderen Kirchen und Theologien ist schon deshalb geboten, um selber das Evangelium besser und tiefer verstehen zu lernen, was zweifellos umgekehrt auch für die anderen gilt. Allerdings kann man nicht unbedacht in diese Kommunikation mit anderen eintreten, zumindest wir nicht und zwar deswegen, weil die Geschichte der europäischen Expansion und Mission auch eine Geschichte der Unterdrückung, Zerstörung und Ausbeutung gerade derjenigen ist, mit denen wir nun in Kommunikation treten wollen und sollen. Darum gilt es zuvor etwas zu bereinigen. »Es ist weder pastoral noch theologisch möglich, zwischen Christen unterschiedlicher Kulturen in einen Dialog einzutreten, wenn und solange das … Konfliktpotential nicht bewusst gemacht ist und die mit ihm verbundenen Verwundungen aufgedeckt und angenommen sind.«[26] Wir gelten als gewalttätig, und deshalb fordert die Kommunikation mit den anderen Sensibilität und Geduld.[27] Wer in dieser Sache zu schnell die kirchliche Communio bemüht, sei es in bester Absicht oder aus theologischer Besorgnis, der vergisst, dass Communio vor allem darin bestand, dass andere unter uns gelitten haben und es noch immer tun.

Doch gilt es genauso zu bedenken, dass es das Evangelium ist, in dessen

---

[25] Vgl. G. Eichholz, Die Theologie des Paulus im Umriss, Neukirchen-Vluyn ²1977, 40 ff.

[26] W. Simpfendörfer, Thesen auf der Suche nach einer interkulturellen Theologie, in: epd-Entwicklungspolitik 5/6 (1987) 31–38, 31. Vgl. Ders., Interkulturelle Theologie. Wie kann man Ende und Anfang verknüpfen?, in: Evangelische Kommentare 22 (1989) 37–40.

[27] Vgl. H. W. Gensichen »Einheimische Theologie« und ökumenische Verantwortung, in: Ders., Mission und Kultur, aaO. 82–98; V. Elizondo, Voraussetzungen und Kriterien für einen authentischen interkulturellen Dialog, in: Concilium 20 (1984) 18–25.

Namen mit uns ins Gericht gegangen wird, dasselbe Evangelium, auf das wir uns eingelassen haben und das uns zur Weitergabe anvertraut ist. Gottes Evangelium ist ja nicht unser Besitz, sondern die Gabe, die wir immer mehr schätzen lernen sollen, indem wir sie weiterreichen. Darum ist das Umfassendere, das unsere Öffnung verlangt, auch und eigentlich Gott selber. Wenn Mission und Kirche ihren letzten Grund im geschichtlichen Handeln Gottes in Jesus von Nazaret haben, dann können Christen in der Nachfolge des Nazareners dieses Handeln nur dankbar und dadurch bezeugen, dass sie selber an dieser messianischen Sendung unter den gegebenen geschichtlichen Bedingungen teilnehmen und das Evangelium allen Menschen in den verschiedenen Welten ausrichten. Um nichts anderes geht es in der Mission, die inzwischen von verschiedenen Kirchen, von Christen unterschiedlicher Hautfarbe, in unterschiedlicher Gestalt wahrgenommen wird.[28] In dieser geschichtlichen Bestimmung, der sich die Bezeugung des Glaubens niemals entziehen kann, liegt freilich auch eine Verwundbarkeit beschlossen, wie sie die europäischen Christen in dieser Härte und Radikalität vielleicht noch nie zu spüren bekamen. Wenn dabei nun das europäische Christentum und seine verschiedenen Theologien als partikulare Realisierung und relative Erkenntnis der Wahrheit des Evangeliums bewusst und anerkannt werden, sind sie deswegen doch keineswegs nichts, da sie alles sind, was wir haben.[29]

Und ebenso sind auch seine stets partikularen und relativen Erkenntnisse nicht etwa zu Gunsten einer vermeintlichen und vagen Universalität einfach zu opfern, sondern in die Begegnung einzubringen, dabei allerdings auch der Kritik auszusetzen, um der je größeren Wahrheit des Evangeliums willen. Eine gegenwärtige, d. h. eine Theologie angesichts der Tertiaterranität des Christentums, hat also im kirchlichen und theologischen Aufbruch der Dritten Welt Gottes Handeln selbst wahrzunehmen, das uns Europäer mitmeint und die Einwilligung in die Relativierung unserer Traditionen, Bekenntnisse, Kirchenordnungen usw. verlangt.[30] Verstehen wir diese Infragestellung unseres kirch-

---

[28] O. Degrijse, Der missionarische Aufbruch in den jungen Kirchen. Glaubenszeugnisse für unsere Welt, Aachen 1984.

[29] Vgl. W. J. Hollenweger, Erfahrungen der Leibhaftigkeit, München 1979 (Interkulturelle Theologie 1), 132 ff.

[30] Vgl. M. Linz, Missionswissenschaft und Ökumenik, in: Einführung in das Studium der evangelischen Theologie, Hg. R. Bohren, München 1964, 33–54. Zum Begriff »Handeln Gottes« vgl. H. Kessler, Der Begriff des Handelns Gottes. Überlegungen zu einer unverzichtbaren theologischen Kategorie, in: Kommunikation und Solidarität. Beiträge zur Diskussion des handlungstheoretischen Ansatzes von Helmut Peukert in Theologie und Sozialwissenschaften, Hg. H. U. v. Brachel – N. Mette, Freiburg (Schweiz) – Münster 1985, 117–130; Ders., Sucht den Lebenden nicht bei den Toten. Die Auferstehung Jesu in biblischer, fundamentaltheologischer und systematischer Sicht, Düsseldorf 1985, 284 ff.; J. Werbick, Die Auferweckung Jesu: Gottes »eschatologische Tat«? Die theologische Rede vom Handeln Gottes und die historische Kritik, in: »Der Herr ist wahrhaft auferstanden« (Lk 24, 34). Biblische und systematische Bei-

lichen und theologischen Bestandes wie auch unserer Nachfolgepraxis nicht als die Zumutung Gottes selber, so scheint mir, wird weder die Radikalität der Kritik am Eurozentrismus noch die Legitimität der veränderten Situation und damit auch die Herausforderung, die sie für uns darstellt, ernst genug genommen und akzeptiert werden können. Wie kann sich eine Missionswissenschaft, die in solcher Einstellung gründet, aber dann noch als Missionswissenschaft verstehen?[31]

Um einerseits der mit der neuen Situation gegebenen Ausgangslage Rechnung zu tragen und andererseits der Krise der herkömmlichen Missionswissenschaft zu begegnen, hat der verstorbene Münsteraner Pastoraltheologe Adolf Exeler den Vorschlag gemacht, »an die Stelle der üblichen Missionswissenschaft etwas erheblich anderes zu setzen«.[32] Sein Vorschlag lautete, statt Missionswissenschaft »vergleichende Theologie« zu treiben.[33] Dabei hätte jede Kirche und Theologie »ihre Sache in einem echten Dialog zur Sprache (zu) bringen, in einem Dialog, in dem alle Beteiligten voneinander lernen können. Die europäische Theologie sollte, statt anderen Kirchen ihre Denk- und Handlungsweisen

---

träge zur Entstehung des Osterglaubens, Hg. I. Broer – J. Werbick, Stuttgart 1988 (SBS 134), 81–131.

[31] Zum Selbstverständnis von Missionswissenschaft im europäischen Kontext (aus jüngster Zeit) vgl. beispielsweise: H. Waldenfels, Zukunftsperspektiven der Missionswissenschaft, in: Zeitschrift für Missionswissenschaft und Religionswissenschaft 60 (1976) 81–90; H. W. Gensichen, Missionswissenschaft als theologische Disziplin, in: K. Müller, Missionstheologie. Eine Einführung, Berlin 1985, 1–20; R. Friedli, Art. Mission/Missionswissenschaft, in: NHThG III, München ²1991, 118–127; K. Blaser, A quoi sert la missiologie? in: Journal des missions évangéliques 160 (1985) 21–28; H. Fries, Katholische Missionswissenschaft in neuer Gestalt, in: Stimmen der Zeit 111 (1986) 755–764; Oecumenische Inleiding in de Missiologie, aaO.; Missiologia oggi, Roma 1985 (Subsidia Urbaniana 14).

[32] A. Exeler, Vergleichende Theologie statt Missionswissenschaft?, in »... denn Ich bin bei Euch«. Perspektiven im christlichen Missionsbewusstsein heute (Festgabe für J. Glazik und B. Willeke), Hg. H. Waldenfels, Zürich – Einsiedeln – Köln 1978, 199–211, 199 Anm. 1. Den Vorschlag unterbreitete Exeler erstmals (hier als vergleichende Praktische Theologie) in seiner Einführung zu F. Lobinger, Auf eigenen Füßen: Kirche in Afrika, Düsseldorf 1976, 9–28, bes. 15 f.; vgl. auch A. Exeler, Wege einer vergleichenden Pastoral, in: Evangelisation der Dritten Welt. Anstöße für Europa, Hg. L. Bertsch und F. Schlösser, Freiburg – Basel – Wien 1981, 92–121. Exelers Vorschlag wurde verdeutlicht von Th. Kramm, Was ist von einer »vergleichenden Theologie« zu erwarten? Adolf Exeler zum Andenken, in: Zeitschrift für Missionswissenschaft und Religionswissenschaft (1984) 69–73; Ders., Vergleichende Theologie statt Missionswissenschaft, in: Zeitschrift für Missionswissenschaft und Religionswissenschaft 70 (1986) 101–111. Kritisch dazu: A. Camps, Missionstheologie aus interkontinentaler Sicht. Der Beitrag Afrikas, Asiens und Lateinamerikas, in: Glaube im Prozess, aaO. 666–678; H. W. Gensichen, Missionswissenschaft als theologische Disziplin, aaO. 1–20, bes. 4 ff. R. Hummel spricht von einer »komparativen Missiologie, die die Eigenart des Sendungsbewusstseins und Missionswillens der verschiedenen Religionen und religiösen Traditionen berücksichtigt und die Wechselwirkung zwischen Sendungsbewusstsein und Krisenbewusstsein nicht außer acht lässt« (R. Hummel, Mission als interreligiöse Dynamik, in: Zeitschrift für Mission 9 (1983) 214–225, 217).

[33] A. Exeler, Vergleichende Theologie statt Missionswissenschaft?, aaO. bes. 205 ff.

---

aufzudrängen, sorgfältig auf die Denk- und Handlungsweisen der anderen hin-hören, um sie zu kennen und zu verstehen« und ohne sich »zur Richterin über die anderen auf(zu)werfen«.[34] Fundamentale Voraussetzung für das Gespräch mit den Theologien anderer Kontinente wäre freilich, dass es solche überhaupt gibt, und zwar mit je eigenem Profil. Das Ziel einer vergleichenden Theologie ist es nach Exelers Vorschlag, »die theologischen Reichtümer und Charismen der einzelnen Kirchen und Kulturkreise für die große katholische Einheit ka-tholischen Denkens fruchtbar«[35] zu machen. Wie das genauer aussehen könnte, hat Exeler auf seinem Gebiet der Pastoraltheologie verdeutlicht, wobei für un-seren Zusammenhang bemerkenswert ist, dass bei einem wirklichen Gespräch nicht die Frage nach der Übertragbarkeit im Vordergrund steht, sondern ein kreativer Dialog intendiert wird. »Gerade die Fremdheit und Unübertragbar-keit der Lösungen, die andere für ihre Probleme gefunden haben«, können dazu herausfordern, die eigene Weise zur Lösung der eigenen Probleme zu ent-wickeln.[36] Vergleichende Pastoraltheologie, präzisiert Exeler seine Zielsetzung, soll »um einer wirksameren Evangelisation willen«[37] betrieben werden.

Missionswissenschaft als »vergleichende Theologie« zu verstehen, befrie-digt trotz des vielen, was der Vorschlag an Bedenkenswertem enthält, m.E. nicht ganz.[38] Abgesehen davon, dass diese Konzeption in Gefahr steht, durch die Hintertür des Vergleichens den Eurozentrismus doch wieder eindringen zu lassen, liegt ihre Schwäche zum einen in der Regionalisierung der Probleme und zum andern im latenten Ekklesiozentrismus. Wenn sich die Analysen der glo-balen Menschheitsprobleme, wie sie gegenwärtig der konziliare Prozess unter den Leitworten Gerechtigkeit, Frieden und Bewahrung der Schöpfung themati-siert, inzwischen nicht mehr abweisen lassen, dann kann das Problem der einen nicht mehr als ihr Problem partialisiert und abgetan werden. Ebensowe-nig kann die eigene Lösung in Absehung der Lösung der anderen entwickelt werden. Immerhin geht es um Fragen, in die alle involviert sind und die Leben und Tod von Menschen betreffen. Wer sich bei der Prioritätensetzung der an-stehenden Probleme heraushält und sich der Mitarbeit bei der Lösung verwei-gert, der ist nach einem peruanischen Sprichwort selbst Teil des Problems. Die andere Schwäche des Konzepts einer vergleichenden Theologie scheint mir da-rin zu liegen, dass es das, was in der herkömmlichen Missionswissenschaft das zentrale Thema bildete und nach wie vor zum Glauben gehört: nämlich zur Mitteilung über den je eigenen Raum der engeren Glaubensgemeinschaft hi-

---

[34] Ebd. 200.205. Vgl. Ders., Wege einer vergleichenden Pastoral, aaO. 99.
[35] A. Exeler, Vergleichende Theologie statt Missionswissenschaft?, aaO. 201; vgl. ebd. 207; Ders., Wege einer vergleichenden Pastoral, aaO. 104.
[36] Ders., Wege einer vergleichenden Pastoral, aaO. 103.
[37] Ebd. 115.
[38] Vgl. H. W. Gensichen, Missionswissenschaft als theologische Disziplin, aaO. 5.

nauszudrängen, nicht mehr oder doch kaum erkennbar zum Zuge kommen lässt.[39] Damit ist die vergleichende Theologie theologisch zwar in einer angenehmeren Position, allerdings um den Preis, dass sie das Provokative und die Zumutung ausspart, welche in der universalen Bestimmung des Evangeliums, das immer nur in begrenzter, inkulturierter Gestalt begegnet, impliziert ist: den Juden ein Ärgernis, den Heiden eine Torheit, einer nachchristlichen Gesellschaft »abgestandenes Wasser« (vgl. 1 Kor 1, 24).

Zur Diskussion steht heute der weitere Vorschlag, Missionswissenschaft sei interkulturelle Theologie.[40] Nur wäre das noch genauer zu präzisieren. Interkulturelle Theologie ist m. W. von ihren Vertretern nicht mit dem Anspruch einer Substitution der Missionswissenschaft ins Gespräch gebracht worden, sondern als Anstoß für ein methodisches Verfahren, mit dem in der Situation der Tertiaterranität des Christentums theologisch zu arbeiten sei.[41] Interkultu-

---

[39] Meine offene Formulierung ergibt sich daher, dass Exeler nicht näher bestimmt, was er unter einer »wirksameren Evangelisation« (Vgl. Anm. 37) versteht (vgl. K. Rahner, Wagnis des Christen, Geistliche Texte, Freiburg – Basel – Wien 1974, 54 f.: »Wenn ich recht gezählt habe, kommt im Zweiten Vatikanischen Konzil das Wort ›evangelizatio‹ und ›evangelizare‹ vierzigmal vor, ist also für die Terminologie des Konzils ein geläufiger Begriff. Im Deutschen ist ›evangelisieren‹, ›Evangelisation‹ ein selten gebrauchtes Wort in der katholischen Theologie. In der Evangelischen Kirche Deutschlands ist es anders: da wird das Wort ›Evangelisation‹ oft gebraucht. Hier wird (oder wurde) das Wort sowohl für die Gewinnung nichtevangelischer Christen für die evangelischen Kirchen verwendet als auch für die Bemühungen, die von den zahlreichen und differenzierten ›Erweckungsbewegungen‹ für eine Belebung des innerkirchlichen Lebens unternommen werden. Ich kann hier nur sagen, was ich für mich unter dem Wort ›evangelisieren‹ denken möchte, wenn ich das Wort verwenden würde, oder sagen, was ich bei einem solchen Begriff für die heutige Zeit besonders hervorheben würde. ›Evangelisieren‹ bedeutet für mich einfach die immer neue Verkündigung des Evangeliums von Jesus als dem Gekreuzigten und Auferstandenen als dem Unterpfand dafür, dass Gott *sich selbst* in seinem Geist sich als Kraft des Weges und als Ziel des Lebens vergebend und ›vergöttlichend‹ mitteilt und so auch die letzte Einheit der Menschen untereinander und ihrer Geschichte bildet, bis völlig offenbar wird, was jetzt schon *ist:* Gott alles in allem und die innerste Mitte (aus Gnade) unserer Existenz in der liebenden und hoffenden Gemeinschaft der Menschen. Solche ›Evangelisation‹ richtet sich an alle Menschen, ist also einerseits ›Mission‹ im üblichen Sinn des Wortes, andererseits aber immer neue Verkündigung des Evangeliums an die Christen, weil diese auch in immer neuen Situationen ihres Lebens immer noch unterwegs sind, Christen zu werden.«). Sie ergibt sich auch daher, dass Exeler zwar nichtchristliche Religionen in seine Überlegungen mit einbezieht (vgl. Wege einer vergleichenden Pastoral, aaO. 117 f.), aber dann die Zielsetzung der »vergleichenden Pastoraltheologie« nicht näher bestimmt, und die Fragenkataloge einer vergleichenden Pastoraltheologie sehr »binnenkirchlich« orientiert sind (vgl. ebd. 93; Vergleichende Theologie statt Missionswissenschaft?, aaO. 209 f.).
[40] So in einem Werbeprospekt des Missionswissenschaftlichen Instituts Missio in Aachen: »Missionswissenschaft – das ist heute interkulturelle Theologie«. Vgl. M. Sievernich, Konturen einer interkulturellen Theologie, in: Zeitschrift für Katholische Theologie 110 (1988) 257–283, bes. 260.266, bei dem der wissenschaftliche Status einer interkulturellen Theologie offen bleibt.
[41] Vgl. W. J. Hollenweger, Erfahrungen der Leibhaftigkeit, aaO. 33–51. Es ist mir nicht klar geworden, warum R. Friedli in seinem Artikel Interkulturelle Theologie, in: Lexikon missionswissenschaftlicher Grundbegriffe, aaO. 181–185, zugleich sagen kann: »Mit dem Begriff ›inter-

relle Theologie meint also nicht »eine alle Kulturen übergreifende und deshalb mit allen Kulturen angereicherte, scheinbar universale Theologie«.[42] Eine solche Universalität könnte nur in ihrer Irrelevanz bestehen. Interkulturelle Theologie zielt vielmehr auf eine veränderte Sicht und Einstellung bei der theologischen Arbeit. »Theologie auf interkulturelle Weise treiben heißt einerseits, das zu denken, was fremde Erfahrungen mit dem Evangelium, also kulturell anders bestimmte Christen und Gemeinden, uns zu denken geben. Und andererseits bedeutet es, bei unserer theologischen Arbeit immer mitzubedenken, was unsere Erfahrungen mit dem Evangelium kulturell anders bestimmten Christen und Gemeinden zu denken geben.«[43] Wird interkulturelle Theologie also als ein methodisches Verfahren betrachtet, empfiehlt es sich nirgends mehr als in der Missionswissenschaft.

Missionswissenschaft möchte ich darum im Anschluss an das Gesagte als jene theologische Disziplin verstehen, welche über die universale Bestimmung des Evangeliums und seine Annahme in der Welt nachdenkt. Als theologische Disziplin, die den Weltbezug des Evangeliums offenzuhalten sucht, thematisiert sie vor allem fremde Erfahrungen mit dem Evangelium und bedenkt sie in ihrer Relevanz für uns. Zwar ist es nicht allein Sache der Missionswissenschaft über die universale Bestimmung des Evangeliums nachzudenken, sondern eine Aufgabe der Theologie überhaupt.[44] Während dies für die übrigen Disziplinen (wenn auch in unterschiedlicher Weise) aber mehr eine prinzipielle und formale Implikation darstellt, die sie in der Regel für einen bestimmten, nämlich den nächstliegenden, sozio-politischen und -kulturellen Raum konkret und inhaltlich wahrnehmen und thematisieren, ist die universale Bestimmung des Evangeliums gerade als solche das erklärte Thema der Missionswissenschaft. Was bedeutet das näherhin?

---

kulturelle Theologie‹ ist nicht zuerst und vor allem ein Programm …, sondern eine Methode« (ebd. 182) gemeint, und dann: »Interkulturelle Theologie ist diejenige wissenschaftliche Disziplin der Rede von Gott und seinem Heils(an)gebot, welche im Rahmen einer gegebenen Kultur operiert, ohne diese aber zu verabsolutieren« (ebd. 183). Denn die Methode allein ist weder wissenschaftskonstitutiv für eine bestimmte Disziplin, noch »hängt (sie) vom sozialen Kontext ab« (ebd. 184). Zwar können in einer Disziplin gewisse Methoden bevorzugt angewandt und kann in einem bestimmten Kontext vor allem mit ihnen gearbeitet werden. Aber damit ist interkulturelle Theologie noch nicht als »wissenschaftliche Disziplin« begründet.
[42] So das präzise Vorwort zur Reihe »Theologie interkulturell« von H. Kessler und H. P. Siller, in: B. Bujo, Afrikanische Theologie in ihrem gesellschaftlichen Kontext, Düsseldorf 1986 (Theologie interkulturell 1), 9–16, 11.
[43] Ebd. 12.
[44] Vgl. H. Bettscheider, Die missionarische Dimension der theologischen Disziplinen, in: Theologie im Dienste der Weltkirche. Festschrift zum 75jährigen Bestehen des Missionspriesterseminars St. Augustin, Hg. W. Prawdzik, Nettetal 1988, 53–65.

3. Zum missionswissenschaftlichen Beitrag

Voraussetzung für einen möglichen Beitrag von Missionswissenschaft für die Theologie ist nicht allein, dass sie über einen solchen »verfügt«, sondern auch, dass sie den Ort wahrnimmt, an dem sie diesen Beitrag einbringen kann.[45] Für die Stellung europäischer Missionswissenschaft und ihre weitere Entwicklung scheint es mir nicht so sehr »entscheidend (zu) sein, ob sie sich innerhalb der Theologie als eigenständiger, institutioneller Wissenschaftsbereich legitimieren kann«[46], als vielmehr, dass sie ihre »Sache«, die nicht nur die ihre, sondern der Kirche und Theologie insgesamt ist, für andere überzeugend und einladend in die theologische Arbeit einbringt. Gewiss braucht Missionswissenschaft ihren ausgewiesenen Ort innerhalb der Theologie,[47] aber das allein bewahrt sie nicht davor, zum »theologischen Exoticum« oder zum »Krisenmanagement« zu werden, wenn nicht zugleich unsere Theologie als Ganze die Herausforderung annimmt, wie sie K. Rahner einmal formulierte: »Die Theologie des Westens – so Rahner – hat auch heute einen gar nicht abschätzbaren Nachholbedarf. Sie müsste … missionarisch sein; sie dürfte nicht nur in der bewährten Form der Tradition auf diejenigen hin denken und reden, die sich noch im Christentum und in der Kirche heimisch fühlen; sie müsste auf die anderen hin denken, denen aus vielen Gründen das Christentum fremd geworden ist.«[48]

Als weitere Voraussetzung kommt hinzu, angesichts der Situation der Tertiaterranität des Christentums den Ort zu bestimmen, an dem wir Theologie treiben. Es ist dies die »Welt der Reichen«, in der es gewiss materiell Arme gibt und sich andere, auch neue Formen der Armut zeigen als in der Dritten Welt, trotzdem handelt es sich um Gesellschaften, die ihren Wohlstand auch der Verelendung anderer verdanken.[49] Diesen Ort innerhalb einer »Welt der Reichen«

---

[45] Vgl. J. Aagard, The soft Age has gone, in: Missiology 10 (1982) 263–276; K. Blaser, Unser Ort. Ein vorläufiger Versuch, den europäischen Kontext zu analysieren, in: Zeitschrift für Mission 12 (1986) 76–85.

[46] H. J. Findeis, Art. Missionswissenschaft, in: Lexikon missionstheologischer Grundbegriffe, aaO. 323–327, 327.

[47] Vgl. F. Kollbrunner, Der Ort der Mission in der Theologie, in: Vermittlung zwischenkirchlicher Gemeinschaft. 50 Jahre Missionsgesellschaft Bethlehem Immensee, Hg. J. Baumgartner, Schöneck-Beckenried 1971, 247–263; W. Kasper, Die Wissenschaftspraxis der Theologie, in: Handbuch der Fundamentaltheologie 4 (Traktat Theologische Erkenntnislehre), Hg. W. Kern – H. J. Pottmeyer – M. Seckler, Freiburg – Basel – Wien 1988, 242–277, bes. 270 ff.

[48] K. Rahner, Die bleibende Bedeutung des II. Vatikanischen Konzils, in: Ders., Schriften zur Theologie XIV, Zürich – Einsiedeln – Köln 1980, 303–318, 310; vgl. J. Ratzinger, Theologia perennis? Über Zeitgemäßheit und Zeitlosigkeit in der Theologie, in: Wort und Wahrheit 15 (1960) 179–188, bes. 186 f.; M. Seckler, Theologie als Glaubenswissenschaft, in: Handbuch der Fundamentaltheologie 4, aaO. 179–241.

[49] Vgl. P. Frostin, The Spiritual Crisis in the Metropolis of Capitalism: Liberation Theology Seminar in the West European Context, Agape, Italy 1986, September 6–14; Ders., Umkehr in

kann Missionswissenschaft nicht ausblenden, gerade wenn sie die universale Bestimmung des Evangeliums bedenken will, sondern hat ihn in ihre Reflexion einzubeziehen. Würde sie darauf verzichten, so bewiese Missionswissenschaft als erste, dass sie die fundamentalste Lektion der außereuropäischen Theologien nicht begriffen hat: dass Theologie in einem bestimmten Kontext zu treiben ist, und zwar mit jenen Optionen, die das Evangelium nahe legt.[50] Ob der europäische Beitrag in die Kommunikation mit den außereuropäischen Kirchen und Theologien eingebracht werden kann, hängt darum nicht zuletzt davon ab, ob er durch das Engagement für eine neue Gerechtigkeitspraxis abgedeckt ist.

Diese beiden Voraussetzungen einmal gemacht, hätte Missionswissenschaft nach einer Aussage von H. W. Gensichen die Aufgabe, »die Kirchen überhaupt erst einmal aus provinzialistischer Selbstgenügsamkeit herauszurufen, zu einem Verständnis ihres Gesendetseins, das ihre ganze Existenz erneuern sollte«.[51] Das kann dadurch geschehen, dass unsere Kirchen und Theologien durch die Vermittlung der Missionswissenschaft mit Fragen und Problemen anderer Kirchen und Theologien konfrontiert werden. Damit gewinnt unsere theologische Arbeit einen anderen Stellenwert, und ein anderes, neues Erfahrungs- und Reflexionspotential kommt zu Gesicht, das unseren Horizont erweitert und für die gemeinsame Sache des Evangeliums in Pflicht nimmt. Auf dieses Letztere ist genau zu achten. Denn wir haben kein Recht dazu, uns die meist schmerzlich gemachten Erfahrungen Anderer und die entsprechenden Reflexionen anzueignen, ohne gleichzeitig alles uns Mögliche versucht zu haben, das in ihren Theologien hörbare Leiden zu verringern. Die eurozentrische Mentalität kann nicht dadurch überwunden werden, dass die Christen sich auf sich selbst zurückziehen in der Angst, sie könnten Andere verletzen; genauso wenig aber auch da-

---

der Metropole. Eine Antwort der Ersten Welt auf die Theologien der Dritten Welt, in: Theologie als konziliarer Prozess, aaO. 96–119; »... in euren Händen liegt das geraubte Gut der Armen«. Ökonomisch-theologische Beiträge zur Verschuldungskrise, von K: Füssel – F. Hinkelammert – M. Mugglin – R. Vidales, Fribourg/Brig 1989; G. Enderle, Das Armutsproblem als Paradigma der Wirtschaftsethik, in: Neue Summe Theologie 2 (Die neue Schöpfung), Hg. P. Eicher, Freiburg – Basel – Wien 1989, 340–373.

[50] Vgl. W. Stegemann, Das Evangelium und die Armen. Über den Ursprung der Theologie der Armen im Neuen Testament, München 1981, bes. 49 ff.; L. und W. Schottroff, Die Parteilichkeit Gottes. Biblische Orientierungen auf der Suche nach Frieden und Gerechtigkeit, München 1984; G. Casalis, Das Evangelium der Armen, in: Traditionen der Befreiung. Sozialgeschichtliche Bibelauslegungen, Bd. 1 (Methodische Zugänge), Hg. W. Schottroff – W. Stegemann, München-Gelnhausen 1980, 145–161; J. de Santa Ana, Gute Nachricht für die Armen. Die Herausforderung der Armen in der Geschichte der Kirche, Wuppertal 1979, bes. 105 ff.

[51] H. W. Gensichen, Missionswissenschaft als theologische Disziplin, aaO. 6; vgl. Ders., Glaube für die Welt, Theologische Aspekte der Mission, Gütersloh 1971, 250 ff.; H. Bürkle, Missionstheologie, Stuttgart – Berlin – Köln – Mainz 1979, 169.

Profil und Funktion von Missionswissenschaft

durch, dass sie ungerührt fremde Erfahrungen und Reflexionen für ihren verwertbaren Wissenschaftsbetrieb sammeln.

Die »Entprovinzialisierung der Theologie« als eine Aufgabe der Missionswissenschaft ist allerdings nicht misszuverstehen: Missionswissenschaft kann nicht den Anspruch erheben, sie wisse, wo es in der Theologie heute lang geht. Sie ist vielmehr auf die Hilfe aller theologischen Disziplinen angewiesen, um ihr Thema und die Probleme, die sich ihr heute stellen, bedenken zu können – eine Hilfe, die sie manchmal zu selbstverständlich oder aber zu ihrem eigenen Schaden leider gar nicht in Anspruch nimmt: etwa die Reflexion der systematischen Theologie auf die Probleme, die sich bezüglich der Bestimmung des Christlichen im Prozess der Inkulturation ergeben, oder auch die Kenntnis der Historiker von solchen Prozessen, wie sie geschichtlich schon stattgefunden haben. Jedenfalls ist Kooperation und Interdisziplinarität gerade der Missionswissenschaft geboten.[52] Vom Geruch des Exotischen und der Raritätensammlung kommt sie m. E. nur weg, wenn sie in der theologischen Zusammenarbeit ihren Beitrag gezielt einbringt, d. h. wenn sie ihr Interesse an der universalen Bestimmung des Evangeliums und seiner Annahme so geltend macht, dass wir erkennen, ihm ohne Verlust uns nicht mehr verschließen zu können. In der Auseinandersetzung mit dem uns Fremden verstehen wir dann nicht nur die Wirklichkeit insgesamt besser, sondern wir lernen damit zugleich die Eigenart und Andersartigkeit unserer Theologie und unseres Christseins zu thematisieren, zu prüfen und dann entweder zu relativieren oder mit Überzeugung geltend zu machen.

Von hier aus lässt sich ein weiterer Beitrag der Missionswissenschaft formulieren: sie hat kritisch zu sein gegenüber »Vereinheitlichungstendenzen« innerhalb der Weltkirche, in denen regionale Unterschiede oft nicht nur nicht wahrgenommen werden, sondern ihre Realisierung unter der Maxime »Einheit der Kirche« auch bewusst verhindert wird. Ein Afrikaner, dessen Stimme für viele andere stehen soll, erklärte: »Selbst am Vorabend des dritten Jahrtausends bleibt die Haltung des offiziellen Christentums zwiespältig. In Worten sehr universalistisch, zeigt es sich in den Taten von einem engen und unbeugsamen Partikularismus.«[53] Es ist jener Partikularismus, der mit seinem universalen Anspruch weiterhin die Kritik der Christen und Kirchen der Dritten Welt provoziert. Überwunden wird ein solcher Partikularismus nur, wenn er zur umfassenderen Wahrheit des Glaubens in Beziehung gesetzt wird, auf die sich einzulassen nie das Privileg der Europäer war. Wir müssen – schreibt Jon Sobrino – »mit dem theologischen Irrtum aufhören, dass Europa auch weiterhin das

---

[52] Vgl. H. Waldenfels, Zukunftsperspektiven der Missionswissenschaft, aaO. 89.
[53] M. Hebga, Die Verallgemeinerung eines Besonderen siegt über die Suche nach der Universalität, in: Concilium 20 (1984) 43–49, 45.

theologische Zentrum des Glaubens, der Kirche und der Theologie bleibt, nur weil es das geographische Zentrum gewesen ist, von dem her das Evangelium weitergegeben wurde. Auf geschichtlicher Ebene ist die Voraussetzung nicht mehr zu vertreten, dass der europäische Mensch der Mensch schlechthin ist. Dies ist empirisch eine falsche und theologisch eine unangemessene Aussage, wenn der Glaube ›vom europäischen Menschen ausgehend‹ dem europäischen und so auch allen Menschen verständlich gemacht werden soll. In theologischer Hinsicht ist die Voraussetzung nicht mehr haltbar, dass ... Europa weiterhin der von Gott privilegierte Ort ist, über den Gott zu den anderen Teilen der Welt gelangt. Europa muss nicht mehr der Ort sein, an dem für die ganze Menschheit über Gott reflektiert wird, so dass sogar das europäische Gottesproblem das universale Gottesproblem sein soll. Solange man bewusst oder unbewusst von der Voraussetzung ausgeht, dass die europäischen Kirchen und die europäische Theologie das Monopol für Gott haben, wird man kaum vorwärts kommen.«[54]

Gewiss wären an diese Aussage Sobrinos auch Rückfragen zu stellen. Doch dann wäre das Gespräch schon in Gang. Wenn Missionswissenschaft zunächst nur dazu beitragen kann, Gott im Anderen und bei dem uns Fremden zu entdecken, so braucht das Urteil, ihre Bedeutung als theologische Disziplin sei heute geringer geworden, noch nicht das letzte Wort über sie zu sein.

---

[54] J. Sobrino, Christus in Lateinamerika. Auf dem Weg zu einer neuen Spiritualität, in: Impulse der Befreiungstheologie für Europa. Ein Lesebuch, Hg. M. Sievernich, München – Mainz 1988, 119–137, 134.

Bekehrung – Vergleich – Anerkennung

Die Stellung des Anderen im Selbstverständnis der Missionswissenschaft

Missionswissenschaft als eigenständige Disziplin hat im Unterschied zu den übrigen theologischen Disziplinen eine relativ kurze, aber dennoch bewegte Geschichte hinter sich.[1] Nach mühsamen Vorarbeiten fand sie erst zu Beginn des 20. Jahrhunderts innerhalb des universitären Wissenschaftsbetriebs ein Heimatrecht, und auch dieses wurde ihr im Verlauf der letzten Jahrzehnte mehrfach wieder streitig gemacht. Nicht nur die christliche Mission war auf Grund ihrer Geschichte in Misskredit geraten, sondern mit ihr auch die Missionswissenschaft. Wurde die eine selbst unter Christen für fragwürdig erklärt, so erschien die andere als Relikt aus kolonialer Zeit und deshalb, wenn nicht als überflüssig, so zumindest als antiquiert. Und es ist nach wie vor damit zu rechnen, dass sich die Theologie in ihrer Beziehung zur Mission gelegentlich wie jene vornehme Stadtdame verhält, die sich ihrer bäuerlichen Verwandten schämt, wenn diese unerwartet in ihren Salon tritt.

In den vergangenen Jahren gab es andererseits aber auch verschiedene Versuche, die Missionswissenschaft zu rehabilitieren und ihre Bedeutung für Theologie und Kirche neu aufzuweisen, indem sowohl innerhalb der Theologie allgemein als auch innerhalb der Missionswissenschaft nach einem Selbstverständnis gesucht wurde, das den gewandelten weltkirchlichen Verhältnissen Rechnung tragen möchte und neuere theologische Entwicklungen und Erkenntnisse aufnimmt. Neuere Ansätze eines missionswissenschaftlichen Selbstverständnisses wurden dabei nicht nur bei uns vorgetragen, sondern – so überraschend das vielleicht klingen mag – gerade auch in der Dritten Welt versucht, die bekanntlich den Großteil der sog. Missionsgebiete darstellt, und es kam dort sogar zur Gründung missionswissenschaftlicher Institute und Abteilungen innerhalb theologischer Fakultäten.[2]

---

[1] Vgl. O. G. Myklebust, The Study of Missions in Theological Education, 2 Bde., Oslo 1955–57; H. Bürkle, Art. Missionswissenschaft, in: Ökumene Lexikon. Kirchen – Religionen – Bewegungen, Hg. H. Krüger – W. Löser – W. Müller-Römheld, Frankfurt a. M. 1983, 825 f.; H. W. Gensichen, Art. Missionswissenschaft, in: EKL III, Göttingen ³1992, 470–472 (Lit.).
[2] Vgl. J. Verkuyl, Contemporary Missiology. An Introduction, Michigan 1978, 71 ff.; D. J. Bosch, Missionary Theology in Africa, in: Indian Missiological Review 6 (1984) 105–139; W. Gardini, Missiological Studies in Latin America, in: ebd. 140–156; J. Saldanha, Missiologi-

Der folgende Beitrag möchte, ausgehend vom »klassischen« Selbstverständnis der Missionswissenschaft, neuere Modelle vorstellen und problematisieren, nicht um diesen ein eigenes hinzuzufügen, sondern um jene Konturen aufzuzeigen, die gegenwärtig das missionswissenschaftliche Selbstverständnis und Arbeiten in unseren Breitengraden bestimmen. Sich des ursprünglichen Selbstverständnisses der Missionswissenschaft zu vergewissern, ist insofern notwendig und hilfreich, als jede theologische Disziplin die eigene Wissenschaftsgeschichte wohl nur um den Preis des Verlustes wichtiger Erkenntnisse überspringen kann, und sich neuere Versuche auch daraufhin befragen lassen müssen, welche Intentionen sie verfolgen und woran sie sich orientieren. Mein besonderes Augenmerk möchte ich dabei auf die Anderen richten, weil sich an dem jeweiligen »Stellenwert«, den sie in der Perspektive der Missionswissenschaft einnehmen, m. E. der Wandel des missionswissenschaftlichen Selbstverständnisses deutlich ablesen lässt.

1. Missionswissenschaft

Im 19. Jahrhundert gab es zwar einige Experimente, Missionswissenschaft als eigenständige, akademisch-theologische Disziplin zu konstituieren. Erst Gustav Warneck (1834–1910) gelang es jedoch, ihr ein Daseinsrecht zu sichern, und der protestantische Missionswissenschaftler blieb auch für die Entwicklung im katholischen Bereich von nachhaltigem Einfluss, wie dies bei Josef Schmidlin (1876–1944) zu sehen ist, der 1914 in Münster Ordinarius für Missionswissenschaft wurde und als »Vater« dieser Disziplin gilt.[3] Nach anfänglichen Startschwierigkeiten wurden dann an verschiedenen deutschen Fakultäten missionswissenschaftliche Vorlesungen gehalten, und im Verlauf der Zeit kam es im In- und Ausland zur Gründung zahlreicher Lehrstühle.[4]

cal Studies in India, in: ebd. 175–178; J. Kavunkal, Towards an Indian missiology, in: Indian Missiological Review 14 (1992) 77–89; A. Camps, Missionstheologie aus interkontinentaler Sicht. Der Beitrag Afrikas, Asiens und Lateinamerikas, in: Glaube im Prozess. Christsein nach dem II. Vatikanum (Für Karl Rahner), Hg. E. Klinger – Kl. Wittstadt, Freiburg – Basel – Wien [2]1984, 666–678. Speziell zu Lateinamerika vgl. u. a. La misión desde America Latina (Colección Perspectivas CLAR No. 11), Bogotá 1982; P. Suess, Companheiro-Peregrino na Terra dos Pobres, Hóspede-Irmão na Casa dos Outros. Desafios para uma missiologia a partir da América Latina, in: Revista Eclesiástica Brasileira 48 (1988) 645–671.
[3] Vgl. K. Müller, Josef Schmidlin (1876–1944). Papsthistoriker und Begründer der katholischen Missionswissenschaft, Nettetal 1989, 65 ff.; 177 ff.
[4] Vgl. J. Glazik, Missionswissenschaft, in: Was ist Theologie?, Hg. E. Neuhäusler – E. Gössmann, München 1966, 369–384, bes. 370 ff.; J. Baumgartner, Die Ausweitung der katholischen Missionen von Leo XIII. bis zum Zweiten Weltkrieg, in: Handbuch der Kirchengeschichte, Hg. H. Jedin, Bd. VI/2 (Die Kirche zwischen Anpassung und Widerstand [1878 bis 1914]), Freiburg – Basel – Wien 1985, 547–597, bes. 592 ff.

Unter Mission versteht Schmidlin »die Bekehrungstätigkeit unter Nicht-christen«[5]; dementsprechend hat die Missionswissenschaft »kritisch und syste-matisch die christliche Glaubensverbreitung sowohl in ihrem tatsächlichen Ver-lauf als auch in ihren Grundlagen und Gesetzen zu untersuchen und zu erörtern«.[6] Mit dieser Definition hat Schmidlin das breite Spektrum von Auf-gaben, die sich einer Missionswissenschaft stellen, skizziert: Missionsgeschichte und Theologie der Mission, Missionspastoral u. a. Die historische, systema-tische und praktische Dimension gehören demnach zu jeder Missionswissen-schaft, die »reflexives Bewusstsein« der christlichen Glaubensverbreitung sein will,[7] und dieses Konzept von Missionswissenschaft war mit unterschiedlicher Akzentsetzung bis in die konziliare Zeit wirksam. Soll das eben erwähnte Be-wusstsein näher erörtert werden, so empfiehlt es sich, auf die Stellung, welche die Anderen in ihm haben, und auf das missionarische Vokabular, mit dem sie beschrieben werden, zu achten.

Ziel oder auch Objekt der Mission ist nach Schmidlin »die Christianisie-rung, das Christlichmachen und Christlichwerden der nichtchristlichen Welt«[8], »ein Arbeitsfeld von riesiger Ausdehnung, da nahezu zwei Drittel des Erdkreises und der Menschheit noch im Heidentum versunken sind«.[9] Näherhin wird zwischen einem individuellen und einem sozialen Ziel unterschieden. Mit dem individuellen Ziel ist die Einzelbekehrung, mit dem sozialen die Volks-christianisierung gemeint. Missionsobjekt ist also die nichtchristliche Bevölke-rung, was entweder örtlich im Sinne des Landes oder Gebietes zu verstehen ist, in dem Mission erfolgt, oder aber persönlich im Sinne jener Menschen, an die sich diese richtet. »Das erste Stadium des Christianisierungsprozesses – so Schmidlin – ist zweifellos die *Ergreifung und Bearbeitung der zu sammelnden Bausteine,* die Bekehrung der Einzelmenschen.«[10] Das aber genügt nicht, denn: »Nach katholischer Lehre gibt es kein abstraktes Christentum, sondern verkör-pert und realisiert findet es sich im Gottesreich auf Erden, und zwar nicht etwa in einem bloß unsichtbaren, ... sondern in der sichtbar organisierten und hie-rarchisch gegliederten römisch-katholischen Kirche, jenem Himmelreich, das nach den Parabeln des Evangeliums extensiv wie der Senfbaum seine Äste über die ganze Welt ausspannen und intensiv wie der Sauerteig die ganze Masse mit seinem Leben durchdringen soll.«[11] Hinter dem missionswissenschaftlichen

---

[5] J. Schmidlin, Die katholische Missionswissenschaft, in: Zeitschrift für Missionswissenschaft 1 (1911) 10–21, 11.
[6] J. Schmidlin, Katholische Missionslehre im Grundriss, Münster ²1923, 2. Vgl. Ders., Art. Missiologie, in: LThK VII, Freiburg ²1962, 453.
[7] Vgl. ebd. 240.
[8] Ebd. 243.
[9] Ebd. 203 f.
[10] Ebd. 244. Hervorhebung durch GC.
[11] J. Schmidlin, Einführung in die Missionswissenschaft, Münster 1917, 56.

Konzept von Schmidlin steht erkennbar eine Weltsicht, nach der dem Christentum und der katholischen Kirche eine von allen zu akzeptierende, dominierende Rolle zukommt. Diese wird jedoch nur erreicht, wenn um die heidnische Welt *gekämpft* und diese *angegriffen* wird.[12]

Die Identifikation des Reiches Gottes mit der katholischen Kirche, wie sie in diesen Aussagen unmissverständlich zum Ausdruck kommt, hat, wie die Missionsgeschichte zeigt, nicht nur zu verheerenden Folgen für Andersdenkende geführt. Sie hat darüber hinaus auch Bekehrung in einer ekklesiozentrischen Weise missverstanden, welche die Anderen und die Kirche selbst dauernd überfordern musste. Dass die Verkündigung des Evangeliums und des Anbruchs von Gottes Herrschaft mit dem Ruf zur Umkehr verbunden bleibt, gehört zum christlichen Glaubenszeugnis. Wo Menschen sich auf das Evangelium einlassen sollen, weil die Zeit erfüllt und Gottes Königtum nahe ist (Mk 1, 14), da ist auch Umkehr, Bekehrung angesagt. Doch bezieht sich diese primär auf die Herrschaft Gottes und nicht die Kirche, welche im Dienste dieser Herrschaft steht (vgl. LG 5). Und zur Herrschaft Gottes gehört, dass kein Mensch über den anderen herrscht. Insofern impliziert Bekehrung geradezu den Verzicht auf jede Herrschaft und ihre Mittel. Diesen Gedanken hat das vergangene Konzil deutlich formuliert, wenn es im Missionsdekret festhält: »Die Kirche verbietet streng, dass jemand zur Annahme des Glaubens gezwungen oder durch ungehörige Mittel beeinflusst oder angelockt werde ...« (AG 13).[13] Dasselbe Thema wird in der Erklärung über die Religionsfreiheit behandelt, die speziell vor Zwang und unehrenhafter oder ungehöriger Überredung warnt, »wenn es weniger Gebildete oder Arme betrifft« (DH 4).[14]

Es ist freilich nicht so, dies zu sagen gebietet die Fairness, dass hinter dem Konzept keinerlei Verständnis für den Andern in seinem Anderssein stünde. Trotzdem liegt es nahe, im Unterschied zu einer Anerkennungshermeneutik,

---

[12] J. Schmidlin, Katholische Missionslehre im Grundriss, aaO. 214; 206. Schmidlin schreibt an anderer Stelle, »der unblutige Kampf zwischen Christentum und Heidentum (kann tatsächlich) als Parallele und Gegenstück zu den blutigen Kriegen betrachtet werden, nur dass es dabei nicht auf eine Vernichtung oder Niedertretung des Gegners, sondern auf dessen Unterwerfung und Gefangennahme unter das süße Joch des Evangeliums zu seinem eigenen zeitlichen und ewigen Wohle ankommt« [Katholische Missionsstrategie, in: Zeitschrift für Missionswissenschaft 5 (1915) 101–119, 101].

[13] Vgl. D. Grasso, Die missionarische Verkündigung, in: Mission nach dem Konzil, Hg. J. Schütte, Mainz 1967, 191–204, bes. 199 f.; S. Brechter, Dekret über die Missionstätigkeit der Kirche. Einleitung und Kommentar, in: LThK. Das Zweite Vatikanische Konzil, Bd. 3, Freiburg – Basel – Wien 1968, 9–125, 54 f.; F. Kollbrunner, Bekehrung im Lichte des Zweiten Vatikanum, in: Präsenz – Verkündigung – Bekehrung, Hg. H. Rzepkowski, St. Augustin 1974, 154–162.

[14] Vgl. P. Benoit, Die Religionsfreiheit im Licht der Offenbarung, in: Die Konzilserklärung über die Religionsfreiheit. Lateinischer und deutscher Text, Hg. J. Hamer – Y. Congar, Paderborn 1967, 227–259, bes. 243 ff.

von einer Angleichungs- bzw. Unterwerfungshermeneutik zu sprechen.[15] Zwar wird immer wieder herausgestellt, wie bedeutsam und notwendig gerade das Kennenlernen der fremden Kulturen und der Respekt vor ihnen seien, auch wenn Schmidlin von »kulturlosen oder wilden« Völkern im Unterschied zu den »Kulturvölkern« spricht.[16] Weil »das Christentum für alle Völker bestimmt und jedes in seiner Individualität dazu befähigt ist«[17], hat sich Mission zu akkommodieren. Was aus heutiger Sicht aber auf Grund geschichtlicher und hermeneutisch-theologischer Einsichten unmöglich erscheint, ist die Selbstverständlichkeit (oder »ethnische Blindheit«), mit der hier noch unterstellt wurde, dass die eigene Kultur und die überkommene Form des Kirche- und Christseins ausschließlich diejenigen seien, zu denen die Anderen bei ihrem Sich-Einlassen auf das Evangelium sich zu bekehren haben. Das erwähnte missionswissenschaftliche Konzept bleibt verbunden mit einem deutlichen Eurozentrismus, von dem sich bereits Th. Ohm (1892–1962), Schmidlins Nachfolger auf dem Münsteraner Lehrstuhl, absetzte. Sich zum Christentum zu bekehren, bedeutete gleichzeitig die Übernahme bestimmter europäischer, genauerhin: deutscher Werte. Der Stellenwert, den die Anderen in diesem Konzept haben (und wie über sie gedacht wurde), kommt in einer Äußerung von J. Schmidlin schließlich auch ganz klar zum Ausdruck: »Nur dann sind wir innerlich berechtigt, die Eingeborenen unserer Herrschaft zu unterwerfen, wenn wir ihnen ein höheres Gut für den Verlust ihrer Freiheit bringen, wenn wir ihnen als Gegengabe … unsere höhere Kultur, unsere sittlichen Begriffe und unsere bessere Arbeitsmethode vermitteln. Im Namen der Zivilisation, um die Schwarzen aus dem Zustand der Wildheit zu einem menschenwürdigen Dasein emporzuheben, haben die Europäer Afrika unter sich verteilt, und dieser Begründung sollten sie stets auch eingedenk bleiben. Aus ihr resultiert, falls die Unterwerfung kein Unrecht sein soll, ein Recht der Eingeborenen auf Schutz, Erziehung und Christianisierung, ein dreifaches Recht, dem unsererseits eine dreifache Pflicht entspricht.«[18]

Der Weg, der von diesem nicht nur in der Missionswissenschaft anzutreffenden Superioritätsdenken zur vollen Anerkennung der Anderen führt, ist sehr lang und noch keineswegs zu Ende beschritten. Eine wichtige Etappe auf dem Weg der Respektierung anderer Formen des Christ- und Kircheseins und

---

[15] J. B. Metz, Theologie angesichts des fremden Anderen. Zur neubearbeiteten Auflage von G. Gutiérrez' »Theologie der Befreiung«, in: Orientierung 56 (1992) 4–6, 5; Ders., So viele Antlitze, so viele Fragen. Lateinamerika mit den Augen eines europäischen Theologen, in: J. B. Metz – H. E. Bahr, Augen für die Anderen. Lateinamerika – eine theologische Erfahrung, München 1991, 11–61, 59 ff.
[16] Vgl. J. Schmidlin, Einführung in die Missionswissenschaft, aaO. 53.
[17] Ebd. 192.
[18] J. Schmidlin, Deutsche Kolonialpolitik und katholische Heidenmission, in: Zeitschrift für Missionswissenschaft 2 (1912) 25–49, 35.

damit verbunden das Ernstnehmen außereuropäischer Theologien bilden jene Überlegungen, die vorschlugen, Missionswissenschaft im Sinne einer vergleichenden Theologie zu konzipieren.

2. Vergleichende Theologie

Zu dem Zeitpunkt, als sich in unseren Breitengraden die Missionswissenschaft auf Grund verschiedener Umstände in einer großen Krise befand, machte der Pastoraltheologe A. Exeler einen Vorschlag, wie die »Sache, um die es der Missionswissenschaft geht«[19], weiterentwickelt werden könnte. Sein Vorschlag, der von anderen Theologen aufgenommen wurde,[20] lautete: an die Stelle der üblichen Missionswissenschaft sei »etwas erheblich anderes zu setzen«, nämlich eine vergleichende Theologie bzw. eine vergleichende Pastoraltheologie.[21] Exelers Überlegungen versuchten der gewandelten missionarischen Situation Rechnung zu tragen und zugleich die konziliare Theologie und die mit ihr eröffneten Perspektiven aufzunehmen; deshalb ist der von ihm unterbreitete Vorschlag auch mehr als eine Erste Hilfe für unsere lädierte Missionswissenschaft. Eine vergleichende Theologie ist grundsätzlich »in allen Kontinenten zu entwickeln«.[22]

Kirchen der verschiedenen Kulturkreise – diese Voraussetzung müsste gegeben sein, um eine vergleichende Theologie entwickeln zu können – sollten je eigene Theologien mit eigenständigen Akzenten formulieren und »ihre Sache in einem echten Dialog zur Sprache bringen«.[23] In ihm könnten alle Beteiligten voneinander lernen, und die europäische Theologie, die bisher ihre Denk- und

---

[19] A. Exeler, Vergleichende Theologie statt Missionswissenschaft, in: »... denn Ich bin bei Euch«. Perspektiven im christlichen Missionsbewusstsein heute (Festgabe für J. Glazik und B. Willeke), Hg. H. Waldenfels, Zürich – Einsiedeln – Köln 1978, 199–211, 199.

[20] Vgl. Th. Kramm, Was ist von einer »Vergleichenden Theologie« zu erwarten? Adolf Exeler zum Andenken, in: Zeitschrift für Missionswissenschaft und Religionswissenschaft 68 (1984) 69–73; Ders., Vergleichende Theologie statt Missionswissenschaft?, in: Zeitschrift für Missionswissenschaft und Religionswissenschaft 70 (1986) 101–111; P. M. Zulehner, Begegnung mit Infanta. Aufforderung zu vergleichender Pastoraltheologie, in: Der Traum des Vaters. Basisgemeinschaften auf den Philippinen, Aachen 1985, 57–68; H. Janssen, Vergleichende Pastoral – ein neuer Weg der Begegnung in der Weltkirche, in: Ordenskorrespondenz 28 (1987) 444–451; Ders., Auf der Suche nach Initiation. Analysen und Thesen zu einer vergleichenden Katechumenatspastoral, in: Stimmen der Zeit 117 (1992) 271–277.

[21] A. Exeler, Vergleichende Theologie statt Missionswissenschaft, 199, Anm. 1; vgl. A. Exeler, Wege einer vergleichenden Pastoral, in: Theologie der Gegenwart 23 (1980) 12–20; Ders., Wege einer vergleichenden Pastoral, in: Evangelisation in der Dritten Welt. Anstöße für Europa, Hg. L. Bertsch – F. Schlösser, Freiburg – Basel – Wien 1981, 92–121.

[22] A. Exeler, Vergleichende Theologie statt Missionswissenschaft, aaO. 205.

[23] Ebd. 200.

Handlungsweisen anderen Kirchen aufdrängte, würde diese kennen und verstehen lernen. Vergleichende Theologie dient dem Ziel, »die theologischen Reichtümer und ›Charismen‹ der einzelnen Kirchen und Kulturkreise für die große katholische Einheit theologischen Denkens fruchtbar«[24] zu machen. Was will eine vergleichende Theologie genauer?

Nach Exeler wird durch sie »kreatives Denken« gefördert. »Denn indem man zur Kenntnis nimmt, was woanders geschieht, wird man selbst dazu angeregt, seine eigenen Vorstellungen besser zu entwickeln. Es geht nicht darum, anderes unbesehen zu übernehmen. Vielmehr kann durch den Vergleich mit völlig andersgearteten Konzeptionen und Situationen kreatives Denken gefördert werden.«[25] So kann beispielsweise europäische Theologie von den Dritte-Welt-Theologien lernen, der Interdependenz von Kirche und Gesellschaft deutlicher gewahr zu werden und sie in ihrer Arbeit zu berücksichtigen. Exeler erwähnt darüber hinaus die Entwicklung eines nicht akademischen Typs von Theologie, der mehr aus dem Kontakt mit der kirchlichen Praxis und mit den Menschen überhaupt erwachse, und sie mit mehr Freimut denken und sprechen ließe.[26] Dies würde nicht allein implizieren, dass nordatlantische Universitätstheologie demütiger wird und »gegenüber den anderen Typen von Theologie jeden Vorherrschaftsanspruch«[27] aufgibt. Genauso wäre das Aufdecken von »Verblendungszusammenhängen« notwendig, die uns »bestimmte Themen, etwa den wesenhaften Zusammenhang von Spiritualität und sozialem Engagement für *alle* Menschen«, immer wieder abdrängen lassen.[28]

Vergleichende Theologie will keine »Welteinheitstheologie«. »Vielmehr sollen die tatsächlichen Unterschiede deutlich herausgearbeitet werden, damit die ›Charismen‹ der einzelnen Kulturbereiche zutage treten und auch für andere Kulturkreise wirksam werden können. Daraus erst würden sich starke gegenseitige Anregungen ergeben. Der eine Kulturkreis soll nicht den der anderen imitieren; aber er kann und soll sich durch den anderen in Frage stellen und schöpferisch anregen lassen. So könnte er ganz neue Fragestellungen und Ver-

---

[24] Ebd. 201. Vgl. ebd. 207.
[25] Ebd. 205. An anderer Stelle schreibt Exeler: »Unser Interesse an einer vergleichenden Pastoraltheologie dürfte sich weitgehend aus der offenkundig erlahmenden Regenerationskraft der alten Kirchen ergeben. Von der vergleichenden Pastoraltheologie darf man für viele unserer Fragestellungen wichtige therapeutische Anregungen erwarten« (Wege einer vergleichenden Pastoral, aaO. 104). Es scheint mir deshalb, dass Kramm das erkenntnisleitende Interesse von Exeler nicht genau trifft, wenn er dieses als »Katholizität der Kirche« beschreibt (Th. Kramm, Vergleichende Theologie statt Missionswissenschaft?, aaO. 101). Die Katholizität der Kirche liefert mehr den »ideologischen« Grund und Rahmen einer vergleichenden Theologie, welche diese Katholizität deutlicher zum Ausdruck bringt.
[26] Ebd. 206. Vgl. Wege einer vergleichenden Pastoral, aaO. 97 f.
[27] Wege einer vergleichenden Pastoral, aaO. 100.
[28] Ebd. 100 f.; 112 f.

fahrensweisen aufgreifen.«[29] Damit hilft vergleichende Theologie, von einem tiefsitzenden Eurozentrismus loszukommen. Ob das tatsächlich gelingt, bleibt allerdings fraglich.

Auf einige Schwierigkeiten ist in diesem Zusammenhang jedenfalls ausdrücklich aufmerksam zu machen: Wenn gesagt wird, eine grundlegende Voraussetzung für die vergleichende Theologie bestehe darin, dass es überhaupt eigenständige Theologien gebe, so ist nicht nur zu fragen, *wer* denn definiert, was eine *eigenständige* Theologie ist, und wann sie als solche von anderen akzeptiert wird. (Dazu nur eine kleine, unbedeutende Beobachtung aus dem universitären Alltag: in der Bibliothek des missionswissenschaftlichen Instituts in Münster wurden G. Gutiérrez' Arbeiten und die anderer Lateinamerikaner jahrelang unter der Signatur Soziologie eingestellt.) Zu fragen bleibt darüber hinaus, was den Vergleichspunkt zwischen den verschiedenen Theologien bildet, und ob dieser Vergleich unter dem Ausblenden einer Analyse des gesamten Kontextes, in dem die einzelnen Theologien stehen, methodisch durchführbar ist. Zumindest wecken bisherige Versuche eher den Verdacht methodischer Willkür, als dass sie analytisch nachvollziehbar wären.[30]

Neben den erwähnten Schwierigkeiten bliebe m. E. nicht zuletzt auch Folgendes zu erwägen: Zu den grundlegenden Aufgaben einer Missionswissenschaft gehört das Nachdenken über die Bezeugung des Evangeliums unter Nicht-Christen. Das ist die »Sache, um die es der Missionswissenschaft geht«. Diese Aufgabenstellung findet sich aber in dem Vorschlag, vergleichende Theologie an die Stelle der Missionswissenschaft zu setzen, leider nicht mehr. Statt dessen kommt es zu einem gewiss dringend notwendigen, aber die missionswissenschaftliche Aufgabenstellung verkürzenden innerchristlichen und -kirchlichen Vergleich, der überdies »in der Gefahr (steht), die soeben aus der westlichen Bevormundung befreite Mission wieder der Botmäßigkeit einer Theologie zu überantworten, in der, allen guten gegenteiligen Absichten zum Trotz, die abendländische Dominanz sich doch wieder durchsetzen würde«.[31] Die »Reduktion« der Missionswissenschaft auf vergleichende Theologie könnte damit schließlich auch das Ende der Missionswissenschaft bedeuten, zumal inzwischen das Gespräch mit außereuropäischen Theologien in verschiedenen theologischen Disziplinen vermehrt aufgenommen und die Auseinanderset-

---

[29] Vergleichende Theologie statt Missionswissenschaft?, aaO. 207.
[30] So wird beispielsweise bei P. M. Zulehner, Begegnung mit Infanta, aaO. nicht deutlich, warum die fünf Themenkreise (Politik aus Gottesverwurzelung, Volksförderung, Amtsstil, Theologie, Solidarität mit den Verfolgten) ausgewählt wurden. Vgl. die kritischen Anfragen zu einer vergleichenden Pastoral von. H. Steinkamp, Sozialpastoral, Freiburg i.Br. 1991, 32 ff.
[31] H. W. Gensichen, Missionswissenschaft als theologische Disziplin, in: Missionstheologie. Eine Einführung von K. Müller. Mit Beiträgen von H. W. Gensichen und H. Rzepkowski, Berlin 1985, 1–20, 6.

zung mit ihnen methodisch reflektiert worden ist. Solche Reflexionen sind bestimmend für einen weiteren Neuansatz der Missionswissenschaft.

3. Interkulturelle Theologie – Theologie interkulturell

Den Ausgangspunkt dieses Neuansatzes im Selbstverständnis der Missionswissenschaft bildet ein doppelter Tatbestand: Zum einen leben die Christen in Europa in einer multikulturellen und multireligiösen Situation. Eine solche Situation stellt für das theologische Denken eine Herausforderung dar, insofern die Theologie gefragt ist, wie sie unter veränderten Bedingungen ihre »Sache« einbringt. Zum andern hat sich innerhalb der Weltchristenheit eine Schwerpunktverlagerung vom Norden in den Süden ergeben, die mit einer »Transformation der christlichen Tradition vor sich geht«[32]. Das Gespräch mit den Kirchen der Dritten Welt ist deshalb von großer Bedeutung. »Dieses könnte sich als conditio sine qua non für den Weiterbestand der christlichen Tradition erweisen.«[33] Wie können beispielsweise »mündliche Theologien« und »schriftliche Theologien« miteinander ins Gespräch kommen und in ihm bleiben, ohne sich voneinander wegzuentwickeln und zu entfremden?[34] Interkulturelle Theologie ist der Versuch, sich diesem Tatbestand zu stellen, d.h. es handelt sich um eine Theologie, »die sich nicht ins Schneckenhaus ihrer ›Lokaltheologie‹ zurückzieht, die aber auch nicht ihre einheimische Theologie als allgemeingültig anpreist, sondern die zwischen den mündlichen und den schriftlichen, den schwarzen und den weißen, den weiblichen und männlichen Christen unterwegs ist«.[35]

Allerdings ist damit der Ausgangspunkt noch unzureichend beschrieben, und es würden falsche Erwartungen an eine interkulturelle Theologie geweckt, wenn nicht gleichzeitig interkulturelle Konflikte zur Sprache gebracht werden, die sich hinter diesem theologischen Selbstverständnis verbergen. Solche interkulturellen Konflikte sind als Reaktion gegenüber geschehener und darum zu Recht befürchteter Vereinnahmung, Einebnung und Zerstörung der Kultur der Anderen zu sehen. Konkret: wer den Nord-Süd-Konflikt, den Rassenkonflikt, den Geschlechterkonflikt – um nur einige solcher Konflikte zu benennen – in seiner theologischen Arbeit ausblendet, wird mit Christen anderer Kulturen nicht in Kommunikation treten können. Darum ist die Besinnung darauf, wo

---

[32] W. Hollenweger, Erfahrungen der Leibhaftigkeit. Interkulturelle Theologie 1, München 1979, 20.
[33] Ebd. 21.
[34] Vgl. W. Hollenweger, Christen ohne Schriften. Fünf Fallstudien zur Sozialethik mündlicher Religion, Erlangen 1977.
[35] W. Hollenweger, Erfahrungen der Leibhaftigkeit, aaO. 29.

wir selbst in diesem Konflikt stehen und welche Rolle wir darin spielen, unverzichtbar. Diese Besinnung zeigt die Grenzen und Möglichkeiten des eigenen Beitrages. Ein entscheidender Schlüssel zum Verständnis sowohl interkultureller Konflikte als auch westlicher Kultur liegt deshalb im Gewahrwerden von Gewalt, die gegenüber außereuropäischen Völkern und Kulturen im Spiele war und ist. Auf »ihrer Anwendung, Ausübung und religiösen Sanktionierung beruhte und beruht unsere Stellung in der Welt. Wir mögen uns über diese Feststellung erregen, sie in Frage ziehen – das Faktum bleibt, dass sie uns so sehen, weil sie uns so erlebt haben und z. B. noch erleben ... Wir gelten als gewalttätig«.[36] Deshalb verlangt interkulturelle Theologie nicht nur große Sensibilität und Geduld im Umgang mit Theologien der Dritten Welt und im Gespräch mit deren Vertretern und Vertreterinnen, sondern wir müssen auch damit rechnen, nicht mehr gehört werden zu wollen, weil diese von uns genug haben.

W. J. Hollenweger, der zu den Pionieren dieses Selbstverständnisses von Missionswissenschaft zählt[37], hat interkulturelle Theologie als »diejenige wissenschaftliche Disziplin, die im Rahmen einer gegebenen Kultur operiert, ohne diese zu verabsolutieren«[38] definiert. Das bedeutet aber nicht, dass die universale Dimension des christlichen Glaubens aufgegeben wird, vielmehr wird eine Offenheit gegenüber allen reklamiert und Kommunikation mit allen gesucht. Deshalb sieht er solches theologisches Arbeiten in der Tradition der Vorstellung vom Leib Christi. »Interkulturelle Theologie – so Hollenweger – ist auf der Suche nach einer ›Leib Christi‹-Theologie, in welcher jedes Organ seiner Funktion und seinem Zweck treu bleibt, gleichzeitig aber einen Beitrag zur Funktion des Gesamtleibes leistet und dabei nicht unterstellt, dass es das wichtigste, das theologischste oder das wissenschaftlichste Glied am Leibe sei.«[39]

---

[36] W. Simpfendörfer, Thesen auf der Suche nach einer interkulturellen Theologie, in: epd-Entwicklungspolitik 5/6 (1987) 31–38, 32; Ders., Interkulturelle Theologie. Wie kann man Ende und Anfang verknüpfen?, in: Evangelische Kommentare 22 (1989) 37–40, 39. Vgl. L. Rütti, Westliche Identität und weltweite Ökumene, in: Ökumenische Theologie. Ein Arbeitsbuch, Hg. P. Lengsfeld, Stuttgart – Berlin – Köln – Mainz 1980, 285–296, 286.294.
Diesen Aspekt scheint mir A. Exelers Vorschlag einer »vergleichenden (Pastoral-) Theologie« zu unterschätzen, auch wenn er bemerkt: »Heute sind in der Beziehung zwischen den verschiedenen Theologien hochgradige Allergien im Spiel« (Wege einer vergleichenden Pastoral, aaO. 98). Es sei »gewiss ein falsches Ideal, wollte man danach trachten, das Gespräch zwischen den verschiedenen pastoralen und theologischen Konzepten konfliktfrei zu halten« (ebd. 103).
[37] W. Hollenweger, Kultur und Evangelium. Das Thema der interkulturellen Theologie, in: Jahrbuch Evangelische Mission, Bd. 17, 1985, 52–60, 56: »Das eben ist das Thema der interkulturellen Theologie (früher Missionswissenschaft genannt), nämlich dass der kulturelle Kontext außerhalb unseres Gesichts-, Kultur- und Bildungskreises für unsere Theologie wichtig ist.«
[38] W. Hollenweger, Erfahrungen der Leibhaftigkeit, aaO. 50. Vgl. R. Friedli, Art. Interkulturelle Theologie, in: Lexikon missionstheologischer Grundbegriffe, Hg. K. Müller – Th. Sundermeier, Berlin 1987, 181–185, 183.
[39] W. Hollenweger, Erfahrungen der Leibhaftigkeit, aaO. 38.

Auf eine Schwierigkeit ist in diesem Zusammenhang nochmals nachdrücklich hinzuweisen: Theologie auf interkulturelle Weise zu betreiben ist keineswegs billig und schmerzlos, sondern ein Prozess, der zu Identitätskrisen und zu Identitätskonflikten führt; wir selbst werden ja in Frage gestellt und zur Umkehr aufgerufen. Deshalb ist eine kritische Aufarbeitung der eigenen Geschichte eine unerlässliche Bedingung, um interkulturelle Theologie überhaupt betreiben zu können.[40] Die seitens europäischer Theologie und Kirchen über Jahrhunderte beanspruchte Allgemeingültigkeit ihres Denkens hat nicht allein tiefe Wunden bei den Anderen hinterlassen, sondern auch dazu geführt, dass sie sich genötigt sahen, in klarer Absetzung eigene, für sie relevante Theologien und Kirchenmodelle zu entwickeln. Eine weitere Bedingung, um die Anderen verstehen zu können, ist in diesem Zusammenhang noch zu erwähnen, nämlich die Beachtung einer ökumenischen Faustregel: Wir müssen es lernen, die Welt und uns selbst mit den Augen der Anderen zu sehen – mit den Augen derer vor allem, die das Evangelium im Unterschied zu den Klugen und Weisen als Unmündige bezeichnet (Mt 11, 25).[41] Mit einem bloßen Perspektivenwechsel ist es dabei allerdings nicht getan, sondern konkrete Umkehr wird verlangt. Denn was nicht durch eigenes Handeln gedeckt ist, wird im interkulturellen Austausch nicht abgenommen.

Eine andere Seite dieses schmerzhaften Prozesses bleibt freilich ebenso zu erwähnen: die Gewinnung der eigenen Identität. »Identität entsteht und enthüllt sich im suchenden Umgang mit dem Fremden, dessen Andersartigkeit mir meine Eigenartigkeit bewusst und konkret macht. Der Fremde und das Fremde ist ein entscheidendes Hermeneutikum für eine interkulturelle Theologie«.[42] Insofern ist präzisierend zu sagen: Interkulturelle Theologie ist mehr eine Methode als eine eigenständige theologische Disziplin. Mit dieser Methode kann in allen theologischen Disziplinen gearbeitet werden, auch wenn sie ihren Ort vor allem in einer erneuerten Missionswissenschaft hat. Worin besteht genauer diese Methode? »Theologie auf interkulturelle Weise treiben heißt einerseits, das zu denken, was *fremde* Erfahrungen mit dem Evangelium, also kulturell anders bestimmte Christen und Gemeinden, uns zu denken geben. Und andererseits bedeutet es, bei unserer theologischen Arbeit immer mit zu bedenken,

---

[40] Gerade das Quintocentenario, das 500-Jahr-Gedenken der Eroberung und Evangelisierung Lateinamerikas, hat deutlich gemacht, wie schwierig und umstritten eine solche Aufarbeitung der eigenen Geschichte ist.

[41] W. Simpfendörfer, »Sich einleben in den größeren Haushalt der bewohnten Erde« – ökumenisches und ökologisches Lernen, in: Eigener Haushalt und bewohnter Erdkreis, Hg. H. Dauber – W. Simpfendörfer, Wuppertal 1981, 64–93, 78.

[42] W. Simpfendörfer, Thesen auf der Suche nach einer interkulturellen Theologie, aaO. 33.

was *unsere* Erfahrungen mit dem Evangelium kulturell anders bestimmten Christen und Gemeinden zu denken geben.«[43]

Die eben erwähnte hermeneutische Bedeutung des Fremden wird insbesondere in einem anderen Versuch, ein neues missionswissenschaftliches Selbstverständnis zu gewinnen, herausgestellt.

4. Missionswissenschaft als Xenologie

Die traditionelle Missionswissenschaft hat sehr oft von ihrem Gegenüber als von dem Objekt der Mission gesprochen. Das bedeutete nicht nur eine Degradierung des Anderen, sondern gleichzeitig eine Verkennung dessen, wie das eigene Ich konstituiert und – missionswissenschaftlich betrachtet – was es als das Andere und Fremde in das Verstehen des Evangeliums und in die Einheit der Kirche einzubringen hat. Dies ist mit ein Grund, weshalb es innerhalb der Mission zu einem Neuansatz, zu einem Paradigmenwechsel kommen muss.[44] »Wir stehen heute vor nichts Geringerem als der Aufgabe, einen neuen Weg der Begegnung mit dem anderen Menschen, dem Fremden zu suchen. Es muss eine Begegnung sein, die den anderen in seinem Subjektsein, in seiner kulturellen und religiösen Identität und Eingebundenheit anerkennt und zugleich eine Gemeinsamkeit eröffnet, in der Dialog und gemeinsames Leben möglich sind, in der Differenz und Identität in gleicher Weise ihr Recht haben. Das erfordert einen Neuansatz im Verstehen, bei dem nicht mehr von dem Subjektsein des Wahrnehmenden allein ausgegangen, sondern die Relationalität der Subjekte bzw. der Gemeinschaften konstitutiv ist. Das heißt aber, dass die hermeneutische Frage ... erneut gestellt werden muss. Nun jedoch nicht länger als Frage nach dem Verständnis meiner selbst, sondern nach dem Verständnis des anderen – in seiner Fremdheit.«[45] Nicht Harmonie mit dem Anderen ist angezielt, sondern »Begegnung mit dem *Fremden*«[46], und das bedeutet nicht weniger als die Infragestellung des eigenen Ichs und auch Leiden. Denn die »Begegnung

---

[43] H. Kessler – H. P. Siller, Vorwort zur Reihe »Theologie interkulturell«, in: B. Bujo, Afrikanische Theologie in ihrem gesellschaftlichen Kontext, Düsseldorf 1986, 9–16, 12.

[44] Th. Sundermeier, Begegnung mit dem Fremden. Plädoyer für eine verstehende Missionswissenschaft, in: Evangelische Theologie 50 (1990) 390–400, 393.

[45] Th. Sundermeier – W. Ustorf, Einleitung zu: Die Begegnung mit dem Anderen. Plädoyers für eine interkulturelle Hermeneutik, Hg. von Th. Sundermeier in Zusammenarbeit mit W. Ustorf, Gütersloh 1991, 7–9, 9. »Verstehen muss im Aushalten des Fremden, Anderen geschehen, oder es findet gar nicht statt. ... in der Begegnung mit Menschen anderer Kultur (geht es) um ihr Anderssein, dem ich mich aussetzen muss und das ich nicht von Anfang an zu mir hinbiegen kann ...« (Th. Sundermeier, Erwägungen zu einer Hermeneutik interkulturellen Verstehens, in: Die Begegnung mit dem Anderen, aaO. 13–28, 18).

[46] Th. Sundermeier, Erwägungen zu einer Hermeneutik interkulturellen Verstehens, aaO. 27.

mit dem anderen, Fremden, führt zur Erfahrung der Hilflosigkeit, des Nichtigen. Ich verstehe das Andere nicht, das mich anzieht und abstößt, das ich zu begreifen suche und nicht ergreifen kann. Die Erfahrung der eigenen Grenzen, wenn nicht der Nichtigkeit, die Aggressivität in mir hervorruft, wird durch die Spur des anderen bewirkt.«[47]

Solche Überlegungen sind bestimmend für das Verständnis von Missionswissenschaft, wie es unlängst Th. Sundermeier vorgelegt hat. Sundermeier möchte sie nicht als Kommunikations-, sondern dezidiert als hermeneutische Wissenschaft im Sinne einer Xenologie verstehen. Missionswissenschaft wäre demnach »die Wissenschaft von der Begegnung der Kirche mit den ihr Fremden. Diese Begegnung ist ihr von ihrem Wesen her eingestiftet. Es gibt die Kirche nicht ohne den Fremden, den religiös und sozial Fremden, beide in gleicher Weise.«[48] Hermeneutik muss hierzu allerdings »prinzipiell interkulturell angelegt und der sozialen Dimension verpflichtet«[49] sein.

Das hat nach dem Urteil von Sundermeier für das Verständnis und die Auslegung der biblischen Botschaft weitreichende Konsequenzen. So ist die biblische Wahrheit nur gemeinsam zu verstehen; nur wenn die Vielen gemeinsam gehört werden, wird ein biblischer Text erschlossen. Weiter: Eine interkulturelle Hermeneutik, welche die Fixierung auf das Wort hinter sich lässt und dem non-verbalen Ausdruck, wie er insbesondere in den schriftlosen Kulturen und in den Traditionen der mystischen Religionen zu finden ist, ihre Aufmerksamkeit schenkt, wird dem Bild- und Kunstwerk »eine prominente Bedeutung einräumen«.[50] Da sich schließlich das Verstehen des Fremden und Anderen auf den ganzen Menschen bezieht, kann es sich auch nicht auf einen Teilaspekt beschränken. Vor allem die Medizin wird darum in dieser Konzeption »zum zentralen Pfeiler einer interkulturellen Hermeneutik«.[51] Das verlangt konsequenterweise auch, dass Missionswissenschaft interdisziplinär zu arbeiten

---

[47] Ebd. 28.
[48] Th. Sundermeier, Begegnung mit dem Fremden. Plädoyer für eine verstehende Missionswissenschaft, aaO. 397.
[49] Ebd. 397. In Abhebung von »Kommunikation« und »der Soziologie«, die nach Sundermeier in den letzten Jahren stark die theologische und missionstheologische Diskussion beherrschten, stellt er die aktuelle Bedeutung einer erweiterten Hermeneutik heraus: »Man ist müde geworden der großen, durch den Menschen verursachten Veränderungen. Was die Veränderungen der modernen Gesellschaft der Erde antun, das sehen wir heute und beginnen, an den Folgen zu leiden. Jetzt geht es darum, neu zu verstehen, was Welt ist und in welchem Verhältnis wir zu ihr leben müssen, weil Gott in ihr zur Sprache kommen will. Damit ist aber Hermeneutik gefragt, und zwar im fundamentaltheologischen Sinn. Es mag dann auch nicht zufällig sein, dass neuerdings wieder Arbeiten zur Hermeneutik erscheinen, wenn auch vorläufig ausschließlich bezogen auf den biblischen Text.« (Th. Sundermeier, Erwägungen zu einer Hermeneutik interkulturellen Verstehens, aaO. 13–28, 14).
[50] Th. Sundermeier, Erwägungen zu einer Hermeneutik interkulturellen Verstehens, aaO. 21.
[51] Ebd. 23.

hat. »Die Missionswissenschaft als eine dem Verstehen zugewandte Wissenschaft hat dabei eine integrative Funktion, ist sie doch im interkulturellen und interreligiösen Bereich kat'exochen angesiedelt.«[52]

Eine so verstandene Missionswissenschaft hat nach Sundermeier die hermeneutischen Bedingungen vom Verstehen des Anderen zu eruieren und die daraus folgenden »Handlungsdimensionen zu erarbeiten, lokal und weltweit. Darin erweist und bewährt sie sich als verstehende Missionswissenschaft.«[53]

Rückfragen an dieses missionswissenschaftliche Selbstverständnis sind deshalb zurückhaltend zu stellen, weil die bisher vorliegenden Überlegungen noch zu bruchstückhaft sind und sich zu sehr im Bereich des Intentionalen und Programmatischen bewegen. Bis jetzt liegt noch kein durchreflektiertes Konzept vor. Zu Recht wird man jedoch die grundsätzliche Frage stellen dürfen: »Ist diese neue Hermeneutik durch Schaden klug geworden – setzt sie tief genug an im Deuten des geschichtlichen Scheiterns der älteren, damals auch ›neu‹ genannten Hermeneutik? Ist sie bescheiden statt beschwörend geworden?«[54] Aus missionswissenschaftlicher Perspektive ist insbesondere zu fragen, ob die Aufgabenstellung der Missionswissenschaft darin aufgehen kann oder sich gar darin erschöpft, den Anderen zu verstehen? Ist das Bemühen darum nicht vielmehr eine unerlässliche Voraussetzung und bleibende Verpflichtung ihrer Arbeit? Missionswissenschaft als theologische Disziplin will jedenfalls mehr als das Verstehen des Fremden und Anderen, wohlwissend, dass schon dies sie mehr als überfordert – wann hat man ihn oder sie verstanden; wann ist jemand fremd und anders; wie anders müssen sie sein, damit sie missionswissenschaftlich interessant sind? Sie hat »reflexives Bewusstsein« davon zu sein, dass nach christlichem Selbstverständnis der Glaube auf Mitteilung drängt und das Evangelium allen Menschen gilt. Fragen, die sich aus diesem sowohl theoretisch als auch praktisch erhobenen Anspruch heraus immer aufs Neue stellen, gehören wesentlich in das Pflichtenheft einer Missionswissenschaft.

5. Schluss

Wollte man die Entwicklung des missionswissenschaftlichen Selbstverständnisses seit Beginn bis in unsere Tage auf eine Formel bringen, so ließe sich kurz sagen: *Von der Halieutik zur Xenologie*, von der Kunst des Menschenfischers zur Lehre vom Fremden und den Fremden.[55] Wurde anfänglich noch ungebrochen

---

[52] Th. Sundermeier – W. Ustorf, Einleitung, aaO. 9.
[53] Th. Sundermeier, Begegnung mit dem Fremden, aaO. 400.
[54] H. Balz, Krise der Kommunikation – Wiederkehr der Hermeneutik?, in: Die Begegnung mit dem Anderen, aaO. 39–66, 61.
[55] Der Tübinger Theologe Anton Graf forderte in seiner 1841 veröffentlichten »Kritische Dar-

vom Anderen als dem Objekt der Mission gesprochen, das zum christlichen Glauben zu bekehren und damit in die Kirche aufzunehmen sei, so ist mittlerweile sowohl die Sprache als auch die Haltung ihm gegenüber zurückhaltender geworden. Damit wird nicht einfach auf die Mitteilung des Evangeliums verzichtet. Doch gilt es, den Anderen und Fremden vor allem anderen zunächst einmal in seiner Würde und in seinem Subjektsein zu respektieren und zu verstehen, bevor er mit dem Evangelium konfrontiert wird. Diese elementare menschliche Grundhaltung macht sich nicht zuletzt im Umgang mit dem Begriff der Mission selbst bemerkbar.

Nach Meinung verschiedener Theologen bietet die Kategorie des Zeugnisses heute eine angemessene Möglichkeit, Mission in einem postkolonialen Zeitalter zu verstehen. Dabei geht es nicht einfach um ein neues Wort, mit dessen Hilfe die Last der Geschichte über Bord geworfen oder auf den Anspruch des Evangeliums verzichtet werden könnte, sondern um eine bestimmte Art der Glaubensmitteilung und des Verhältnisses zum Anderen. Das Zeugnis respektiert nämlich voll das Anderssein des Anderen und verzichtet dabei keineswegs auf die aus Erfahrung erwachsene eigene Überzeugung, sondern bringt sich selbst in Respektierung der Freiheit des Anderen und der eigenen Geschichte ein. Nur gilt es jede Vorstellung aufzugeben, die möglicherweise nicht allein das missionarische Handeln beeinflusste, sondern sich auch im missionswissenschaftlichen Selbstverständnis niederschlug, dass man nämlich etwas tun kann für den Anderen und dass man sein Bestes wollen kann ohne ihn; gleichgültig dabei, ob diese Illusion auf das spirituelle oder das affektive Leben zielt oder sonst auf einen Bereich. »Der Andere kann sich nur ändern und sich zum Vater Jesu bekehren genau in dem Maß, in dem ich aufhöre, ihn ändern zu wollen, genau in dem Maß, … in dem ich mich umgekehrt radikal ändere in der Beziehung zu ihm.«[56] Dies nur als kleiner Hinweis darauf, wie auch innerhalb des missionarischen Handelns sich ein neues Selbstverständnis herausbildet.

In jedem missionswissenschaftlichen Selbstverständnis spiegeln sich nicht nur der jeweilige Zeitgeist und die Stellung des Christentums und der Kirchen innerhalb einer immer differenzierter wahrgenommenen Welt wider, sondern auch das Anliegen von Missionswissenschaft, an der universalen Bestimmung des Evangeliums festzuhalten, ist deutlich erkennbar. Die ihr heute daraus er-

---

stellung des gegenwärtigen Zustandes der Praktischen Theologie« die Berücksichtigung des Missionswesens sowohl innerhalb der praktischen Theologie wie auch in den verschiedenen Disziplinen. »In der Wissenschaft des Missionswesens, welcher man den Namen Halieutik, Keryktik oder Apostolik geben mag, wird man besonders die Geschichte der Missionen, das heute Bestehende, die Erfahrungen der Heidenapostel, die Völkerkunde, das Wesen der verschiedenen heidnischen Religionen usw. zu Rathe ziehen müssen«. (Tübingen 1841, 245 f.)

[56] G. Adler, Von der Rückeroberung zur Kommunikation, in: Katechetische Blätter 111 (1986) 428–434, 434.

wachsenden Aufgaben, sind gewiss nicht etwa geringer geworden, im Gegenteil: sie sind anspruchsvoller und durch die theologische Stimme der Dritten Welt auch unbequemer. Denn die Dritte Welt, sagt W. Hollenweger, »ist lästig, weil sie uns vor unverschämte theologische Fragen stellt, Fragen, in denen Politik und Frömmigkeit in unanständiger Weise durcheinandergewirbelt werden«.[57] Missionswissenschaft, wie sie mittlerweile weltweit betrieben wird, möchte nichtsdestotrotz dazu beitragen, das »parochiale Gewissen der Gemeinde« aufzubrechen und »theologische Elfenbeintürme« ins Wanken zu bringen.

Zur Entstehung und Bildung eines weltkirchlichen Problembewusstseins vor Ort trägt Missionswissenschaft in Kooperation mit den übrigen theologischen Disziplinen das Ihrige dadurch bei, dass sie ein Reflexions- und Erfahrungspotential anderer Christen für unseren Alltag und seine Probleme bereitstellt, welches uns in unserem theologischen Denken und in der Nachfolgepraxis vielfältig herausfordert, auf das wir aber gleichzeitig dankbar zurückgreifen dürfen. Damit leistet Missionswissenschaft nicht zuletzt einen bescheidenen Beitrag dazu, Fremdenangst zu überwinden, das Andersartige verstehen und schätzen zu lernen, Unterschiede zu respektieren, gegensätzliche Interessen auszutragen und wenn nötig auch auszuhalten. Ob all dies einer Missionswissenschaft gelingt, hängt freilich von verschiedenen Faktoren ab. Dass sie trotz ihrer Marginalisierung innerhalb des theologischen Wissenschaftsbetriebes und ihrer Suche nach einem neuen Selbstverständnis heute dringender den je ist, dürfte außer Zweifel stehen.

---

[57] W. Hollenweger, in: Berliner Kirchentag 1977, Dokumentarband, Arbeitsgruppe 1: Gemeinschaft im Glauben, Stuttgart 1977, 192 f.

Zwischen lokaler Identität und universaler Solidarität

Überlegungen zu den Aufgaben heutiger Missionswissenschaft

Was für den christlichen Glauben allgemein gilt, trifft auch auf das missionarische Handeln der Kirchen zu: beide sind weder selbstverständlich noch bleiben sie unangefochten, vielmehr muss um ihre Sache gerungen werden, und sie bleiben daher umstritten. Von Anfang an begleiteten innere und äußere Infragestellung und Kritik die christliche Mission, wobei nicht selten Zerrbilder das Urteil über sie bis heute bestimmen.[1] Fixe Bilder finden sich jedoch nicht allein auf Seiten der Kritiker der Mission, sondern auch auf jener der Befürworter. Grund für Selbstgerechtigkeit oder gar Überheblichkeit ist dies freilich noch lange nicht. Im Gegenteil: »Ohne Kritik verkommt Mission zu realitätsferner Lobhudelei oder christlich drapiertem Aberglauben, ohne positive Teilnahme zu wirklichkeitsfremder Verzerrung.«[2] Die Antwort auf die Frage, ob Mission heute noch sinnvoll und verantwortbar sei, wird gewiss nicht allein von dem Bild abhängig sein, das man mit ihr verbindet, sondern vielmehr noch von der Bereitschaft, sich auf den christlichen Glauben und das von ihm zu bezeugende Evangelium einzulassen. Ohne diese Voraussetzung zu teilen, lässt sich nur schwer über Mission sprechen.

Allerdings ist die Rede von Mission vor allem in westlichen Gesellschaften negativ besetzt, und viele Menschen innerhalb und außerhalb der Kirchen nehmen an ihr Anstoß, weil Mission sie an ein imperialistisches Verhalten erinnert, von dem endgültig Abschied zu nehmen ist. Das Klischee – erst kommen die Missionare und dann kommt Coca Cola – hat sich tief im allgemeinen Bewusstsein festgesetzt. Dagegen scheint es ein theologischer Begriff von Mission schwer zu haben. Der Begriff Mission will uns ja daran erinnern, dass Christsein mit Nachfolge und damit mit Apostolat bzw. Sendung zu tun hat. Diese Sendung sieht sich an keine geographischen, kulturellen, rassischen, religiösen oder kirchlichen Grenzen gebunden, sondern sie sucht als »Genzüberschreitung«, wie Mission schon oft beschrieben wurde, die universale Kommunikation des Evangeliums als »Wort des Lebens« (1 Joh 1,1). »Das bedeutete früher mög-

---

[1] Vgl. G. v. Paczensky, Teurer Segen. Christliche Mission und Kolonialismus, München 1991.
[2] K. Blaser, Das Missionsverständnis in Bewegung, in: Zeitschrift für Mission 19 (1993) 199–210, 199.

licherweise, oder schien bloß zu bedeuten, den Kampf gegen Aberglauben und die Versklavung unter die Mächte der Dunkelheit, der Unwissenheit und der Krankheit, heute bedeutet sie den Kampf zwischen Unterdrücker und Unterdrückte, die Begegnung mit den Weltreligionen, Teilnahme am Kampf um das Überleben, ob wir es mögen oder nicht. In diese konkreten Verhältnisse gesandt zu sein, verlangt die Bekehrung der Menschen zu Gott und unsere Bekehrung zu den Armen.«[3] Der damit verbundene Anspruch und eine ihm entsprechende Praxis können nicht aufgegeben werden, wenn weiterhin an christlicher Identität festgehalten werden soll. Sie braucht zwar nicht unbedingt an den Begriff der Mission gebunden zu sein, wohl aber an den mit ihm bezeichneten Sachverhalt.[4]

Die folgenden Ausführungen suchen zunächst auf einige »Altlasten« christlicher Mission aufmerksam zu machen, um besser verstehen zu können, warum Mission bei uns nach wie vor auf Schwierigkeiten stößt und die Rede von ihr erschwert. In einem weiteren Punkt sollen dann neue Herausforderungen benannt werden, mit denen sich das missionarische Handeln heute konfrontiert sieht. In einem abschließenden Teil werden auf diesem Hintergrund zentrale Aufgaben thematisiert, die sich einer Missionswissenschaft in unserem Kontext stellen.

1. »Altlasten« christlicher Mission

Hans-Werner Gensichen schrieb vor Jahren: »Der Weg der Mission ist in den letzten Jahren und Jahrzehnten sozusagen mit Krisenanalysen gepflastert gewesen. Keine ökumenische Konferenz, kaum ein namhafter Vertreter der Mis-

---

[3] K. Blaser, Should we stop using the term »mission«?, in: International Review of Mission 76 (1987) 68–71, 70. (Übersetzung GC).

[4] Wegen der eben angesprochenen Belastung, die mit dem Wort »Mission« verbunden ist, wurde schon darauf hingewiesen, dass auf diesen Begriff zu verzichten sei; statt dessen biete die Kategorie des Zeugnisses eine angemessene Möglichkeit, Mission in einem post-kolonialen Zeitalter zu verstehen. Vgl. z. B. S. Samartha, Christliches Zeugnis heute, in: Zeitschrift für Mission 7 (1981) 147–151; G. M. Soares-Prabhu, Missiology or Missiologies?, in: Missions Studies 3 (1986) 85–87, 86. J. M. Velasco, Increencia y evangelización. Del dialogo al testimonio, Santander 1988, 9 ff.; 121 ff. E. Arens, Zwischen biblischem Tun und postmodernem Text. Zur Aktualität des Zeugnisses, in: Neue Zeitschrift für Missionswissenschaft 54 (1988) 81–97, bes. 94 ff.; K. Blaser, Témoignage de l'Évangile ou prosélytisme? Éléments d'une discussion théologique et œcuménique, in: Neue Zeitschrift für Missionswissenschaft 55 (1999) 249–258, bes. 251 ff. Vgl. auch A. Wolff, Der Zeuge als Überlieferungsträger personaler Offenbarung. Zur Korrelation von Offenbarungsgehalt und Vermittlungsgestalt im Kontext der entfalteten Moderne, Frankfurt a. M. 1997; A. Steinke, Christliches Zeugnis als Integration von Erfahrung und Weitergabe des Glaubens. Der Zeugnisbegriff in der deutschsprachigen theologischen Literatur nach dem Zweiten Vatikanischen Konzil, Würzburg 1997; L. Weckel, Um des Lebens willen. Zu einer Theologie des Martyriums aus befreiungstheologischer Sicht, Mainz 1998.

sionswissenschaft oder der organisierten Mission, die dazu nicht ihre Beiträge geliefert hätten.«[5] Solche Krisenanalysen sind heute weit seltener geworden und dies aus verschiedenen Gründen, ohne damit zu sagen, Mission sei inzwischen »krisenfrei«. Die in den Beiträgen genannten Krisen waren jedoch vor allem mit einer Mission verbunden, die jahrhundertelang unter westlicher (kolonialer) Vorherrschaft und Vormundschaft stand, von denen zu befreien sowohl die sog. Jungen Kirchen als auch die Mutterkirchen und Missionsorganisationen sich schwer taten und denen es bis heute teilweise noch schwerfällt. »Eben dies System mit seiner Parallelität von westlicher Machtausübung und westlicher Missionierung, von kolonialem Patronat und missionarischem Paternalismus, ist es …, das die wesentliche Freiheit der Zusage des Evangeliums und der Antwort des Glaubens empfindlich gelähmt hat, mit Auswirkungen, die mit dem Abbau des Kolonialismus keineswegs automatisch beseitigt sind und von denen auch die Jungen Kirchen noch betroffen sind.«[6]

Im Gefolge europäischer Expansion wurde das westliche Christentum weltweit verbreitet, was nicht nur besagt, dass es zur Präsenz eines westlichen Typs von Christentum in außereuropäischen Kulturen kam, sondern damit gleichzeitig Zertrennung und Zersplitterung christlicher Kirchen auf Weltmaßstab-Ebene reproduziert wurden. Nicht zuletzt die beiden Weltkriege erschütterten gewaltig die Superiorität des christlichen Westens und entlarvten die irrige Vorstellung, Europa sei der Nabel der Welt. Von dieser Entlarvung war auch das Christentum als Ideologie von gewalttätigen Eroberern und rücksichtslosen Ausbeutern mitbetroffen. Der mit der Entkolonialisierung einsetzende Prozess, in dem die Dritte Welt ihre bis dahin vorenthaltenen und verweigerten Rechte vor der Weltöffentlichkeit einzuklagen begann, fand seinen innerkirchlichen Widerhall in der verstärkten Reklamation kirchlicher Autonomie. Dies hat schließlich – für die katholische Kirche entschieden durch das Vaticanum II vorangetrieben und in seinen Dokumenten mehrfach bestätigt – dazu geführt, dass die ehemaligen »Missionskirchen« vollwertige Glieder einer weltweiten christlichen Gemeinschaft wurden, in der gegenseitige Solidarität und wechselseitiges Lernen angesagt sind. Doch scheint Letzteres nicht recht gelingen zu wollen, sondern ist mit zahlreichen Schwierigkeiten und Widerständen verbunden, deren Überwindung lange Zeit braucht.[7]

Der Übergang von der Westmission zur Weltmission, von dem schon seit Jahren gesprochen wird, ist mittlerweile zwar eine unübersehbare Realität, gleichzeitig aber vollzieht er sich vermutlich viel langsamer als wir es im All-

---

[5] H. W. Gensichen, Glaube für die Welt. Theologische Aspekte der Mission, Gütersloh 1971, 24.

[6] H. W. Gensichen, Glaube für die Welt. Theologische Aspekte der Mission, aaO. 18.

[7] Vgl. K. Piepel, Lerngemeinschaft Weltkirche. Lernprozesse in Partnerschaften zwischen Christen der Ersten und der Dritten Welt, Aachen 1993.

gemeinen wahrhaben wollen.[8] Denn nach wie vor herrschen zwischen den einzelnen Ortskirchen asymmetrische Verhältnisse, welche das Bild einer Weltkirche, die aus gleichwertigen Lokalkirchen mit ihren je eigenen Profilen besteht, verzerren. Nicht so sehr in der Tatsache, dass die einen über größere materielle Ressourcen verfügen als andere, besteht die eigentliche Schwierigkeit. Vielmehr liegt das Problem in den über Jahren gewachsenen und sich in den Köpfen verfestigten *paternalistischen Mentalität*, mit denen beispielsweise finanzielle Hilfe angeboten und verteilt, aber genauso in Empfang genommen wird. Doch auch im theologischen Verhalten zu außereuropäischen Theologien und insbesondere im kirchenamtlichen Umgang mit ihnen zeigt sich die monierte Mentalität: nach wie vor ist das westliche Interpretationsmonopol von dem, was Christentum ist, bestimmend und neuere theologische Entwürfe und pastorale Projekte werden mit »Argusaugen« beobachtet und unter Rechtfertigungsdruck gesetzt.

Die weltweite Präsenz des Christentums hat gleichzeitig zu einer planetarischen Diaspora geführt, einer Situation, die zusammen mit der unleugbaren Tatsache einer massiv abnehmenden gesellschaftlichen Präsenz der Kirchen im Westen und damit verbunden ihres immer geringer werdenden Einflusses dem geographischen Missionsverständnis endgültig den Boden entzog. Missionarisches Handeln kann infolgedessen auch nicht mehr als eine Angelegenheit der kirchlichen Geographie gesehen werden, vielmehr wird sie als Aufgabe aller Christen und Christinnen, wo überall sie sich befinden, zu begreifen sein. Doch setzt sich diese Erkenntnis, welche das vergangene Konzil wiederum deutlich herausgestellt hat (vgl. LG 17; AG 35), nur schwer durch, weil offenbar selbst bei aufgeschlossenen Christen und Christinnen bei uns ein *Bild von Mission* vorherrscht, das diese vorwiegend als *Sache der Anderen* betrachtet, mit der man – nicht zuletzt auf Grund der kolonialen Hypothek der Mission – möglichst nichts zu tun haben will.

In dieser Vorstellung von Mission ist der Gedanke einer weltweiten Expansion nachhaltig wirksam, wie diese im Zeitalter des europäischen Kolonialismus und Imperialismus erfolgte, und die sich nach einem bestimmten Verständnis des Missionsbefehls des Matthäus naheliegt. Nach Mt 28, 19 ff. besteht der Auftrag des Auferstandenen darin, dass seine Jünger zu allen Völkern ziehen und alle Menschen taufen und unterweisen. »Wie die sich ausdehnenden Reiche, so sah es die Kirche als ihre Pflicht an, auch ihre eigenen Grenzen in der *plantatio ecclesiae* auszudehnen. So wie die imperialen Akteure zivilisieren mußten, so hatten die Kirchen Seelen zu retten, die *conversio animarum* durchzuführen. Die beiden Konzepte, die *plantatio ecclesiae* und die *conversio anima-*

---

[8] Keine Einbahnstraßen. Von der Westmission zur Weltmission, Hg. H. J. Margull – J. Freytag, Stuttgart – Erlangen 1973.

rum – die Einpflanzung der Kirche und die Bekehrung der Seelen –, umschrieben den kirchlichen Sinn von Mission.«[9] Solcher Sinn von Mission, der für missionstheologische »Schulrichtungen« bis zur Zeit des Konzils noch bestimmend war und sich unterschwellig vom Kriterium der »Messbarkeit« leiten ließ – sei es vom Wachstum der Kirchen oder von der Zahl der Bekehrten –, wird nach wie vor unterstellt, auch wenn sich mittlerweile diese Sinnbestimmung geändert hat.[10]

Belastend kommt eine *religiöse Zurückhaltung* hinzu, welche den Missionsgedanken gerade auch bei den »breiten Massen des gebildeten Publikums«, wie E. Troeltsch einmal bemerkte, nur schwer vermitteln lässt. »Religiöser Individualismus, unsere Achtung der Gewissensfreiheit und persönlichen Überzeugung, unsere Forderung der Toleranz« scheinen der Mission nicht nur abträglich zu sein, sondern sie gar unmöglich zu machen. »Religion ist Privatsache und Persönlichkeitssache; wir pflegen darüber kaum miteinander zu sprechen, weil wir fremde Überzeugung nicht angreifen und die unsere nicht verspotten lassen wollen.«[11] Mission erscheint demgegenüber als »religiöser Hausfriedensbruch« und in religiös pluralistischen Gesellschaften fehl am Platze. Umgekehrt aber können wir uns sehr wohl *missionarisch* verhalten wie etwa im Falle der Menschenrechte. »Wir begnügen uns nicht damit, die anderen über unsere Auffassung zu informieren, im übrigen aber die jeweilige kulturelle Bedingtheit der verschiedenen Sichtweisen anzuerkennen, sondern wir wollen sie von der Richtigkeit, ja Wahrheit unseres eigenen Wertesystems überzeugen. Der Pluralismus findet hier seine Grenze, die Betonung der Menschenrechte wird nicht als eine von verschiedenen, prinzipiell möglichen Ansichten betrachtet.«[12]

Zu diesen »Altlasten« christlicher Mission, mit denen sich auseinander zu setzen nicht nur Aufgabe einer Missionswissenschaft ist, deren Aufarbeitung vielmehr Sache der Theologie allgemein und auch der Kirchen ist, treten neue Herausforderungen.

---

[9] R. J. Schreiter, Die neue Katholizität. Globalisierung und die Theologie, Frankfurt a. M. 1997, 213; Ders., Reconciliation as a Modell of Mission, in: New Theology Review 10 (1997) 6–15, 10.

[10] Vgl. Y. Congar, Theologische Grundlegung, in: Mission nach dem Konzil, Hg. J. Schütte, Mainz 1967, 134–190; G. Collet, Das Missionsverständnis der Kirche in der gegenwärtigen Diskussion, Mainz 1984, 97 ff.; 107 ff.

[11] E. Troeltsch, Die Mission in der modernen Welt, in: Gesammelte Schriften, Bd. 2: Zur religiösen Lage, Religionsphilosophie und Ethik, Aalen 1981 (2. Neudruck der 2. Auflage Tübingen 1922), 779–804, 787.

[12] R. Leuze, Das Verständnis der Mission in unserer Zeit, in: Zeitschrift für Mission 21 (1995) 69–81, 70.

2. Neue Herausforderungen an die christliche Mission

Eine erste Herausforderung, vor die sich christliche Mission heute gestellt sieht, besteht im weltweit umfassenden Prozess der *Globalisierung.* Globalisierung, die sich gewaltigen kommunikationstechnischen Fortschritten verdankt und diese fördert, bringt eine Vielfalt von Völkern, Ländern und Kulturen u. a. zu Gesicht, und der Prozess scheint die Möglichkeit zu bieten, sie in gegenseitiger Bereicherung zusammenzuführen und alle daran partizipieren zu lassen. Doch verspricht Globalisierung mehr als sie hält. Denn von den Möglichkeiten des »Weltdorfes«, das inzwischen zum »Weltmarkt« geworden ist, profitiert nämlich nur jener geringe Teil der Menschen, der ohnehin schon privilegiert ist. Zwar scheint Globalisierung die ganze Welt zu erfassen, doch lässt sie die Mehrheit außen vor, weil wirtschaftliche Globalisierung Millionen von Menschen marginalisiert und sie von deren Erträgen ausschließt. So werden ganze Kontinente, der Entwicklung am meisten bedürftigste Länder und selbst Sektoren in sog. entwickelten Ländern von ihr »übergangen«. Globalisierung der Wirtschaft, die den einen lukrative Vorteile bringt und den andern das Nachsehen überlässt, verschärft weltweit die soziale Frage, nicht zuletzt im Westen selbst. Denn wirtschaftliche Globalisierung führt beispielsweise nicht nur zur Auslagerung von Arbeitsplätzen, sondern auch von erwirtschaftetem Gewinn. Damit fehlen aber den öffentlichen Haushalten auch der Industrieländer zunehmend die Mittel für Sozialbudgets.[13]

Globalisierung erweist sich daher als ein ambivalenter Prozess. Als weltweiter Austausch von Informationen, Gütern und Dienstleistungen u. a. kann er zu einer Humanisierung beitragen. Als problematisch aber erweist er sich vor allem dort, wo er zur Herrschaft einer Gruppe führt, die mit ökonomischer, politischer und kultureller Macht verbunden ist und andern aufgedrängt wird. Das führt zu zahlreichen, teilweise gewaltsam ausgetragenen Konflikten und antiglobalisierenden Strömungen, in denen gegenüber den vereinnahmenden Tendenzen die eigene Freiheit und Identität behauptet werden soll. Solche Einsprüche können im Namen von regionaler Autonomie, im Respekt vor ethnischen Gruppen und deren kulturellen Werten u. a. erfolgen, weil sie den Prozess der Globalisierung vor allem als für sie bedrohlich erfahren. Zu diesen antiglobalisierenden Tendenzen zählen der Fundamentalismus und Revanchismus genauso wie eine Ethnifizierung und ein Primitivismus.[14]

Das missionarische Handeln wird auch von einer globalen Vision geleitet,

---

[13] Vgl. N. Mette, Globalisierungsprozesse als theologische und praktische Herausforderung, in: Ders., Praktisch-theologische Erkundungen, Münster 1998, 69–85, bes. 70 ff.
[14] Vgl. R. J. Schreiter, Die neue Katholizität. Globalisierung und die Theologie, aaO. bes. 43 ff.; Hg. D. Becker, Globaler Kampf der Kulturen? Analysen und Orientierungen, Stuttgart – Berlin – Köln 1999.

die eine Alternative zum neoliberalen Prozess der Globalisierung darstellt.[15] Zwar kann diese Vision, die vom Glauben an den einen Gott, die eine Welt und die eine Menschheit geleitet ist, leicht missverstanden werden, wenn sie nämlich eine solche Einheit im Sinne von Uniformität bestimmt. Diese Sicht war in der Kirche lange Zeit wirksam und sie hat sich auch im missionarischen Handeln ausgewirkt. Aber schon ein oberflächlicher Blick in das neutestamentliche Glaubenszeugnis zeigt, dass der eine Geist verschiedene Gaben hat, und der eine Leib aus vielen Gliedern besteht (vgl. 1 Kor 12, 1 ff.). Ein solches Verständnis von Einheit, die nach dem Konzil vor allem als Gemeinschaft zu sehen ist, gilt es – trotz der gegenwärtigen kirchenpolitischen Strategien und Maßnahmen – festzuhalten und zur Geltung zu bringen.[16] »Die Kirche sieht (dabei) ihre eigene Rolle nicht als eine der Herrschaft im Namen der Wahrheit, sondern vielmehr als eine des Dienstes im Namen der Liebe.«[17]

Mission geht von der universalen Bestimmung des Evangeliums aus und bringt diese praktisch zur Geltung. Die Universalität des Evangeliums hat nichts mit uniformem Denken und Gewissen zu tun und ebensowenig mit der Aufoktroyierung eines Glaubens auf die ganze Welt. Sie antizipiert vielmehr eine Welt, die als Gemeinschaft von Freien »nicht mehr Juden und Griechen, nicht Sklaven und Freie, nicht Mann und Frau« (Gal 3, 28) kennt, weil sie auf dem gegenseitigen Respekt vor der jeweiligen Identität und Freiheit basiert und solche Barrieren und Diskriminierungen überwindet. Infolgedessen verbietet sich ihr auch eine politische oder kulturelle Dominanz der einen über die anderen. Im Prozess der Globalisierung kommt daher der Kirche auch eine prophetische Rolle zu, nämlich die Vision einer Weltgemeinschaft zum Zuge zu bringen, welche auf die Solidarität aller Menschen setzt. Diese Vision kann sie aber nur dann glaubwürdig aufrecht erhalten, wenn sie die Stimmen und die Interessen der von der neoliberalen Globalisierung ausgeschlossenen Opfer vertritt und sich mit ihnen solidarisiert.

Eine weitere Herausforderung liegt in dem sozialen, kulturellen und religiösen *Pluralismus*, der zu einem hervorstechenden Merkmal vor allem westlicher, moderner Gesellschaften geworden ist.[18] Diese relativ neue Situation

---

[15] Vgl. M. Amaladoss, Globalization and Mission, in: Jeevadhara 25 (1995) 52–64.

[16] Vgl. B. J. Hilberath, Kirche als communio. Beschwörungsformel oder Projektbeschreibung?, in: Theologische Quartalschrift 174 (1994) 45–65.

[17] M. Amaladoss, Globalization and Mission, aaO. 56.

[18] R. Hummel, Religiöser Pluralismus oder christliches Abendland? Herausforderung an Kirche und Gesellschaft, Darmstadt 1996; vgl. K. Gabriel, Vom missionarischen Sendungsbewusstsein des abendländischen Christentums zur kulturellen Akzeptanz des religiösen Pluralismus, in: Christlicher Glaube in multireligiöser Gesellschaft. Erfahrungen – Theologische Reflexionen – Missionarische Perspektiven, Hg. A. Peter, Immensee 1996, 111–126; Das Europa der Religionen. Ein Kontinent zwischen Säkularisierung und Fundamentalismus, Hg. O. Kallscheuer, Frankfurt 1996.

eines Pluralismus beruht insbesondere darauf, »dass der Mundialisierungspro-
zeß infolge einer enormen Verdichtung und Beschleunigung der Kommunika-
tionswege und Kommunikationsmittel ins Alltagsbewußtsein vorgedrungen ist
und dort einen Effekt auslöst, der als ›Schrumpfung des Globus‹ wahrgenommen wird. Die Schrumpfung des Globus wird Teil der im alltäglichen Common
Sense verankerten Vorstellungswelt.«[19] Pluralismus meint aber nicht eine diffuse Vielfalt oder Pluralität, sondern er stellt eine hochentwickelte Form sozialen,
kulturellen und religiösen Zusammenlebens dar, welches als solches auch bewusst zu gestalten und deshalb auf ethisch-moralische Werte angewiesen ist.
Soziokulturelle und -religiöse Differenzen sind in einer modernen Gesellschaft
sowohl zu erhalten und zu pflegen, um Identität zu ermöglichen und sie festzuhalten, und gleichzeitig miteinander zu verknüpfen und gegenseitig zu vermitteln.

Der religiöse Pluralismus bildet eine Signatur unserer Zeit, wobei es sich
nicht um ein gänzlich neues Phänomen handelt. Denn ein Leben im religiösen
Pluralismus gehörte für viele Menschen schon längst zur Alltagswirklichkeit.
Neu ist er vor allem für westeuropäische Gesellschaften, die bisher vorwiegend
von christlichen Traditionen geprägt wurden. »Noch nie seit der Christianisierung Deutschlands hat es eine Epoche gegeben, in der so viele Menschen, die
sich zu nicht-christlichen Religionen bekennen, unter uns gelebt haben.«[20] Es
geht dabei also nicht um eine Vielfalt von Konfessionen, sondern um den Pluralismus außerchristlicher Glaubensgemeinschaften und religiöser Gruppie-
rungen, der sowohl global und mittlerweile auch lokal anschaulich geworden
ist. Das Christentum findet sich als eine Religion unter anderen wieder, und
seine bisherige Vorrangstellung innerhalb westlicher Gesellschaften hat es im
Zuge der Säkularisierung immer mehr eingebüßt, eine Stellung, die es nicht
mehr wiedergewinnen wird, auch wenn solche Vorstellungen nach wie vor anzutreffen sind.[21] Umgekehrt treten nichtchristliche Religionen verstärkt in der
Öffentlichkeit auf und beanspruchen dieselben gesellschaftlichen Rechte und
Privilegien, wie diese bisher das Christentum bzw. die christlichen Kirchen hatten. Dabei lassen sich zwei konträre Tendenzen feststellen: Während auf der
einen Seite aus dem faktisch gegebenen religiösen Pluralismus die Tendenz er-

---

[19] Th. Ahrens, Mission unter Missionen. Die ›Jesusstory‹ im Spannungsfeld von Regionalität
und Globalisierung – eine Standortbestimmung, in: Ders., Hg., Zwischen Regionalität und
Globalisierung. Studien zu Mission, Ökumene und Religion, Hamburg 1997, 15–51, 19.
[20] K. Schäfer, Christlicher Glaube im religiösen Pluralismus, in: Missionarische Kirche im
multireligiösen Kontext, Hamburg 1996, 9–27, 10.
[21] Vgl. O. Noti, Kirchenintegralistische Eroberungsmentalität oder sozialethisch orientierte
Ökumene?, in: Die Kirchen und Europa. Herausforderungen – Perspektiven, Luzern 1993,
31–56; G. Collet, »Ein noch nicht ganz ausgeträumter Traum?« Missionstheologische Anmerkungen zur Neuevangelisierung Europas, in: Wege der Theologie ins dritte Jahrtausend (Festschrift H. Waldenfels), Hg. G. Riße – H. Sonnemans – B. Theß, Paderborn 1996, 805–822.

wächst, diesem Pluralismus normativen Gehalt zuzusprechen, der den klassischen christlichen Missionsgedanken nicht nur unplausibel und obsolet werden lässt, sondern ihn für ein Zusammenleben in multireligiösen Gesellschaften für geradezu schädlich hält, wird auf der anderen Seite von nichtchristlichen Religionsgemeinschaften das freie Recht auf Missionierung, d. h. auf die Verbreitung anderer religiöser Lehren und Praktiken reklamiert.

Kirchen und Christen haben diese Situation eines religiösen Pluralismus zu akzeptieren und als Gestaltungsaufgabe ernst zu nehmen. Das verlangt von ihnen noch lange nicht den Verzicht auf ihre eigene Überzeugung und das öffentliche Einstehen für diese ihre Überzeugung, wohl aber den Verzicht auf religiöse Überheblichkeit. Statt dessen haben sie Verständnis für Andere zu wecken und die Selbstinterpretation Andersglaubender zu respektieren, wohl wissend, dass sie nicht im Besitz der alleinigen und vollen Wahrheit sind, weil diese Gott allein gehört. Von Christen wird gleichzeitig erwartet, dass sie *als* Christen präsent sind und ihre Überzeugungen einbringen, d. h. engagiert das Evangelium vertreten.[22] »Angesichts fortbestehender Spannungen und Mißtrauens haben Christen keinen Anlaß, naiv zu sein und in Dialogrhetorik zu verfallen. Sie werden sich aber in den Religionen um Bündnispartner für eine bessere Welt bemühen und um der Sache willen auch einmal den Konflikt und Streit wagen.«[23] Zwar wissen wir aus Erfahrungen der Geschichte und der Gegenwart, dass Religionen in regionalen und globalen Konflikten eine problematische Rolle gespielt haben und noch immer Feindschaft und Hass unter Menschen schüren können. Das kann aber nicht den Verzicht auf Religion(en) bedeuten, sondern fordert vielmehr zu verstärkter interreligiöser Kooperation auf, um der weltweiten Bedrohung der Menschheit wirksam begegnen zu können. Die Mobilisierung religiöser Potentiale braucht nicht in Fanatismus, Intoleranz und militantem Hass gegenüber Andersgläubigen zu enden, sondern kann genauso zu deren Überwindung genutzt werden.

Der religiöse Pluralismus stellt zusammen mit der wachsenden Säkularisierung in westlichen Gesellschaften die Dominanz des Christentums in Frage, und es ist eine Konkurrenzsituation entstanden, in der auch andere Religionen und Glaubensgemeinschaften mit ihren Wahrheitsansprüchen auftreten, um Menschen für sie zu gewinnen. Auch diesen Menschen schulden die Christen die Wahrheit des Evangeliums, und sie haben sie daher im Vertrauen auf die »Kraft des Wortes Gottes« (1 Kor 2, 3–5) mit dessen Zuspruch und Anspruch zu konfrontieren. Missionarisches Handeln sucht in dieser Situation die »Überzeugung der Vernunft durch Gründe und die sanfte Anlockung und Ermunte-

---

[22] Vgl. A. Peter, Christliche Präsenz als missionarisches Konzept, in: Neue Zeitschrift für Missionswissenschaft 54 (1998) 241–258.
[23] K. Schäfer, Christlicher Glaube im religiösen Pluralismus, aaO. 23.

rung des Willens«, weil das »Wort des Lebens« (1 Joh 1,1) die Menschen auf »milde, zarte und sanfte Weise« bewegt.[24] »Für eine Kirche, die ihre zentralen Glaubensinhalte ernst nimmt, die die sachliche Verständigung über spezifische Fragen und Inhalte des Glaubens und die nüchterne gemeinsame Arbeit am Ethos im interreligiösen Zusammenleben nicht scheut und die die innere Verfassung pluralistischer Kulturen begriffen hat – für eine solche Kirche ist der multireligiöse Kontext eine hilfreiche Herausforderung und eine anspruchsvolle missionarische Gelegenheit.«[25]

Mittlerweile hat die schon von Josef Pieper 1935, dann von Alfred Delp SJ 1941 vorgetragene und von Ivo Zeiger SJ 1948 auf dem Mainzer-Katholikentag wiederholte These, Deutschland sei ein Missionsland, keine provozierende Wirkung mehr.[26] Konnte diese These vor Jahrzehnten, als die kirchliche Großwetterlage insgesamt stabilere Verhältnisse zeigte, – auch wenn sich bereits eine Auflösung des »konfessionellen Milieus« abzeichnete –, noch als Provokation verstanden werden, so ist die heutige multikulturelle und -religiöse Landschaft nicht nur eine nachträgliche Bestätigung dieser These, sondern sie verschärft gleichzeitig auch die Frage nach dem, was denn Christentum überhaupt ist und wie die Vermittlung des christlichen Glaubens im Zusammenhang mit einer Gesellschaft, in der es einen Traditionsabbruch und einen Plausibilitätsschwund kirchlichen Lebens gibt, gelingen kann.[27] Für viele Menschen in unseren Breitengraden ist Christentum ein »Fremdwort«, das sie nicht (mehr) kennen, sondern erst noch lernen müssen, sofern sie dazu bereit und nicht von agnostischen und nihilistischen Strömungen, welche Sinnfragen verabschiedet haben, erfasst sind. Wir stehen deshalb auch bei uns vor einer »*missionarischen Situation*«, in der es darum geht, Wege einer Mystagogie zum Geheimnis Gottes zu finden und diese behutsam zu gehen.[28] Schon die Titel zweier neuerer Sam-

---

[24] B. de Las Casas, Obras Completas II: De unico vocationis modo, Madrid 1990, 17 (V, 1); 359 (V, 35).

[25] M. Welker, Der missionarische Auftrag der Kirchen in pluralistischen und multireligiösen Kontexten, in: Missionarische Kirche im multireligiösen Kontext, aaO. 47–64, 63.

[26] J. Pieper, Bemerkungen über die Missionssituation der Kirche in Deutschland (1935), in: Ders., Werke: in acht Bänden, Bd. 7 (Religionsphilosophische Schriften), Hg. B. Wald, Hamburg 2000, 1–9; A. Delp, Vertrauen zur Kirche, in: Gesammelte Schriften. R. Bleistein, Bd. 1: Geistliche Schriften, Frankfurt ²1985, 263–283, 280. Vgl. G. Fuchs, Missionsland Deutschland. Zur theologischen Ambivalenz der bürgerlichen Gesellschaft, in: Glaube als Widerstandskraft. Edith Stein – Alfred Delp – Dietrich Bonhoeffer, Hg. G. Fuchs, Frankfurt 1986, 120–143; R. Bleistein, Deutschland – Missionsland? Reflexionen zur religiösen Situation, in: Stimmen der Zeit 216 (1998) 399–412.

[27] Vgl. J. Werbick, Vom Wagnis des Christseins. Wie glaubwürdig ist der Glaube?, München 1995.

[28] Vgl. K. Rahner, Frömmigkeit früher und heute, in: Schriften zur Theologie VII, Einsiedeln – Zürich – Köln 1966, 11–31; Ders., Über künftige Wege der Theologie, in: Schriften zur Theologie X, Zürich – Einsiedeln – Köln 1972, 41–69, bes.49 ff.

melbände können die grundlegenden Herausforderungen, vor denen wir heute stehen, markieren: »Gott – ein Fremder in unserem Haus?« und »Wenn Gott verloren geht«.[29] »Christliche Mission, die ihrem Auftrag entspricht, kann nicht an der Not und den Bedürfnissen der Menschen vorbeigehen; sie wird aber auch nicht bei einer oberflächlichen Befriedigung aktueller Bedürfnisse stehen bleiben, sondern nach den tieferen Ursachen menschlicher Not fragen und sie mit der Botschaft des Evangeliums konfrontieren.«[30] Diese »Konfrontation« besteht in der folgenschweren Zusage des unbedingten Ja Gottes, in der Menschen dank der Vermittlung anderer sich als von Gott unbedingt bejaht wissen dürfen und darum auch andere anerkennen können.[31]

In einer Situation, in der die religiöse Sozialisation immer mehr zurückgeht bzw. schon ausgefallen ist, wird es um so wichtiger, einigen Menschen begegnen zu können, welche bewusst *als* Christen und Christinnen leben, und die durch ihr alltägliches Lebenszeugnis in der Lage sind, andere einzuladen, der Verheißung des Evangeliums zu trauen.[32] Und in dem Maße, in dem Menschen sich darauf einlassen und das Evangelium gemeinsam mit anderen und für andere zu leben beginnen, d.h. Gemeinde werden, kann Glaube neue Wurzeln finden. Nach Franz Xaver Kaufmann hängt darum die Zukunft des Christentums »in entscheidendem Maße davon ab, inwieweit es gelingt, Glauben nicht nur als bloße Innerlichkeit, sondern als zwischenmenschliche Erfahrung zu ermöglichen, eine Erfahrung in kleinen sozialen Gruppen und in Beziehungsnetzen solcher Gruppen, weit unterhalb der organisierten Gebilde, welche die Struktur der heutigen Gesellschaft darstellen«.[33] Diese Beziehungsnetze müssten allerdings groß genug gewoben sein, weil es zum christlichen Glauben gehört, dass er keine Grenzen kennt und deshalb auch die Gemeinden gastfreundlich offen für Andere zu sein haben. In einer Kirche, die sich gerade auch als multikulturelle Kirche zu verstehen beginnt, sitzen alle Jünger und Jüngerinnen Jesu im gleichen Boot. »Es gibt für alle nur eine Mission, nämlich das befreiende Evan-

---

[29] Gott – ein Fremder in unserem Haus? Die Zukunft des Glaubens in Europa, Hg. P. Hünermann, Freiburg – Basel – Wien 1996; Wenn Gott verloren geht. Die Zukunft des Glaubens in der säkularisierten Gesellschaft, Hg. Th. Faulhaber – B. Stillfried, Freiburg – Basel – Wien 1998.
[30] W. Klaiber, Missionarische Ökumene – ökumenische Mission, in: Ökumenische Rundschau 47 (1998) 291–306, 297.
[31] Vgl. N. Mette, Glaube – unverdientes Geschenk. Versuch einer Mystagogie für Menschen, die nichts mehr brauchen, weil sie schon alles haben, in: Ders., Praktisch-theologische Erkundungen, aaO. 223–232.
[32] Vgl. dazu zwei eindrückliche Beispiele: K. Möhring OFM, Missionsland Deutschland. Erfahrungen und Reflexionen eines Franziskaners im Arbeitermilieu, Bonn 1985 (Missionszentrale der Franziskaner, Grüne Reihe, Bd. 28); H. M. Schulz, Seitenwechsel. Für eine Kirche, die dem Leben dient, Mainz 1996.
[33] F. X. Kaufmann, Kirche begreifen. Analysen und Thesen zur gesellschaftlichen Verfassung des Christentums, Freiburg – Basel – Wien 1979, 187; Ders., Religion und Modernität. Sozialwissenschaftliche Perspektiven, Tübingen 1989, 235–275.

---

gelium hier und dort zu leben, in einen je anderen Kontext mit seinen spezifischen Problemen zu übersetzen und gerade so Jesus Christus Herr sein zu lassen über alle Herren politischer, militärischer, wirtschaftlicher oder religiöser Herkunft. Weil es nur eine – eben diese – Aufgabe gibt, deshalb sind wir alle miteinander Partner und aufgerufen, wirklich partnerschaftliche Verhältnisse herzustellen. ›Wir‹ greifen Mitchristen und Mitmenschen unter den armen Völkern ein bisschen unter die Arme (und zwar sofern sie das wünschen und dort, wo sie es wünschen) – ›sie‹ helfen uns, durch ihre provokativen Fragen, ihre Ansichten und ihre Situation, unsere Lage und Aufgabe klarer zu erkennen.«[34]

3. Zu den Aufgaben eines erneuerten missionswissenschaftlichen Selbstverständnisses

Die Verabschiedung einer bestimmten historischen Gestalt von Mission wird, wenn denn an der missionarischen Bestimmung des christlichen Glaubens und der Glaubensgemeinschaft weiterhin festgehalten wird, nicht deren prinzipiellen Verzicht oder deren Aufgabe (Demission) bedeuten können, auch wenn die Scham über das, was im Namen christlicher Mission in der Geschichte geschah, viele veranlasst, ihr endgültiges Ende zu fordern. Wenn Kirche wesentlich missionarisch ist (AG 2) und Evangelisierung zum Auftrag eines jeden Christen gehört (LG 17), so wird stattdessen in lebendigem Austausch mit der Weltchristenheit permanent danach zu fragen sein, wie Mission heute realisiert wird und zu realisieren ist. Genau dies ist Aufgabe einer Missionswissenschaft. Missionswissenschaft hat auf die universale Bestimmung des Evangeliums, das alle angeht, zu reflektieren und genauso auf die Antworten, welche das Evangelium weltweit findet, weil diese Antworten nämlich auch uns angehen.[35]

Man wird in diesem Zusammenhang an einer für manche Kritiker möglicherweise überraschenden Tatsache nicht vorbeikommen: je mehr das klassische Missionsverständnis kritisch hinterfragt wurde, desto deutlicher fand zwischen den verschiedenen Kirchen ein Lernprozess statt, der Mission nicht nur als *Existenzgrund* der Kirchen erkennen ließ, sondern diese auch im *Verständnis* des missionarischen Auftrages einander näher brachte.[36] Vor allem der Nord-

---

[34] K. Blaser, Das Missionsverständnis in Bewegung, aaO. 208.
[35] Vgl. Th. Ahrens, Mission unter Missionen. Die ›Jesusstory‹ im Spannungsfeld von Regionalität und Globalisierung – eine Standortbestimmung, aaO. bes. 45 ff.
[36] Vgl. M. R. Spindler, Mission Reaffirmed: Recent Authoritative Statements of Churches Around the World (1982–1991), in: Exchange 20 (1991) 161–258; J. A. Scherer – St. B. Bevans, New Directions in Mission and Evangelization 1: Basic Statements 1974–1991, Maryknoll 1992; Dies., Theological foundations, Maryknoll 1994; Mission erklärt. Ökumenische Dokumente von 1972 bis 1992, Hg. J. Wietzke, Leipzig 1993.

Profil und Funktion von Missionswissenschaft

Süd-Konflikt, die wirtschaftliche und soziale Kluft zwischen Norden und Süden, hat dabei die theologische Diskussion der letzten Jahrzehnte in der Weise stark beeinflusst, dass das Evangelium als »gute Nachricht für die Armen«, als »das Wort des Lebens« (1 Joh 1,1), ins Zentrum rückte. Die Armen, welche nicht verkürzt als ein ökonomisches Kollektiv missverstanden werden dürfen, da sie »zu gesellschaftlichen Gruppen, Rassen, Klassen, Kulturen, zu einem Geschlecht«[37] gehören: die Armen bilden die von Gott bevorzugten Adressaten und Subjekte der Verkündigung. Ihnen kommt deshalb in der Mission auch eine besondere Bedeutung zu.[38]

Ausgangspunkt für eine entsprechende Missionswissenschaft bilden mittlerweile nicht mehr theologische Reflexionen und missionarische Programme westlicher Kirchen, sondern jene von Christen und Christinnen aus aller Welt, insbesondere von Armen, die der Mission eigene Konturen zu geben vermochten. Seit diese angefangen haben, ihr Schicksal in die eigenen Hände zu nehmen, bekam auch die Mission einen neuen Ort, denn nun stellte sich die Frage nach der *konkreten Bedeutung* des Evangeliums im jeweiligen *Kontext*. Zwar setzt der missionarische Auftrag die Kirche nach wie vor in einen weiten Horizont: allen Völkern bis an die Enden der Erde und der Zeit ist die »Gute Nachricht« auszurichten. Doch ist Kirche zuerst zu den ihr am nächsten stehenden Menschen gesandt und ihnen hat sie das Evangelium zu verkünden. Mission hat sich darum auch zwischen den beiden Brennpunkten lokaler Identität und universaler Solidarität zu vollziehen, ohne die Kirche nicht Kirche Jesu Christi sein kann.

Wie immer im einzelnen Missionswissenschaft sich selbst versteht, auf Grund ihrer eigenen Wissenschaftsgeschichte und der heutigen Situation der Weltchristenheit kommen ihr bestimmte Aufgaben zu, die sie selber und in Kooperation mit anderen theologischen Disziplinen und weiteren Wissenschaften in neuer Weise wahrzunehmen hat.[39] Im Wesentlichen waren es bisher drei

---

[37] G. Gutiérrez, Die Armen brechen in die Geschichte ein, in: Hg. F. Castillo, Die Kirche der Armen in Lateinamerika. Eine theologische Hinführung, Freiburg (Schweiz) 1987, 93–121, 100.

[38] Vgl. P. Suess, Companheiro-Peregrino na Terra dos Pobres, Hóspede-Irmão na Casa dos Outros, in: Revista Eclesiástica Brasileira, 48 (1988) 645–671; Ders., Evangelizar desde los proyectos historicos de los otros. Diez ensayos de misionología, Quito 1995; M. Motte, Nueva misionologia: los pobres evangelizan, in: Misiones extranjeras (1991) 145–153.

[39] Vgl. Th. Ahrens, Mission unter Missionen. Die ›Jesusstory‹ im Spannungsfeld von Regionalität und Globalisierung – eine Standortbestimmung, aaO.; G. Collet, Mission und Kommunikation. Zum Beitrag von Missionswissenschaft für die Gegenwärtigkeit der Theologie, in: Zeitschrift für Missionswissenschaft und Religionswissenschaft 74 (1990) 1–18; Ders., Bekehrung – Vergleich – Anerkennung. Die Stellung des Anderen im Selbstverständnis des Missionswissenschaft, in: Zeitschrift für Missionswissenschaft und Religionswissenschaft 77 (1993) 202–215; Ders., Art. Missionswissenschaft, in: LThK VII, Freiburg ³1998, 324–326; Th. Sundermeier, Konvivenz und Differenz. Studien zu einer verstehenden Missionswissenschaft, Hg.

Problemfelder, mit denen sich Missionswissenschaft über Jahrzehnte intensiv beschäftigt hat.[40] Zum einen ging es um die theologische Grundlegung der Mission und damit verbundener Probleme. Zum anderen um das breite Feld der Geschichte christlicher Mission. Schließlich wurde darüber reflektiert, wie die »Botschaft der Mission« inhaltlich zu bestimmen sei. Den Ausgangspunkt, von dem her solche Probleme angegangen wurden, bildeten bisher immer die Erfahrungen und Erkenntnisse westlicher Kirchen und Theologien, denen faktisch allgemeine Verbindlichkeit unterstellt wurde. Die oben kurz geschilderten weltkirchlichen Entwicklungen und die mit ihnen verbundenen theologischen Erkenntnisse haben jedoch dazu geführt, dass ein neues Selbstverständnis von Missionswissenschaft erarbeitet werden muss, das von dieser bisher selbstverständlichen Voraussetzung Abschied nimmt und damit zugleich ihre Aufgaben differenzierter bestimmt.

Zu diesen Aufgaben gehört zunächst die Wahrnehmung der Mission der *Weltkirche*, d. h. Missionswissenschaft hat danach zu fragen, wie die verschiedenen Ortskirchen dem Auftrag, Gottes Evangelium zu verkünden, in den verschiedensten sozio-politischen, kulturellen und religiösen Kontexten zu entsprechen und ihn zu leben versuchen und welche Gründe sie dafür geltend machen. Vorausgesetzt wird dabei, dass nicht mehr kontextlos von *der* Mission gesprochen werden kann, weil sich der Auftrag der Evangelisierung in den verschiedenen Ortskirchen unterschiedlich konkretisiert.[41] Für die Erfüllung dieser missionswissenschaftlichen Aufgabenstellung genügt es dann allerdings nicht, das kirchliche Leben bloß zu beschreiben und über theologische Entwicklungen im außereuropäischen Raum zu informieren. Schon dies bedeutet für Missionswissenschaft eine enorme Belastung und Missionswissenschaftler und Missionswissenschaftlerinnen können diese Aufgabe nur begrenzt, mehr schlecht als recht, erfüllen. In der Missionswissenschaft muss es nichtsdestotrotz vor allem darum gehen, wegen der globalen, gesellschaftlichen und ökonomisch-politischen Interdependenzen sowie auf Grund der kirchlichen Koinonia die jeweilige gesellschaftliche und kirchliche *Bedeutung* als Herausforderung und Zuspruch an uns herauszuarbeiten und zu thematisieren. Im Einzelnen wird es dann darum gehen, das christliche Zeugnis, wie es im Kontext von Interdependenzen verschiedenster Art, angesichts rassistisch-sexisti-

---

V. Küster, Erlangen 1995; Ders., Den Fremden verstehen. Eine praktische Hermeneutik, Göttingen 1996.

[40] Vgl. G. Collet, Katholische Missionswissenschaft. Zwischen kolonialer Ideologie und theologischem Anspruch, in: Theologie vor dem Konzil. Zur Geschichte der katholisch-theologischen Disziplinen 1870–1962 (Programm und Wirkungsgeschichte des II. Vatikanums, Bd. 3), Hg. H. Wolf, Paderborn 1999.

[41] G. Collet, Theologie der Mission oder der Missionen? Beobachtungen zu einem umstrittenen Begriff, in: Concilium 35 (1999) 84–91.

scher Diskriminierung und Marginalisierung ... gelebt und reflektiert wird, zu thematisieren und zu problematisieren, um in universaler Solidarität eine für den eigenen Kontext sensible und verpflichtete Theologie der Mission formulieren zu können.[42] Die Weltmissionskonferenz von Bangkok (1973) erklärte in einem Sektionsbericht deutlich, in welche Richtung theologisches Arbeiten zu geschehen hat: »Wahre Theologie schließt die Reflexion von *Erfahrung* ein, Erfahrung der christlichen Gemeinschaft an einem bestimmten Ort und zu einer bestimmten Zeit. Sie wird deshalb ›Theologie im Kontext‹ sein; sie wird praktisch anwendbare und lebendige Theologie sein, die billige Verallgemeinerungen ablehnt, weil sie zu und aus einer bestimmten Situation spricht.«[43] Missionswissenschaft sollte ein Wort mitreden, wenn es um die Wahrnehmung dieser Situation geht, denn sie kann einer ethnozentrischen und eurozentrischen Sicht der Dinge von Seiten der Gesellschaft wie auch der Kirchen wehren, indem sie Differenzen wachhält und zur Kenntnis bringt wie auch auf Gemeinsamkeiten hinweist.

Damit hängt unmittelbar eine weitere Aufgabe der Missionswissenschaft zusammen: In den letzten Jahrzehnten entwickelten sich in den verschiedenen außereuropäischen Kirchen zahlreiche neue theologische Traditionen. Diese beanspruchen eine spezifische Bedeutung für ihren eigenen Kontext. Als christliche Theologien, die sich auf das uns gemeinsame Evangelium berufen, haben sie jedoch auch eine *allgemeine*, für alle anderen Kirchen geltende Relevanz. Dieser weltweite Bezug ist innerhalb einer Missionswissenschaft, welche über die universale Bestimmung des Evangeliums nachdenken will, in besonderem Maße herauszuarbeiten. Dazu bedarf es nicht nur eines eigenen methodischen Verfahrens, sondern auch reflektierter Vermittlungs- bzw. Rezeptionsmodelle. Andere Theologien sind dann in ihrem je eigenen Kontext *so* zu studieren und kreativ in die eigene kirchliche und theologische Tradition zu vermitteln, dass sie nicht durch schlechte Abstraktion oder falsch verstandene Universalisierung um ihren Gehalt und ihre Identität gebracht werden. Für diese Vermittlung genügt deshalb weder eine bloße Reproduktion fremden theologischen Denkens noch die Fixierung auf die Frage, was sie – gemessen an der eigenen Tradition und im Unterschied zu ihr – Neues zu sagen haben. Denn eine bloße Reproduktion fremden theologischen Denkens würde solche Theologien nicht nur »ent-kontextualisieren« und sie damit gerade in ihrer Eigenart verkennen,

---

[42] Vgl. D. Werner, Mission für das Leben – Mission im Kontext. Ökumenische Perspektiven missionarischer Präsenz in der Diskussion des ÖRK 1961–1991, Rothenburg 1993, bes. 481 ff.; D. J. Bosch, An die Zukunft glauben. Auf dem Wege zu einer Missionstheologie für die westliche Kultur, Hamburg 1996.

[43] Das Heil der Welt heute. Ende oder Beginn der Weltmission?. Dokumente der Weltmissionskonferenz Bangkok 1973, Hg. Ph. A. Potter, Stuttgart – Berlin 1973, Bericht der Sektion I: Kultur und Identität, 177–195, 181.

sondern sich gleichzeitig den in ihnen explizit oder implizit enthaltenen Herausforderungen entziehen und damit den eigenen theologischen Anteil am Vermittlungsprozess hier schuldig bleiben. Außereuropäische Theologien wollen ja, ob explizit oder implizit, nicht allein auf ihren je eigenen Kontext reflektieren und auf damit verbundene Probleme aufmerksam machen, sondern auch auf unseren westlichen, der oft geschichtlich mit dem ihrigen verknüpft war und durch gegenwärtige politische, ökonomische und andere Systeme nach wie vor involviert ist.[44] Missionswissenschaft kann sich bei dieser Vermittlungsaufgabe nicht allein auf schriftlich formulierte Theologie beschränken. Denn das Studium geschriebener Theologie ist *eine* Kommunikationsmöglichkeit unter vielen, auch wenn sie bei uns die »standardisierte« Form darstellt. Doch gilt es, den Blick auch in dieser Hinsicht zu weiten und das Methodenrepertoire zu verfeinern: Interpretation von Bildern, Auslegung von Musikstilen und -texten, der Einbezug liturgischen Lebens und praktischer Gemeindearbeit gehören genauso dazu.

Missionswissenschaft hat trotz ihres marginalen Daseins innerhalb der Theologie sehr viel für die Aufarbeitung der Christentumsgeschichte, insbesondere der Missionsgeschichte geleistet. Gelegentlich konnte auf Grund der von Missionswissenschaftlern faktisch geleisteten Arbeit gar der Eindruck entstehen, Missionswissenschaft sei Missionsgeschichte. Die Aufgabe, sich mit der Geschichte des Christentums und der Mission in der ganzen Welt auseinander zu setzen, gehört nach wie vor ins Pflichtenheft dieser Wissenschaft, wenn auch unter neuen Vorzeichen und erweitertem Untersuchungsgegenstand. Vor allem ist eine eurozentrische Sicht von Kirche und Theologie zu überwinden. Das geschieht insbesondere dadurch, dass in der Geschichtsschreibung ein Perspektivenwechsel vorgenommen wird, in dem die Geschichte sowohl aus der Sicht der Betroffenen betrieben wird und deren Zeugnisse ausgewertet werden, als auch im Blick auf die jeweiligen Kontexte geschrieben wird. Darüber hinaus ist darauf zu achten, dass bei Berufung auf gesamtkirchliche Traditionsprozesse nicht ohne nähere Erklärung quasi selbstverständlich auf Überlieferungen der westlichen Kirchen zurückgegriffen wird. Denn dies käme einer erneuten Engführung des christlichen Traditionsprozesses gleich. Mittlerweile bilden ja verschiedene kulturelle Traditionsströme das, was als gesamtkirchlicher Traditionsprozess zu betrachten ist. Die christliche Tradition besteht aus verschiedenen Teiltraditionen, die ein Ganzes bilden, welches über die westlichen Überlieferungen hinausgeht. Es handelt sich um eine sowohl diachron als auch

---

[44] Vgl. G. Collet, Für die einen Hoffnung – für die anderen Bedrohung? Bemerkungen zur Rezeption lateinamerikanischer Befreiungstheologie, in: Befreiungstheologie: Kritischer Rückblick und Perspektiven für die Zukunft, Bd. 3: Die Rezeption im deutschsprachigen Raum, Hg. R. Fornet-Betancourt, Mainz 1997, 163–174.

synchron bunte Vielfalt lokaler Theologien, d.h. auch die Geschichte des Christentums ist eine multikulturelle, die uns immer wieder dazu verpflichtet, die Begrenzung der eigenen Tradition zu erkennen. Gleichzeitig eröffnen uns diese Traditionen Möglichkeiten der Bereicherung durch Ergänzung und Kritik.

Bereichert würde Missionswissenschaft schließlich auch dadurch, dass feministisch-theologisches Denken in ihr Platz fände.[45] Es geht nicht bloß um den spezifischen Beitrag der Frauen in der missionarischen Arbeit der Kirchen, der groß genug ist, um etwa im Rahmen eines »Frauenforschungsprogramms« intensiv bearbeitet werden zu können, eine Arbeit übrigens, die inzwischen aufgenommen wurde. Vielmehr wäre nach dem spezifisch weiblichen Beitrag gerade auch innerhalb von Missionswissenschaft zu fragen. Gibt es nicht einen eigenen Zugang zum Thema und worin besteht er? Ist das Konzept von Mission als Sendung bzw. Beauftragung nicht stark von patriarchalem, paternalistischem Denken geprägt? Wie sähe eine feministische Alternative aus? Wenn beispielsweise von der Sendung der Zwölf die Rede ist, so wird regelmäßig an Männer gedacht und damit ein Stereotyp, Mission sei nämlich etwas Männliches, geschaffen und aufrecht erhalten und zugleich ein antijudaistisches Vorurteil genährt. Hier könnte es Aufgabe einer feministisch orientierten Missionswissenschaft sein, verschüttete Dimensionen in der Wahrnehmung der Wirklichkeit aufzuarbeiten und in den allgemeinen theologischen Diskurs einzubringen. »Machbarkeitsorientierte, apathische Einstellungen«, wie sie so häufig in unserem theologischen Arbeiten bestimmend waren und sind, müssten allerdings durch eine Offenheit auch für Einsichten und Erfahrungen anderer Kirchen in den verschiedenen Kontinenten überwunden werden. Darin könnte sich Missionswissenschaft auch für eine feministische Theologie allgemein als nützlich und bereichernd erweisen.

---

[45] Vgl. M. Grey, »She is a great man!« Missiology from a christian feminist perspective, in: International Review of Mission 81 (1992) 201–211; E. S. Vogel-Mfato, Im Flüstern eines zarten Wehens zeigt sich Gott. Missionarische Kirche zwischen Absolutheitsanspruch und Gemeinschaftsfähigkeit, Rothenburg 1995; V. Fabella, Der Weg der Frauen. Theologinnen der Dritten Welt melden sich zu Wort, Freiburg – Basel – Wien 1996; J. Long, Miss-Iology meets MS-Theology: Missiology and Feminist Theology in creative interaction, in: Missions Studies 19 (2002) 155–175.

Katholische Missionswissenschaft

Zwischen kolonialer Ideologie und theologischem Anspruch

Die folgenden Ausführungen versuchen, die Entstehung der katholischen Missionswissenschaft in Deutschland aufzuzeigen und deren Selbstverständnis bis zum Beginn des Zweiten Vatikanischen Konzils in wesentlichen Zügen darzulegen. Diese thematische Vorgabe, die sich zunächst von einem erst aufzuarbeitenden Teilaspekt im Rahmen eines größeren Forschungsprojektes (Globalkultur und christlicher Glaube. Die Bedeutung des Zweiten Vatikanischen Konzils im kulturellen Transformationsprozess der Gegenwart) her erklärt, nämlich »Die deutsche Theologie zwischen den beiden Vatikanischen Konzilien vor den Herausforderungen durch die Moderne – ihr Beitrag zum Zweiten Vatikanischen Konzil« zu erheben, erweist sich im Falle der katholischen Missionswissenschaft weder als zufällig noch als willkürlich, sondern ist sowohl zeitlich als auch inhaltlich berechtigt. Denn dieser vorgegebene Rahmen bezeichnet jenen Zeitraum, in dem Missionswissenschaft als *theologische Disziplin* aufkam, sich innerhalb der akademischen Theologie etablieren konnte und zugleich ihr eigenes wissenschaftliches Profil suchte.[1] Darüber hinaus blieb das »theologi-

---

[1] Damit ist eine weitere Eingrenzung der Materie benannt. Zu einer umfassenderen Darstellung gehört nämlich auch die Berücksichtigung der missionswissenschaftlichen Entwicklung, wie sie sich in den Hochschulen und Ausbildungsstätten der verschiedenen Missionsorden und Missionsgesellschaften zeigt. Es waren nicht nur Angehörige solcher Orden, »die bei ihren missionsliterarischen Arbeiten und bei den wachsenden Forderungen der Missionspraxis an den heimatlichen Betrieb das Fehlen einer wissenschaftlichen Missionskunde und Missionstheorie fühlten. Weitblickende Missionsfreunde empfanden bitter den Mangel eingehender Missionsbegründung und sichern Missionswissens.« (L. Kilger, Ein Lustrum katholischer Missionswissenschaft in Deutschland, in: Zeitschrift für Missionswissenschaft 6 (1916) 1–15, 2). Diese Missionsorden und Missionsgesellschaften trugen wesentlich zur missionswissenschaftlichen Profilierung bei, und die »außeruniversitäre« Institutionalisierung der Disziplin ist bis heute ihnen zu verdanken. Vgl. A. Freitag, Der Anteil der Steyler Missionsgesellschaft am Zustandekommen und an der Weiterentwicklung der Katholischen Missionswissenschaft, in: Hg. J. Glazik, 50 Jahre katholische Missionswissenschaft in Münster 1911–1961, Münster 1961, 131–140; K. J. Rivinius, 70 Jahre (1913 – 1983) Steyler Missionare St. Augustin, St. Augustin 1983; J. Kuhl, Missionswissenschaftliche Arbeit der SVD in St. Augustin und St. Gabriel, in: Zeitschrift für Missionswissenschaft und Religionswissenschaft 70 (1986) 271–274; W. Prawdzik, Theologie im Dienst der Weltkirche – Eine Besinnung auf 75 Jahre St. Augustin, in: Ders., Hg., Theologie im Dienste der Weltkirche, Nettetal 1988, 7- 51; Hg. B. Doppelfeld, Mönche und Missionare. Wege und Weisen benediktinischer Missionsarbeit, Münsterschwarzach 1988.

sche Klima« während dieser Zeit, in der die katholische Missionswissenschaft sich entwickelte, mehr oder weniger konstant, insofern es einerseits wesentlich von neuscholastischen Strömungen und andererseits von deren Überwindung durch theologische Neuaufbrüche geprägt wurde.[2] Die allgemeinere Relevanz und die weltkirchliche Tragweite solcher Neuaufbrüche traten dann auf dem vergangenen Konzil klarer hervor. Nicht allein für das Kirchen- und damit auch für das Missionsverständnis bildete das Vaticanum II einen Meilenstein. »Mission nach dem Konzil«[3] hatte auch für die katholische Missionswissenschaft und ihr überkommenes Selbstverständnis Konsequenzen.[4]

1. Zeitgeschichtlicher Kontext

Der zeitgeschichtliche Kontext, in den die Anfänge der Missionswissenschaft, insbesondere der katholischen, fallen, wird durch den sich weltweit durchsetzenden europäischen Imperialismus bzw. Kolonialismus markiert. Die alten Kolonialmächte Spanien und Portugal wurden durch andere abgelöst bzw. verdrängt. Zu den zwischenzeitlich aktiv gewordenen Kolonialmächten England und Frankreich stieß nach Jahren der Zurückhaltung Deutschland neu hinzu, auch wenn dessen Kolonialherrschaft nur eine kurze Zeit dauerte (1884–1919).[5] Auf dem Höhepunkt dieser europäischen Expansion – die Zeit zwi-

---

[2] Vgl. Bilanz der Theologie im 20. Jahrhundert. Perspektiven, Strömungen, Motive in der christlichen und nichtchristlichen Welt, 4 Bde., Hg. H. Vander Gucht – H. Vorgrimler, Freiburg – Basel – Wien 1969 f.; R. Gibellini, Handbuch der Theologie im 20. Jahrhundert, Regensburg 1995, 145 ff.

[3] Vgl. Mission nach dem Konzil, Hg. J. Schütte, Mainz 1967.

[4] Vgl. W. A. van den Ecrebeemt, De la Misionología a la Misiología, in: Estudios Teológicos 2 (1975) 233–249, bes. 238 ff.; J. Verstappen, Newest trends in Missiology, in: Verbum SVD 17 (1976) 244–253; H. Waldenfels, Zukunftsperspektiven der Missionswissenschaft, in: Zeitschrift für Missionswissenschaft und Religionswissenschaft 60 (1976) 81–90; Ders., Wo steht die Missionswissenschaft heute?, in: Zeitschrift für Missionswissenschaft und Religionswissenschaft 61 (1977) 137–139; Th. Kramm, The state of catholic mission studies in West Germany, in: Indian Missiological Review 6 (1984) 168–174; G. Collet, Mission und Kommunikation. Zum Beitrag von Missionswissenschaft für die Gegenwärtigkeit der Theologie, in: Zeitschrift für Missionswissenschaft und Religionswissenschaft 74 (1990) 1–18; Ders., Bekehrung – Vergleich – Anerkennung. Die Stellung des Anderen im Selbstverständnis der Missionswissenschaft, in: Zeitschrift für Missionswissenschaft und Religionswissenschaft 77 (1993) 202–215; Ders., Art. Missionswissenschaft, in: LThK VII, Freiburg ³1998, 324–326 (Lit.).

[5] R. von Albertini, Europäische Kolonialherrschaft 1880–1940, Zürich 1976, 302 ff.; H. Berger, Mission und Kolonialpolitik. Die katholische Mission in Kamerun während der deutschen Kolonialzeit, Immensee 1978, 13 ff.; K. Hammer, Weltmission und Kolonialismus. Sendungsideen des 19. Jahrhunderts in Konflikt, München 1978, bes. 241 ff.; H. Gründer, Christliche Mission und deutscher Imperialismus. Eine politische Geschichte ihrer Beziehungen während der deutschen Kolonialzeit (1884 – 1914) unter besonderer Berücksichtigung Afrikas und Chinas, Paderborn 1982; Ders., Geschichte der deutschen Kolonien, Paderborn ²1991; D. K. Field-

schen der zweiten Hälfte des 19. und den ersten Jahrzehnten des 20. Jahrhunderts – erfolgte zugleich ein gewaltiger missionarischer Aufbruch, wie er sich nicht nur im Entstehen zahlreicher missionarischer Institutionen in Europa zeigte, sondern auch in der missionarischen Erschließung ferner Regionen, in denen »Missionskirchen« errichtet wurden.[6] Nach einer Zeit, in der die katholische Missionsarbeit weitgehend zusammengebrochen war, entfaltete sich ein neuer Dynamismus, dessen Basis sich von den iberischen Ländern nach jenen Mitteleuropas verlagerte. Die europäische Kolonialherrschaft in diesen Jahrzehnten umfasst nicht weniger als die Hälfte der Erdoberfläche, und sie beherrscht ungefähr ein Drittel der damaligen Weltbevölkerung.[7] Auch wenn zwischen allgemeiner Kolonialbegeisterung und christlichem Missionswillen zu unterscheiden ist, so hatte diese zeitliche Koinzidenz damals auch ihre Auswirkungen auf Kirche und Theologie. »Mit dem Beginn der Kolonialmission setzte sich … (nämlich) im deutschen Katholizismus auch über unmittelbar an der Missionsförderung beteiligte Kreise hinaus die Überzeugung durch, dass die Kirche sich der Mission schon aus nationalen und kulturellen Gründen nicht entziehen dürfe, vielmehr darin eine auch nationale Aufgabe zu erfüllen habe. Auch wollte man den Vorsprung der Protestanten auf diesem Gebiet einholen.«[8]

Diesen zeitgeschichtlichen Kontext gilt es zu berücksichtigen, wenn die Anfänge von Missionswissenschaft als eigenständiger theologischer Disziplin, ihre innere Organisation und ihr Selbstverständnis, aber auch das Ausmaß der Schwierigkeiten und Krisen begriffen werden sollen, die sie in der Folgezeit nachhaltig begleiteten und sie in unserer akademischen Landschaft bis heute um ihre Anerkennung ringen lässt. Die im 19. Jahrhundert gehegte Hoffnung,

---

house, Die Kolonialreiche seit dem 18. Jahrhundert, Frankfurt a.M. 1993 (Fischer Weltgeschichte, Bd. 29), 322 ff.; W. Reinhard, Geschichte der europäischen Expansion, Bd. 4: Dritte Welt Afrika, Stuttgart – Berlin – Köln 1990, bes. 50 ff. Vgl. auch E. Kamphausen – W. Ustorf, Deutsche Missionsgeschichtsschreibung. Anamnese einer Fehlentwicklung, in: Verkündigung und Forschung 22 (1977) 2–57.

[6] Vgl. J. Baumgartner, Die Ausweitung der katholischen Missionen von Leo XIII. bis zum Zweiten Weltkrieg, in: Handbuch der Kirchengeschichte, Hg. H. Jedin, Bd. VI/2 (Die Kirche zwischen Anpassung und Widerstand [1878 bis 1914]), Freiburg – Basel – Wien 1973, 547–597; H. Gründer, Welteroberung und Christentum. Ein Handbuch zur Geschichte der Neuzeit, Gütersloh 1992, 315 ff.; K. J. Rivinius, Die Entwicklung der christlichen Mission in der Neuzeit, in: Geschichte des kirchlichen Lebens in den deutschsprachigen Ländern seit dem Ende des 18. Jahrhunderts – Die katholische Kirche –, Hg. E. Gatz, Bd. III: Katholiken in der Minderheit. Diaspora – Ökumenische Bewegung – Missionsgedanken, Freiburg – Basel – Wien 1994, 215–305.

[7] F. Ansprenger, Auflösung der Kolonialreiche (dtv-Weltgeschichte des 20. Jahrhunderts, Bd. 13), München 1966, 19; 283–287.

[8] K. J. Rivinius, Die Entwicklung der christlichen Mission in der Neuzeit, aaO. 241. Vgl. J. Schmidlin, Deutsche Kolonialpolitik und katholische Heidenmission, in: Zeitschrift für Missionswissenschaft 2 (1912) 25–49.

die Missionswissenschaft könne »aus dem Halbdunkel sentimentaler Gläubigkeit zur Mittagshelle gläubiger Wissenschaft erhoben werden«[9], schien zunächst einige Gründe für sich zu haben, welche ihre baldige Erfüllung versprachen. Den wahren Preis, der dafür aufzubringen war, erfuhr man allerdings später, als die Motive gereinigt, Gründe geprüft und auf ihre Tragfähigkeit hin untersucht wurden. Denn die Konstitutionsbedingungen waren für die Missionswissenschaft langfristig ungünstig und begannen sich zwangsläufig auf sie auszuwirken, als der Entkolonialisierungsprozess einsetzte und dieser sich auch binnen- und zwischenkirchlich niederschlug.[10]

»Auf den Schwingen der Kolonialbewegung zog neuer Missionssinn in die Heimat und neuer Missionserfolg in die Kolonien ein.«[11] Als Josef Schmidlin dies 1913 schrieb, konnte er kaum ermessen, was wenige Jahrzehnte später auf den »Schwingen der Antikolonialbewegung bzw. Entkolonialisierung« westlichen Kirchen und ihren Theologien entgegenkam und zur Verarbeitung bis heute ansteht.[12] Vielleicht war Missionswissenschaft diejenige Disziplin, welche zu den ersten Leidtragenden dieser Bewegung gehörte und die sich in ihrer Bedrängnis dann nicht zuletzt deshalb stark historisch orientierte, um Christentumsgeschichte angesichts von kolonialen Verletzungen eingehender zu erforschen, sie vor Klischees und Pauschalisierungen zu schützen und dadurch auch sich selbst vor anderen zu rechtfertigen.[13] Gleichzeitig blieb sie aber auch jener Ort, an dem die Veränderungen in der Weltchristenheit und die damit gegebenen Herausforderungen an das westliche Christentum und ihre Theologien am sichtbarsten verfolgt werden konnten.[14] Dies wiederum weckte ein gewisses »missionswissenschaftliches« Interesse und hielt es auch in anderen Disziplinen wach.

Vom Ersten Vatikanischen Konzil, in dessen Folgezeit das Aufkommen von

---

[9] K. Graul, Über Stellung und Bedeutung der christlichen Mission im Ganzen der Universitätswissenschaften, Erlangen 1864, 5.

[10] Vgl. L. Rütti, Mission – Gegenstand der Praktischen Theologie oder Frage an die Gesamttheologie? Überlegungen zum Ende der kolonialen Mission, in: Praktische Theologie heute, Hg. F. Klostermann – R. Zerfaß, München – Mainz 1974, 288–307; Ders., Westliche Identität und weltweite Ökumene, in: Ökumenische Theologie. Ein Arbeitsbuch, Hg. P. Lengsfeld, Stuttgart – Berlin – Köln – Mainz 1980, 285–296.

[11] J. Schmidlin, Die katholischen Missionen in den deutschen Schutzgebieten, Münster 1913, 262.

[12] Vgl. G. v. Paczensky, Teurer Segen. Christliche Mission und Kolonialismus, München 1991, passim, mit explizitem Bezug auf das eben zitierte Buch von Schmidlin.

[13] Vgl. K. Müller, Katholische Missionsgeschichtsschreibung seit dem 16. Jahrhundert, in: Einleitung in die Missionsgeschichte. Tradition, Situation und Dynamik des Christentums, Hg. K. Müller – W. Ustorf, Stuttgart – Berlin – Köln 1995, 27–49, bes. 39 ff.; H. Rzepkowski, Missionsgeschichte im Wandel der Motivationen und Perspektiven, ebd. 258–285, bes. 267 ff.

[14] Vgl. Missiology. An Ecumenical Introduction. Texts and Contexts of Global Christianity, Ed. by A. Camps – L. A. Hoedemaker – M. R. Spindler – F. J. Verstraelen, Michigan 1995.

Missionswissenschaft fällt, gingen keine *missionswissenschaftliche* Impulse aus, welche beispielsweise zu einer Systematisierung der verschiedenen biblischen, theologiegeschichtlichen und praktischen Aspekte geführt hätten. Das Thema Mission war aber auf dem Konzil nicht abwesend. Denn immerhin gab es ein von der entsprechenden Kommission vorbereitetes Dokument, das den Konzilsvätern zur Stellungnahme unterbreitet wurde.[15] Zur Verhandlung in der Konzilsaula gelangte es allerdings nicht. Das in drei redaktionellen Bearbeitungen fertig erstellte Missionsschema »De apostolicis missionibus« beschäftigte sich aber nicht so sehr mit den zeitgeschichtlichen Missionsproblemen, sondern blieb weitgehend den Mahnungen der Propaganda-Kongregation verhaftet. Auffallend ist, um dies zu konkretisieren, »dass ein so wesentliches Novum wie die Präsenz der Missionsschwestern, die jetzt den Missionen durch ihren caritativen Einsatz das Gepräge gab, nachdem bis zum 18. Jahrhundert Mission praktisch ausschließlich ›Männersache‹ gewesen war, weder im Dekret noch in den Stellungnahmen der Konzilsväter irgendwie Erwähnung findet.«[16] Das Vaticanum I wäre immerhin das erste Konzil gewesen, das sich explizit mit dem Thema Mission befasst hätte; doch nötigten die politischen Ereignisse zu einem vorzeitigen Abbruch.[17]

Das Vatikanische Konzil hat aber »durch die im Vordergrund stehende Lehre von der Kirche anregend und wegweisend auf das missionstheologische Denken der Folgezeit eingewirkt. Unter den Voten und Postulaten, zumal der französischen und chinesischen Bischöfe, finden sich ... auch programmatische Hinweise, von denen einige schon unter dem aufgelockerten Pontifikat Leos XIII., andere dagegen erst im 20. Jahrhundert oder im Verlauf des II. Vatikanischen Konzils in die Tat umgesetzt wurden. So erachteten die französischen Bischöfe in ihrer Eingabe an das Konzil auf Grund einer kurzen Darstellung der

---

[15] Vgl. R. Aubert, Vaticanum I, Mainz 1965, 281 f.; 294 f.; L. Lopetegui, Temas misioneros directos e indirectos en el concilio Vaticano I, in: Los Concilios Ecumenicos y las Misiones. Duodecima Semana Misionologica. Bérriz, 17–22 agosto 1964, Bérriz 1965, 93–123; P. Wanko, Kirche – Mission – Missionen. Eine Untersuchung der ekklesiologischen und missiologischen Aussagen vom I. Vatikanum bis »Maximum illud«, Münster 1968; A. Santos, Aspecto misional del Concilio Vaticano I, in: Estudios Eclesiásticos 45 (1970) 491–532, bes. 506 ff.; H. Rzepkowski, Erstverkündigung in den verschiedenen missionsmethodischen (missionstheologischen) Ansätzen, in: Hg. P. Zepp, Erstverkündigung heute, Nettetal 1985, 99–124, bes.100–104.

[16] K. Schatz, Die Missionen auf dem 1. Vatikanum, in: Theologie und Philosophie 63 (1988) 342–369, 369.

[17] Insofern fällt das Urteil von J. Beckmann zu hart aus, wenn er bemerkt: »Bei der fehlenden missionarischen Haltung der Konzilsväter und der geradezu systematischen Verdrängung der eigentlichen Heidenmission an den Rand des Konzilsgeschehens konnten keine tiefergehenden Reflexionen über die Mission aufkommen.« J. Beckmann, Die Missionen von 1840 bis 1870, in: Handbuch der Kirchengeschichte, Hg. H. Jedin, Bd. VI/1 (Die Kirche zwischen Revolution und Restauration), Freiburg – Basel – Wien 1971, 615–649, 648.

Weltlage Beratungen über die Glaubensverbreitung als ›eine der ersten, bedeutendsten und wichtigsten Aufgaben, die auf dem Konzil behandelt werden müssen‹. Gleichzeitig ahnten sie bereits ihre große Mitverantwortung für die Missionen; um ihre Pflicht besser erfüllen zu können, erbaten sie regelmäßige Berichte der Propaganda über Stand und Probleme der eigentlichen Heidenmission zuhanden der Bischöfe.«[18]

2. Anfänge der neuen Wissenschaft

Missionarisches Handeln und missionstheologische Reflexionen gibt es seit Beginn des Christentums.[19] Missionswissenschaft als eigenständige theologische Disziplin allerdings findet sich erst seit der zweiten Hälfte des 19., katholische Missionswissenschaft gar erst seit Beginn des 20. Jahrhunderts. Zwar tauchte, nachdem Raimundus Lullus bereits 1276 in Miramar (Mallorca) ein Missionskolleg gegründet hatte, das insbesondere als sprachliche Vorbereitung der Glaubensboten gedacht war, um die Wende des 16. Jahrhunderts der Gedanke einer missionarischen Fachausbildung auf. Dieser Gedanke fand 1612 seine historische Konkretion im *Conventus* oder *Seminarium Missionum*, welches die unbeschuhten Karmeliter vom 17. bis zum 19. Jahrhundert in Rom betrieben.[20] Aber dieser einmaligen Einrichtung war kein bleibender Bestand beschieden. Auch an die Rolle, welche die Universitäten vom 16. bis ins 18. Jahrhundert sowohl für die fachliche Ausbildung der Missionare als auch für die wissenschaftliche und öffentliche Auseinandersetzungen um Grundfragen der Mis-

---

[18] J. Beckmann, Die Missionen von 1840 bis 1870, aaO. 648 f.

[19] Vgl. A. V. Seumois, Introduction à la missiologie, Schöneck-Beckenried 1952, 431 ff.; Ders., La S. C. »de Propaganda Fide« et les études missionaires, in: Sacrae Congregationis de Propaganda Fide Memoria Rerum. 350 Anni a Servizio delle Missioni, Hg. J. Metzler, Rom – Freiburg – Wien 1976, Vol. III/2 (1815 – 1972), 450–463; A. Santos Hernandez, Misionología. Problemas Introductorios y ciencias auxiliares, Santander 1961, 69 ff.; Ders., La misionología como ciencia teológica. Sus orígenes, in: Hg. Obras Misionales Pontificias de España, La misionología, hoy, Buenos Aires-Estella 1987, 33–64; Th. Ohm, Machet zu Jüngern alle Völker. Theorie der Mission, Freiburg 1962, 75 ff.; J. Glazik, Missionswissenschaft, in: Was ist Theologie?, Hg. E. Neuhäusler – E. Gössmann, München 1966, 369–384, bes. 369 ff.; J. L. Illanes, Eclesiología y misionología en el siglo XVIII, in: Scripta Theologica 17 (1985) 121–149; H. Rzepkowski, Art. Missionswissenschaft, in: Lexikon der Mission. Geschichte – Theologie – Ethnologie, Graz – Wien – Köln 1992, 305 ff.; M. Sievernich, Missionstheologien »nach« Las Casas, in: B. de Las Casas, Werkauswahl, Hg. M. Delgado, Bd. 1 Missionstheologische Schriften, Paderborn – München – Wien – Zürich 1994, 59–85.

[20] L. Kilger, Eine alte Hochschule missionarischer Fachbildung, in: Zeitschrift für Missionswissenschaft 5 (1915) 207–224; vgl. M. Sievernich, Missionstheologien »nach« Las Casas, aaO. 71 f.

sion (z. B. um die Legitimität von Gewaltanwendung bei der Evangelisierung) spielten, ist in diesem Zusammenhang zu erinnern.[21]

Es hat in der Theologiegeschichte nie an einer »Theorie der Mission« gemangelt, auch wenn gerade ihr fehlender Ort innerhalb der Ekklesiologie wohl mit dazu geführt hat, dass Missionswissenschaft so lange nicht als eigenständige Disziplin konstituiert werden konnte.[22] Es mag aber dennoch überraschen, dass innerhalb der protestantischen Theologie die Idee einer Missionswissenschaft aufkam und vorangetrieben wurde, eine Idee, die auch die katholische Theologie zu bewegen begann und auf die neue Disziplin Einfluss gewann.[23] Überraschend deshalb, weil in der protestantischen Tradition die missionarische Tätigkeit – im Unterschied zur katholischen – lange umstritten war und spät – von pietistischen Kreisen ausgehend – auf den Plan trat. Es legt sich deshalb die Vermutung nahe, dass gerade wegen dieses Sachverhaltes ein »Legitimationsdruck« für solches Handeln entstand, der sich innerhalb des protestantischen Bereiches positiv auf die Missionswissenschaft auswirkte und umgekehrt ungewollt einen »Handlungsbedarf« im katholischen erzeugte. Dass es zwischen beiden zu einer wechselseitigen Beeinflussung und zu einem

---

[21] J. Beckmann, Die Universitäten vom 16. bis 18. Jahrhundert im Dienste der Glaubensverbreitung, in: Neue Zeitschrift für Missionswissenschaft 17 (1961) 24–47.

[22] Vgl. J. L. Illanes, Eclesiología y misionología en el siglo XVIII, aaO. 144: »Los manualistas del siglo XVIII fueron, en suma, demasiado europeos, y no acertaron a captar cuánto manifestaba y daba a conocer sobre la Iglesia esa gran aventura misional, iniciada desde Europa pero en la que Europa iba siendo dejada atrás. En esa incapacidad para trascender al ambiente cultural europeo – explicable ante la gran ofensiva que representaba el pensamiento racionalista, pero no por ello menos criticable –, radica, sin duda, una de las razones decisivas del silencio de los manualistas respecto a la misionología y, más radicalmente aún, respecto a la Iglesia como realidad dotada de misión. Hace falta, no obstante, mencionar otro factor, de carácter más técnico-teológico, pero determinante, a nuestro juicio: la forma de conceptualizar las realidades eclesiológicas que los manualistas habían heredado y de acuerdo con la cual pensaban y enseñaban. La raíz del problema se encuentra, en efecto, nos parece, en la noción o concepto de Iglesia con el que funcionaban y que les hacía difícil e incluso imposible plantearse el tema de la misión y advertir la trascendencia, también intelectual, de la actividad misionera que estaban presenciando.« Vgl. R. Aubert, Die Theologie während der ersten Hälfte des 20. Jahrhunderts, in: Hg. H. Vander Gucht – H. Vorgrimler, Bilanz der Theologie im 20. Jahrhundert. Perspektiven, Strömungen, Motive in der christlichen und nichtchristlichen Welt, Bd. 1, aaO. 7–70, 68; S. Dianich, Chiesa in missione. Per una ecclesiologia dinamica, Milano ³1987, bes. 17 ff.

[23] In diesem Zusammenhang verdient die »Katholische Tübinger-Schule« Erwähnung, die das Problem der Mission und der Missionswissenschaft früh thematisierte, auch wenn dies zu keinen praktischen Konsequenzen geführt hat. Vgl. G. Collet, Das Missionsverständnis der Kirche in der gegenwärtigen Diskussion, Mainz 1984, 87–97. Für die Geschichte der Disziplin in der protestantischen Tradition vgl. O. G. Myklebust, The Study of Missions in Theological Education, Vol. 1, Oslo 1955; Vol. 2, Oslo 1957; E. Beyreuther, Evangelische Missionstheologie im 16. und 17. Jahrhundert, in: Evangelische Missions-Zeitschrift 18 (1961) 1–10; 33–43; G. Rosenkranz, Missionswissenschaft – Erbe und Auftrag, in: Evangelische Missions-Zeitschrift 25 (1968) 185–200; H. W. Gensichen, Glaube für die Welt. Theologische Aspekte der Mission, Gütersloh 1971, 250 ff.

fruchtbaren Spannungsverhältnis kam, lässt sich aufzeigen. Während protestantische Autoren von der katholischen Ekklesiologie profitieren konnten, zogen katholische Theologen ihren Nutzen von deren Systematisierung der Missionswissenschaft. Das gilt vor allem für die Anfangszeit. »Das fruchtbare Zueinander löste sich jedoch schon früh in ein reines Nebeneinander auf. Namentlich die katholische Missionswissenschaft nahm von ihrer evangelischen Schwester kaum mehr Notiz.«[24]

Friedrich Schleiermacher verlangte in seiner 1843 erschienenen Schrift »Die christliche Sitte«, dass die missionarische Tätigkeit innerhalb der Theologie einen Ort haben sollte.[25] Karl Graul, der als erster Deutscher in Missionswissenschaft 1864 in Erlangen habilitiert wurde, hat sich in seiner Probevorlesung »Über Stellung und Bedeutung der christlichen Mission im Ganzen der Universitätswissenschaften« für Missionswissenschaft als einer selbständigen Fakultät im Haus der Wissenschaften ausgesprochen.[26] 1867 begann Alexander Duff in Edinburgh auf dem neu geschaffenen Lehrstuhl »Evangelistische Theologie« mit missionswissenschaftlichen Vorlesungen,[27] und noch im selben Jahr las C. H. Plath in Berlin zu diesem Thema. Die neue Disziplin konnte sich damals aber aus verschiedenen Gründen nicht halten und durchsetzen. Erst Gustav Warneck, der 1896 in Halle den Lehrstuhl für Missionswissenschaft übernahm und diesen bis 1908 inne hatte, vermochte dem Fach zum Durchbruch zu verhelfen.[28] Er gilt deshalb auch als »Pionier«, »Vater« oder »Begrün-

---

[24] L. Wiedenmann, Mission und Eschatologie. Eine Analyse der neueren Deutschen Evangelischen Missionstheologie, Paderborn 1965, 9.

[25] Vgl. F. Kollbrunner, Der Ort der Mission in der Theologie, in: Vermittlung zwischenkirchlicher Gemeinschaft. 50 Jahre Missionsgesellschaft Immensee, Hg. J. Baumgartner, Schöneck-Beckenried 1971, 247–263; H. Rzepkowski, Die Missiologie im Rahmen der Theologie, in: Seminarium 25 (1973) 909–936; J. Verkuyl, Contemporary Missiology. An Introduction, Michigan 1978, bes. 6 ff.

[26] J. B. Aufhauser, Missions- und Religionswissenschaft an der Universität, Freiburg ²1925, 44 (Anm. 28); S. Krügel, Hundert Jahre Graul-Interpretation, Berlin 1965; Ders., Ziel und Wege der Mission in der Theologie Karl Grauls, in: Evangelische Missions-Zeitschrift 21 (1964) 165–174; Vgl. A. Lehmann, Graul, Karl, in: Concise Dictionary of the Christian World Mission, Ed. St. Neill – G. H. Anderson – J. Goodwin, London 1970, 234 f.

[27] M. A. Laird, Alexander Duff. 1806–1878. Western Education as Preparation for the Gospel, in: Mission Legacies. Biographical Studies of Leaders of the Modern Missionary Movement, Ed. by G. H. Anderson – R. T. Coote – N. A. Horner – J. M. Phillips, Maryknoll – New York 1994, 271–276.

[28] Vgl. G. Warneck, Das Studium der Mission auf der Universität. Ein Beitrag zur Beantwortung der Frage: »Was muß geschehen, um den Missionssinn in der heimathlichen Kirche zu beleben und zu vertiefen?« Gütersloh 1877; H. Kasdorf, Gustav Warneck 1834–1910. Founder of the Scholary Study of Missions, in: Mission Legacies. Biographical Studies of Leaders of the Modern Missionary Movement, aaO. 373–382; A. Sames, Die »öffentliche Nobilierung der Missionssache«. Gustav Warneck und die Begründung der Missionswissenschaft an der Theologischen Fakultät in Halle, in: Es begann in Halle … Missionswissenschaft von Gustav Warneck bis heute, Hg. D. Becker – A. Feldtkeller, Erlangen 1997, 11–22.

der« der modernen Missionswissenschaft in Deutschland und darüber hinaus, wobei sein Einfluss auf die bald darauf erfolgte Einführung einer katholischen Missionswissenschaft unbestritten ist.[29] Warnecks dreibändiges, oft aufgelegtes Werk »Evangelische Missionslehre. Ein missionstheoretischer Versuch«[30] inspirierte zumindest die ersten Generationen der Missiologen, und sein Verständnis von Missionswissenschaft findet sich – mit geringen Varianten und Modifikationen – bis in die 60er Jahre des 20. Jahrhunderts und dies auch innerhalb der katholischen Missionswissenschaft. Warneck, dessen Lebensarbeit der Entfaltung und dem Aufbau der neuen theologischen Disziplin galt, gliedert Missionswissenschaft in eine historische und eine theoretische bzw. systematische Sektion, in der die biblischen, dogmatischen, theologiegeschichtlichen, ethischen, moraltheologischen und praktischen Grundfragen der Mission zu behandeln sind. Zentral blieb schon bei ihm die Missionsgeschichte. Nach Warneck ist Mission »eine religiöse, keine kulturelle, keine politische oder kolonialpolitische« Aufgabe; es geht um Christianisierung.[31]

Zu Beginn des 19. Jahrhunderts herrschte vor allem in Deutschland ein »missionsfreundliches Klima«, das an der christlichen Glaubensverbreitung interessierte Menschen zu nutzen wussten, um die institutionelle Verankerung der neuen theologischen Disziplin auch innerhalb der katholischen Theologie in die Wege zu leiten.[32] Der Anstoß dazu kam allerdings nicht von der Kirche, sondern vom Berliner Kultusministerium und war mehr »zufällig« als das Pro-

---

[29] Vgl. P. Lefebvre, La théologie missionaire de Gustav Warneck, in: Neue Zeitschrift für Missionswissenschaft 11 (1955) 15–29; Ders., L'influence de Gustav Warneck sur la Théologie missionaire catholique, in: Neue Zeitschrift für Missionswissenschaft 12 (1956) 288–294.

[30] G. Warneck, Evangelische Missionslehre. Ein missionstheoretischer Versuch, Bd. I-III, Gotha 1892–1903.

[31] G. Warneck, Evangelische Missionslehre. Ein missionstheoretischer Versuch, Bd. I, aaO. 26. Vgl. H. W. Gensichen, Christentum, Mission und Kultur. Ein Kapitel aus Gustav Warnecks Missionsdenken nach 100 Jahren, in: Evangelische Mission. Jahrbuch 1984, 57–73.

[32] A. Freitag, Mission und Missionswissenschaft, Kaldenkirchen 1962, 88ff. Vgl. die Besprechung von H. R. Schlette, Kleine Bilanz der Mission, in: Zeitschrift für Missionswissenschaft und Religionswissenschaft 47 (1963) 231–235, bes. 233: »So wichtig und berechtigt die Missionswissenschaft innerhalb der theologischen Disziplinen ist, sie bleibt in starkem Maße gegenüber den älteren Disziplinen wie z.B. Dogmatik, Exegese, Kirchengeschichte u.a. doch immer die *nehmende* (und in geringerer Maße die gebende), so dass also der Missionswissenschaftler notwendigerweise vieles aus zweiter und dritter Hand haben wird; damit ist dann freilich die große Gefahr gegeben, dass das Niveau der Missionswissenschaft abfällt, wenn man nicht versucht, in den übrigen Disziplinen jeweils auf dem neuesten Stand zu bleiben. Das bringt die Missionswissenschaft in eine sehr schwer zu bewältigende Situation. Jedenfalls sollte man sich über diese Situation im klaren sein, um fruchtbare Arbeit leisten zu können. Auch in der Missionswissenschaft kann man Sachkenntnis und Methodik nicht durch Idealismus ersetzen, so sehr das paulinische ›Im Geiste Kochen‹ zu wünschen ist.« Dieses Urteil dürfte für die allgemeine Einschätzung der Missionswissenschaft seitens anderer theologischer Disziplinen zutreffend sein und gleichzeitig andeuten, welcher theologischer Beitrag am Vorabend des 2. Vatikanischen Konzils von ihr zu erwarten war.

dukt langfristiger Planung. Zu den herausragenden Persönlichkeiten, die missionswissenschaftliche Pionierarbeit leisteten, gehörten insbesondere der Oblate Robert Streit[33] und der aus dem Elsass stammende Josef Schmidlin.[34] Auch Friedrich Schwager ist in diesem Zusammenhang zu nennen, der eine rege missionsliterarische Tätigkeit entfaltete, sich auf dem Gebiet der Missionskunde profilierte und 1908 die erste katholische Fachzeitschrift anregte, nämlich die »Zeitschrift für Missionswissenschaft«.[35] Diese Fachzeitschrift erschien bereits 1911. Fr. Schwager ist es zu verdanken, dass J. Schmidlin als deren Schriftleiter gewonnen werden konnte, dem er sehr hilfreich zur Seite stand. R. Streit forderte 1907 das Studium der Missionswissenschaft im Anschluss an die verschiedenen Disziplinen der Theologie und veröffentlichte 1911 den »Führer durch die deutsche katholische Missionsliteratur«. Zudem hat er als herausragender Missionsbibliograph ein großes wissenschaftliches Ansehen gewonnen, dessen Arbeitsergebnisse – allen voran die »Bibliotheca Missionum« – für jede historische Erforschung der Geschichte der christlichen Mission bis heute unentbehrlich geblieben sind.[36]

[33] Vgl. J. Pietsch, P. Robert Streit O.M.I. Ein Pionier der katholischen Missionswissenschaft, Schöneck-Beckenried 1952; W. Henkel, Robert Streit, O.M.I., 1875–1930, Johannes Dindinger, O.M.I., 1881–1958, Johannes Rommerskirchen, O.M.I., 1899–1978. Bibliographers in the Service of Mission, in: Mission Legacies. Biographical Studies of Leaders of the Modern Missionary Movement, aaO. 391–401.

[34] Vgl. K. Müller, Josef Schmidlin (1876–1944). Papsthistoriker und Begründer der katholischen Missionswissenschaft, Nettelal 1989.

[35] H. Rzepkowski, Gustav Warneck und die Missionswissenschaft, in: Es begann in Halle … Missionswissenschaft von Gustav Warneck bis heute, aaO. 55–86, 61: »Neben dem Begründer des Monumentalwerkes der ›Bibliotheca Missionum‹, Robert Streit (1875–1930), kommt Friedrich Schwager (1876–1929) in der Vorgeschichte und dem Werden der katholischen Missionswissenschaft eine herausragende Bedeutung zu.« Vgl. K. Müller, Friedrich Schwager. Pionier katholischer Missionswissenschaft, Nettetal 1984; Ders., Friedrich Schwager 1876–1929. Trailblazing for Catholic Missions and Mission Education, in: Mission Legacies. Biographical Studies of Leaders of the Modern Missionary Movement, aaO. 102–109.

[36] R. Streit brachte die Bände I – V der Bibliotheca Missionum heraus: Bd. I (Allgemeines), Münster 1916; Bd. II (Amerikanische Missionsliteratur), Aachen 1924; Bd. III (Amerikanische Missionsliteratur), Aachen 1927; Bd. IV (Asiatische Missionsliteratur), Aachen 1928; Bd. V (Asiatische Missionsliteratur), Aachen 1929. Die weiteren Bände standen unter der Herausgeberschaft seiner Ordensbrüder J. Dindinger: Bd. VI und Bd. VII, Aachen 1931; Bd. VIII, Aachen 1934; Bd. IX, Aachen 1937; Bd. X, Aachen 1937; Bd. XI, Aachen 1939; Bd. XII, Freiburg 1958; J. Rommerskirchen und N. Kowalsky: Bd. XIII, Rom – Freiburg – Wien 1959; Bd. XIV, Rom – Freiburg – Wien 1960 f.; Bd. XV, Freiburg 1951; Bd. XVI, Freiburg 1952; Bd. XVII, Freiburg 1952; Bd. XVIII, Freiburg 1953; Bd. XIX, Freiburg 1954; Bd. XX, Freiburg 1954; Bd. XXI, Freiburg 1955. Dann J. Rommerskirchen und J. Metzler Bd. XXII, Rom – Freiburg – Wien 1963; Bd. XXIII, Rom – Freiburg – Wien 1964; Bd. XXIV und Bd. XXV, Rom – Freiburg – Wien 1967; Bd. XXVI, Rom – Freiburg – Wien 1968; Bd. XXVII, Rom – Freiburg – Wien 1970, Bd. XXVIII, Rom – Freiburg – Wien 1971; Bd. XXIX, Rom – Freiburg – Wien 1973 und Bd. XXX, Rom – Freiburg – Wien 1974. Die »Bibliotheca Missionum« ist ein abgeschlossenes, bibliographisches Standardwerk. Vgl. J. Beckmann, Werden, Wachsen und Bedeutung der Bibliotheca Missionum, in: Euntes Docete 21 (1968) 33–57.

1909 fand in Breslau der ordentliche Katholikentag statt, der von Alois Fürst von Löwenstein präsidiert wurde. Dessen vielbeachtete Rede, ein Appell vor allem an die akademische Laienwelt, war ein deutliches Plädoyer für die Missionen und blieb von nachhaltiger Wirkung. Das zeigt sich nicht zuletzt darin, dass bereits in Breslau der Missionsausschuss des Zentralkomitees eingerichtet wurde, der zu Beginn des darauffolgenden Jahres in Berlin erstmals tagte. Hier trug Streit ein Exposé über die Beziehung zwischen Mission und Wissenschaft vor, in dem Missionswissenschaft angeregt wurde. In einer Denkschrift mit dem Titel:»Die Missionsgeschichte in ihrer gegenwärtigen Lage und der Plan einer Missionsbibliographie« schlug der Oblatenpater die eben erwähnte »Bibliotheca Missionum« vor. Im selben Jahr verfasste auch Schmidlin ein Memorandum mit dem Titel »Akademische Mittel zur Hebung der heimatlichen Missionspflege (Heidenmission)«, worin er u. a. akademische Missionsvereine an den einzelnen Universitäten empfiehlt, um das Defizit gegenüber den Protestanten wettzumachen und auf die fernöstlichen Kulturnationen Einfluss gewinnen zu können.[37]

Auf dem Katholikentag in Augsburg wurde das Thema 1910 erneut traktandiert. Beide Denkschriften kamen hier zu Sprache. Schmidlin, der auf diesem Katholikentag seine Ernennungsurkunde zum Extraordinarius für Missionswissenschaft an der Universität Münster erhielt, hatte an der Westfälischen Wilhelms-Universität bereits Vorlesungen zur Mission in den Deutschen Kolonialgebieten gehalten. Der »grobe Sundgauer mit echt elsässischem Temperament«[38] gilt als der Begründer oder Vater der katholischen Missionswissenschaft.[39] Im Anschluss an den Augsburger Katholikentag kam es zur Gründung verschiedener akademischer Missionsvereine. »Damit – so schreibt A. Freitag, der erste unter Schmidlins Leitung in Münster promovierte Missionswissenschaftler – waren im engeren Sinn die Münstersche Missionsschule und im weiteren Sinn die deutsche katholische Missionswissenschaft grundgelegt. Alle missionswissenschaftlichen Bestrebungen sollten fortan im ›Institut für Missionswissenschaft‹, das auf der Berliner Konferenz der genannten Kommission am 20. Januar 1911 beschlossen und auf dem Mainzer Katholikentag

[37] Vgl. K. Müller, Josef Schmidlin (1876–1944). Papsthistoriker und Begründer der katholischen Missionswissenschaft, aaO. 74 ff.

[38] So J. Schmidlin über sich selbst in dem Brief vom 7. 11. 1942 an Generalvikar Rösch. Archiv der Erzdiözese Freiburg i.Br., zit. in: K. Müller, Josef Schmidlin (1876–1944). Papsthistoriker und Begründer der katholischen Missionswissenschaft, aaO. 322 (Anm. 94).

[39] H. Rzepkowski, Professor Dr. Josef Schmidlin, Begründer der katholischen Missionswissenschaft, in: Verbum SVD 35 (1994) 147–170. Vgl. die autobiographische Skizze J. Schmidlin, in: Die Religionswissenschaft der Gegenwart in Selbstdarstellungen, Hg. E. Stange, Leipzig 1927, 167–191 sowie J. Schmidlin, Wie unsere Missionswissenschaft entstand, in: Zeitschrift für Missionswissenschaft 21 (1931) 1–18; E. Hegel, Geschichte der Katholisch-Theologischen Fakultät Münster 1773 – 1964, Zweiter Teil, Münster 1971, 78 ff.

im August 1911 gegründet wurde, ihren Brennpunkt und ihr Hauptorgan in der ZM = Zeitschrift für Missionswissenschaft finden. Man kann sagen, dass Münster in kurzer Zeit für fast alle belangreichen Teile der Missionswissenschaft bedeutende fundamentale Werke geliefert hat.«[40]

3. Institutionalisierung der neuen Disziplin

Im Sommer 1909 forderte das Kultusministerium die Theologische Fakultät von Münster auf, in den theologischen Studien die Kolonien zu berücksichtigen. Diesen Wunsch hat die Münsteraner Fakultät aufgegriffen, weil sie damit die Möglichkeit sah, das von Schmidlin besetzte Extraordinariat für Dogmengeschichte und Patrologie mit einem Lehrauftrag für Missionskunde zu verbinden. Der Dekanatsantrag an das Ministerium suchte deshalb einen Lehrauftrag für Missionskunde zu erwirken, eine Materie, »deren theologische-wissenschaftliche Behandlung an den Hochschulen in unserer Zeit infolge der kolonialen Aufgaben und Bestrebungen des Deutschen Reiches immer mehr zum Bedürfnisse«[41] werde. 1914 kam es dann mit Unterstützung der Fakultät zum Ordinariat, nachdem Schmidlin bereits im Wintersemester 1910/11 mit Vorlesungen begonnen hatte.[42] Dass staatlicher Wunsch und theologische Interes-

---

[40] A. Freitag, Mission und Missionswissenschaft, aaO. 92. Von der »Münsterschen-Schule« ist m. W. erstmals bei L. Kilger die Rede (Ein Lustrum katholischer Missionswissenschaft in Deutschland, aaO. 12 f.). Vgl. G. Evers, Mission – Nichtchristliche Religionen – Weltliche Welt, Münster 1974, 6 (Anm. 14). Die Zeitschrift für Missionswissenschaft (ZM) änderte vielfach ihren Namen. So hieß sie Zeitschrift für Missionswissenschaft und Religionswissenschaft, dann Missionswissenschaft und Religionswissenschaft, schließlich wieder Zeitschrift für Missionswissenschaft und Religionswissenschaft. Redaktionell werden die Bände seit dem ersten Jahrgang 1 (1911) als ZM(R) durchgezählt. Vgl. J. Baumgartner, Das Ringen um den Fortbestand einer Missionszeitschrift, in: Zeitschrift für Missionswissenschaft und Religionswissenschaft 60 (1976) 110–124.
[41] Brief der Fakultät vom 9. Februar 1910 an das Ministerium. Zit. in: E. Hegel, Der Lehrstuhl für Missionswissenschaft und die missionswissenschaftlichen Studieneinrichtungen in der katholisch-theologischen Fakultät Münster, in: 50 Jahre katholische Missionswissenschaft in Münster 1911–1961, aaO. 3–21, 6. Vgl. E. Hegel, Geschichte der Katholisch-Theologischen Fakultät Münster 1773 – 1964, Erster Teil, Münster 1966, bes. 416–427.
[42] Vgl. J. Schmidlin, Einführung in die Missionswissenschaft, Münster 1917, V. In diesem Werk findet sich eine Zusammenstellung der verschiedenen missionswissenschaftlichen Initiativen, die in der Anfangszeit ergriffen wurden (1–13). Es zeigt sich auch hier, wie die Zeitereignisse in das missionswissenschaftliche Selbstverständnis hineinwirken, wenn Schmidlin schreibt: »Was ist es, was unsere Waffen so unüberwindlich und siegreich macht, was schon vor dem Kriege unser Vaterland so stark und gefürchtet sein ließ, was während des Krieges Rettung vor dem feindlichen Überfall brachte und ein Hineintragen des Angriffs weit in Feindesgebiet ermöglichte, was ihm auch für die Zeit nach dem Kriege einen ehrenvollen Frieden und eine glorreiche Zukunft sichert? Nächst der Hilfe Gottes, dem opferfreudigen Durchhalten unseres Volkes und der bewunderungswürdigen Tapferkeit unserer Truppen zweifellos die

sen in diesem Fall unmittelbar kompatibel waren, zeigt sich aus Schmidlins Verständnis von Missionswissenschaft. So beschrieb er sie 1919 »gewissermaßen als Kolonialausgabe der gesamten Theologie: Apologetik, Dogmatik, Ethik, Exegese, Kirchenrecht und Pastoral, von der und für die Mission, auf das Missionsfeld projiziert, in der Eigenart, wie sie der Missionar den Heiden oder Bekehrten gegenüber zur Anwendung bringen muss«.[43] K. Müller bemerkt in seiner Schmidlin-Biographie: »Seltsam, dass gerade der Staat dieses Anliegen an eine katholisch-theologische Fakultät herantrug und dass das Missionsanliegen mit dem Kolonialwesen gekoppelt wurde. Sehr bald musste Schmidlin erkennen, dass auf dieser Verquickung Unsegen lag, und doch konnte er sich sein Leben lang nicht ganz davon freimachen.«[44] Trotz dieser das Fach stark belastenden Verquickung kam es schnell zur Errichtung weiterer Lehrstühle in Deutschland und weit darüber hinaus.[45]

Schmidlin engagierte sich auf verschiedenen Ebenen unermüdlich für das Fach und drängte mit einer *Denkschrift* auf die Errichtung eines missionswissenschaftlichen Instituts innerhalb der Münsteraner Theologischen Fakultät, deren Mitglieder bei allem grundsätzlichen Wohlwollen dem Anliegen gegenüber jedoch zurückhaltend waren. Das auf dem 58. Deutschen Katholikentag in Mainz am 10. August 1911 errichtete »Internationale Institut für missionswissenschaftliche Forschungen« (IIMF), dessen wissenschaftlichen Vorsitz Schmidlin übertragen und in Münster angesiedelt worden war, bot ihm und dem Fach aber neue Möglichkeiten.[46] Dieses nicht universitäre Institut begann 1917 eine wissenschaftliche Reihe herauszugeben: »Missionswissenschaftliche

---

Überlegenheit der deutschen Kriegskunst. Und worauf beruht in letzter Linie diese Überlegenheit, woraus schöpft sie ihre Kraft und Stärke, was verleiht ihr die feste Grundlage und den soliden Erfolg, wenn nicht die *Kriegswissenschaft?* – Genau so verhält es sich mit der hehren Kunst und Aufgabe, die uns allen am Herzen liegt, die der Weltheiland seiner Kirche und seinen Jüngern noch kurz vor seinem Scheiden aufgetragen, mit der Verkündigung des Evangeliums und der Ausbreitung des Reiches Gottes auf Erden. Auch sie ist ja ein Krieg, ein fortwährender Kampf mit den Mächten der Finsternis und des Todesschattens, mit dem Irrwahn und Greuel des Heidentums, geführt von unseren wackeren heldenmütigen Glaubenspionieren an der heidnischen Front, mit Mannschaften und Munition versehen von der treu durchhaltenden heimatlichen Christenheit, Klerus wie Volk, befehligt von gottbestellten und erleuchteten Heerführern und Strategen. Braucht also nicht auch die Mission, sowohl in der Durchführung draußen wie in der Unterstützung daheim, zu ihrem Gelingen die Missionswissenschaft?« (aaO. 28 f.).
[43] J. Schmidlin, Katholische Missionslehre im Grundriss, Münster 1919, 10. Die 2. Auflage des Werkes (²1923) verzichtet auf diese Formulierung.
[44] K. Müller, Josef Schmidlin (1876–1944). Papsthistoriker und Begründer der katholischen Missionswissenschaft, aaO. 339.
[45] Vgl. A. Wolanin, Teologia della missione. Temi scelti, Casale Monferrato 1989, bes. 13 ff. (Lit.).
[46] J. Glazik, Das Internationale Institut für missionswissenschaftliche Forschungen 1911–1961, in: 50 Jahre katholische Missionswissenschaft in Münster 1911–1961, aaO. 67–78.

Abhandlungen und Texte«, in der neben eigenen Publikationen der Lehrstuhl-inhaber auch Promotionsarbeiten der Schüler erschienen.[47] Das IIMF wurde in der Folgezeit nicht zuletzt auch deshalb bedeutsam, weil in den frühen 20er Jahren der missionswissenschaftliche Lehrbetrieb in Münster auf Grund der Kriegsfolgen und fakultätsinterner Entwicklungen gefährdet war. »Das vor dem Kriege aus kolonialpolitischen Gründen rege Interesse der Staatsregierung für Missionswissenschaft hatte sehr nüchternen, realistischen Überlegungen Platz gemacht, nachdem die deutschen Kolonien verloren gegangen waren. In dieser gefahrvollen Situation wies die Fakultät in einer sehr ernsten Stellung-nahme darauf hin, dass selbst nach dem Verlust der Kolonien auch für den Staat die Wirksamkeit der missionswissenschaftlichen Professur in Münster und der mit ihr verbundenen Einrichtungen von nicht zu unterschätzendem ideellen Nutzen sei.«[48]

Die von Münster ausgegangene Profilierung einer neuen theologischen Disziplin zeigte schnell sowohl nationale[49] als auch internationale Wirkungen. So errichtete München 1919 einen missionswissenschaftlichen Lehrstuhl.[50] In Belgien wurde die Idee einer katholischen Missionswissenschaft bereits im Jah-re 1911 aufgegriffen,[51] ein Jahr später fiel sie in Irland und Italien auf frucht-baren Boden.[52] 1914 ist in Österreich, Spanien und Frankreich und 1915 in Holland von der neuen Disziplin die Rede.[53] In allen Fällen lässt sich der Ein-

---

[47] Diese Reihe umfasst insgesamt 33 Publikationen, deren letzte 1978 erschien und zu deren Herausgeber nebst J. Schmidlin auch Th. Ohm, J. Glazik und B. Willeke gehörten. Band 33 stand unter der gemeinsamen Herausgeberschaft des IIMF und des missionswissenschaftlichen Instituts Missio (MWI) Aachen.

[48] E. Hegel, Der Lehrstuhl für Missionswissenschaft und die missionswissenschaftlichen Studieneinrichtungen in der katholisch-theologischen Fakultät Münster, aaO. 12.

[49] Vgl. L. Kilger, Ein Lustrum katholischer Missionswissenschaft in Deutschland, aaO. 13 f.; J. B. Aufhauser, Missionswissenschaft als Lehr- und Prüfungsfach, in: Zeitschrift für Missionswissenschaft und Religionswissenschaft 13 (1923) 51–54.

[50] Vgl. K. J. Rivinius, Errichtung des Lehrstuhls für Missionswissenschaft an der Ludwig-Maximilians-Universität München, Immensee 1985.

[51] Vgl. A. Santos, La misionología como ciencia teológica. Sus orígenes, aaO. 62.

[52] P. Dahmen, A New Science: Mission Science, in: The Irish Theological Quarterly VII (1912) 190–202; D. G. B. Tragella, Per una più diffusa cultura missionaria, in: Le Missioni Cattoliche (1912) 172–174, 172: »La cultura missionaria! Giacchè noi siamo tanto lontani dalla Germania, dove esistono cattedre di scienza missionaria, è bene dire qualche parola della sua necessità, e di suoi vantaggi, poiché è certo che manca per le missioni l'interessamento generale, il quale non si otterrà che a forza di propaganda e in proporzione della conoscenza che delle missioni stesse si avrà.«; A. Gemelli, Lo studio scientifico delle nostre missioni, in: Le Missioni Cattoliche (1913) 241–245.

[53] C. A. Witz-Oberlin, Das Missionsstudium, ein dringendes Bedürfnis der Gegenwart, Wien 1914; El siglo de las Misiones (1914) 71–74; G.-G. Lapeyre – E. Moura, L'Allemagne et les Missions, in: Revue du Clergé Français LXXVIII (1914) 701–732, 711: »Germania docet: par conséquent, pas de propaganda, en Allemagne, pour les missions, sans une science des missions. C'est là, pour nous, Français, missionaires d'instinct, un des aspects les plus curieux et les plus

---

fluss und die Bedeutung der in Deutschland ergriffenen Initiativen, die zur Institutionalisierung von Missionswissenschaft innerhalb der Theologie an der Universität führte, nachweisen. Rom errichtete an der Urbaniana 1919, Nijmegen 1930 und Ottawa 1932, Wien 1933, Comillas (Madrid) und Fribourg 1940 einen entsprechenden Lehrstuhl. Von 1926 an wurde in Salzburg, ab 1927 in Paris, Lille und Würzburg, in Löwen ab 1928 und an der Gregoriana ab 1929 Missionswissenschaft gelehrt.[54] Das Propagandakolleg gründete nur wenige Jahre später ein missionswissenschaftliches Institut.[55] Verschiedene Lehrstühle wurden mit Theologen besetzt, die in Münster in Missionswissenschaft promoviert worden waren.

4. Missionswissenschaftliches Selbstverständnis

J. Schmidlin gibt den Einfluss, den G. Warneck auf ihn ausübte, unumwunden zu. Warneck fand in ihm nicht nur einen oft polemischen Kritiker, dem es an »ökumenischer Weite« mangelte, sondern gelegentlich auch einen heimlichen Bewunderer. Schmidlin geht in seiner eigenen Bestimmung von Missionswissenschaft von der Explikation der beiden Termini Mission und Wissenschaft aus.[56] Dabei meint Wissenschaft die begründete, planmäßige, systematische Wahrheitserkenntnis, die ein organisch geordnetes Ganzes, also ein System darstellt. Im Unterschied zu einem in katholischen Kreisen weit verbreiteten Verständnis von Mission ist für Schmidlin Mission nicht »Propaganda unter andersgläubigen Christen«, sondern »Bekehrungstätigkeit unter Nichtchristen«, näherhin »die auf Verbreitung des Gottesglaubens und Gottesreiches, der christlichen Religion und katholischen Kirche unter den nichtchristlichen Individuen und Völkern gerichtete kirchliche Tätigkeit«.[57] Nach diesen kurzen Erläuterungen gibt Schmidlin eine Definition von Missionswissenschaft, welche geradezu »klassisch« genannt werden darf: »Missionswissenschaft oder Wissenschaft von der Mission ist ... die kritische und systematische, auf Gründen basierte Kenntnis, Erforschung und Darstellung der christlichen Glaubensverbreitung, und zwar sowohl ihres tatsächlichen Verlaufs in der Gegenwart und

---

nouveaux de cette campagne menée avec tant de vigueur et de méthode de l'autre côté du Rhin. C'est encore Munster qui est à la tête de ce mouvement.«; L. Van Rijkevorse, Missie en Missieactie, Nijmegen 1915.

[54] Vgl. S. Paventi, La chiesa missionaria. Manuale di missiologia dottrinale, Roma 1949, Vol. 1, 57 f.

[55] J. Peters, Der Siegeszug der Missionswissenschaft, in: Zeitschrift für Missionswissenschaft und Religionswissenschaft 23 (1933) 54–56.

[56] J. Schmidlin, Einführung in die Missionswissenschaft, aaO. 15.

[57] J. Schmidlin, Einführung in die Missionswissenschaft, aaO. 15.

Vergangenheit als auch ihrer Grundlagen und Gesetze.«[58] Als »klassisch« wurde sie deshalb charakterisiert, weil sich diese Definition noch im selben Jahr, als das Vaticanum II eröffnet wurde, wiederfindet. »Missionswissenschaft … ist die kritische und systematische Lehre von der Glaubensverbreitung oder Heidenbekehrung, die sie betrachtet in ihren grundlegenden Elementen …, in ihrem Werden … und Sein …, oder wie sie sein soll …«[59]

Den Unterschied zwischen katholischer und protestantischer Missionswissenschaft erklärt Schmidlin über die Konzentration auf die jeweilige Missionstradition hinaus so, dass »sich die katholische Missionswissenschaft vor allem durch die eigentümlichen Normen und Prinzipien (charakterisiert), welche ihr sowohl bei Bewertung und Beurteilung der Missionstatsachen, als auch bei Aufstellung methodischer Regeln zugrunde liegen und natürlich ganz andere sind als die der protestantischen mit ihrem vagen Kirchenbegriff«.[60] Der katholische Missionsbetrieb habe nämlich »stets und überall der objektiven Heilsanstalt und hierarchischen Organisation Rechnung zu tragen«[61]. Das macht sich sowohl bei der Sendung wie auch bei dem Missionsziel bemerkbar. Während nach Schmidlin in katholischer Sicht »die sichtbar und hierarchisch organisierte Kirche im göttlichen Auftrag die ›Missio‹ zur Verkündigung erteilt« und das Missionsziel »die Eingliederung in den kirchlichen Organismus« einschließt, so sei es bei den protestantischen Kirchen »die durch den heiligen Geist an Christi Missionsbefehl erinnerte Gemeinde in Form freier Gesellschaften«, welche zur Sendung ruft.[62] Der »Reichsgedanke« verflüchtige sich hier »zu einer abstrakten Idee«.

Die von Schmidlin gegebene Definition enthält alle entscheidenden Elemente, welche Missionswissenschaft umfangmäßig und inhaltlich im damali-

---

[58] J. Schmidlin, Einführung in die Missionswissenschaft, aaO. 15; vgl. Ders., Art. Missiologie, in: LThK VII, Freiburg ²1962, 453; J. B. Aufhauser, Missions- und Religionswissenschaft an der Universität, aaO. 3: »Die Missionswissenschaft in ihrem gesamten Umfang ist der besondere Zweig der historisch-praktischen christlichen Theologie als der Wissenschaft vom christlichen Glauben und der Erzieherin zur christlichen Heilsverkündigung, welche in historisch-kritischer, pragmatisch-genetischer Erforschung und systematischer Darstellung die Grundlage und die Gesetze wie den tatsächlichen Verlauf der allmählichen Ausbreitung der frohen Botschaft vom Reiche Gottes auf Erden unter nichtchristlichen Individuen und Völkern verfolgt, von den Tagen, da das Heilandswort an die Apostel ergangen … bis auf unsere Zeiten.«

[59] J. Beckmann, Art. Missionswissenschaft, in: LThK VII, Freiburg ²1962, 482f., 482. Beckmann war selber ein Schüler Schmidlins. Vgl. Das Laienapostolat in den Missionen. Festschrift Prof. Dr. Johannes Beckmann SMB, Hg. J. Specker – W. Bühlmann, Schöneck-Beckenried 1961, 7–21; J. Baumgartner, Prof. Dr. Johannes Beckmann SMB 1901 – 1971 – Zum Gedenken, in: Neue Zeitschrift für Missionswissenschaft 28 (1972) 1–9.

[60] J. Schmidlin, Einführung in die Missionswissenschaft, aaO. 17. Vgl. J. Schmidlin, Katholische Missionsapologie, in: Zeitschrift für Missionswissenschaft und Religionswissenschaft 10 (1920) 152–173.

[61] J. Schmidlin, Einführung in die Missionswissenschaft, aaO. 17.

[62] J. Schmidlin, Einführung in die Missionswissenschaft, aaO. 17, Anm. 4.

gen Verständnis zu erfassen hatte. So gliedert sich Missionswissenschaft in zwei Gebiete: Zum einen Missionskunde und zum anderen Missionstheorie (oder -lehre). Die Missionskunde beschäftigt sich mit der *faktischen* Situation und ihrer Geschichte, so dass man von Missionskunde im engsten Sinn (»Situationsvergewisserung«) und Missionsgeschichte sprechen kann.[63] Die Missionstheorie (oder Missionslehre) fächert sich in Missionstheologie und Missionsmethodik, wobei diese sich in Missionsrecht und Missionspastoral aufgliedert. Die Missionslehre fragt nach dem Grund der Mission und auch danach, wie Mission zu geschehen hat; sie hat also mehr *normativen* Charakter. So sieht also das Schmidlinsche Konzept von Missionswissenschaft in einem Schaubild folgendermaßen aus:

Missionswissenschaft	
Missionskunde	Missionstheorie (-lehre)

Missionsgeschichte	Missionskunde	Missionstheologie	Missionsmethodik
			Missionsrecht
			Missionspastoral

Dazu kommen dann noch missionswissenschaftliche Hilfsdisziplinen. Schmidlin nennt sie »das Kleeblatt« und zählt namentlich dazu: Sprachkunde, Völkerkunde und Religionskunde.[64] Ihre Bedeutung für das Studium der Missionswissenschaft ist dem Gründer der neuen wissenschaftlichen Disziplin voll bewusst. So schreibt Schmidlin: »Wenn wir all diese Hilfsdisziplinen überschauen, von denen eine jede ein Studium für sich bildet, hinreichend, um eines Menschen volle Kraft zu absorbieren, und dazu noch die verschiedenen Zweige der Missionswissenschaft selbst mit ihren mannigfaltigen Verästelungen und Methoden, – so möchte es dem Schüler noch mehr dem Lehrer der Missionskunde fast schwindlig werden! In der Tat sollte schon der praktische Missionar, noch mehr der Missionsdozent und Missionsstudent eigentlich ein Universalwisser sein. Aber da dieses Ideal hier auf Erden nicht erreichbar ist, müssen wir uns mit dem begnügen, was unsere schwachen Kräfte leisten können.«[65] Daraus zieht Schmidlin den Schluss, dass in der Missionswissenschaft arbeitsteilig bzw. interdisziplinär zu arbeiten ist, und dies in einem doppelten

---

[63] Vgl. A. Freitag, Katholische Missionskunde, in: Scientia missionum ancilla (Festschrift A. J. Mulders), Hg. Ed. Loffeld – J. Wils, Nijmegen – Utrecht 1953, 138–152.

[64] J. Schmidlin, Einführung in die Missionswissenschaft, aaO. 196. Vgl. M. Bierbaum, Das Verhältnis der Mission und Missiologie zu den Profanwissenschaften, in: Scientia missionum ancilla, aaO. 284–299.

[65] J. Schmidlin, Einführung in die Missionswissenschaft, aaO. 197 f.

Sinne. Zum einen hat Missionswissenschaft von anderen Disziplinen zu entlehnen, und zum andern soll sie bereit sein, ihren Beitrag »im großen Räderwerk
der Gesamtwissenschaft« zu leisten.[66]

Schmidlin hat darauf hingewiesen, dass die von ihm konzipierte Missionstheorie sich »nicht aprioristisch und abstrakt ... über die Praxis stellt, sondern
von ihr ausgeht und sie zur Basis nimmt«.[67] Damit hat Schmidlin nichts anderes als die Notwendigkeit der »Verankerung« der Missionswissenschaft in der
konkreten Situation und Praxis der missionarischen Arbeit unterstreichen wollen. Das kann aber nach seinem Verständnis nicht bedeuten, dass Missionswissenschaft damit zur bloßen Rechtfertigung des vergangenen und aktuellen missionarischen Handelns der Kirche würde. So schreibt er an anderer Stelle: »Wie
es (scil. der Missionswissenschaft) durchaus fernliegt, die Missionspraxis schulmeistern oder sich gar an die Stelle der kirchlichen Missionsautoritäten setzen
zu wollen, wie sie im Gegenteil von ihnen gerne und dankbar die wichtigsten
Belehrungen empfängt, so will und darf sie auf der anderen Seite nicht rein
apologetisch oder panegyrisch vorgehen, sondern ehrlich und objektiv nach
wissenschaftlichen Gesetzen und Prinzipien, mit wissenschaftlichen Mitteln
und Gründen ihren Gegenstand erforschen und bearbeiten, wird aber eben
dadurch der Mission selbst wie der Wissenschaft überhaupt unersetzliche
Dienste leisten.«[68]

Die Zeit nach der Machtergreifung durch die Nationalsozialisten und der
Zweite Weltkrieg hatten sowohl für die missionarische Arbeit als auch für die
Missionswissenschaft negative Folgen. Die nationalsozialistische Regierung er-
schwerte die Arbeit aller theologischen Fakultäten beträchtlich.[69] Durch das
vorzeitige, systemkritisch bedingte Ausscheiden Schmidlins aus seinem Amt
als Professor für Missionswissenschaft, wurde die Münsteraner Situation nicht
leichter, im Gegenteil.[70] Denn dies war für systemfreundliche Kräfte eine will-

---

[66] J. Schmidlin, Einführung in die Missionswissenschaft, aaO. 198: »Nur soviel muss der wissenschaftlich und akademisch Gebildete auch von den Tangenten seines Faches verstehen, dass
er wenigstens weiß, wo und wie er seine Kenntnisse und Anleihen schöpfen soll, vor allem dass
er es methodisch tue.«

[67] J. Schmidlin, Einführung in die Missionswissenschaft, aaO. 170. Vgl. J. Schmidlin, Missionswissenschaft und Missionspraxis, in: Zeitschrift für Missionswissenschaft und Religionswissenschaft 10 (1920) 1–11.

[68] J. Schmidlin, Einführung in die Missionswissenschaft, aaO. 18 f.

[69] Vgl. E. Hegel, Die katholisch-theologische Fakultät Münster in ihrer geschichtlichen Entwicklung (1773 – 1961), Münster 1961, bes. 26 f.

[70] Zu den Gründen vgl. K. Müller, Josef Schmidlin (1876–1944), aaO. 271 ff.; vgl. auch
H. Rzepkowski, Zwischen Vision und Sendung – Zur Vorstellung der »Deutschen Kirche« bei
Josef Schmidlin, in: Zeitschrift für Missionswissenschaft und Religionswissenschaft 80 (1996)
82–128 sowie die Replik von K. Müller, Josef Schmidlin – Deutung und Wirklichkeit. Zum
Aufsatz »Zwischen Vision und Sendung« von Horst Rzepkowski, in: Neue Zeitschrift für Mis-
sionswissenschaft 53 (1997) 115–129.

kommene Gelegenheit, den missionswissenschaftlichen Lehrstuhl zu streichen bzw. anders zu besetzen.[71] Damit stand jedoch die ganze Aufbauarbeit der Gründergeneration in Gefahr. Nur mit Hilfe von Lehraufträgen konnte zunächst der missionswissenschaftliche Lehrbetrieb noch aufrecht erhalten werden, wobei sich der in Missionsrecht habilitierte Max Bierbaum große Verdienste um die Rettung des Faches in Münster erwarb.[72] Nach Mitteilung des damaligen Dekans, war es nämlich mit der »ehemaligen Herrlichkeit« aus, denn »das Schicksal der missionswissenschaftlichen Professur in Münster (ist) entschieden«.[73] Doch trotz dieser Rückschläge konnte mit Kriegsende das Fach von neuem erstarken.

Im Jahr 1946 übernahm der Missionsbenediktiner Thomas Ohm die Professur in Münster, nachdem er sich in Salzburg in Fundamentaltheologie habilitiert und von 1932 bis 1941 in Würzburg Missionswissenschaft gelehrt hatte. Mit ihm erhielt die katholische Missionswissenschaft auch einen verstärkt *theologischen Charakter*. Ohm hat – im Unterschied zu seinem Vorgänger Schmidlin, dessen Stärke in der historischen Arbeit lag und für den die missionsgeschichtliche Erfahrung eine der Hauptquellen der Missionswissenschaft besonders für die Missionstheorie bildete – sich vor allem für die Ausarbeitung und Vertiefung dieser Missionstheorie engagiert.[74] Er baute das Fach schon rein äußerlich aus, u. a. dadurch, dass er 1952 das Missionswissenschaftliche Seminar in ein Institut umwandelte und 1949 mit der Herausgeberschaft einer eigenen wissenschaftlichen Reihe begann: »Veröffentlichungen des Instituts für Missionswissenschaft der Universität Münster«.[75] »Vor allem lag es mir am Herzen, – schrieb Ohm im Rückblick auf seine Arbeit – immer wieder darauf hinzuweisen, dass es in der Mission zuerst und zuletzt um eine geistige und geistliche Sache, nicht zuerst und zuletzt um Institutionen, Organisationen und Methoden geht, so wichtig diese sein mögen … Schließlich habe ich ge-

---

[71] Nachfolger von Schmidlin wurde 1933 J. Lortz, der zunächst Missionsgeschichte las, dann Professor für Kirchengeschichte des Mittelalters und der Neuzeit wurde. Zu den Hintergründen vgl. G. Lautenschläger, Josef Lortz (1887 – 1975). Weg, Umwelt und Werk eines katholischen Kirchenhistorikers, Würzburg 1987, bes. 298 ff.

[72] M. Bierbaum, Im Dienste der Missionswissenschaft 1925 – 1952. Selbstdarstellung, in: 50 Jahre katholische Missionswissenschaft in Münster 1911–1961, aaO. 43–50.

[73] Schreiben des Dekans, Prof. Schneider, vom 17.10.1942 an M. Bierbaum, zit. in: M. Bierbaum, Im Dienste der Missionswissenschaft 1925 – 1952. Selbstdarstellung, aaO. 46.

[74] Th. Ohm, Grundlegende Missionstheorie, in: Zeitschrift für Missionswissenschaft und Religionswissenschaft 19 (1929) 26–36.

[75] Die in Münster erschienene Reihe, welche Th. Ohm von 1949 – 1959 betreute, führten J. Glazik von 1961 – 1968 und J. Dörmann von 1979 – 1983 weiter. Sie umfasst insgesamt 15 Veröffentlichungen. Außerhalb der Reihe erschien in gemeinsamer Herausgeberschaft des Instituts für Missionswissenschaft und des Instituts für Altertumskunde von Chr. Gnilka, XRHSIS. Die Methode der Kirchenväter im Umgang mit der antiken Kultur, Basel – Stuttgart 1984.

meint betonen zu sollen, dass die Christen die Welt in Christus zu erneuern haben und deswegen die Akkommodation nicht übertreiben dürfen und die Anpassung an Vergangenes und Vergehendes vermeiden müssen. Dafür brauchen wir freilich außer dem Wissen um die Neuheit des Christentums ein Gespür für das Kommende, für die neuen Richtungen und Kräfte sowie eine Analyse der Zeit und ihrer Zeichen.«[76] H. R. Schlette, ein Schüler von Thomas Ohm, charakterisierte ihn wie folgt: »Nicht nur in einem extensiven Verständnis vermochte Ohm die Probleme der christlichen Präsenz im 20. Jahrhundert zu überschauen und zu beurteilen, ohne dass er von europäischen und latinistischen Skrupeln gehemmt worden wäre, vielmehr lag die besondere Stärke Ohms, wie von allen anerkannt wird, die ihm begegnet waren ... darin, dass er kritisch und selbstkritisch fundamentalen Fragen des Glaubens auf den Grund zu gehen suchte, soweit er dazu in der Lage war ... Seine Probleme waren theologischer, systematischer, geistlicher, ›philosophischer‹ Art.«[77] Thomas Ohm, dessen theologiegeschichtliche Bedeutung erst noch aufzuarbeiten bleibt, hat Missionstheorie jedoch etwas anders als Schmidlin verstanden. [78]

---

[76] Th. Ohm, Meine Tätigkeit im Dienste der Missionswissenschaft in Münster, in: Hg. J. Glazik, 50 Jahre katholische Missionswissenschaft in Münster 1911–1961, aaO. 33–43, 35. »Es gibt und gab immer in der Missionswissenschaft Moden. Auf einmal taucht ein neues Problem auf, ein neues Wort, oft nur ein Schlagwort, und schon stürzt sich alles auf dieses. Man meint Beiträge zu diesem Problem und Wort leisten zu müssen. Ich habe mich gerne von solchen Dingen ferngehalten, wenn ich wusste, dass Berufene schon darüber handelten, und lieber andere, weniger am Weg liegende Dinge behandelt.« (ebd.) Vgl. Ders., Von der Akkommodation der Nicht- und Neuchristen, in: Zeitschrift für Missionswissenschaft und Religionswissenschaft 44 (1960) 183–187.

[77] H. R. Schlette, Thomas Ohm, in: Tendenzen der Theologie im 20. Jahrhundert. Eine Geschichte in Porträts, Hg. H. J. Schulz, Stuttgart – Berlin – Olten – Freiburg ²1967, 404–408, 405. Vgl. Ders., Thomas Ohm zum Gedächtnis, in: Zeitschrift für Missionswissenschaft und Religionswissenschaft 46 (1963) 242–250.

[78] Vgl. E. Hegel, Geschichte der Katholisch-Theologischen Fakultät Münster 1773 – 1964, Zweiter Teil, aaO. 56 ff. Es gibt bisher weder eine ausführliche Ohm-Biographie, noch eine theologische Arbeit, die sich eingehend mit seinem theologischen Denken auseinandersetzt. Sein Schüler H. R. Schlette hat mehrere, kleinere Arbeiten veröffentlicht, in denen er die Bedeutung von Th. Ohm herausstellt. Neben den eben erwähnten Artikeln vgl. H. R. Schlette, Rückblick auf Thomas Ohm (1892–1962), in: Orientierung 56 (1992) 239 f.; J. Schmitz, Professor P. Dr. Thomas Ohm (1892–1962). Ein Leben in der Liebe zu Gott und für die Liebe zu Gott, in: Mönche und Missionare. Wege und Weisen benediktinischer Missionsarbeit, Münsterschwarzach 1988, 203–210. Eine ausführlichere Auseinandersetzung findet sich bei I. Padinjarekuttu, The Missionary Movement of th 19th and 20th Centuries and its Encounter with India, Frankfurt a. M. 1995, 197–246. Vgl. F. J. Verstraelen, Thomas Ohms »Asiens Nein zum Christentum« – die Geschichte eines Missverständnisses?, in: Zeitschrift für Missionswissenschaft und Religionswissenschaft 81 (1997) 125–152. Auch Mission Legacies. Biographical Studies of Leaders of the Modern Missionary Movement widmet ihm (überraschenderweise) keinen Beitrag. Inzwischen erschien C. Hoffmann, Wege zum Heil. Die Stellung der Nichtchristen und der nichtchristlichen Religionen im Werk Thomas Ohms, Münsterschwarzach 2001.

Missionswissenschaft »bemüht sich methodisch und systematisch um die Erforschung und Darstellung der Mission, d. h. der Christianisierung der Nichtchristen«. Sie gliedert sich in Missionstheorie, normative oder praktische Missionswissenschaft; Missionsgeschichte und Missionskunde. Die verschiedenen Zweige bilden eine Einheit, wobei die Missionstheorie »Grund- und Kernwissenschaft ist«.[79] Darunter versteht Ohm »die Wissenschaft von den in der Offenbarung enthaltenen, durch sie vermittelten übernatürlichen, auf die Mission (unter den Nichtchristen) bezüglichen Wahrheiten«.[80] Ohm will diese Missionstheorie allerdings im Unterschied zu Schmidlin nicht als Missionslehre verstanden wissen, »weil zu dieser auch die Missionsmethodik gehört. Die Missionstheorie (aber) ist theoretische, keine praktische Wissenschaft.«[81] Was eine solche Missionstheorie sachlich beinhaltet, zeigt Ohm in seinem Lebenswerk »Machet zu Jüngern alle Völker. Theorie der Mission«[82], welches am Vorabend des vergangenen Konzils erschien und in verschiedener Hinsicht nach wie vor konsultiert zu werden verdient. Der Missionsbenediktiner Ohm wurde übrigens im August 1960 in die *Pontificia Commissio de Missionibus Praeparatoria Concilii Vaticani II* berufen, doch hatte er weder auf die Gestaltung eines »Missionsschemas« Einfluss, noch konnte er sich in die entsprechende Kommissionsarbeit einbringen, da er kurz vor Konzilseröffnung starb.

Missionswissenschaft (Missiologie oder Missionologie) ist für Ohm also jene Wissenschaft, »die sich mit der Mission befasst«.[83] Dabei kann diese »unter drei Gesichtspunkten betrachtet, erforscht und behandelt werden, nämlich dem praktischen, dem geschichtlichen und dem theoretischen«.[84] Während die *praktische* Missionswissenschaft sich mit der Frage befasst, wie missioniert werden soll und sich in Missionsmoral, Missionsrecht und Missionsmethodik (oder -pastoral) gliedert, beschäftigt sich die *geschichtliche* Missionswissenschaft »mit der empirisch-geschichtlichen Erscheinung der Mission, dem faktischen Geschehen, den tatsächlichen Vorgängen und Zuständen in der Mission … (und sie) zeigt, ›wie es wirklich gewesen ist‹, … erzählt, wie und mit welchen Ergebnissen man die Mission im Verlaufe der Geschichte betrieben hat«.[85] Die

---

[79] Th. Ohm, Kath. Missionswissenschaft, in: RGG IV, Tübingen ³1960, 1015 f. Vgl. Th. Ohm, Zur Systematik der katholischen Missionslehre, in: Zeitschrift für Missionswissenschaft und Religionswissenschaft 34 (1950) 69–71; Ders., Von der Missionstheorie, in: Ex contemplatione loqui. Gesammelte Aufsätze, Münster 1961, 10–20.

[80] Th. Ohm, Art. Missionstheorie, in: LThK VII, Freiburg ²1962, 479–481, 479.

[81] Th. Ohm, Missionstheorie, aaO. 480.

[82] Th. Ohm, Machet zu Jüngern alle Völker. Theorie der Mission, Freiburg 1962.

[83] Th. Ohm, Machet zu Jüngern alle Völker. Theorie der Mission, aaO. 59. Vgl. Ders., Die Missionswissenschaft, in: Zeitschrift für Missionswissenschaft und Religionswissenschaft 45 (1961) 189–196, bes.192 ff.

[84] Th. Ohm, Machet zu Jüngern alle Völker. Theorie der Mission, aaO. 60.

[85] Th. Ohm, Machet zu Jüngern alle Völker. Theorie der Mission, aaO. 60 f.

theoretische Missionswissenschaft hat »den Begriff und das Wesen, die Ursprünge und Grundlagen, die Triebkräfte und Ziele, die Gesetze und Formen der Mission zum Gegenstand«. Der *Missionstheorie* geht es nach Ohm »um das Bleibende und Typische …, nicht um das Wandelbare und sich Wandelnde«.[86] Diese erwähnten Disziplinen bilden eine Einheit. Denn es handelt sich bei ihnen allen darum, »das Werk der Glaubensverbreitung immer allseitiger, klarer und tiefer zu erfassen. Die Grund- und Kernwissenschaft ist die Missionstheorie … Die Missionswissenschaft ist ein Baum, dessen Zweige die Missionsgeschichte und die praktische Missiologie, deren Stamm und Wurzeln aber die Missionstheorie sind.«[87] Dementsprechend wäre also das Ohmsche missionswissenschaftliche Konzept so zu schematisieren:

Missionsgeschichte / Missionskunde	Praktische Missiologie
	Missionsmoral
	Missionsrecht
	Missionspastoral
	(Methodik)

Missionstheorie

Ohm hat im Unterschied zu Schmidlin die Missionskunde mit der Missionsgeschichte vereint und begründet dies mit dem folgenden Argument: »Der Gegenstand der Missionskunde gehört im Grunde der Vergangenheit an. Auch lässt sich Missionskunde ohne Missionsgeschichte gar nicht betreiben. Beide Wissenschaften werden am besten vereint.«[88]

Bei Thomas Ohm fallen im missionswissenschaftlichen Selbstverständnis zwei Merkmale auf, die es verdienen, eigens herausgestellt zu werden: Er ist in seiner Missionstheorie – trotz, aus heutiger Sicht, mancher befremdlicher Äußerungen – zurückhaltend, insofern sie Theorie »im ursprünglichen Sinn des Anschauens und Betrachtens (sein will), der Zuwendung zur Mission, bei der es auf nichts anderes ankommt als auf das, was ist, … Sie (scil. die Vertreter der Missionstheorie) schauen die Mission an – staunend, sie betrachten sie – liebend, und sie kreisen um sie herum – sich freuend. Sie lassen alles auf sich wirken und machen sich dann ihre Gedanken. Die Missionstheorie betrachtet

---

[86] Th. Ohm, Machet zu Jüngern alle Völker. Theorie der Mission, aaO. 61.
[87] Th. Ohm, Machet zu Jüngern alle Völker. Theorie der Mission, aaO. 61.
[88] Th. Ohm, Machet zu Jüngern alle Völker. Theorie der Mission, aaO. 62.

demnach die Mission von hoher Warte aus.«[89] Diese Zurückhaltung, die primär nicht aus der Reflexion auf die Reichweite eigener missionstheologischer Grundlagen oder einem eigenen theologischen Ansatz erwächst, vielmehr aus der einfühlsamen Achtung und Anerkennung des Fremden, zeigt sich dann auf eine andere Weise als praktisch relevant, nämlich in der deutlichen Zurückweisung des Europäismus und Amerikanismus. Dafür hatte Ohm ein feines Gespür, wie auch für die Barrieren, welche einen Zugang zum christlichen Glauben erschwerten.[90] Dies wird beispielsweise aus folgenden Bemerkungen ersichtlich, die er im Hinblick auf die Asienmission vor vielen Jahrzehnten schrieb: »Immer noch sind wir nicht völlig frei von unserer Sehweise und unseren Einseitigkeiten. Immer noch ist unser Selbstbewusstsein zu groß und die Einschätzung der Asiaten zu gering. Immer noch meinen einzelne, unsere Kultur verbreiten zu sollen. Immer noch unterscheiden wir nicht hinreichend zwischen dem Wesen des Christentums und seinen europäischen Gewändern, etwa der Bergpredigt und den europäischen Sitten. Immer noch realisieren wir nicht genügend, dass ›jedes Volk Aufscheinen eines göttlichen Gedankens‹ (Bernhart) ist. Immer noch sind wir nicht ganz so weit, dass wir die anderen Religionen in allem objektiv sehen und ohne jede Ungerechtigkeit und Schmähung darstellen. Immer noch – echt westlich – wollen wir imponieren durch Repräsentieren, was den meisten Asiaten nicht liegt. Immer noch legen wir – wieder echt europäisch – zuviel Wert auf die äußeren Seiten und die Technik der Mission, während viele Asiaten Schau, Erlebnis und Erfahrung erwarten. Und immer noch sind wir in europäischer Weise geschäftig …«[91]

H. R. Schlette sagte von ihm: »Er war nicht nur ein ›homo religiosus‹, sondern ein christlicher ›homo spiritualis‹, dem … jeglicher Hochmut gegenüber dem Weltlichen fernlag. Seine Gelehrsamkeit und seine Frömmigkeit trugen bisweilen Züge einer liebenswürdigen Versonnenheit … Gerade weil Ohm die erfreulichen und unerfreulichen Kapitel der Missionsgeschichte kannte und weil er wusste, dass die Irrtümer und Sünden der Kirche auf dem Gebiet der Mission so zahlreich und schwerwiegend sind wie in keinem anderen Bereich des christlichen Lebens, erstrebte er glaubend und hoffend eine Erneuerung der Kirche selbst und speziell der kirchlichen Mission aus dem Geist – aus dem

---

[89] Th. Ohm, Machet zu Jüngern alle Völker. Theorie der Mission, aaO. 66. Vgl. Ders., Missionstheorie, aaO. 481.

[90] So bemerkt er im Hinblick auf sein in verschiedene Sprachen übersetztes Buch »Asiens Nein und Ja zum westlichen Christentum«: »Mir war es bei dem Buch darum zu tun, Asien ein wenig abzuhorchen und die öffentliche Meinung im größten Erdteil kennenzulernen, um auf diese Weise den Zugang zu den Asiaten leichter zu finden. Wer andere zu Jüngern machen will, muss auf die anderen hören können.« (Th. Ohm, Meine Tätigkeit im Dienste der Missionswissenschaft in Münster, aaO. 38).

[91] Th. Ohm, Ex contemplatione loqui. Gesammelte Aufsätze, aaO. 145 f.

Geist des Evangeliums und der Theologie nicht minder als aus dem Geist wahrer Humanität.«[92] Ohm hat durch seine Lehrtätigkeit und seine wissenschaftlichen Veröffentlichungen viel zur *theologischen* Profilierung der Missionswissenschaft beigetragen.

Nachfolger von Thomas Ohm auf dem Münsteraner Lehrstuhl wurde 1961 der Hiltruper-Missionar Josef Glazik (1913 – 1997), selbst ein Schüler Ohms, der zuvor kurze Zeit in Würzburg Missionswissenschaft lehrte.[93] Seine Definition von Missionswissenschaft ist zunächst stark von Schmidlin geprägt: »Missionswissenschaft ... beabsichtigt eine kritische und systematische, auf Gründen gebaute Kenntnis, Erforschung und Darstellung der christlichen Mission, ihres tatsächlichen Verlaufs in der Gegenwart und Vergangenheit und ihrer theoretischen Grundlagen und Gesetze.«[94] Grund und Kern der Missionswissenschaft ist auch für Glazik die *Missionslehre* oder die *Missionstheorie*, welche nach ihm – mit direktem Bezug auf Thomas Ohm – »das Wesen und die Natur, den Ursprung und die Ziele, die Voraussetzungen und die Gesetze, die Berechtigung und den Wert der Mission und das Verhältnis der Mission zu den anderen Gebieten des Lebens« zu erforschen und darzustellen hat.[95] Dazu kommt *Missionsgeschichte*, aber nun wird die Ohmsche Zusammenführung von Vergangenheit und Gegenwart wieder aufgelöst, nicht so als könne in der aktuellen Situationsbeschreibung auf die Kenntnis der Geschichte verzichtet werden. Denn eine aktuelle Situationsbeschreibung »setzt die Missionsgeschichte voraus, steht in Beziehung zu ihr, ist aber gleichwohl ein eigener Zweig der Missionswissenschaft«.[96] Glazik nennt sie Missions(gegenwarts)kunde oder Missiographie. Dazu kommen als eigenständige Teildisziplinen die *Missionsmethodik* und das *Missionsrecht* weiter hinzu.[97]

Zwei Jahre nach diesem Aufriss der Missionswissenschaft gab Glazik dann ganz auf der Linie des Konzils, an dessen Missionsdekret er mitgearbeitet hat,[98] eine neue Aufgabenumschreibung der Missionswissenschaft. Zentraler Gegenstand der Missionswissenschaft sei »die Kirche als Trägerin der Mission ... und

---

[92] H. R. Schlette, Thomas Ohm, in: Tendenzen der Theologie im 20. Jahrhundert. Eine Geschichte in Porträts, aaO. 406.
[93] J. Glazik MSC, Selbstdarstellung, in: 50 Jahre katholische Missionswissenschaft in Münster 1911–1961, aaO. 57 f.; vgl. G. Collet, Prof. Dr. Josef Glazik MSC †, in: Zeitschrift für Missionswissenschaft und Religionswissenschaft 82 (1998) 38 f.
[94] J. Glazik, Missionswissenschaft, in: Was ist Theologie?, Hg. E. Neuhäusler – E. Gössmann, München 1966, 369–384, 373.
[95] J. Glazik, Missionswissenschaft, aaO. 373.
[96] J. Glazik, Missionswissenschaft, aaO. 374.
[97] Vgl. J. Glazik, Die Vorbereitung unserer Missionare für ihre Arbeit in der neuen Zeit, in: Ordenskorrespondenz 3 (1962) 282–291, 288.
[98] J. Glazik, Vor 25 Jahren Missionsdekret »Ad Gentes«. Erinnerungen eines Augenzeugen des Konzils, in: Zeitschrift für Missionswissenschaft und Religionswissenschaft 74 (1990) 257–274.

zwar muss die Mission (dabei) als fundamentaler Selbstvollzug der Kirche gesehen werden. Das fordert ... notwendigerweise, dass sie die je konkrete, aktuelle Situation der missionierenden Kirche im Blick behalten wird – also nicht nur die Verhältnisse in den Ländern, wo die Kirche ihre Mission treibt, sondern die gesamte Kirche in der heutigen globalen Einheit der einen Weltgeschichte, in der engen Interdependenz sämtlicher geschichtlicher und kultureller Räume.«[99] Das würde nichts anderes bedeuten, als dass die Theologie missionarisch und die Kirche mit Mission identifiziert werden müsste. Glazik zieht schließlich die Konsequenz daraus: Wenn die Sendung der Kirche wirklich als integraler Bestandteil der Theologie betrachtet wird, dann kann Missionswissenschaft auch nicht mehr länger als eigenständige Disziplin gerechtfertigt werden; dann hat Missionswissenschaft ihren eigenen Auftrag erfüllt.[100]

5. Thematische Schwerpunkte

Dass der erwähnte missionarische Aufbruch der noch jungen Wissenschaft eine Reihe von Problemfeldern zur Bearbeitung brachte, war unumgänglich. Dazu gehört die Frage der Anpassung bzw. das *Akkommodationsproblem*, eine praktische wie theoretische Herausforderung, welche die Kirche seit ihren Anfängen begleitete. Seit das Christentum über den jüdischen Raum hinaus in andere kulturelle Bereiche trat, war es genötigt, sich darüber Gedanken zu machen, wie es sich zu ihnen verhält. Die geographische Expansion des Christentums im 19. und zu Beginn des 20. Jahrhunderts verschärfte jedoch das Problem einer qualitativen Katholizität, die oft bloß quantitativ verstanden wurde und dann Mission kurzschlüssig mit Mitgliederwerbung assoziierte.[101] Die zunehmende Beschäftigung mit der Akkommodationsthematik steht darüber hinaus in engstem Zusammenhang mit den beginnenden Emanzipationsbewegungen der ehemaligen Kolonien von der westlichen Herrschaft, welche ihre Rechte einforderten.[102]

Was die Behandlung der Akkommodationsthematik in der Zeit zwischen den missionswissenschaftlichen Anfängen und dem Vorabend des Vaticanum II

---

[99] J. Glazik, Aufgaben und Ort der Missionswissenschaft heute, in: Ders., Mission – der stets größere Auftrag. Gesammelte Vorträge und Aufsätze, Aachen 1979, 104–113, 110 f.

[100] Vgl. J. Glazik, Missiology, in: Concise Dictionary of the Christian World Mission, aaO. 387–389, 389.

[101] Vgl. P. Wanko, Kirche – Mission – Missionen. Eine Untersuchung der ekklesiologischen und missiologischen Aussagen vom I. Vatikanum bis »Maximum Illud«, aaO.; F. Kollbrunner, Die Katholizität der Kirche und die Mission, Schöneck-Beckenried 1973.

[102] Vgl. F. Kollbrunner, Die klassische Theorie: Akkommodation, in: Theologien der Dritten Welt. EATWOT als Herausforderung westlicher Theologie und Kirche, Hg. G. Collet, Immensee 1990, 133–141, bes. 135 ff.

betrifft, so fällt in der Missionswissenschaft Folgendes auf: Die Frage der missionarischen Anpassung wird ausnahmslos als ein praktisch-methodisches Problem gesehen und nicht als ein grundsätzlich theologisch-hermeneutisches der Glaubensinterpretation.[103] So werden in der Fachliteratur konkrete Fragen einer Anpassung beispielsweise im Bereich der Liturgie, des kulturellen Brauchtums, kirchlicher Architektur u. a. behandelt, wobei die »römische bzw. westliche« Sicht der Dinge normativ bleibt, weil sich hier das »Wesen des Christentums« findet. Dass es sich dabei aber ebenfalls um geschichtlich bedingte Konkretionen dieses »Wesens« handelt, deren *christliche Identität* es theologisch zu reflektieren und auszuweisen gilt, wird erst nach dem Vaticanum II thematisiert und diskutiert. »Leider konnte die katholische Missionswissenschaft nicht mit jenem Problembewusstsein an die Akkommodationsfrage herangehen, das aus den Einsichten der neuzeitlichen Philosophie, besonders der Hermeneutik, der neueren Exegese und der Dogmengeschichte zu gewinnen gewesen wäre. Das nach der Modernismuskrise verbleibende neuscholastische Begriffsinstrumentarium war ungeeignet, um die Problematik einer sich anbahnenden pluralistischen Weltkirche aufzuarbeiten.«[104]

Darüber hinaus macht sich das seit Beginn der Missionswissenschaft eingeführte Denken im Subjekt-Objekt-Schema auch hier bemerkbar, so dass die eigentlich Handelnden in diesem Prozess der Akkommodation nicht die andern oder die jeweiligen Ortskirchen sind, sondern der europäische Missionar bzw. die uniform gedachte Universalkirche. Es geht insbesondere darum, mit Takt und Rücksichtnahme auf das »Missionsobjekt«, gelegentlich auch aus strategischen Überlegungen,[105] das Missionsziel zu erreichen. Denn davon hängt auch der Erfolg missionarischen Handelns ab. Die Frage, warum in den vergangenen Jahrhunderten dieses Handeln nicht weiter gekommen sei, beantwortete Anton Huonder mit der folgenden These: Die Missionare haben seit dem 16. Jahrhundert nur europäisches Christentum exportiert, das ihnen von Haus aus bekannt war; für fremde Eigenart fehlte ihnen das Verständnis. Damit war ein Stichwort gefallen, das später wichtig wurde und das interkulturelle theologische Gespräch bis heute prägt: Europäismus. Huonder sollte Recht bekommen mit seiner Prognose, dass wohl erst die geschichtliche Entwicklung des 20. Jahrhunderts der Vorherrschaft Europas ein Ende bereiten würde und »die Missionskirchen nicht mehr länger als eine Art europäischer Kolonien« behandelt werden könnten.[106]

Für die Akkommodationsthematik wurde die Dissertation von Johannes

---

[103] J. Müller, Missionarische Anpassung als theologisches Prinzip, Münster 1973.
[104] F. Kollbrunner, Die klassische Theorie: Akkommodation, aaO. 137.
[105] Vgl. Th. Ohm, Irdische Vorteile als Bekehrungsmotive, in: Zeitschrift für Missionswissenschaft und Religionswissenschaft 18 (1928) 208–221.
[106] A. Huonder, Der Europäismus im Missionsbetrieb, Aachen 1921, 48.

Thauren bedeutsam, der mit der Arbeit »Die Akkommodation im katholischen Heidenapostolat« bei Schmidlin promovierte. »Thaurens Dissertation hat zum ersten Mal seit den Missionstheoretikern der beginnenden Neuzeit das Thema Akkommodation systematisch behandelt und selbst schwer zugängliches Material zu einer übersichtlichen Synthese gebracht. Darin liegt der unbestreitbare Wert seiner Arbeit. Seine Dissertation zeigt aber auch, wie stark die Missionswissenschaft als praktische Wissenschaft vom allgemeinen Stand der Theologie abhängt. Sie zeigt, wie sich in den theologischen Ansatz immer wieder ungeprüft ›Selbstverständlichkeiten‹ einschleichen.«[107] Diese Arbeit, die methodisch der damaligen theologischen Argumentation entsprach, vertritt inhaltlich nach wie vor die »Kolonialmission«, auch wenn Thauren der Meinung ist, der Europäismus sei »ein Eingriff in unveräußerliche Rechte der nichtchristlichen Völker und führ(e) mit innerer Notwendigkeit zum Scheitern der kirchlichen Missionsbestrebungen«.[108]

Vor allem in der Zeit des Übergangs von der zweiten in die dritte Dekade des 20. Jahrhunderts wurde die Akkommodationsthematik traktandiert,[109] in jenen Jahren übrigens, als Oswald Spenglers Hauptwerk »Der Untergang des Abendlandes«[110] erschien, in dem er aus einem morphologischen Parallelismus der Kulturen die Untergangsvorstellung zu gewinnen glaubte. Eine diffuse Ahnung von dem, was mit der seit Ende des Ersten Weltkrieges beginnenden Entkolonialisierung bzw. Enteuropäisierung der Erde bevorstand, schien wache Zeitgenossen intensiv beschäftigt zu haben. Zu ihnen gehörte auch Thomas Ohm, der die Frage der Akkommodation aufnahm und theologisch differenzierend weiterführte, indem er über Anpassung hinaus von Assimilation und Transformation sprach, zugleich aber auch vor einem »Akkommodationskomplex« warnte.[111] Die je eigenen Erkenntnisse und Werte der Nichtchristen sollten in den christlichen Wahrheits- und Wertbesitz der Kirche aufgenommen, das Übernommene ins Eigene und Besondere umgebildet werden. Der Träger

---

[107] J. Müller, Missionarische Anpassung als theologisches Prinzip, aaO. 10.

[108] J. Thauren, Die Akkommodation im katholischen Heidenapostolat, Münster 1927, 23.

[109] Vgl. Th. Ohm, Akkommodation und Assimilation in der Heidenmission nach dem hl. Thomas von Aquin, in: Zeitschrift für Missionswissenschaft und Religionswissenschaft 17 (1927) 94–113; O. van der Vat, Zur nähern Begründung des Akkommodationsprinzips, in: Zeitschrift für Missionswissenschaft und Religionswissenschaft 17 (1927) 243–245; J. P. Steffes, Akkommodation und Synkretismus als Missionsproblem, in: Zeitschrift für Missionswissenschaft und Religionswissenschaft 23 (1933) 1–11; G. Schulemann, Das Problem der »Anpassung« der christlichen Mission in buddhistischen Ländern, in: Missionswissenschaft und Religionswissenschaft 1 (1938) 46–59.

[110] O. Spengler, Der Untergang des Abendlandes. Umrisse einer Morphologie der Weltgeschichte, 2 Bde. 1918, 1922. Vgl. A. Villanyi, Untergang des Abendlandes und Mission, in: Zeitschrift für Missionswissenschaft und Religionswissenschaft 46 (1962) 37–48.

[111] Vgl. Th. Ohm, Art. Akkommodation, in: Handbuch Theologischer Grundbegriffe, Hg. H. Fries, Bd. I, München 1962, 25–30, 28.

dieses Anpassungsprozesses ist nach seiner Auffassung die Universalkirche, und für »die Anpassung kommen nur periphere und akzidentelle Dinge in Betracht«.[112] Dies zeigt neben den Grenzen von Ohm selbst jene der Missionswissenschaft, mit der sie die Frage behandelte. »Während die junge Missionswissenschaft die geschichtlichen Zeichen der Zeit erkannte, blieb sie in ihren theoretischen Ansätzen der ›Theologie der Vorzeit‹ verhaftet, die im katholischen Raum als *perennis*, als zeitlos gültig betrachtet wurde.«[113]

Eine weitere, missionswissenschaftlich bedeutsame Fragestellung, die vor allem gegen Ende der dreißiger Jahre zu diskutieren begonnen wurde, war die nach der Heilsmöglichkeit der Nichtchristen[114] und die damit zusammenhängende, aber auch davon zu unterscheidende und erst später aufgegriffene Frage nach der theologischen Relevanz der *nichtchristlichen Religionen*.[115] Dieser Problemkomplex, insbesondere die »Theologie der Religionen«, wurde innerhalb der katholischen Missionswissenschaft[116] im Unterschied zur eben besprochenen Problematik nicht in derselben Weise und mit demselben Gewicht wie die Akkommodation thematisiert. Eine positive Würdigung der nichtchristlichen Religionen schien eine zu ernsthafte Bedrohung der überkommen Missionsbegründung und Zielsetzung darzustellen, und nicht nur Missionare taten sich mit einer anderen Sichtweise schwer. Selbst der aufgeschlossene Missionswissenschaftler Thomas Ohm konnte bei allem Wohlwollen und Verständnis noch schreiben, die nichtchristlichen Religionen seien »im Ganzen und im Kern falsch und schlecht«.[117] Eine über christliche Apologie hinausgehende *theologische* Auseinandersetzung mit den nichtchristlichen Religionen findet man in der

---

[112] Th. Ohm, Machet zu Jüngern alle Völker. Theorie der Mission, aaO. 715.

[113] J. Müller, Missionarische Anpassung als theologisches Prinzip, aaO. 55.

[114] Vgl. J. P. Steffes, Gedanken über Wesen und Bedeutung der nichtchristlichen Religionen, in: Missionswissenschaft und Religionswissenschaft 1 (1938) 22–32; 150–158; J. Brinktrine, Das Heil der Ungetauften als Missionsproblem, in: Missionswissenschaft und Religionswissenschaft 4 (1941) 195–206; H. R. Schlette, Zur Problematik der Taufverpflichtung, in: Zeitschrift für Missionswissenschaft und Religionswissenschaft 42 (1958) 97–108; 186–193.

[115] Vgl. J. P. Steffes, Die Auseinandersetzung des Christentums mit den nicht-christlichen Religionen, in: Zeitschrift für Missionswissenschaft und Religionswissenschaft 19 (1929) 1–14; Ders., Missionscharakter und Absolutheit des Christentums im Lichte anderer Weltreligionen, in: Zeitschrift für Missionswissenschaft und Religionswissenschaft 21 (1931) 228–245; H. R. Schlette, Dogmatische Perspektiven im Hinblick auf die nicht-christlichen Religionen, in: Zeitschrift für Missionswissenschaft und Religionswissenschaft 43 (1959) 275–289; Ders., Zur theologischen Frage nach den Religionen der »Völker«, in: Zeitschrift für Missionswissenschaft und Religionswissenschaft 44 (1960) 296–300.

[116] Zu den Neuansätzen in der evangelischen Theologie vgl. H. Bürkle, Einführung in die Theologie der Religionen, Darmstadt 1977, 6 ff.; H. Wrogemann, Mission und Religion in der Systematischen Theologie der Gegenwart. Das Missionsverständnis deutschsprachiger protestantischer Dogmatiker im 20. Jahrhundert, Göttingen 1997.

[117] Th. Ohm, Die Liebe zu Gott in den nichtchristlichen Religionen. Die Tatsachen der Religionsgeschichte und die christliche Theologie, Krailling vor München 1950, 462.

Missionswissenschaft vor dem Zweiten Vatikanischen Konzil praktisch nicht. Hingegen begann die systematische Theologie das Thema aufzugreifen. Bahnbrechend im deutschsprachigen Raum wurden vor allem Karl Rahners Arbeiten.

Es brauchte lange, bis innerhalb der Kirche und der Theologie, insbesondere der Missionswissenschaft, ein neues, positiveres Verhältnis zu den nichtchristlichen Religionen gewonnen werden konnte, ein Verhältnis, das ihnen – statt sie als finsteres Heidentum zu diffamieren und zu diskreditieren – Respekt entgegenbringt und auch theologisch zu würdigen versteht.[118] Dazu waren zahlreiche theologische Vorarbeiten notwendig, die sich mit den Namen von Yves Congar[119], Jean Daniélou[120], Otto Karrer[121], Henri de Lubac[122], Karl Rahner[123], Heinz Robert Schlette[124], Max Seckler[125] u. a. verbinden. Die in der systematischen Theologie gemachten Reflexionen wurden dann missionswissenschaftlich rezipiert und fruchtbar gemacht.[126] Während innerhalb der Missionswissenschaft vor allem auf Grund des universalen Heilswillens Gottes die Heilsmöglichkeit der Nichtchristen im Allgemeinen positiv beurteilt wurde, sah es im Bereich einer »Theologie der Religionen« anders aus. Dies erklärt sich dadurch, dass den nichtchristlichen Religionen in ihrer Gesamtheit und konkreten Geschichte – übrigens während langer Zeit auch innerhalb der systematischen Theologie –

---

[118] Vgl. J. A. Izco, Al encuentro de las otras religiones. Nuevas perspectivas tras una larga y difícil marcha, in: La misionología hoy, aaO. 505–543.

[119] Y. Congar, Ecclesia ab Abel, in: Abhandlungen über Theologie und Kirche, Hg. M. Reding, Düsseldorf 1952, 79–108; Ders., Témoignage chrétien, Paris 1959 (dt.: Außer der Kirche kein Heil. Wahrheit und Dimensionen des Heils, Essen 1961).

[120] J. Daniélou, Le mystère du salut des nations, Paris 1948 (dt.: Vom Heil der Völker, Frankfurt 1952); Ders., Essai sur le mystère de l'histoire, Paris 1953 (dt.: Vom Geheimnis der Geschichte, Stuttgart 1955); Ders., Les saints païens de l'Ancien Testament, Paris 1955 (dt.: Die heiligen Heiden des Alten Testaments, Stuttgart 1958); Ders., Dieu et nous, Paris 1956 (dt.: Gott der Heiden, der Juden und der Christen, Mainz 1957); Ders., Le problème théologique des religions non chrétiennes, in: Metafisica ed esperienza religiosa, Roma 1959, 109–230. Vgl. F. Frei, Médiation unique et transfiguration universelle, Bern – Frankfurt 1981.

[121] O. Karrer, Das Religiöse in der Menschheit und das Christentum, Freiburg 1934; [4]1949; Ders., Die Weltreligionen im Lichte des Christentums, in: Tübinger Theologische Quartalschrift 135 (1955) 295–319.

[122] H. de Lubac, Catholicisme, Paris 1938 (dt. Katholizismus als Gemeinschaft, Einsiedeln – Köln 1943).

[123] K. Rahner, Das Christentum und die nichtchristlichen Religionen, in: Ders., Schriften zur Theologie V, Einsiedeln 1962, 136–158.

[124] H. R. Schlette, Die »alten Heiden« und die Theologie, in: Hochland 52 (1959/60) 401–414.

[125] M. Seckler, Das Heil der Nicht-Evangelisierten in thomistischer Sicht, in: Tübinger Theologische Quartalschrift 140 (1960) 38–69.

[126] Vgl. H. R. Schlette, Die Religionen als Thema der Theologie. Überlegungen zu einer »Theologie der Religionen«, Freiburg – Basel – Wien 1964; Ders., Einige Thesen zum Selbstverständnis der Theologie angesichts der Religionen, in: Gott in Welt (Festgabe für Karl Rahner), Hg. J. B. Metz – W. Kern – A. Darlapp – H. Vorgrimler, Bd. II, Freiburg – Basel – Wien 1964, 306–316, bes. 312 ff.

keine Heilsbedeutung zugesprochen wurde. Eine andere Sichtweise und positive Aufarbeitung konnte erst erfolgen, als man begann, die Frage nach der Heilsbedeutung nichtchristlicher Religionen als *soziale* Systeme zu thematisieren. Verschiedene Theologen, deren Handwerk nicht das der Missionswissenschaft war, haben dieses Problem aufgegriffen und kontrovers diskutiert.[127] Eine missiologische Ausnahme sticht allerdings heraus: Thomas Ohm.

Ohm leistete bereits mit seiner Promotionsarbeit »Die Stellung der Heiden zur Natur und Übernatur nach dem heiligen Thomas von Aquin« einen Beitrag zu einer positiven Würdigung der nichtchristlichen Religionen.[128] Weitere kleinere und größere Arbeiten kamen hinzu.[129] Nach Ohms missionswissenschaftlichem Verständnis ist es »eine sehr wichtige Aufgabe der Missionslehre …, den Charakter, den Sinn und die Stellung der nichtchristlichen Religionen in der Heilsgeschichte und ihre Bedeutung für das Christentum und die Mission zu ergründen. Noch immer mangelt es uns an einer wahrhaft christlichen Sicht und Würdigung der fremden Religionen. So wie früher darf man heute nicht mehr über diese Religionen denken und schreiben.«[130] Er selbst hat dies allerdings mehr eingefordert, als dass es ihm gelungen wäre, eine »Theologie der Religionen« im angedeuteten Sinn zu formulieren.[131] Bei der Bewertung des von verschiedenen Theologen Geleisteten ist allerdings mit zu berücksichtigen, dass Ansätze einer neuen Sicht und Beurteilung der nichtchristlichen Religionen in der damaligen Situation sehr vorsichtig vorzutragen waren. Rückblickend darf jedenfalls gesagt werden: »Der Münsteraner Missions- und Religionswissenschaftler Thomas Ohm OSB gehört zweifellos zu den Vorläufern jener Erneuerung, die das 2. Vatikanische Konzil in seiner Erklärung *Nostra aetate* vom 28. 10. 1965 in gewissem Umfang theologisch legitimiert hat.«[132]

---

[127] Vgl. P. Damboriena, La salvación en las religiones no cristianas, Madrid 1973, bes. 237 ff.; N. Schwerdtfeger, Gnade und Welt. Zum Grundgefüge von Karl Rahners Theorie der »anonymen Christen«, Freiburg – Basel – Wien 1982; M. Seckler, Theologie der Religionen mit Fragezeichen, in: Ders., Die schiefen Wände des Lehrhauses. Katholizität als Herausforderung, Freiburg – Basel – Wien 1988, 50–70, bes. 52 ff.

[128] Die Stellung der Heiden zur Natur und Übernatur nach dem heiligen Thomas von Aquin, Münster 1927. Vgl. F. Nietlispach, Das Ende des Exportchristentums. Der Einfluss einer Neubewertung der nichtchristlichen Religionen auf die »Bekehrung« in und seit dem II. Vatikanum, Bern – Frankfurt a. M.-Las Vegas 1977, 67–78.

[129] Vgl. Th. Ohm, Die Gebetsgebärden der Völker und das Christentum, Leiden 1948; Ders., Die Liebe zu Gott in den nichtchristlichen Religionen, aaO.; Ders., Ex contemplatione loqui. Gesammelte Aufsätze, aaO.; F. Nietlispach, Missionarische Bekehrungstheologie und Beurteilung der Heilssituation der Nichtchristen bei Thomas Ohm, in: Neue Zeitschrift für Missionswissenschaft 29 (1973) 256–271.

[130] Th. Ohm, Aufgaben der Forschung auf dem Gebiete der Missionswissenschaft, in: Ders. Ex contemplatione loqui, aaO. 2–6, 6.

[131] Zu den Gründen vgl. F. Nietlispach, Missionarische Bekehrungstheologie und Beurteilung der Heilssituation der Nichtchristen bei Thomas Ohm, aaO. 269 ff.

[132] H. R. Schlette, Rückblick auf Thomas Ohm (1892–1962), aaO. 239.

6. Auf dem Weg zu einer Neuorientierung

Betrachtet man rückblickend den Werdegang der relativ jungen Disziplin »Katholische Missionswissenschaft«, so ist festzustellen, dass sich in dem untersuchten Zeitraum ihr Selbstverständnis substantiell kaum geändert hat; sie war und blieb wesentlich Wissenschaft »vom Missionar und für den Missionar«.[133] Zwar wurde im Unterschied zu den Anfangszeiten nach dem Zweiten Weltkrieg verstärkt die theologische Ausrichtung der Disziplin reklamiert und einiges zu deren Vertiefung beigetragen, aber offenbar gelang es der Missionswissenschaft in Deutschland nicht, sich nachhaltig zu jener Disziplin zu profilieren, wie sie sich das ursprünglich erhofft hatte. Mit Bedauern vermerkte J. Glazik im Jahr der Eröffnung des Zweiten Vatikanischen Konzils, die katholische Missionswissenschaft besitze nur drei Lehrstühle (Münster, Würzburg und München) im Unterschied zur evangelischen, welche damals neben sieben Lehrstühlen (Tübingen, Hamburg, Mainz, Heidelberg, Erlangen, Halle und Münster) noch drei akademische Ausbildungszentren vorzuweisen hatte (Neuendettelsau, Bethel und Kirchliche Hochschule Berlin-West). Und im Rückblick auf das ein Jahr zuvor gefeierte Goldene Jubiläum der katholischen Missionswissenschaft äußerte er die Befürchtung, »dass wir bei dem Jubiläum vielleicht den Begräbniskaffee vorweggenommen haben«.[134]

Wohl dankbar darüber, dass sie im Haus der Wissenschaften innerhalb der Theologie überhaupt Heimatrecht erhielt, hat Missionswissenschaft mit den ihr damals zur Verfügung stehenden Mitteln sich solange zu behaupten und das Anliegen, um das es ihr geht, zu vertreten und sich selbst zu legitimieren versucht, wie ihr dies möglich war. Ihre zeitlich mit dem Konzilsbeginn deutlich erkennbare Krise war jedoch nicht zu verhindern, und sie zu überwinden seit Beginn der sechziger Jahre zu einer nachhaltigen Herausforderung geworden. Der vom evangelischen Missionswissenschaftler W. Freytag auf der ökumenischen Weltmissionskonferenz von Achimota (Ghana) 1957–58 geäußerte Satz: »Früher hatte die Mission Probleme, heute ist sie selbst zum Problem geworden.«[135] war auch für die katholische Kirche zutreffend.

Es sind verschiedene Gründe anzuführen, welche nicht nur die Missionswissenschaft, sondern westliche Theologie allgemein und die Kirchen zu einer Neuorientierung ihres Selbstverständnisses und des missionarischen Handelns zwangen. Neben historischen, politischen und soziologischen Gründen gab es auch philosophisch-theologische Entwicklungen, welche eine *neue Sicht* der

---

[133] Vgl. J. Schmidlin, Einführung in die Missionswissenschaft, aaO. 169; J. Glazik, Die Vorbereitung unserer Missionare für ihre Arbeit in der neuen Zeit, aaO. 285.

[134] J. Glazik, Die Vorbereitung unserer Missionare für ihre Arbeit in der neuen Zeit, aaO. 284.

[135] W. Freytag, Strukturwandel der westlichen Missionen, in: Ders., Reden und Aufsätze, Hg. J. Hermelink – H. J. Margull, Bd. 1, München 1961, 111–120, 111.

christlichen Mission und damit auch der Missionswissenschaft bewirkten. Einige Faktoren, die zu einer Neuorientierung führten, sollen deshalb zum Abschluss kurz erwähnt werden.

Die äußeren zeitgeschichtlichen Entwicklungen, allen voran der Prozess der Entkolonialisierung, sowie die theologischen Entwicklungen nach Ende des Zweiten Weltkrieges, haben das kirchliche und theologische Selbstverständnis in einem solchen Ausmaß getroffen, dass auch die bis dahin in der katholischen Missionswissenschaft geleisteten Arbeiten einen »Dammbruch« nicht verhindern oder gar bewältigen konnten. Viele Voraussetzungen, die selbstverständlich gemacht wurden (wie die Identifikation von Kirche und Reich Gottes oder die allgemeine Verbindlichkeit eines europäischen bzw. römischen theologischen Denkens beispielsweise), wurden in Frage gestellt. Missionswissenschaft hat seit ihren Anfängen an der universalen Bestimmung des Evangeliums festgehalten und damit ein dezidiert theologisches Interesse vertreten, nämlich den Anspruch des christlichen Glaubens, immer wieder neu »über Grenzen der Zeit und des Raumes« hinaus relevant zu sein, und sie hat diesen Anspruch auch theologisch eingefordert. Sie tat dies allerdings weitgehend im Modell des »*orbis christianus*«, in der sich ein theologisch positives Verständnis fremder Kulturen und Religionen erst langsam Bahn brechen konnte. Westliche Lebensweise und westliche Christenheit blieben normativ. Der außereuropäischen Christenheit kamen auf Grund anderer kultureller und religiöser Situationen zwar gewisse »Sonderrechte« zu, aber als »gleichwertige Subjekte« in der einen Gemeinschaft der Kirche galten sie nicht, wie aus der Adaptationsdebatte erkennbar wurde. Man braucht sich deshalb noch nicht dem Urteil des China-Missionars H. Köster anzuschließen, der die Arbeiten der Akkommodationsautoren als theologisch irrelevant abtat.[136] Richtig daran bleibt jedoch, dass die Reichweite und die Bedeutung der eigenen Theologie kaum richtig eingeschätzt wurden,[137] was wiederum eigene Gründe hatte.

---

[136] H. Köster, Akkommodation oder Theologie?, in: Tübinger Theologische Quartalschrift 139 (1959) 257–269, 257 f.: »In der Theologie heute wird viel von Akkommodation gesprochen und geschrieben. Eine Veranlassung dazu ist wohl die Missionstheologie, farblos und bekenntnisscheu immer noch Missionswissenschaft genannt … Was Akkommodations-Autoren wie Thauren, Väth, Aufhäuser, Peters, Ohm u. a. in ihren Schriften berufen, ist theologisch meist irrelevant und besagt nur ein allgemein menschliches Anliegen. Was von diesen Autoren mit viel sprachlichem Aufwand vorgetragen wird, findet seine Lösung in der allgemeinen Charakter- und Persönlichkeitsbildung der Missionare. Ein Missionar, der zu einem edlen Menschen erzogen wurde, der die Prinzipien der Gerechtigkeit, Klugheit und Liebe zu Motiven seines Urteilens und Handelns zu machen bestrebt ist, wird im Grundsätzlichen meist die rechte missionarische Akkommodation vollziehen.«; Vgl. unmittelbar dazu J. Glazik, Ein sonderbarer Beitrag zum Akkommodationsproblem, in: Zeitschrift für Missionswissenschaft und Religionswissenschaft 44 (1960) 130–133 sowie W. A. Kaschmitter, Adaptation – an was?, in: Zeitschrift für Missionswissenschaft und Religionswissenschaft 41 (1957) 15–25.

[137] So bemerkte H. Köster, Akkommodation oder Theologie?, aaO. 259 f.: »Ja, der sich einfüh-

Wie stark das Modell des »*orbis christianus*« missionswissenschaftliches Denken bestimmte, zeigt sich nicht zuletzt dann, wenn die missionswissenschaftliche Diskussion über Deutschland hinaus mitberücksichtigt wird. In der Auseinandersetzung der »Münsteraner-Schule« mit der »Löwener-Schule«[138] ging es ja nicht bloß um eine genauere Zielbestimmung christlicher Mission. Mit zur Debatte stand auch die Interpretation der eigenen Lage. Dass der Beitrag der »Pariser-Schule«[139], welche einen vorwiegend geographisch bestimmten Missionsbegriff zu Gunsten eines religionssoziologischen überwand, hier in seiner wissenschaftlichen Relevanz kaum beachtet wurde, dürfte – nicht für die Theologie allgemein, wohl aber für die Missionswissenschaft – bezeichnend sein. Die eigene Situation als eine zunehmend »missionarische« zu begreifen, fiel schwer, und dies nicht allein der Missionswissenschaft. Erst nachdem der Paukenschlag durch das berühmte Buch der beiden französischen Priester H. Godin und Y. Daniel mit der provokanten Frage, ob Frankreich ein Missionsland sei,[140] gefallen war, und P. Ivo Zeiger SJ auf dem Mainzer Katholikentag von 1948 Deutschland als Missionsland bezeichnete, wurde eine differenziertere Sicht der eigenen Situation eingeleitet. In der hiesigen Missionswissenschaft und in ihrem Selbstverständnis zeichneten sich aber m.E. keine entsprechenden Konsequenzen ab. Es brauchte dazu offensichtlich des Drucks äußerer, weltpolitischer und -kirchlicher Ereignisse, um eine »eurozentrische Mentalität« innerhalb der Missionswissenschaft zu überwinden. Ob die »großen Umschichtungen des letzten Halb-Jahrhunderts – Übergang von westlicher Dominanz zu interkulturellem und interreligiösem Austausch, von missionarischem Paternalismus zu ökumenischer Partnerschaft« – wie es in der evangelischen Missionswissenschaft geschah – »auch in der (katholischen) Missionswissenschaft teils mit vorbereitet, teils rezipiert worden (sind)«?[141] wäre eine andere und eigene Frage, die hier nicht zu beantworten ist. Sie selbstkritisch zu stellen, drängt sich jedoch im Zusammenhang dieses Forschungsprojektes unmittelbar auf.

---

lende, im Missionslande nach rechten Wegen und rechtem Verhalten suchende Missionar fühlt nur allzustark, wie es bei dem Akkommodationsgerede von gnädiger Herablassung einer sich so hoch dünkenden Mentalität nur so trieft, eine Art von Mitleid, die schon im Ansatz die rechte Richtung verfehlt.«

[138] Vgl. J. Masson, A escola missiológica de Lovaina – Roma (Contexto de um movimento), in: Brotéria 127 (1988) 73–84.

[139] Vgl. A. da Silva, Missão e Missiología na escola missiológica de Paris (Relendo A. M. Henry), in: Brotéria 125 (1987) 424–439.

[140] H. Godin – Y. Daniel, France pays de mission?, Lyon 1943.

[141] H. W. Gensichen, Art. Missionswissenschaft, in: EKL III, Göttingen ³1992, 470 ff., 470.

II ▦ Inkulturation und Identität

Der zweite Teil beschäftigt sich mit Problemen, die sich sowohl aus der Verlagerung des Schwerpunktes der Christenheit vom Norden in den Süden als auch mit dem Rückgang seines Mitgliederbestandes im Westen ergeben. Mittlerweile leben die Christen und Christinnen in einer »planetarischen Diaspora«, was nicht zuletzt zur Überwindung einer geographischen Konzeption von äußerer und innerer Mission geführt hat. In einem *ersten* Beitrag wird die statistisch nachweisbare Schwerpunktverlagerung kurz historisch rekonstruiert, um das Konfliktpotential freizulegen, welches sich mit der europäischen Expansion ergab, in dessen Zuge das westliche Christentum weltweite Gegenwart erlangte. Die Verschmelzung unterschiedlichster Motive bei der Universalisierung des Christentums war für dessen Wirkungsgeschichte nicht belanglos. Ohne Vergegenwärtigung der in diesem Prozess angesammelten Spannungen bleiben deshalb auch zahlreiche Schwierigkeiten kaum verständlich, die sich für eine mehr oder weniger uniforme, monokulturelle Kirche auf ihrem Weg zur multikulturellen Weltkirche ergeben. Das Zweite Vatikanische Konzil bildete einen wichtigen Meilenstein in dieser Entwicklung, auch wenn in der Folgezeit retardierende Tendenzen wirksam wurden, welche der Verwirklichung einer kirchlichen Multikulturalität entgegenwirken. Kirche kann aber nicht mehr länger als Westkirche mit Europa als normativem Zentrum begriffen werden, sondern sie hat sich als weltkirchliche Lerngemeinschaft zu verstehen, in der jede Ortskirche als gleichberechtigte Partnerin auftritt und ihren Beitrag einbringt. Die meisten Christen und Christinnen sind heute dazu herausgefordert, ihre Identität aus der Geschichte nicht-europäischer Kulturen und in anderen religiösen Kontexten zu gewinnen. Auch für unser Christentum, das sich in einer multireligiösen und -kulturellen Situation auf dem Weg der Minorisierung befindet, stellt sich das Problem der Inkulturation des Evangeliums, d. h. des Heimischwerdens einer bestimmten Gestalt von Christentum in einem anderen Lebenszusammenhang. Die sich bei diesem Prozess herausbildende Multikulturalität des Christentums äußert sich u. a. in einem offenen Verständnis von Mission mit unterschiedlichen pastoralen Prioritäten, und sie findet ihren theologischen Niederschlag im Aufkommen von kontextuellen Theologien, was wiederum relativierend und herausfordernd zugleich auf unsere westlichen, kirchlich-theologischen Ansprüche wirkt. Unsere eigene, geschichtlich belastete Identität können wir dabei nicht unterschlagen und ebenso wenig uns den Anfragen verschließen, welche von den verschiedenen kontextuellen Theologien an unsere Kirche, Theologie und Nachfolgepraxis gerichtet werden. Diese stellen nämlich die Frage nach dem Ort unseres Theologietreibens und den von uns vertretenen Interessen. Aber auch die europäische Kirche hat nach ihrem Ort innerhalb der einen Welt und der Weltkirche zu suchen und selbstkritisch zu prüfen, ob sie sich als Anwältin der Armen versteht und einer universalen Solidarität entsprechend handelt. In einem gemeinsamen, für alle verbindlichen Lernprozess könnten

Christen und Christinnen und mit ihnen die Kirchen eine begrenzte Wahrnehmung der Wirklichkeit und Verantwortung überwinden und dazu beitragen, die Erde für alle bewohnbar zu machen. Für unsere westliche Theologie und Kirche würde dies bedeuten, dass sie sich offen, d. h. weder »unbeteiligt« noch »zensurierend« den Herausforderungen stellen, wie sie sich in den verschiedenen kontextuellen Theologien weltweit äußern. Darum geht es im *zweiten* Beitrag.

Mit der europäischen Expansion kam nicht nur ein westliches Christentum nach Übersee, sondern auch eine dementsprechende Theologie. Theologen und Theologinnen der Dritten Welt, die sich aus westlicher theologischer Bevormundung befreien wollen, weil sie diese als eine Form kultureller Beherrschung erfahren und selbst in eine Identitätskrise gerieten, begannen in Treue gegenüber dem Evangelium und den leidvollen Wirklichkeitserfahrungen ihrer Völker über ihren Glauben nachzudenken. Für dieses Nachdenken ist der Blick auf die eigene geschichtliche, kulturell-religiöse Situation und die konkreten Erfahrungen überaus wichtig geworden, was wiederum auf unser Theologietreiben Rückwirkungen hat, insofern die Partikularität unserer Theologie selbstreflexiv zu bearbeiten ist. Dadurch, dass die theologische Reflexion selbst ein multikulturelles Phänomen geworden ist, stellt sich über die Frage nach der Möglichkeit gegenseitiger Kommunikation hinaus aber auch das Problem der christlichen Identität einer jeden Theologie, welche den unbedingten Anspruch Gottes denkend verantworten will. In dieser Bestimmung christlicher Identität von kontextuellen Theologien sollte das kirchliche Lehramt bei aller berechtigter Forderung nach Einheit des Bekenntnisses dennoch zurückhaltend sein, um kontextuelle Theologien nicht ungerecht zu bevormunden.

Der *dritte* und der *vierte* Beitrag beschäftigen sich explizit mit der Inkulturation des Evangeliums, einem komplexen Themenbereich, mit dem sich das Christentum seit seinen Anfängen auseinander zu setzen hatte, der aber erst seit Mitte der siebziger Jahre vermehrt theologische Aufmerksamkeit gewann. Das hängt nicht nur mit der Verlagerung des Schwerpunktes der Weltchristenheit vom Norden in die südliche Hemisphäre zusammen, sondern auch mit einer theologischen Aufwertung der einzelnen Ortskirchen im Gefolge der konziliaren Selbstbesinnung. Die einzelnen Ortskirchen, welche Glauben und Leben zur Einheit zu bringen suchen, um den Menschen in ihrem jeweiligen Kontext das Evangelium bezeugen zu können, sind für den dafür erforderlichen hermeneutischen Prozess der Interpretation des Evangeliums unersetzlich, weil vor allem sie diese Kulturen von innen her zu verstehen in der Lage sind. Dazu gibt es – über die Evidenz der Notwendigkeit und Dringlichkeit einer Inkulturation des Evangeliums hinaus – verschiedene theologische Begründungen, in denen der Begriff nicht deskriptiv zur Beschreibung kultureller Begegnung, sondern normativ verwendet wird. Während die einen Inkulturation in Analogie zur Inkarnation vor allem christologisch betrachten, bildet für andere der Schöpfungsglaube den Grund für die Inkulturation, welcher zur Bereitschaft führt, anderen Kulturen positiv zu begegnen. Schließlich wird eine pneumatologische Begründung gegeben, wonach der Inkulturationsprozess eine spirituelle Realität darstellt und dessen plurale, multikulturellen Erscheinungen Werk des Geistes sind. Inkulturation erweist sich so als ein »Programmbegriff« für ein auf dem Weg sich befindliches, multikulturelles Christentum.

Mit der multikulturellen Identität des Christentums beschäftigt sich der *fünfte* Beitrag. Multikulturalität ist ein unausweichliches gesellschaftliches Faktum geworden, das sowohl Chancen gegenseitigen Lernens, aber auch zahlreiche Konflikte birgt, und das für den christlichen Glauben insofern eine Herausforderung darstellt, als er ohne bisherige kulturelle Identitäten beschädigen zu wollen, jeglicher Diskriminierung durch die Zumutung einer neuen Identität zu widerstehen sucht. Vor allem dann, wenn Multikulturalität nicht bloß als Faktum, sondern als zu gestaltende Realität bewusst akzeptiert wird, geht dies nicht ohne eine wechselseitige unbedingte Anerkennung und inhaltliche Auseinandersetzung. Wenn mit Inkulturation die Verwirklichung eines multikulturellen Christentums intendiert wird, so bedarf dies allerdings einer Klärung der Fragen, in welcher Kultur denn das Evangelium überhaupt Wurzeln fassen soll und wer für diese Einwurzelung zuständig ist. Darüber zu entscheiden, ist Sache der einzelnen Ortsgemeinden, weil sie über die dafür notwendige Kompetenz verfügen, wobei freilich Inkulturation gleichzeitig auch eine Entkulturation fordert, das heißt der christliche Glaube passt sich nicht unkritisch an eine gegebene Kultur an, sondern er sieht sich zugleich im Namen des Evangeliums herausgefordert, ihr zu widerstehen und einen »alternativen Lebensstil« zu entwickeln.

Der *sechste* Beitrag thematisiert vor allem die Herausforderung an eine Inkulturation im westlichen Kontext, die sich aus der zunehmenden Distanzierung und Entfremdung der Menschen vom Christentum und von den Kirchen ergibt. Nachdem das Christentum im Zuge der Moderne seiner besonderen Stellung einer allgemein verbindlichen Instanz der Weltdeutung und der Lebensführung verlustig ging, hat es nach neuen Vermittlungsformen des Evangeliums zu suchen, für welche erfahrungsbezogene Identität und freie Entscheidung bedeutsam sind. Dem Einzelnen ist heute im verstärkten Maße die Gestaltung seiner Biographie aufgegeben, das heißt er hat in eigener Verantwortung die Lebensdeutung und -orientierung zu finden, was einerseits einen Freiheitsgewinn bedeutet, andererseits aber den Verlust von Sicherheit nach sich zieht. In dieser Situation ergeben sich für die Vermittlung des christlichen Glaubens, der frei gewählt wird, neue Aufgaben: Innerhalb eines bunten, auch religiösen Sinnangebotes ist nicht nur zu klären, was christlicher Glaube ist und was er möchte, worin seine Identität besteht, sondern es gilt auch, gegen herrschende Plausibilitäten überhaupt glauben zu lernen.

Europäische Kirche wird Weltkirche

Konsequenzen und Herausforderungen

Auf der religiösen Landkarte haben sich in den vergangenen Jahrzehnten große Veränderungen vollzogen, deren Tragweite und Implikationen uns erst allmählich bewusst werden. Was in diesem Zusammenhang das Christentum betrifft, so hat die Verlagerung seines Schwerpunktes vom Norden in die Regionen des Südens bzw. der Dritten Welt nicht nur quantitative, sondern auch qualitative Dimensionen. Mit der Schwerpunktverlagerung haben sich zahlreiche Hoffnungen verbunden; sie birgt jedoch genauso ein Spannungs- und Konfliktpotential, das historisch gewachsen ist und das zu verstehen und mit ihm umzugehen wir noch zu lernen haben. Missionswissenschaft, die nicht abstrakt, d. h. losgelöst von der gesellschaftlichen und kirchlichen Wirklichkeit nach ihrem Selbstverständnis und nach ihren Aufgaben fragen will, sich ihr vielmehr zu stellen sucht, kann deshalb nicht stillschweigend über Konflikte hinweggehen, deren Wurzeln in die Anfänge europäischer Expansionsbewegungen, namentlich des Kolonialismus und Imperialismus, zurückreichen und sich innerhalb der Kirche auf mannigfaltige Weise niederschlagen. Deshalb muss eine solche Situationsvergewisserung vor allem auf dem Hintergrund des umfassenderen Nord-Süd-Konfliktes gesehen werden.

Es sollen zunächst sowohl historisch-politische als auch theologische Faktoren, welche dazu beigetragen haben, dass sich die europäische Kirche verstärkt auf den Weg zur *Welt*kirche gemacht hat, benannt werden. Zu ihnen zählt neben dem Zusammenbruch der europäischen Kolonialherrschaft vor allem die konziliare Selbstbesinnung der Kirche und ihre teilkirchliche Rezeption. Darüber hinaus werden die Implikationen der genannten Schwerpunktverlagerung des Christentums zur Sprache gebracht: das Aufkommen einer ekklesialen Vielfalt und eines theologischen Pluralismus, welche die europäische Kirche und die herkömmlichen (europäischen) Theologien relativieren, ihnen gleichzeitig aber auch neue Möglichkeiten erschließen, wenn sie bereit sind, sich selbst im Blick der Anderen zu sehen und auf deren Stimmen zu hören. Dies würde nicht zuletzt dazu beitragen, weder vorschnell von kirchlicher Communio zu sprechen noch die Ängste jener zu überhören, die angesichts der sich in den letzten Jahren abzeichnenden kirchenpolitischen Entwicklungen befürchten, dass trotz gegenteiliger Äußerungen die *europäische* Kirche Weltkirche werden könnte.

Inkulturation und Identität ▇▇▇

Schließlich soll nach einigen Konsequenzen gefragt werden, die sich aus der Situation der »Tertiaterranität des Christentums« für unsere Kirche und für das Theologietreiben ergeben.

1. Schwerpunktverlagerungen

Die globalen Veränderungen des Christentums im letzten Drittel des 20. Jahrhunderts wurden begrifflich verschieden zum Ausdruck gebracht. So war die Rede vom »Kommen der Dritten Kirche«[1], vom »Aufbruch zu einer kulturell polyzentrischen Weltkirche«[2] oder m. E. präziser: von der »Tertiaterranität des Christentums«[3]. Damit ist zunächst eine globale Verschiebung der Hauptanteile christlicher Präsenz vom Norden in den Süden gemeint, wie ein kurzer Blick in die Statistik[4] verdeutlichen kann:

– Weltbevölkerung

1900	1970	2000	2001	2025
Gesamt-bevölkerung				
1.619.626.000	3.696.148.000	6.055.049.000	6.128.512.000	7.823.703.000
Stadt-bevölkerung				
232.695.000	1.353.370.000	2.881.079.000	2.916.034.000	4.611.677.000
14,4 %	36,7 %	47,6 %	47,6 %	58,9 %
Land-bevölkerung				
1.386.931.000	2.334.778.000	3.173.970.000	3.212.478.000	3.212.026.000
85,6 %	63,3 %	52,4 %	52,4 %	41,1 %

---

[1] W. Bühlmann, Wo der Glaube lebt. Einblicke in die Lage der Weltkirche, Freiburg – Basel – Wien 1974.

[2] J. B. Metz, Im Aufbruch zu einer kulturell polyzentrischen Weltkirche, in: F. X. Kaufmann – J. B. Metz, Zukunftsfähigkeit. Suchbewegungen im Christentum, Freiburg – Basel – Wien 1987, 93–123.

[3] H. J. Margull, Überseeische Christenheit II. Vermutungen zu einer Tertiaterranität des Christentums, in: Verkündigung und Forschung 19 (1974) 56–103, 56.67.70.82 u. ö.

[4] Die absoluten Zahlen sind entnommen: International Bulletin of Missionary Research 25 (2001) 25.

– Religionszugehörigkeit

1900	1970	2000	2001	2025
Christen insgesamt				
558.132.000	1.236.374.000	1.999.564.000	2.024.929.000	2.616.670.000
34,5 %	33,5 %	33 %	33 %	33,5 %
Muslime				
199.941.000	553.528.000	1.1888.243.000	1.213.370.000	1.784.876.000
12,3 %	14,9 %	19,6 %	19,8 %	22,8 %
Nichtreligiöse				
3.024.000	532.096.000	768.159.000	774.333.000	875.121.000
0,2 %	14,4 %	12,7 %	12,6 %	11,2 %
Hindus				
203.003.000	462.598.000	811.336.000	823.843.000	1.049.231.000
12,5 %	12,5 %	13,4 %	13,4 %	13,4 %
Buddhisten				
127.077.000	233.424.000	359.982.000	363.740.000	418.345.00
0,8 %	0,6 %	0,6 %	0,6 %	0,5 %
Nicht-Christen				
1.061.494.000	2.459.774.000	4.055.485.000	4.103.583.000	5.207.033.000
65,5 %	66,5 %	67 %	67 %	66,5 %

– Kontinentaler Anteil am Christentum

1900	1970	2000	2001	2025
Afrika				
8.756.000	117.069.000	335.116.000	343.886.000	600.526.000
1,6 %	9,5 %	16,7 %	16,9 %	23 %
Asien				
20.759.000	97.329.000	307.288.000	313.795.000	459.029.000
3,7 %	7,8 %	15,3 %	15,4 %	17,5 %
Europa				
368.210.000	468.480.000	536.832.000	537.244.000	532.861.000
65,9 %	37,8 %	26,8 %	26,5 %	20,3 %
Lateinamerika				
60.027.000	263.597.000	475.659.000	483.121.000	635.271.000
10,7 %	21,3 %	23,8 %	23,8 %	24,2 %

1900	1970	2000	2001	2025
Nordamerika				
59.570.000	168.932.000	212.167.000	213.893.000	235.112.000
10,6 %	13,6 %	10,6 %	10,5 %	8,9 %
Ozeanien				
4.322.000	14.699.000	21.375.000	21.635.000	28.152.000
0,7 %	1,2 %	1,1 %	1,1 %	1,1 %

Die Statistik belegt m. E. eindrucksvoll die Tatsache, dass sich der Schwerpunkt der Christenheit inzwischen vom Norden in den Süden verlagert und seinen Ort in der Dritten Welt hat und folglich die Armen dessen Mehrheit stellen. Das Christentum in Europa hingegen ist stark rückläufig, auch wenn es dabei bleibt, dass sich rund ein Drittel der Weltbevölkerung zum christlichen Glauben bekennt. Das, was jedenfalls empirisch als Weltkirche bezeichnet werden kann, ist darum zunächst auch als Dritte-Welt-Kirche zu denken, und die meisten Christen und Christinnen haben heute ihre Identität aus den Geschichten nicht-europäischer Kulturen und im Kontext nicht-christlicher Religionen zu gewinnen. Das gilt namentlich auch für die katholische Kirche. »Durch diese Verlagerung (vom Norden in den Süden) wird die Katholische Kirche auch immer mehr eine Kirche der Armen und kulturell ›Anderen‹.«[5] Das Ringen dieser Kirchen um eine eigene geschichtliche und kulturelle Identität eröffnet dem Christentum, das selbst auf dem Weg ist, eine nicht-abendländische Religion zu werden, die Möglichkeit einer multikulturellen Weltkirche. »Die Unterschiedlichkeit, und nicht mehr die Uniformität, ist (daher) das heutige Merkmal der Kirche, neben ihrer schnellen Entwestlichung und Enteuropäisierung.«[6] Die verschiedenen sozio-kulturellen Kontexte, in die sich zu begeben das Christentum auf dem Weg ist, lassen allerdings den Glauben nicht unberührt. Im Gegenteil: sie fordern dazu heraus, das eine Evangelium in der Vielfalt

---

[5] H. Fasching, Die Herausforderungen der Weltkirche zu Beginn des dritten Jahrtausends, in: Theologisch Praktische Quartalschrift 148 (2000) 3–11, 4. Vgl. O. Beozzo, Die Zukunft der Teilkirchen, in: Concilium 35 (1999) 120–134, 123: »Während Rom, Genf, Canterbury weiterhin die Bezugspunkte des römischen Katholizismus, des Weltrats der Kirchen und der Anglikanischen Konfessionsgemeinschaft sind, befindet sich jetzt die Mehrheit ihrer Gläubigen nicht mehr in Europa, sondern im Süden der Erde und kämpft mit den dramatischen Problemen von Hunger, Elend, Analphabetentum, Epidemien und Ausgeschlossensein von den Arbeits- und Konsummärkten. Diese Gläubigen der Peripherie haben für ihre Kirchen eine neue Kraft christlichen Lebens, das beharrliche Zeugnis für Gerechtigkeit selbst um den Preis des Martyriums, eine Bewegung der Inkarnation in Tausenden von unterschiedlichen Kulturen, Sprachen und Gebräuchen hervorgebracht.«
[6] O. Beozzo, Die Zukunft der Teilkirchen, aaO. 124.

seiner Stimmen vernehmbar zu machen,[7] wobei es zu Spannungen und Auseinandersetzungen kommt, die auch uns und unseren Glauben unmittelbar betreffen. Denn die aufgezeigte Schwerpunktverlagerung der Kirche vom Norden in den Süden hat Konsequenzen für das kirchliche Selbstverständnis, weil die Kirche gezwungen wird, sich nicht mehr länger als Westkirche zu begreifen, die ihre Glaubensformen, Liturgien, Theologien und Strukturen in anderen Teilen der Welt normativ geltend machen kann. Vielmehr muss sich Kirche als weltkirchliche Lerngemeinschaft begreifen lernen, in der »man sich gegenseitig gerne sieht und gerne voneinander sehen läßt, gerne miteinander redet und gerne aufeinander hört, gerne Beistand empfängt und gerne Beistand leistet«.[8]

Die Christen bilden etwa ein Drittel der Weltbevölkerung, während zwei Drittel anderen religiösen Traditionen oder auch gar keiner angehören. Das bedeutet, dass über die Hälfte der Menschheit von der religiösen Sicht nichtchristlicher Religionen geleitet wird und sich aus deren geistlichen und moralischen Ressourcen ernährt. Islam, Buddhismus und Hinduismus stellen für das Christentum eine bis dahin so nicht erfahrene Herausforderung dar, welche dieses nach dem Ort in einer religiös pluralistischen Welt fragen lässt. »Die Begegnung des Christentums mit den religiösen Traditionen der Menschheit und die Entdeckung immer neuer Dimensionen ihrer Erfahrungen und Erkenntnisse rufen mit immer größerer Dringlichkeit nach einem Wandel in unserer Denkweise und Theologie.«[9]

2. Planetarische Diaspora

Die Schwerpunktverlagerung der Christenheit in die südliche Halbkugel geht Hand in Hand mit Veränderungen in unseren eigenen Breitengraden. Diese beiden ineinandergreifenden Prozesse – die Verlagerung des Christentums in den Süden bei gleichzeitigem Rückgang des Mitgliederbestandes im Westen und damit verbundenen Herausforderungen – haben zu dem geführt, was als planetarische Diaspora bezeichnet wird. Die Christen und Christinnen leben (mehr oder weniger) überall auf der Welt in einer Situation der Minderheit, welche in der Gestaltung des gesellschaftlich-kulturellen Lebens einerseits Grenzen setzt, andererseits aber auch neue Möglichkeiten eröffnet. Während

---

[7] Vgl. Culturas y evangelización. La unidad de la razón evangélica en la multiplicidad de sus voces, Hg. G. P. Suess, Quito 1992.
[8] K. Barth, Kirchliche Dogmatik III/2, Zollikon – Zürich ²1959, 318. Vgl. K. Piepel, Lerngemeinschaft Weltkirche. Lernprozesse in Partnerschaften zwischen Christen der Ersten und der Dritten Welt, Aachen 1993.
[9] F. Wilfred, Weltreligionen und christliche Inkulturation, in: Zeitschrift für Missionswissenschaft und Religionswissenschaft 72 (1988) 205–220, 206.

der Minoritätenstatus in den Ländern der Dritten Welt auf das bescheidene Wachstum zurückzuführen ist, resultiert dies im Westen aus dem Rückgang des Mitgliederbestandes. Denn in Mittel- und Zentraleuropa hat schon längst ein Prozess eingesetzt, der zum faktischen Verlust der gesellschaftlichen Bestimmungsmacht des Christentums führte. Unter dem Stichwort der Säkularisierung unserer Gesellschaften wurde dieses Problem in den sechziger und siebziger Jahren diskutiert. Auch wenn sich die damalige Einschätzung, es handle sich bei der Säkularisierung um einen irreversiblen Vorgang, als irrig erwies, weil es entgegen den Prognosen zu einer sichtbaren religiösen Renaissance kam, eine neue Religiosität entstand und sich Religion zugleich verborgen hielt,[10] so bleibt dennoch unstrittig, dass die heutige Welt durch und durch säkular ist und sich entschieden auch als solche versteht. Dazu kommt ein weiteres Phänomen: die multireligiöse Gesellschaft. Große Migrationsbewegungen, die auf verschiedene Ursachen zurückgehen,[11] haben dazu geführt, dass sich mittlerweile auch Christen und Christinnen bei uns der realen Gegenwart von Menschen anderer religiöser Traditionen stellen müssen.

Das weltweite Phänomen eines religiösen Pluralismus ist nicht neu, da Christen und Christinnen in außereuropäischen Regionen – von Ausnahmen abgesehen – schon immer in Situationen lebten, die von nichtchristlichen religiösen Traditionen geprägt sind. Neu hingegen ist die Tatsache, dass Gesellschaften, die über Jahrhunderte von christlichen Traditionen bestimmt wurden, in wachsende Pluralisierungsprozesse hineingezogen werden. Westliche Gesellschaften sind mittlerweile durch einen vielfältigen, auch religiösen, Pluralismus gekennzeichnet.[12] Damit ist nicht primär der Pluralismus der Konfessionen gemeint, sondern die in den Alltag hinein wirkende und sie bestimmende Gegenwart von nichtchristlichen Religionsgemeinschaften.[13] Die gesellschaftlich öffentliche Präsenz solcher Gemeinschaften führt einerseits dazu, dass das Christentum zu einer Religion unter anderen wird. Andererseits reklamieren diese Religionen ähnliche Privilegien innerhalb der Gesellschaft, wie sie bisher dem Christentum zukamen. Zum religiösen Pluralismus gehören aber auch verschiedene neureligiöse Bewegungen. Die nichtchristlichen Großreligionen, insbesondere Islam, Buddhismus und Hinduismus beanspruchen auf je eigene Weise das Recht, ihre Lehren und religiösen Praktiken hier zu verbreiten und

---

[10] Vgl. Th. Luckmann, Die unsichtbare Religion, Frankfurt a. M. 1991.

[11] Vgl. G. Collet – H. Steinkamp, Wider Willen unterwegs, in: Sie wandern von Kraft zu Kraft. Aufbrüche-Wege-Begegnungen (Festgabe R. Lettmann), Hg. A. Angenendt – H. Vorgrimler, Kevelaer 1993, 235–249.

[12] Christlicher Glaube in multireligiöser Gesellschaft. Erfahrungen-Theologische Reflexionen-Missionarische Perspektiven, Hg. A. Peter, Immensee 1996.

[13] R. Hummel, Religiöser Pluralismus oder christliches Abendland? Herausforderung an Kirche und Gesellschaft, Darmstadt 1994; Das Europa der Religionen. Ein Kontinent zwischen Säkularisierung und Fundamentalismus, Hg. O., Kallscheuer, Frankfurt a. M. 1996.

für sich Mitglieder zu gewinnen. Wenn Mission zuvor noch eine klar dem Christentum zugeordnete Bestimmung war, so wird mittlerweile dieser Begriff selbstverständlich auch von anderen Religionsgemeinschaften für sich in Anspruch genommen.

Die Minorisierung des Christentums, wie sie vor allem bei uns gegeben ist, verbindet sich leicht mit Ängsten, die sich in spürbaren Verletzungen und Empfindlichkeiten äußern, wie sie beispielsweise in den vor einigen Jahren geführten Diskussionen darüber, ob in öffentlichen (Staats-) Schulen ein Kruzifix hängen darf oder nicht, deutlich wurden. Christen und Christinnen fühlen sich durch die inzwischen bei uns üblichen Denkweisen und Verhaltensmuster, die ihrem Glauben nicht den nötigen Respekt bekunden, provoziert und umgekehrt: wo diese von den anderen Rücksichtnahme und Toleranz für ihre Überzeugung einfordern, provozieren sie ihrerseits Befremden und Unverständnis. »Wie können ausgerechnet Christen und da besonders die Katholiken die Dreistigkeit besitzen, Anspruch auf Fairness oder zumindest Toleranz zu erheben, mit einer solchen Geschichte, mit dem von ihnen immer wieder neu bekräftigten maßlosen Geltungsanspruch?«[14] Der Übergang von der Volkskirche, wie sie bei uns teilweise noch anzutreffen ist, zu einer Kirche in der Minderheit ist deshalb mit Verunsicherung der Individuen verbunden. Die Erfahrung einzelner Christen und Christinnen einer Minderheit anzugehören, löst allerdings nicht nur Ängste aus, hoffnungslos rückständig oder auf verlorenem Posten zu sein. Die Minderheitenerfahrung kann auch als positive Herausforderung wahrgenommen werden, sich der eigenen Identität zu vergewissern und das Christsein inmitten des weltanschaulich-religiösen Pluralismus glaubwürdig zu leben.

Das gesellschaftliche Zusammenleben von Menschen verschiedener religiöser Traditionen verlangt freilich von allen das Ablegen einer rechthaberischen Arroganz gegenüber den Anderen und das Bemühen darum, den fremden Glauben zu verstehen und ihn zu respektieren. Dieses, für ein friedliches Zusammenleben in einer multireligiösen und -kulturellen Gesellschaft unverzichtbare Verhalten, dürfte besonders für jene Menschen schwierig sein, die auf Grund ihrer Religionszugehörigkeit zur gesellschaftlichen Majorität gehören. Erfahrungen der Vergangenheit und der Gegenwart machen auf solche Schwierigkeiten, die sich aus dem multireligiösen Zusammenleben ergeben, aufmerksam.[15] Erinnert werden soll in diesem Zusammenhang an die öffentlichen Diskussionen, welche beispielsweise der Bau von Moscheen bei uns auslösen. Gleichzeitig sind in diesem Zusammenhang die gesellschaftlichen Diskriminie-

---

[14] A. Foitzik, Christen in der Minderheit, in: Herderkorrespondenz 54 (2000) 541–543, 541 f.
[15] Vgl. W. Huber, Die tägliche Gewalt. Gegen den Ausverkauf der Menschenwürde, Freiburg – Basel – Wien 1993, bes. 54 ff.

Inkulturation und Identität

rungen zu erwähnen, welche Christen und Christinnen in muslimischen Ländern zu erleiden haben.

Die Situation eines vielfältigen Pluralismus bietet Menschen nicht nur zahlreiche Chancen, sondern sie birgt auch die Gefahr, dass sie sich nach dem Selektionsprinzip »Was mir bekommt« religiös orientieren und im Muster von »Patchwork« ihre Religion zusammen zimmern. Damit wird man allerdings dem jeweiligen Selbstverständnis der einzelnen Religionen nicht gerecht und verharmlost auch das Konfliktpotential, das durch das Zusammentreffen ihrer Ansprüche entsteht. Wird auf diese Ansprüche verzichtet, so bleibt freilich der Verlust der je einzelnen Identität der Religionen und ihrer Vertreter zu befürchten. Diese Gefahr ist um so größer, als der (religiöse) Pluralismus nicht einfach als *Tatsache* registriert, sondern gleichsam als *normative Bestimmung* verstanden wird. Demnach ist die gesellschaftliche Wirklichkeit nicht nur plural, sondern hat dies auch zu sein. Damit sind bestimmte Vorentscheidungen gefällt, die zwar plausibel erscheinen, aber keineswegs zwingend zu sein brauchen. Im Hinblick auf den christlichen Glauben und sein Missionsverständnis wird die faktisch unterstellte *Normativität*, die mit dem Pluralismus verbunden ist, zu einem dringenden Problem. Denn diese Normativität scheint den Gedanken einer religiösen Mission a priori auszuschließen, weil er das friedliche Zusammenleben in einer multireligiösen Gesellschaft bedroht, und falls er zugelassen wird, dann ist er prinzipiell allen religiösen Bewegungen und Systemen zuzugestehen. Der Begriff Mission ist jedenfalls heute als gesellschafts-unverträglich oder gar -feindlich stark belastet.

Über eine religionssoziologische Sicht der Nord-Süd-Verlagerung des Christentums und der multireligiösen Situation westlicher Gesellschaften hinaus, sind noch einige theologische Überlegungen zur Deutung dieser Situation angebracht, die Hinweise geben können, wie bei aller zeitgeschichtlichen Diagnostik und pastoralen Prospektive die veränderte Wirklichkeit grundsätzlich zu sehen und zu beurteilen ist. Die Schwerpunktverlagerung und die damit verbundenen Prozesse sowie die Situation eines religiösen Pluralismus stellen ja auch ein »theologisches Datum« dar, das es zu bedenken und zu akzeptieren gilt. Dazu kann eine Interpretation von K. Rahner dienen, der 1954 die Position der Christen und Christinnen in der modernen Welt als eine planetarische Diaspora kennzeichnete, eine Charakterisierung, die abgesehen davon, dass sie von der Wirklichkeit nicht überholt ist, sondern im Gegenteil noch mehr zutrifft als damals, auch für die veränderte topographische Situation des Christentums von bleibender Bedeutung bleibt.[16] Diese Position, wie immer sie auch

---

[16] K. Rahner, Theologische Deutung der Position des Christen in der modernen Welt, in: Ders., Sendung und Gnade. Beiträge zur Pastoraltheologie, Innsbruck – Wien – München ⁴1966, 13–47, 27.

anders hätte sein können oder müssen, sei als solche anzunehmen und aus ihr seien Konsequenzen zu ziehen. Rahner sprach in diesem Zusammenhang von einem »heilsgeschichtlichen Muß« und meinte damit, dass diese unsere Situation, so wie sie nun ist, nicht einfach als eine »bloße Tatsache« zu betrachten sei, sondern sie besitze eine eigene Sinnhaftigkeit und Würde, welche ihr letzten Endes von Gott zukomme.

Die Wirklichkeit der planetarischen Diaspora beschreibt Rahner folgendermaßen: »Dass es keine christlichen Länder mehr gibt (außer vielleicht den iberischen), das ist eine Tatsache. Das Christentum ist (wenn auch in sehr verschiedener Dosierung) überall in der Welt und überall auf der Welt in der Diaspora: es ist als wirkliches überall zahlenmäßig eine Minderheit, es hat nirgends eine faktische Führerrolle, die ihm erlaubt, machtvoll und deutlich der Zeit den Stempel christlicher Ideale aufzuprägen. Wir sind sogar unzweifelhaft in einer Periode, wo diese Diasporaisierung noch fortschreitet, welche Gründe immer dafür namhaft zu machen wären.«[17] Eine unmittelbare Konsequenz dieser Tatsache ist dann, dass nicht mehr zwischen äußerer und innerer Mission, christlichem Abendland (ein noch nicht ganz ausgeträumter Traum) und Missionen in Übersee u. ä. unterschieden werden kann. Das gehört heute zum Allgemeingut missionswissenschaftlicher Diskussion, auch wenn Rahner diese Konsequenz damals nicht ansprach. In diesem Zusammenhang ist an die Weltmissionskonferenz von Mexiko zu erinnern, die 1963 in ihrer Botschaft erklärte: »Wir sind der Überzeugung, daß diese missionarische Bewegung jetzt Christen in allen sechs Erdteilen und in allen Ländern umschließt. Es muß das gemeinsame Zeugnis der ganzen Kirche sein, die ganze Botschaft der ganzen Welt zu bringen.«[18]

Das Christentum bleibt ein Stein des Anstoßes und Gegenstand des Widerspruchs, und es wird dies erst recht dann sein, wenn Christentum und Kirche nicht auf einen Kultur- und Geschichtskreis beschränkt sind, wie dies der Fall bei der mittelalterlichen Christenheit war. »In dem Augenblick (nämlich), da sie beginnt, Kirche aller Heiden zu werden, beginnt sie auch, Kirche überall unter Heiden zu werden.«[19] Zwischen einem »verzweifelten Willen«, alle müssten Christen und Christinnen werden oder sein und der »erschrockenen Feststellung«, wie wenig erfolgreich die Kirche gewesen ist, gibt es ein Drittes, eben »das Wissen um das heilsgeschichtliche Muß«, das die Christen und Christinnen weder in Resignation und Defätismus noch in Selbstüberhebung führt, sondern sie frei macht für einen »echten missionarischen Mut«.[20]

---

[17] Ebd. 27.
[18] In sechs Kontinenten. Dokumente der Weltmissionskonferenz Mexiko 1963, Hg. Th. Müller-Krüger, Stuttgart 1964, 230.
[19] Ebd. 30.
[20] Vgl. M. Sievernich, Die Aktualität der Mission nach Karl Rahner, in: Hg. Missionswissen-

Dieser Mut zeigt sich in einem Eintreten für die eigene Glaubensüberzeugung, das die multireligiöse Situation unserer Gesellschaften nicht überspringt, sondern als eine theologische Herausforderung und gesellschaftliche Aufgabe annimmt und zu gestalten sucht. Dies wird um so dringender und schwieriger, als die Menschen anderer Glaubenstraditionen ins Blickfeld gelangen und im alltäglichen Zusammenleben präsent sind. Denn neben der theologischen Aufgabe, die Bedeutung der Gegenwart anderer Religionen für das eigene Glaubensverständnis zu bedenken, gilt es, diesem Zusammenleben mit Menschen unterschiedlichster Glaubenstraditionen eine *allen* gerechtwerdende und gesellschaftlich tragfähige Gestalt zu geben. Das setzt ein positives Verhältnis zu den anderen voraus, das auch die fremden religiösen Traditionen und den Glauben dieser Menschen achtet. »Diesen Glauben nicht zu verletzen und zu beschädigen, ihm nicht die Lebens- und Ausdrucksmöglichkeiten zu nehmen – auch nicht die Möglichkeit der Missionstätigkeit – liegt im Wesen des Glaubens und der Würde des Individuums, das über seinen Glauben selbst entscheidet.«[21]

Die beschriebene planetarische Diaspora wird die Zukunftsperspektive des Christentums bilden, und eine (Wieder-)Herstellung »mehrheitskirchlicher« Verhältnisse dürfte unwahrscheinlich sein. »Demographische Veränderungen (Überalterung), nachlassende Traditionslenkung, der zunehmende Ausfall familiengebundener christlicher Sozialisation und die fortschreitende Privatisierung des Glaubens führen in vielen Gemeinden vor allem im großstädtischen Milieu schon jetzt zu einer schleichenden Auszehrung von Kontinuität und Substanz christlicher Frömmigkeit … Weil es weder mehr zum guten Ton gehört noch dem gesellschaftlichen Fortkommen dient, zur Kirche zu gehören, wird die Zugehörigkeit zur Gemeinde langsam erneut zu einer Angelegenheit persönlicher Entscheidung.«[22] Wer sich aber entscheiden will, wird nach einem klareren Profil und einer einladenden Sozialgestalt dessen fragen, wofür er sich zu entscheiden gedenkt. Dafür kommen kaum kirchliche Großorganisationen in Frage, vielmehr kleinere Gruppen engagierter Christen, die durch ihren Lebensstil, ihre Offenheit und ihr Engagement den Nachweis erbringen, dass es sich lohnt, in der Kirche (noch) zu bleiben und dass man »etwas davon hat«, selber Christin und Christ zu werden.

---

schaftliches Institut Missio, Ein Glaube in vielen Kulturen. Theologische und soziopastorale Perspektiven für ein neues Miteinander von Kirche und Gesellschaft in der einen Welt, Frankfurt 1996, 186–204; K. Neumann, Karl Rahner und die Mission, in: Hg. H. Bettscheider, Reflecting Mission, Practicing Mission. Divine Word Missionaries Commemorate 125 Years of Worldwide Commitment, Vol. I, St. Augustin 2001, 37–64.

[21] K. Schäfer, Christlicher Glaube im religiösen Pluralismus, in: Missionarische Kirche im multireligiösen Kontext, Hg. Evangelisches Missionswerk in Deutschland (EMW), Hamburg 1996, 9–27, 21.

[22] D. Werner, Missio Dei in unserem Land. Ökumenische Gemeindeerneuerung, in: Zeitschrift für Mission 19 (1993) 6–25, 7.

Den von Rahner angesprochenen missionarischen Mut finden wir heute vielleicht weniger bei uns als in den Kirchen der Dritten Welt, wenn wir den Schrumpfungsprozess in den ehemals »christlichen Ländern« gleichzeitig als Verlust eines missionarischen Dynamismus interpretieren dürfen. Während er lange Zeit ein Privileg der europäischen Kirche zu sein schien, so macht sich dieser Dynamismus heute vor allem in den Kirchen des Südens bemerkbar, welche dem Christentum ein neues Profil zu geben vermochten.

3. Auf dem Weg zur *Welt*kirche

Bekanntlich hat die jahrhundertlange Missionsarbeit der europäischen Kirchen, insbesondere der Orden und missionierenden Gemeinschaften dazu beigetragen, dass das ursprünglich im Mittelmeerraum angesiedelte Christentum zu seiner weltweiten Präsenz gelangte. Die moderne Missionsbewegung, die von Europa ausging, war allerdings eng mit der europäischen Expansionsbewegung verbunden, und eben diese Geschichte hat man sich zu vergegenwärtigen, wenn von Weltkirche die Rede ist. Dann erst werden auch die mit dem Prozess des Weltkirchewerdens verbundenen Phänomene und Schwierigkeiten sichtbar und verständlicher.[23] Manchmal bildete die Missionsbewegung die Vorhut der europäisch-westlichen Kolonialeroberung; oft kam sie in deren Gefolge. Historiker sehen im Einzelfall die Dinge zwar differenziert, um sie jedoch in ihrer *Wirkungsgeschichte* zu begreifen, bleibt etwas anderes zu berücksichtigen. Aus der Sicht der vom Westen kolonisierten und unterworfenen Völker erschien nämlich Kolonialismus und Mission als zeitliche und inhaltliche Einheit. Dass das Christentum als die ideologische Begleiterin des westlichen Herrschaftsanspruchs über andere Völker gesehen werden kann, ist nicht ohne Grund, hat sich doch die christliche Mission als konstitutiver, integrierender Bestandteil europäischer Kolonialherrschaft gezeigt, auch wenn das gegenseitige Verhältnis zwischen den Staaten und Kirche verschieden war.

Der im 15. Jahrhundert einsetzende europäische Kolonialismus eröffnete dem westlichen Christentum die Möglichkeit seiner weltweiten Verbreitung, eine Möglichkeit, die es aufgrund des eigenen Selbstverständnisses, wonach das Evangelium allen Menschen und zu aller Zeit zu verkünden ist, und der seinerzeit dafür günstigen gesellschaftlichen Konstellationen ergriff. Die dadurch bedingte Verbindung, ja Verschmelzung unterschiedlicher Motive, verkürzt: von Ökonomie und Religion, politischem Herrschaftsanspruch und religiösem Sendungsbewusstsein, Schwert und Kreuz, machte allerdings dessen

---

[23] K. Blaser, Le Conflit Nord-Sud en Théologie, Lausanne 1990.

Inkulturation und Identität

Universalisierung gleichzeitig so problematisch und fragwürdig.[24] Denn die erste Begegnung außereuropäischer Völker mit dem Evangelium war oft keineswegs friedlich, sondern gewalttätig und ließ das Christentum als Religion rücksichtsloser Ausbeuter, Kolonisten und Imperialisten erscheinen. Deswegen bleibt für viele die Frage offen, ob das Christentum eine die individuelle wie kollektive Identität zerstörende und unterdrückerische Religion sei oder aber auch ein Befreiungspotential enthalte, auf das einzulassen es sich lohne. Die Missionsgeschichte gibt uns hier entgegen verschiedenen Simplifizierungen keine eindeutigen Antworten, wohl aber wurde diese Geschichte selbst zur schweren Last des Christentums, die es ehrlich anzunehmen und selbstkritisch aufzuarbeiten gilt. Dazu gehört auch das Eingeständnis, das nicht getan zu haben, was entschieden zu tun gewesen wäre.

Auch wenn mit der im Kontext der modernen Kolonialgeschichte erfolgten Universalisierung des Christentums die Voraussetzungen für eine Kirche mit vielfältigen Gesichtern geschaffen wurden, so ist damit freilich noch lange nicht Weltkirche nach heutigem Verständnis verwirklicht. Denn es handelte sich bei diesem weltweiten Gegenwärtigwerden des Christentums durch die missionierende Kirche um »das Tun einer Exportfirma …, die eine europäische Religion, ohne eigentlich diese Ware verändern zu wollen, in alle Welt exportierte wie ihre sonstige sich überlegen haltende Kultur und Zivilisation«.[25] Welcher Art waren denn die Beziehungen zwischen Europa und den andern Kontinenten? Eine Antwort auf diese Frage bringt uns den dem Prozess der Weltkirchewerdung zu Grunde liegenden Spannungen und Konflikten näher und lässt Vorbehalte, welche gegenüber Europa und dem westlichen Christentum gehegt werden, verstehen. Europa ist in diesem Zusammenhang primär nicht als geographische, sondern als kulturelle Größe zu sehen, deren kontinentales Bewusstsein sich als *eurochristliches* zwischen dem 8. und 12. Jahrhundert zu formieren begann.

Als man sich im Süden von den Arabern und im Osten von den Mongolen bedroht sah, vermengten sich geosoziale Aspekte einer kollektiven Identität mit geistigen Aspekten des Christentums. Und das gegen Ende des 1. Jahrtausends sich bildende Bewusstsein von Christenheit verbindet auf institutionalisierte Weise den christlichen Glauben mit einer bestimmten Kultur, nämlich der römisch-germanischen, wobei eine Tendenz erkennbar ist: was anders oder gar feindlich erscheint, wird abgelehnt und ausgetilgt. »Die Christenheit nimmt

---

[24] Vgl. H. Gründer, Welteroberung und Christentum. Ein Handbuch zur Geschichte der Neuzeit, Gütersloh 1992.
[25] K. Rahner, Theologische Grundinterpretation des II. Vatikanischen Konzils, in: Schriften zur Theologie XIV, Zürich – Einsiedeln – Köln 1980, 287–302, 288; Ders., Perspektiven der Pastoral in der Zukunft, in: Schriften zur Theologie XVI, Zürich – Einsiedeln – Köln 1984, 143–159, 147.

nicht nur die absolute Wahrheit der christlichen Offenbarung für sich in Anspruch, sondern ist auch davon überzeugt, daß sie die vollkommene, ja sogar
endgültige Verwirklichung der Gegenwart des Evangeliums unter den Menschen darstellt: Schließlich wird sie ja sogar durch die Institutionen der Gesellschaft bestätigt. Daraus ergibt sich, daß der Missionseifer nur durch eine Verbreitung des ›Modells‹ Christenheit über die eigenen Grenzen hinaus befriedigt
werden kann – was Gewaltanwendung nicht ausschließt. Das heißt auch, daß
die ›Mission‹ notwendigerweise gleichbedeutend wird mit einer Verschiebung
der kulturellen, politischen und wirtschaftlichen Grenzen der Christenheit. So
wird mit der Botschaft Christi zugleich auch der europäische Lebensstil verbreitet.«[26] Die Folgen aus dieser kurzschlüssigen Gleichsetzung des Evangeliums mit einem bestimmten Lebensstil waren teilweise verheerend.

Wer sich anders präsentierte oder verhielt, als man es selbst gewohnt war,
dessen Menschsein wurde schnell in Frage gestellt. Erinnert sei nur an die Diskussion, ob die Bewohner der »Neuen Welt« Menschen oder Tiere seien.[27] Wie
sollten Menschen zum Christentum gelangen, wenn es ihnen in den Augen von
Europäern schon am Humanum mangelte? Zuerst seien sie zu Menschen zu
machen, so wurde gelegentlich gesagt, bevor sie überhaupt Christen und Christinnen werden konnten. Zivilisieren gehörte demnach mit zu der Aufgabe, das
Evangelium anderen Menschen mitzuteilen, wobei mit Zivilisieren gemeint
war, den anderen unsere Lebensgewohnheiten und Wertevorstellungen, derer
sie ermangelten oder denen sie doch nicht voll genügten, beizubringen; nach
diesen hatten sie sich zu richten. Das hier zum Ausdruck kommende Superioritätsgefühl konnte, verbunden mit der Geringschätzung des Fremden und Anderen, schnell zum Paternalismus führen, jener später oft kritisierten Haltung
nicht allein von Missionaren, die alles besser weiß, den »Kindern« sagt, wo es
lang zu gehen hat, und sie nicht in ihre Unabhängigkeit entlassen kann, weil
man sich für alles verantwortlich hält. Es handelt sich hier näher besehen um
nichts weniger als um eine besorgte Form von Unterdrückung, welche anderen
Menschen permanent das Gefühl eigener Ohnmacht und Unfähigkeit vermittelt, sie in die Abhängigkeit führt und darin hält, an deren Ende Selbsternied-
rigung und Selbstverachtung stehen.[28] Als »anthropologische Armut« wurde

---

[26] G. Alberigo, Europa und die anderen Kontinente – Spannungen, Begegnungen und Beziehungen, in: Das neue Europa. Herausforderungen für Kirche und Theologie, Hg. P. Hünermann, Freiburg – Basel – Wien 1993, 63–81, 65.
[27] Vgl. L. Gómez Canedo, ¿Hombres o bestias? (Nuevo examen crítico de un viejo tópico), in:
Estudios de historia novohispana 1 (1966) 29–51; P. Borges, Primero hombres, luego cristia-
nos: la transculturación, in: Ders., Hg., Historia de la Iglesia en Hispanoamérica y Filipinas
(Siglos XV-XIX), Vol. I: Aspectos generales, Madrid 1992, 521–534; La iglesia americana y los
problemas del indio, ebd. 649–670, bes. 662 ff.
[28] Vgl. Malcom X.: »Das größte Verbrechen, das der weiße Mann begangen hat, war, daß er
uns lehrte, uns selbst zu hassen.« (zit. nach J. Cone, Schwarze Theologie und schwarzes Befrei-

dies bezeichnet: fremd im eigenen Land ohne Identität, eine Armut, weit schlimmer als die materielle. Können wir überhaupt ermessen, was – dies soll nicht in Abrede gestellt werden – meist in bester Absicht geschah? Und ist das vergangene Geschichte? Die afroamerikanische Nobelpreisträgerin Tony Morrison schreibt in ihrem Roman »Sehr blaue Augen« an einer Stelle: »Der Meister hatte gesagt: ›Ihr seid häßliche Menschen.‹ Sie hatten sich umgesehen und nichts entdeckt, was dagegen gesprochen hätte; sie fanden es sogar an jeder Plakatwand, in jedem Film, in jedem Blick bestätigt. ›Ja‹, hatten sie gesagt. ›Du hast recht.‹ Und sie griffen nach der Häßlichkeit, warfen sie sich wie einen Mantel um und gingen so durch die Welt.«[29]

Zwischen dem 15. und 16. Jahrhundert vollzogen sich enorme ökonomische, merkantile, technische und politische Veränderungen, welche den großen kolonial-expansionistischen Aufbruch Europas markierten und gleichzeitig den Beginn der »Welteroberung« durch das Christentum einleiteten. Das Nationalbewusstsein erwachte, und mit den neuen Möglichkeiten wuchs die Neugier auf fremde Länder und Kontinente, eine Neugier allerdings, die zwischen Staunen und Entsetzen hin und her schwankend nicht etwa zur Wahrnahme eigener Grenzen und gegenseitiger Komplementarität führte. Vielmehr mischten sich schnell Besitzgier und Herrschsucht in die Neugier, die – wenn nicht unmittelbar, dann in der Folge den brutalen Tod unzähliger Menschen, die Zerstörung oder bleibende Traumatisierung ihrer kulturell-religiösen Identitäten bedeuteten, die bis in unsere Tage nachwirken. Der Durchbruch des Christentums als Weltreligion, das bisher als Religion Europas galt, verdankt sich also zunächst dem expansionistischen Aufbruch der iberischen Kolonialmächte. Der Eurozentrismus mit seinem Glauben an die Überlegenheit eigener Rationalität und an die universale Gültigkeit eigener Verhaltensweisen war grundgelegt und damit geschichtlich wirksam geworden. Die Beziehungen zu den anderen Kontinenten waren und blieben einseitig. Eine Haltung, welche die industrielle Revolution verstärkte. Europäische Erkenntnisse und Erzeugnisse, westliches »Know-How« und teilweise verbesserte Lebensbedingungen, welche den Anschein quasi »omnipotenter« Fähigkeiten der Kolonialmächte gaben, stießen deshalb auf nicht geringe Bewunderung seitens der Kolonisierten. »Es ist nicht zu leugnen, daß europäische Wissenschaft und Technik eine Faszination auf die Eliten der anderen Kontinente ausüben und Nachahmungsprozesse auslösen. Wahr ist aber auch, daß das in Europa vorherrschende liberale Wirtschaftssystem sehr schnell bemerkt hat, daß es aus der ökonomischen Abhängigkeit der Bevölkerungen Afrikas und Asiens, deren kulturelles und wirtschaftliches Ni-

---

ung, in: Schwarze Theologie in Afrika. Dokumente einer Bewegung, Hg. B. Moore, Göttingen 1973, 64–73, 65).
[29] Tony Morrison, Sehr blaue Augen, Reinbek 1994, 34.

veau ›niedrig‹ ist, Vorteile ziehen kann.«[30] Diese Vorteile sollten darum auch reichlich und möglichst lang genutzt werden.

Auf dem Höhepunkt europäischer Expansion, in der Zeit zwischen der zweiten Hälfte des 19. und den ersten Jahrzehnten des 20. Jahrhunderts, finden wir gleichzeitig auch einen gewaltigen missionarischen Aufbruch, wie er sich nicht nur im Entstehen zahlreicher missionarischer Institutionen in Europa zeigt, sondern auch in der missionarischen Erschließung ferner Regionen, in denen die sog. Missionskirchen errichtet wurden. Die europäische Kolonialherrschaft in diesen Jahrzehnten umfasste nicht weniger als die Hälfte der Erdoberfläche, und sie beherrschte ungefähr ein Drittel der damaligen Weltbevölkerung. Keine der großen Weltreligionen scheint sich dermaßen rasch und so weitreichend verbreitet zu haben wie gerade das Christentum zu dieser Zeit. Doch um welchen Preis? »Kirche, Kultur, Kommerz« – sie bilden integrative Teile des Kolonialismus, der nach der Erfahrung vieler als allgegenwärtiges »Unterdrückungssystem« zur Herrschaft des »weißen Mannes« führte. Dieser war von sich und von der Überlegenheit seiner eigenen Kultur so überzeugt, dass er glaubte, andere Völker seien nach seinen eigenen Maßstäben zu zivilisieren. »Der Missionar betrachtete sich als denjenigen, der, Hand in Hand mit der Kolonialverwaltung, ›the White Man's Burden‹ der europäischen Zivilisationsübermittlung auf sich zu nehmen hatte.«[31] In einer längeren Passage aus einem Aufsatz von J. Schmidlin kommt diese Haltung unmissverständlich zum Ausdruck: »Was am wichtigsten ist, die Mission ist in erster Linie befähigt und berufen, die Eingeborenen in ihrer individuellen und sozialen Haltung psychisch umzugestalten und auf ein höheres sittlich-religiöses Niveau zu erheben, sie vor allem instand zu setzen, die durch unsere europäische Zivilisation ihnen übermittelten höheren Güter und Bedürfnisse, das verfeinerte Lebensglück und den verfeinerten Lebensgenuß ohne Schaden sich anzuzeigen und zu genießen. Die materielle Kultur allein ist nicht imstande, den Wilden zu einem gesitteten Menschen zu erheben, auch nicht die intellektuelle Erziehung, falls sie nicht durch die christliche Moral ergänzt wird; dadurch wird im Gegenteil der in den heidnischen Religionen noch wirksame letzte Halt zerstört und das Laster verstärkt, wie die Erfahrung lehrt; nur wenn der Fetischismus durch etwas Besseres ersetzt wird, wenn zu den kulturellen Segnungen die Pflege des Gewissens und Übung des Wissens hinzutritt, kann sie für Leib und Seele der Eingeborenen wahrhaft wohltätig wirken; diese Gewinnung und Hebung der inneren Persönlichkeit ist aber in erster Linie Sache des Christentums, also der christlichen Mission. Die Mission ist es, die unsere Kolonien geistig erobert und

---

[30] G. Alberigo, Europa und die anderen Kontinente – Spannungen, Begegnungen und Beziehungen, aaO. 73.
[31] H. Gründer, Welteroberung und Christentum, aaO. 573.

innerlich assimiliert, soweit eine solche Assimilation in Anbetracht der tiefgreifenden Verschiedenheiten überhaupt durchführbar ist. Der Staat vermag die Schutzgebiete sich wohl äußerlich an- und einzugliedern; das tiefere Ziel der Kolonialpolitik, die innere Kolonisation, muß ihm die Mission vollbringen helfen. Durch Strafen und Gesetze kann der Staat den physischen Gehorsam erzwingen, die seelische Unterwürfigkeit und Anhänglichkeit der Eingeborenen bringt die Mission zustande.«[32] Die der Missionskirche von den Kolonialregierungen anvertraute Erziehung bot ein breites Feld für die seelische Unterwerfung und Servilität bzw. für die »spirituelle Eroberung unzivilisierter Völker«. Die Einheimischen wurden in den sog. Missionsschulen nicht nur zum Gehorsam gegenüber den kolonialen Autoritäten angehalten, sondern auch über die eingeführten Arbeitstechniken und die Arbeitsmoral zu brauchbaren Mitgliedern einer Kolonialgesellschaft herangezogen. Ihre langfristigen Wirkungen waren jedoch nicht genau abzuschätzen. Denn gegen »den ausgesprochenen Willen vieler Missionare und Missionsleitungen sind die Missionsschulen letztlich zu Katalysatoren nationaler Unabhängigkeit geworden«.[33] Der Drang zur Unabhängigkeit war offenkundig und ihre geschichtliche Verwirklichung unumgänglich.

Die beiden Weltkriege schwächten die europäischen Kolonialstaaten sowohl nach außen wie auch nach innen; sie machten die Krise des Eurozentrismus offenkundig und der Prozeß der Entkolonialisierung, der in den beiden Amerikas schon viel früher begann, vollzog sich nun verstärkt im politischen wie im kirchlich-theologischen Bereich. Seit 1945 ist Europa nicht mehr Herrin der Erde. Ob der »von einem weißen Staatsoberhaupt ... befohlene Abwurf zweier Kernwaffen auf Großstädte mit farbiger Bevölkerung ... späteren Generationen vielleicht als letztes Dokument weißer Weltherrschafts-Hybris erscheinen (wird)«[34], wie ein zeitgenössischer Historiker vor Jahren schrieb, mag dahingestellt bleiben. Zumindest die vor einigen Jahren im Muroroa Atoll in der Südsee durchgeführten Atomtests, gegen die weltweit Widerspruch erhoben wurde, wären ein weiteres Dokument solcher Hybris. Jedenfalls bedeutete die seit Ende des 2. Weltkrieges verstärkt einsetzende politische Emanzipation der kolonisierten Völker, die Auflösung der Kolonialreiche, das Ende einer historischen Epoche, in der Europa seine Herrschaft über andere Völker aufrichtete und in der es zum Bündnis zwischen christlicher Mission und Welteroberung kam. Der »weiße Mann« hatte sein bisheriges Image massiv eingebüßt, die westlichen Kolonialstaaten verloren ihre moralische Autorität, das Ansehen

---

[32] J. Schmidlin, Deutsche Kolonialpolitik und katholische Heidenmission, in: Zeitschrift für Missionswissenschaft 2 (1912) 25–49, 38 f.
[33] H. Gründer, Welteroberung und Christentum, aaO. 586.
[34] F. Ansprenger, Auflösung der Kolonialreiche, München 1966, 147.

eines ehemals »christlichen Europas« schwand dahin, und die christliche Mission diskreditierte sich als Herrschaftsinstrument.

Der Vorgang der Entkolonialisierung führte auf einem steinigen, oftmals blutigen Weg zur Unabhängigkeit, die verständlicherweise mit neuen »Nationalismen« seitens ehemaliger Kolonien verbunden war. Gleichzeitig kam es zur Wiederentdeckung und Neuaufwertung der eigenen kulturellen und religiösen Traditionen, welche andere als ausgemerzt oder verloren glaubten (z. B. in der Bewegung der Négritude, die eine Rückbesinnung auf die Werte altafrikanischer Kultur forderte). In den nationalen Unabhängigkeitskämpfen spielte die christliche Mission – zumindest in den Anfängen – wiederum, auch dies gehört zur Geschichte, eine nicht unbedeutende Rolle. Der erste Widerstand gegen das Kolonialsystem erwuchs – beispielsweise in Afrika – weitgehend unter Christinnen und Christen, die, in Missionsschulen ausgebildet, ihre Erfahrungen und Vorstellungen zu formulieren und sich politisch zu organisieren begannen. Die Botschaft von der Würde und der Freiheit der Person, von einer auf Gerechtigkeit basierenden Gesellschaftsordnung u. a. wurde trotz aller geschichtlichen Entstellungen des Evangeliums gehört und zu einer geistigen Waffe im Kampf um die Unabhängigkeit. Dass dieser Kampf oft eine antimissionarische und antikirchliche Bewegung war, spricht nicht gegen das eben Gesagte, sondern offenbart neben der Einbindung der Mission in das westliche Kolonialsystem vor allem die Enttäuschung darüber, im Ringen um Unabhängigkeit allein gelassen worden zu sein.

Die einzelnen Ortskirchen konnten sich diesem Emanzipationsprozess von westlicher Herrschaft nicht entziehen. Sie selbst waren herausgefordert, ihren Ort innerhalb der jeweiligen Gesellschaften neu zu bestimmen und sich ihren Aufgaben zu stellen. Die Tatsache lag auf der Hand, und die Einsicht drängte sich folglich ebenso schnell auf: »Kolonialismus« war und ist auch eine kirchliche Realität. Die Kirche selbst trug koloniale Züge und reproduzierte teilweise das koloniale System innerhalb ihrer selbst. Wer hatte das Sagen in den neu gegründeten Kirchen der Dritten Welt? Wo wurden die grundlegenden Entscheidungen getroffen? Waren es nicht das westliche Missionspersonal und mit ihm deren »Mutterhäuser« und Missionszentralen? Zentralisierung von Entscheidungen in Fragen der Disziplin und der Lehre überhaupt, wie sie gesamtkirchlich im Ersten Vatikanischen Konzil zum Ausdruck kommen, förderten die Monopolisierung eines bestimmten Kirchenverständnisses – societas perfecta / Weltkirche als päpstliche Diözese mit bischöflichen Verwaltungsbezirken – und die Übermacht einer kanonistischen, deduktiven, römisch-kurialen Theologie. »Kolonialismus« verbindet also weitgehend gesellschaftliche und kirchliche Erfahrungen mit Europa und das Wort bezeichnet mehr als eine vergangene historische Epoche. Es ist zum Symbol für unermessliches Leid und gewaltige Ungerechtigkeiten geworden, das Europa anderen Völkern zugefügt hat. Davor können wir nicht die Augen schließen, gerade wenn von Weltkirche die Rede sein soll.

Was die kirchliche Selbstbesinnung und Neuorientierung betrifft, so bildet das Zweite Vatikanische Konzil die entscheidende Etappe auf dem Weg zur Weltkirche. Zwar gab es schon vorher theologische Überlegungen und kirchliche Initiativen, welche im Namen wahrer Katholizität ihren Beitrag zur Überwindung einer uniformen, monokulturellen, römisch-westlich geprägten Kirche leisteten und entsprechende Konsequenzen ergriffen. Zu nennen ist insbesondere die Missionsenzyklika Benedikts XV. *Maximum illud* aus dem Jahre 1919, welche das Recht der Eigenständigkeit sog. Missionskirchen forderte, ein Programm, das Pius XI. in seinem Rundschreiben *Rerum Ecclesiae* 1926 aufgriff und weiterführte. Sichtbares Zeichen war die Weihe chinesischer Priester zu Bischöfen, denen Leitungsaufgaben anvertraut wurden; dazu zählt auch die Bischofsweihe eines Vietnamesen und eines Inders. Der entscheidende Durchbruch auf dem Weg zur Weltkirche und mit ihm der Abschied von einem kirchlichen Eurozentrismus kamen aber doch erst mit dem vergangenen Konzil. Mit ihm ging ein bestimmtes Zeitalter des Christentums und der Kirche zu Ende, auch wenn das Vaticanum II die zukünftigen Entwicklungen mehr erahnen als im Einzelnen beschreiben konnte.[35] Das dürfte damit zu tun haben, »daß das Konzil unbewußt stärker dem Gefälle einer zu Ende gehenden europäischen Neuzeit verpflichtet war als dem Bewußtsein einer heraufziehenden neuen Epoche«.[36] Von ihm hat Karl Rahner zurückhaltend gesagt: »Das II. Vatikanische Konzil ist in einem ersten Ansatz, der sich erst tastend selber zu finden sucht, der erste amtliche Selbstvollzug der Kirche *als Weltkirche.*«[37] Worin zeigt sich das genauer?

Im Unterschied zum Ersten Vatikanischen Konzil, an dem auch Bischöfe aus den außereuropäischen Kirchen teilnahmen und deren Anliegen vertreten konnten, wobei diese sog. Missionsbischöfe aber europäischen oder nordamerikanischen Ursprungs waren, kamen auf dem Vaticanum II erstmals einheimische Bischöfe aus allen außereuropäischen Teilen der Welt zusammen. Auch wenn sie im Verhältnis zum europäischen Episkopat zahlenmäßig nicht adäquat vertreten waren, so bot die Präsenz dieser Bischöfe rein äußerlich schon das Bild einer multikulturellen Weltkirche. Grundlegender und für das neue Profil einer Weltkirche bedeutsamer jedoch war der theologische Reflexionsprozess, welchen das Konzil durchlief und dessen Gedanken und Intentionen

---

[35] Vgl. G. Alberigo, Die Situation des Christentums nach dem Vaticanum II, in: Die Rezeption des Zweiten Vatikanischen Konzils, Hg. H. J. Pottmeyer – G. Alberigo – J. P. Jossua, Düsseldorf 1986, 15–44, 34 ff.

[36] H. Waldenfels, Die europäische Theologie – herausgefordert durch außereuropäische Kulturen, in: Stimmen der Zeit 111 (1986) 91–101, 91.

[37] K. Rahner, Theologische Grundinterpretation des II. Vatikanischen Konzils, aaO. 288.

in den Konstitutionen, Dekreten und Erklärungen festgehalten wurden. Diese wurden zum Referenzpunkt zahlreicher Teil- und Ortskirchen, welche die konziliare Erneuerung zu rezipieren und in ihrem spezifischen Kontext zu realisieren suchten. Gegenüber einem stark jurisdiktionell und zentralistisch geprägten Kirchenbild, wie es das Vaticanum I bot, brachte das vergangene Konzil ein anderes zur Geltung, nämlich jenes von der *Communio*, nach welchem die Gesamtkirche als Gemeinschaft von Kirchen zu verstehen ist. Es kann hier nicht darum gehen, all das für die Mission und die Weltkirche theologisch Relevante Revue passieren zu lassen oder es gar im Einzelnen zu entfalten. Erinnert werden soll jedoch an einige Punkte, die mir auf dem Hintergrund des bisher Gesagten und im Blick auf das Thema wichtig erscheinen:

- Wenn das Konzil ausdrücklich erklärt, in religiösen Dingen sei auf Machtmittel zu verzichten, Menschen seien weder durch Zwang noch durch Kunstgriffe zu bekehren (DH 11, AG 13), Christi Jünger sollten vielmehr im Vertrauen auf die Kraft des Wortes Gottes geduldig andere zu gewinnen und einzuladen versuchen, dann hat es die Christentumsgeschichte präsent vor Augen und verdrängt diese Schattenseite nicht. Die Kirche gesteht vielmehr ehrlich ein, dass »bisweilen im Leben des Volkes Gottes ... eine Weise des Handelns vorgekommen (ist), die dem Geist des Evangeliums wenig entsprechend, ja entgegengesetzt war« (DH 12).

- Die Konzilsväter haben die in der westlichen Mission lang wirksame Identifikation der katholischen Kirche mit Gottes Herrschaft, die es anzukündigen gilt, deutlich aufgegeben und sich von jeglicher geistlich-weltlichen Koalition klar distanziert. Diese Identifikation hatte nicht nur gravierende Folgen für Andersdenkende, sondern führte zu einem ekklesiozentrischen Missverständnis von Bekehrung. Umkehr bezieht sich primär ja auf die Herrschaft Gottes und nicht auf die Kirche, die im Dienste dieser Herrschaft steht (LG 5). Und zur Herrschaft Gottes gehört, dass kein Mensch über den andern herrscht. Insofern impliziert Bekehrung geradezu den Verzicht auf jede Herrschaft und deren Mittel.

- Das Konzil hat die theologische Bedeutung, die Autonomie und Eigenständigkeit der Regionalkirchen herausgestellt und anerkannt. Sie impliziert die Pflicht und das Recht, Gottes befreiendes Evangelium im jeweiligen Kontext so zur Sprache zu bringen, dass Menschen es verstehen und sich darauf einlassen können. Dazu gehörte, auch wenn es heute banal scheinen mag, die Einführung der Muttersprache, welche nicht nur den Weg für eine den jeweiligen Kulturkreisen entsprechende Liturgie bahnte, sondern auch half, das zu begreifen, was zu verstehen schwer fällt, weil es eine andere Herkunft besitzt. Sprache kann »Heimat« bedeuten, aber genauso »Heimatlosigkeit«.

- Nach konziliarem Selbstverständnis ist die Kirche »das universale Sakrament des Heils« für die Welt. So lautet eine zentrale Bestimmung der Kirche in

LG 48, welche sie sowohl an ihren Auftrag als auch an die eigene Vorläufigkeit erinnert. Der Begriff Sakrament ist »ein begriffliches Mittel neben anderen, um den ekklesiologischen Triumphalismus, Klerikalismus und Juridismus zu überwinden und das in der sichtbaren Gestalt verborgene und nur im Glauben faßbare Geheimnis der Kirche herauszustellen, um auszudrücken und auszudeuten, daß die Kirche einerseits ganz von Christus herkommt und bleibend auf ihn bezogen ist, daß sie andererseits als Zeichen und Werkzeug aber auch ganz für den Dienst an den Menschen und an der Welt da ist«.[38]

Es liegt nahe, dass jene in der nachkonziliaren Zeit sichtbar gewordenen Strömungen innerhalb der Kirche auch das zukünftige Bild der Weltkirche bestimmen.[39] Es gibt nicht nur überall jene Kräfte, welche sich in offensiver Treue zum Konzil von der Vision einer multikulturellen Weltkirche mit einer Vielfalt liturgischen Lebens, kirchlicher Ordnung und theologischer Reflexion bestimmen lassen und diese Vision in den kirchlichen Alltag umzusetzen suchen.[40] Auch solche Kräfte sind weltweit am Werk, die mit Rekurs auf das Konzil – in defensiver Treue – Positionen zurückgewinnen wollen, welche als überwunden gelten sollten. Deren weltkirchliches Bild, das mehr die Züge eines »christlichen Europas« als einer offenen »Weltgesellschaft« trägt, orientiert sich stark an ritueller, disziplinärer und lehrhafter Einheit. Europa bildet leider noch immer das normative Zentrum der katholischen Kirche. Nach wie vor wird von der europäisch-abendländischen Tradition aus für alle Kirchen bestimmt, was in Lehre und Liturgie, Moral und Pastoral als »katholisch« zu gelten hat, so dass der Eindruck entsteht, »daß die Ekklesiologie in den Dienst einer zentralistischen Kirchenpolitik gestellt wird«.[41]

Auch wenn das vergangene Konzil die Stellung der Bischöfe und damit jene der Ortskirchen aufgewertet hat, erscheint die Kirche als römische, in der die Institution des Papstamtes dominant ist und der Lehr- und Jurisdiktionsprimat für jede Ortskirche spürbar praktiziert wird. »In den letzten Jahren wächst auch die Zahl von Enzykliken und römischen Dokumenten sogar über Themen, die eine vorgeschaltete Instanz einer kollegialen Erörterung und Ausarbeitung erfordern würden, weil sie das Leben der Teilkirchen im Hinblick auf die Wahrnehmung ihrer pastoralen Verantwortung und das Leben der Ortskirchen im Hinblick auf die Verwirklichung der bischöflichen Kollegialität in tiefgreifender

---

[38] W. Kasper, Die Kirche als universales Sakrament des Heils, in: Ders., Theologie und Kirche, Mainz 1987, 237–254, 244.
[39] Vgl. Le retour des certitudes. Evénements et orthodoxie depuis Vatican II, Hg. P. Ladrière – R. Luneau, Paris 1987.
[40] J. B. Metz, Das Konzil – »Der Anfang eines Anfangs«?, in: Das Konzil war erst der Anfang. Die Bedeutung des II. Vatikanums für Theologie und Kirche, Hg. K. Richter, Mainz 1991, 11–24.
[41] M. Maier, Von der Westkirche zur Weltkirche, in: Stimmen der Zeit 124 (1999) 649 f., 649.

Weise betreffen.«[42] Die päpstlichen Nuntiaturen spielen eine nicht geringe Rolle, da sie gleichsam als verlängerter Arm päpstlicher Autorität und römischer Kurien agieren und die bischöfliche Kollegialität aushöhlen. Die ortkirchlichen Zuständigkeiten werden, wie beispielsweise die Bischofsernennungen der letzten Jahre und der Umgang mit pastoralen und theologischen Problemen zeigen, erheblich eingeschränkt. Die theologische und rechtliche Stellung von partikularkirchlichen Zwischeninstanzen, wie sie nationale oder regionale Bischofskonferenzen, kontinentale Synoden darstellen, werden nicht auf- vielmehr abgewertet. Die »Verantwortung der Einzelkirchen für die universalkirchliche Einheit wird ungleich stärker eingefordert als die für ihre eigene, zeit- und ortsgerechte Identitätsfindung; darüber hinaus ist Rom in der Lage, sein Verständnis von Glaube und Kirche, von Theologie und Moral, von Pastoral und Disziplin in der ganzen Kirche durchzusetzen, ohne daß dabei gute regionale Eigenentwicklungen gebührend berücksichtigt würden«.[43] Wenn Weltkirche nicht bloß ein theologisches Desiderat bleiben soll, dann müssen die einzelnen Ortskirchen mehr Mitsprache und Mitgestaltungsmöglichkeiten erhalten.

Welche Vision zum Tragen kommt, ist weder für die europäische Kirche noch für die Weltkirche belanglos. Es braucht deshalb nach K. Rahner »paulinische Kühnheit«, wenn Kirche wirklich *Welt*kirche werden und nicht *westliche* Kirche bleiben soll. Bliebe sie das, so wäre der »Sinn, den das II. Vatikanum gehabt hat«, verraten.[44]

4. Multikulturelles Christentum

Zu den herausragenden Zeichen der vergangenen Jahrzehnte gehört die Tatsache, dass die Länder der Dritten Welt, die vielfach mit den sogenannten Missionsländern identisch sind, ihre Stimme in der Weltöffentlichkeit erheben und ihre Ansprüche unüberhörbar geltend machen. Die afroasiatische Konferenz 1955 in Bandung bildete mit der Verabschiedung der fünf Prinzipien friedlicher Koexistenz einen markanten Anfang.[45] Als eigenständige Subjekte wollen die Völker und Nationen der Dritten Welt die Weltpolitik, von der sie bisher aus-

---

[42] O. Beozzo, Die Zukunft der Teilkirchen, aaO. 127. Als Beispiele führt Beozzo die Instruktion zu einigen Fragen über die Mitarbeit der Laien am Dienst der Priester vom 15. August 1997, das Apostolische Schreiben über die theologische und rechtliche Natur der Bischofskonferenzen vom 31. Juli 1998 und die von der Kongregation für die Evangelisierung der Völker am 19. März 1997 herausgegebene Instruktion über die Diözesansynoden an.

[43] M. Kehl, Die Kirche. Eine katholische Ekklesiologie, Würzburg 1992, 217. Vgl. H. Waldenfels, Das Mysterium der Kirche und die Gemeinschaft der Kirchen. Einheit und Vielheit in der Weltkirche, in: Ordenskorrespondenz 27 (1986) 40–57, 55.

[44] K. Rahner, Theologische Grundinterpretation des II. Vatikanischen Konzils, aaO. 298.

[45] Dazu gehören: 1. gegenseitige Achtung der territorialen Unverletzlichkeit und Souveränität,

geschlossen wurden, aktiv mitgestalten. Dasselbe gilt in ähnlicher Weise für die verschiedenen Kirchen in Afrika, Asien, Lateinamerika und Ozeanien, welche sich in nachkolonialer Zeit verstärkt auf die Suche nach ihrer je eigenen Identität begeben haben. »Nicht so sehr theologische Einsichten, sondern die weltpolitischen Entwicklungen beschleunigten die kirchlichen Schritte auf dem Weg zu einheimischen und selbständigeren Kirchen in den traditionellen Missionsgebieten in Übersee. Auch wenn es bereits vor dem Zweiten Weltkrieg Ansätze zu einer einheimischen Theologie und Liturgie in Indien und China gab, so trat ›die Dringlichkeit des Heimischwerdens und der geistig-religiösen Entkolonialisierung … erst deutlich ins Bewußtsein, als die politische Kolonialära sich dem Ende zuneigte.‹«[46] Der Prozess einer kirchlichen Entkolonialisierung zeigt sich kirchlich-theologisch u. a. darin, dass von überkommenen, westlich-europäischen Kirchenstrukturen und Theologien bewusst Abschied genommen wird, da deren Übertragung in die Dritte Welt eine Form »kultureller Beherrschung« darstellt(e) und Entfremdung bewirkt(e).

Die mit dieser Emanzipation und Rückbesinnung auf die eigenen kulturellen und religiösen Wurzeln verbundene Intention ist die Verwirklichung eines authentisch afrikanischen, asiatischen, lateinamerikanischen und ozeanischen Christentums, das in den verschiedenen Kulturen verwurzelt und im Kampf der Völker um Selbstbestimmung und Gleichberechtigung engagiert ist. Im Unterschied zur protestantischen Christenheit waren bezüglich des ekklesiologischen Verständnisses in der römisch-katholischen Kirche die Grenzen kirchlich-theologischer Eigenständigkeit enger gesetzt. Während die protestantischen Kirchen mit der von Rufus Anderson (1796–1880) und Henry Venn (1796–1873) unabhängig voneinander formulierten theologischen Forderung der »Drei-Selbst-Bewegung« (»Selbst-verwaltung, -erhaltung, und -verbreitung«) die Unabhängigkeit sogenannter junger Kirchen von den Missionskirchen suchten, sind in der katholischen Kirche entsprechende Entwicklungen zu verstärkter kirchlicher Selbständigkeit erst nach dem Zweiten Vatikanischen Konzil wahrnehmbar. Nachdem ein zentralistisch-uniformistisches Kirchenverständnis aufgegeben war, gewann nun jenes konziliare, das den Orts- und Teilkirchen große Bedeutung zumisst, immer deutlichere Konturen.[47]

Diese Entwicklung ist in der Dritten Welt am sichtbarsten im Aufkommen unzähliger christlicher Basisgemeinden zu verfolgen, auch wenn sie keine einheitliche Prägung aufweisen, sich vielmehr kontinental und regional unterscheiden (comunidades eclesiales de base, small christian communities, comm-

---

2. gegenseitiger Nichtangriff, 3. gegenseitige Nichteinmischung in die inneren Angelegenheiten des Anderen; 4. Gleichheit und gegenseitiger Nutzen; 5. friedliche Koexistenz.

[46] K. Piepel, Lerngemeinschaft Weltkirche, aaO. 40.

[47] Vgl. Was der Geist den Gemeinden sagt. Bausteine einer Ekklesiologie der Ortskirchen, Hg. L. Bertsch, Freiburg – Basel – Wien 1991.

unauté chrétienne de base). Die Basisgemeinden, die sich meist aus jenen Menschen zusammensetzen, die vielfältige Formen von Unterdrückung und Ausbeutung am eigenen Leib spüren, bilden den primären Ort, wo der Glaube erfahren und gelebt wird. In ihnen finden Frauen und Männer, die auf der Schattenseite des Lebens stehen, zusammen, um das wenige, was sie besitzen, geschwisterlich zu teilen und sich gegenseitig im alltäglichen Kampf um das Leben zu stützen. Basisgemeinden eröffnen den Armen die Möglichkeit, »jemand zu sein«, d. h. aus der Anonymität herauszutreten und für andere wichtig zu werden. Sie bilden so ein neues geschichtliches Subjekt, das sich innerhalb der verschiedenen Gesellschaften und der Kirche Gehör verschafft, um die eigenen Rechte einzuklagen und die vitalen Interessen geltend zu machen. Dazu befähigen die im Evangelium entdeckte Würde der Armen und die Solidarisierung untereinander. »Die Armen brechen in die Geschichte ein«[48] – damit wird gelegentlich das signifikanteste Ereignis der neuen Situation zum Ausdruck gebracht. Zwar standen die Armen niemals außerhalb der konkreten Geschichte. Diese Geschichte wurde jedoch nicht von ihnen, sondern von anderen gemacht und geschrieben, und in der Regel geschieht es weiterhin so. Um nur von Lateinamerika zu sprechen: »Die meisten Lateinamerikaner erleben nicht, daß Parteien, Regierung und Staat ihrem Wohl verpflichtet sind; sie fühlen sich von diesen Instanzen nicht vertreten, im Gegenteil, oft genug erscheinen sie ihnen als unberechenbarer, mächtiger Gegner. Um in diesem Konflikt bestehen zu können, muß sich das Volk zusammenschließen. Die christlichen Basisgemeinschaften arbeiten deshalb dafür, daß das Volk seine eigenen Organisationen und Verbände schafft, in denen es wirksam seine Interessen vertreten kann.«[49] Dazu gehört dann etwa die Errichtung von Gemeinschaftsküchen, die Gründung von Kooperativen, Land- und Arbeiterpastoral oder Menschenrechtsarbeit u. a.

Christinnen und Christen, welche vorwiegend der untersten gesellschaftlichen Schicht angehören, gewinnen ein neues historisches Bewusstsein und sie bauen Kirche »von unten« auf, auch dort, wo die Initiativen zur Entstehung solcher Gemeinschaften »von oben« ausgingen (z. B. in afrikanischen Regionen). In den meisten Fällen sind deren Leiterinnen und Leiter Laien wie etwa die Mokambis in der Demokratischen Republik Kongo oder die delegados de la palabra in Lateinamerika.[50] Das gemeinsame Hören des Wortes Gottes, seine Interpretation in einem konkreten gesellschaftlichen Kontext und die Verwirklichung dieses Wortes haben dazu geführt, das Evangelium als *das* Wort des

---

[48] G. Gutiérrez, Die Armen brechen in die Geschichte ein, in: Die Kirche der Armen in Lateinamerika. Eine theologische Hinführung, Hg. F. Castillo, Freiburg (Schweiz) 1987, 93–121.
[49] J. Meier, Christliche Basisbewegungen im Kontext Lateinamerikas, in: Zeitschrift für Missionswissenschaft und Religionswissenschaft 68 (1984) 130–143, 135.
[50] Laien als Gemeindeleiter. Ein afrikanisches Modell. Texte der Erzdiözese Kinshasa vorgestellt und kommentiert von L. Bertsch, Freiburg – Basel – Wien 1990

Lebens zu entdecken. Entdeckt wird es im gelebten Glauben von Gemeinschaften, die sich der »Freude und Hoffnung, Trauer und Angst der Menschen von heute, besonders der Armen und Bedrängten aller Art« (GS 1) real stellen und diese solidarisch teilen. Diese Basisgemeinden sind damit zu den eigentlichen Trägerinnen der Evangelisierung in einem Großteil der Regionen der Welt geworden. Ihr primäres Interesse richtet sich darauf, Glauben und Leben innerhalb einer konkreten Situation so miteinander zu verbinden, dass das Evangelium als »Wort des *Lebens*« verstanden und angenommen werden kann.

Das ist auch das Grundanliegen verschiedenster Ortskirchen in der ganzen Welt, die sich ihrer missionarischen Sendung bewusst sind und sie entsprechend leben wollen. Einige Kirchen sehen ihre größte Herausforderung in der Dringlichkeit, den christlichen Glauben in der jeweiligen Kultur zu verwurzeln, d. h. in der Inkulturation.[51] Für andere wiederum bedeutet die Befreiung vom sozialen Elend das Gebot der Stunde. Die einen bemühen sich um eine indische oder afrikanische Liturgie, andere suchen in einer nach-christlichen Gesellschaft für deren Mitglieder den Sinn von Glauben neu zu gewinnen und zu erschließen. Mission kann das eine Mal bedeuten, sich um den Erhalt der menschlichen Lebensbedingungen zu kümmern: Land, Wasser, Wald etc., das andere Mal die Vermittlung des Evangeliums in die jeweilige Kultur mit ihren religiösen Traditionen zu suchen; hier sich um die Rechte der Frau stark zu machen, dort den interreligiösen Dialog aufzunehmen und zu pflegen. Auch darin zeigt sich das vielfältige Bild von Weltkirche.

Wo die verschiedenen aus der Missionsarbeit hervorgegangenen Ortskirchen die Aufgabe der Evangelisierung in ihre eigenen Hände nahmen, da kam es zu anderen pastoralen Prioritätensetzungen als vordem, und ein aus einer bestimmten Glaubenspraxis erwachsenes Nachdenken über das Evangelium führte zu neuen theologischen Reflexionen. Eine Vielfalt von kontextuellen Theologien entstand, von denen die bei uns bekannteste wohl die lateinamerikanische Befreiungstheologie ist. Doch ist an viele andere zu erinnern: schwarze und afrikanische Theologie, Dalit-, Minjung- und Wasserbüffel-Theologie, philippinische Bauerntheologie, indische und japanische Befreiungstheologie, teología indiana und teología morena, Chicano-Theologie … Diese methodisch vielfältig verfahrenden, unter sich verschiedenen, teilweise sogar gegensätzlichen Theologien sind sich im Anspruch einig, eine für ihre Situation und für ihr Volk relevante Theologie zu betreiben, wobei die Relevanz sich auf die elementaren menschlichen Fragen und Bedürfnisse bezieht. Sie insistieren auf einer Erneuerung der christlichen Mission, die mit dem realen

---

[51] Vgl. G. Collet, Art. Inkulturation, in: NHThG II, München ²1991, 394–407 (Lit.); Ders., Art. Inkulturation, in: Lexikon der Religionspädagogik, Hg. N. Mette – F. Rickers, Neukirchen-Vluyn 2001, Bd. 1, 863–869.

Leben der Menschen zu tun haben muss, und auch von der europäischen Kirche und ihren Theologien eine Umkehr verlangt. Davon hängt einiges für die Zukunft des Christentums in weltweiter Perspektive ab.

Wenn die Armen in die Geschichte einbrechen und »Theologie von der anderen Seite der Erde« betrieben wird, so wirkt sich dies ebenso auf die Geschichtsschreibung aus.[52] Diese erfolgte bisher kaum aus der Sicht der unmittelbar Betroffenen. Nicht allein die Tatsache, dass anfänglich ganze Traditionen vernichtet wurden, um deren Einfluss für die kommenden Generationen gering halten zu können, verunmöglichte eine Geschichte aus der »Perspektive der Besiegten«. Auch das gängige historische »Interesse« der Geschichtsschreibung war ein anderes: die »Dämonisierung« oder »Idealisierung« der Anderen und des Fremden rechtfertigte die eigenen Absichten und das eigene Verhalten. Von Sieg und Erfolg – in welcher Form auch immer – war die Rede, nicht zuletzt, um sich weitere Unterstützung im kolonial-missionarischen Unternehmen zu sichern. Bis in die Gegenwart hinein hat sich eine eurozentrische Geschichtsschreibung gehalten, und innerhalb der Kirchengeschichte macht sich eine solche Sichtweise vielfältig bemerkbar: Handbücher haben für außereuropäische Vorgänge kaum Augen und noch weniger Worte, gelegentlich findet sich ein kleiner Abschnitt; Kirchen- und Missionsgeschichte werden getrennt, als sei letztere die Verlängerung westlicher Kirchengeschichte, äußere Expansionsgeschichte westlichen Kirchentums. Wo aber der Horizont nicht die Welt und das Weltchristentum ist, da bleibt eine Geschichtsschreibung im selbstgefälligen, rechthaberischen Provinzialismus befangen.

Aufgebrochen wird ein solcher u. a. dadurch, dass sich die Christinnen und Christen der Dritten Welt in der eigenen Identitätsfindung zwangsläufig mit ihrer Geschichte auseinandersetzen, dies aber aus einer anderen Perspektive tun. So laufen weltweit verschiedene Geschichtsprojekte, die eigene Vergangenheit vom gesamten Volk Gottes her und mit einer vorrangigen Option für die Armen zu sehen und zu schreiben.[53] Diese Projekte, von denen das bekannteste und umfangreichste die 1973 gegründete CEHILA bildet,[54] sehen vieles, was wir nicht sehen können oder aber auch nicht sehen wollen. Eine aus nordatlantischer Sicht geschriebene Geschichte der afrikanischen Missionen beispielsweise übergeht »den lokalen Katechisten, der der noch nicht besungene Held der

---

[52] G. Collet, »Theologie von der anderen Seite der Erde«. Der Beitrag von EATWOT für das Verständnis von Theologie, in: Hg. Ders., Theologien der Dritten Welt. EATWOT als Herausforderung westlicher Theologie und Kirche, Immensee 1990, 297–313.

[53] Vgl. Hg. L. Vischer, Church History in an Ecumenical Perspective, Bern 1982; Hg. Ders., Towards a History of the Church in the Third World. The Issue of Periodisation, Bern 1985; Hg. Ogbu U. Kalu, African Church Historiography: An ecumenical Perspective, Bern 1988.

[54] CEHILA – Comisión de estudios de historia de la iglesia en América Latina.

Inkulturation und Identität

afrikanischen Kirchengeschichte ist«.[55] Dass bei diesen Arbeiten auch einiges Unangenehme für die Christentumsgeschichte und insbesondere für die europäischen Kirchen ans Tageslicht gebracht wird, darf nicht dazu führen, es stillschweigend zu übersehen oder gar zu übergehen. Zwar wird historische Richtigkeit nicht schon dadurch garantiert, dass sie von »Betroffenen« stammt. Wer jedoch meint, anderen sagen zu müssen, wie sie mit ihrer eigenen Vergangenheit fertig werden sollen oder umgekehrt programmatisch verspricht, wie sie eine neue Identität finden können, wird sich nicht wundern dürfen, wenn er auf taube Ohren stößt. Solange kein grundlegender Mentalitätswandel stattfindet, der die Anderen genauso ernst nimmt, wie man es für sich wünscht, wird auch die Rede von Inkulturation den Verdacht, ein erneuter, raffinierter Versuch zu sein, westliche Herrschaft über andere aufzurichten, nicht los.[56]

Der nachkonziliare Prozess kirchlicher Erneuerung hat dazu geführt, dass wir uns inzwischen einer Vielzahl und Vielfalt christlicher Kirchen gegenüber finden, von denen keine für sich in Anspruch nehmen kann, sie wäre *die* Inkarnation des Christentums oder die allein wahre Verwirklichung der christlichen Lehre, liturgischen Lebens oder Frömmigkeit und Lebensstils. Die Verwirklichung von Weltkirche impliziert also eine Dezentralisierung theologischen Denkens bzw. eine Relativierung Europas und unserer kirchlich-theologischen Ansprüche, die bisher geltend gemacht wurden oder nach wie vor als selbstverständlich erhoben werden. Es ist daher nicht zufällig, wenn sich außereuropäische Theologien oft als *Befreiungstheologien* artikulieren, und viele von ihnen sich explizit als solche verstehen.[57] Denn die Geschichte der europäischen Expansion musste, zusammen mit dem Universalitätsanspruch europäischer Theologie, fast notgedrungen dazu führen. Diese Befreiungstheologien gehen auf lange zurückliegende und immer noch schmerzende Leidenserfahrungen zurück: das Leiden von Armen, denen ihre elementarsten Rechte vorenthalten werden; das Leiden von Schwarzen und Indigenas, die rassistisch diskriminiert werden; das Leiden von Frauen, die sexuell ausgebeutet und sexistisch unterdrückt werden. Theologien, welche aus solchen Erfahrungen erwachsen, können uns in dem, was sie sagen, verletzen. Zugleich aber wecken sie Sensibilität für die Schattenseiten unserer Vergangenheit und unserer Art, Theologie zu treiben. Der Prozess einer allmählich sich herausbildenden Weltkirche ist darum mit sehr kritischen Äußerungen von Seiten der Theologen und Theologinnen und Kirchen aus der Dritten Welt an unsere Adresse, an unser Glaubens-

---

55 J. S. Pobee, Mission als Problem der »Jungen« Kirchen, in: Zeitschrift für Mission 20 (1994) 240–246, 243.
56 Vgl. A. Pieris, Theologie der Befreiung in Asien. Christentum im Kontext der Armut und der Religionen, Freiburg – Basel – Wien 1986, 83.
57 Th. Witvliet, Befreiungstheologie in der Dritten Welt. Eine Einführung. Black Power, Karibik, Südamerika, Südafrika und Asien, Hamburg 1986, 10 ff.

und Theologieverständnis verbunden. Stellvertretend für viele sollen hier drei von ihnen selbst zu Worte kommen.

Der afrikanische Theologe Jean-Marc Ela, der bis zur Todesdrohung im Jahre 1995 als Priester unter dem Bergstamm der Kirdis in Nordkamerun lebte, schreibt:

»Um den Afrikaner wirklich zu erreichen, um zu seinem Herzen zu sprechen von jenem Sinn und Raum her, in dem seine Seele atmet, muss das Christentum sich Gewalt antun und die Ketten der westlichen Rationalität sprengen, die es in einer Symbolkultur wie der des Afrikaners kaum lebensbedeutsam machen. Ohne einen gewissen epistemologischen Bruch mit der Welt der Scholastik hat das Christentum wenig Chancen, dem Afrikaner wirklich etwas zu sagen. Ebenso wenig wie Jesus von Nazaret selbst, dessen Sprache an die der Bauern und Hirten erinnert, spricht auch der schwarzafrikanische Mensch nicht die Sprache Aristoteles', die sich die offizielle Theologie des Katholizismus zu eigen gemacht hat … Wir müssen also das Christentum in Afrika aus der Gefangenschaft ›befreien‹, in die es die Tradition der Schulen und Begrifflichkeiten der westlichen Dogmatik geführt hat.«[58]

George Tinker, ein indianischer Theologe aus Nordamerika, gibt Folgendes zu bedenken:

»Das westliche Verständnis von Geschichte als linearer, zeitlicher Prozess bedeutet, dass diejenigen, die das Evangelium als erste gehört haben, einen kritischen Vorsprung hätten und ihn auch behalten würden gegenüber uns, die es später hören, und wir hätten uns auf jene zu beziehen, die es als erste gehört haben, um uns eine umfassende Interpretation von ihm geben zu lassen. Dies war unsere laufende Erfahrung mit dem Evangelium, so wie es von den Missionaren aller Denominationen uns verkündigt wurde, so wie es auch unsere Erfahrung mit all den politischen Visionen war, die uns von Revolutionären verkündigt wurden. Das Problem ist die Übernahme einer herrschenden Anschauung über Geschichte, welche kulturelle Unterschiede wahrzunehmen verfehlt. Mit der besten Absicht werden den unterdrückten Völkern Lösungen für ihre Leiden als exklusive Programme angeboten, die keine unterschiedlichen Möglichkeiten erlauben … Sie lassen jenen Völkern, die sich selbst – ökonomisch, politisch, sozial und kulturell – anders verstehen, keinen Raum, um ihre eigene Revolution oder Befreiung zu finden.«[59]

---

[58] J. M. Ela, Mein Glaube als Afrikaner. Das Evangelium in schwarzafrikanischer Lebenswirklichkeit, Freiburg – Basel – Wien 1987, 57 f.
[59] G. Tinker, The Full Circle of Liberation. An American Indian Theology of Place, in: Ed. D. G. Hallman, Ecotheology. Voices from South and North, Geneva 1994, 218–224, 221. [Übersetzung GC.]

Inkulturation und Identität ■■■■

Die koreanische Minjung-Theologin Hyun Kyung Chung sagte in einem Interview nach ihrem viel beachteten Referat auf der siebten Vollversammlung des ÖRK 1991 in Canberra:

»Sie im Norden meinen, daß Sie das Zentrum des Universums sind. Warum sollten Sie Koreanisch lernen oder die Sprache Mozambiques? Warum sollten Sie überhaupt lernen? Wir sind es doch, die lernen müssen! Wir müssen Englisch und Deutsch lernen, um Theologie zu studieren. Wir wissen sehr viel über deutsche und europäische Theologie. Sie wissen nichts über uns und wollen auch nichts über uns lernen. Die europäischen Christen verstehen sich seit 2000 Jahren als Zentrum. Aber wissen Sie, jetzt ist es an der Zeit, daß Sie uns zuhören müssen, denn wir haben 2000 Jahre lang Ihnen zugehört. Warum sollten Sie uns jetzt nicht 200 Jahre oder zumindest 20 Jahre zuhören – uns wirklich zuhören, unserer Kultur. Die Menschen hier in Korea und auch in Afrika, die jeden Tag in der Agonie leben, sie leben mit dem Heiligen Geist.«[60]

Europa mag in vielerlei Hinsicht (finanziell, organisatorisch, kulturell) noch das Zentrum der Weltkirche sein und es eine Zeitlang weiterhin bleiben. In theologischer Hinsicht jedenfalls beginnt es diese normative Stellung zunehmend zu verlieren. Die verschiedenen außereuropäischen Theologien, die in den letzten Jahren verstärkt aufkamen und sich durch ein je eigenes Profil auszeichnen, werden auf Grund der Tertiaterranität des Christentums immer gewichtiger, auch wenn sie bei uns noch nicht in der Weise aufgenommen werden, wie sie es verdienten.[61] Dass sie nach gelegentlich geäußertem westlichem Urteil nicht dem eigenen Wissenschaftsverständnis und -anspruch zu entsprechen scheinen, kann ja noch lange kein Grund dafür sein, sich nicht ernsthaft mit diesen Theologien auseinander zu setzen. Denn abgesehen davon, dass eine solche Haltung einmal mehr den »blöden Hochmut des weißen Mannes«[62] offenbart, entgeht uns die Chance, ein neues Erfahrungs- und Reflexionspotential für die eigene Arbeit zu erschließen. Theologie als Reflexion auf reale Erfahrungen des Glaubens wird hier weniger am Schreibtisch oder an einer Universität betrieben, das ist zutreffend. Aber warum sind die Gefängniszellen auf einer philippinischen Insel oder in einer südafrikanischen Stadt, eine Situation systematischer Verfolgung Andersdenkender, die auch vielen Christinnen und Christen das Leben kostet, oder die Alltagsarbeit im Großkühlhaus, mit der sich ein südamerikanischer Priester vor seinen politi-

---

[60] Zit. in: Evangelium und Kultur. Ein Lese- und Arbeitsbuch für Gemeinde und Unterricht, Hg. Evangelisches Missionswerk in Deutschland (EMW), Hamburg 1993, 32.
[61] R. Gibellini, Handbuch der Theologie im 20. Jahrhundert, Regensburg 1995, 336–471.
[62] K. Barth, Die kirchliche Dogmatik IV/3, Zollikon – Zürich 1959, 1003.

schen Häschern und der bischöflichen Diffamierung schützt, weniger geeignet, um Theologie betreiben zu können? Sind die in keiner Buchhandlung zu findenden, gemalten, gesungenen und in Gebeten formulierten Glaubensreflexionen jener, die sich in die Nachfolge des Nazareners begeben haben, weniger »theologiewürdig«? Haben sie nicht zumindest die Autorität der Geschundenen und Leidenden auf ihrer Seite, die uns nachdenklich machen und vor einem leichtfertigen Urteil warnen sollte? Niemand wird im Ernst die theologische Relevanz der Erfahrungen in der Dritten Welt bestreiten oder gar das Erstgeburtsrecht der abendländischen Theologie anderen gegenüber einklagen können.

Meines Erachtens können wir die verschiedenen, spannungsgeladenen Prozesse, die mit der Tertiaterranität des Christentums und damit mit der Relativierung der europäischen Kirche und unserer eigenen theologischen Traditionen verbunden sind, nicht in jener Tiefe begreifen, wie es ihnen angemessen ist, wenn wir nicht auch bereit sind, sie theologisch zu verstehen. Es gilt zu bedenken, dass mit uns im Namen des Evangeliums ins Gericht gegangen wird, desselben Evangeliums, das auch uns »Leben in Fülle« (Joh 10, 10) verheißt, wenn wir seiner Verheißung trauen und uns auf sie einlassen. Gottes Evangelium ist ja nicht der Besitz der Europäerinnen und Europäer, sondern jene unverdiente Gabe, die auch wir immer mehr schätzen lernen sollen, indem wir sie uns von neuem schenken lassen und sie gleichzeitig dankbar weiterreichen. Wenn der letzte Grund von Mission und Kirche das geschichtliche Handeln Gottes in Jesus von Nazaret ist, dann können Christinnen und Christen in der Nachfolge des Nazareners dieses Handeln nur dankbar und dadurch bezeugen, dass sie selber an dieser Sendung, »den Armen eine gute Nachricht, den Gefangenen Entlassung, den Blinden das Augenlicht, den Unterjochten Freiheit zu bringen« (Lk 4, 18), teilnehmen und das Evangelium allen Menschen in den verschiedenen Welten ausrichten. Um nichts anderes geht es in der Mission, die inzwischen von verschiedenen Kirchen und Christinnen und Christen unterschiedlichster Hautfarbe in vielfältiger Gestalt wahrgenommen wird. In einer solchen geschichtlichen Bestimmung, der sich die Bezeugung des Glaubens nicht entziehen kann, ohne sich selbst aufzugeben, liegt freilich eine Verwundbarkeit, wie sie europäische Christen und Christinnen in dieser Härte und Radikalität bisher vielleicht noch nie zu spüren bekamen. Wenn nun das europäische Christentum und seine verschiedenen Theologien als geschichtlich bedingte Realisierung und relative Erkenntnis des Evangeliums bewusst und anerkannt werden, so sind sie deswegen doch keineswegs nichts, da sie alles sind, was wir haben. Diese unsere Identität, wie belastet und zerbrechlich auch immer sie sein mag, können wir den Anderen nicht unterschlagen, uns genauso wenig ihnen und ihren Anfragen verschließen. Verstehen wir darum diese Infragestellung unseres kirchlichen und theologischen Bestandes wie auch unserer

Nachfolgepraxis nicht als die Zumutung Gottes selber, so scheint mir, wird weder die Radikalität der Kritik am Eurozentrismus noch die Legitimität der veränderten weltkirchlichen Situation und damit auch die Herausforderung, die sie für die europäische Kirche darstellt, ernst genug genommen und akzeptiert werden können.

Mit dem Aufkommen eines multikulturellen Christentums und der damit gegebenen Relativierung der europäischen Kirche und ihrer Theologie sind verschiedene Probleme verknüpft, wovon hier wenigstens die Frage nach der Einheit der Kirche angesprochen werden soll. Wie kann die Einheit der Kirche gewahrt werden, ohne dass sie auf Kosten der um des Evangeliums willen erforderlichen Vielfalt geht? Es gibt faktisch ja schon einen kirchlich-theologischen Pluralismus, der – wird das Konzil ernst genommen – noch anwachsen müsste. Doch auch die kirchliche Einheit braucht ihre Anschaulichkeit und Greifbarkeit, die heute gerade nicht auf dieselbe Liturgie, dasselbe Recht und gleichlautende Glaubenssätze zurückgreifen kann. Wie dieses Problem konkret zu lösen ist, gehört mit zu den schwierigen Aufgaben, welche auf die Weltkirche zukommen und voneinander ein hohes Maß an Toleranz verlangt; einen »eschatologischen Respekt« füreinander, die Fähigkeit, inmitten von Konflikten an Solidarität festzuhalten, um sozio-kulturelle Barrieren überwinden zu können.[63] Ehe aber die Frage beantwortet werden kann, wie die Erfahrung eines multikulturellen Christentums theologisch zu verarbeiten ist, muss diese Erfahrung erstmals gemacht werden können, und sie darf nicht durch Ängste vor einem »heillosen Pluralismus« und vor dem Verlust kirchlicher Einheit blockiert werden.[64] Alle Kirchen stehen heute vor der großen Herausforderung, das Evangelium in den jeweiligen Kontexten so zur Geltung zu bringen, dass es als das »Wort des Lebens« (1 Joh 1,1) gehört und erfahren werden kann. Dazu müssen die Kirchen sich insbesondere den vielfältigen Problemen der Armen stellen, was konkret Verschiedenes beinhalten kann. Zugleich haben sich die einzelnen Kirchen um die Bereinigung der zwischen ihnen bestehenden und bei der Bewältigung ihrer Aufgaben aufkommenden Spannungen und Konflikte zu bemühen. »Nur Gemeinschaften, die sich um die harmonische Bewältigung von Verschiedenheiten kümmern, sind befähigt, den Herausforderungen einer in Reiche und Arme tief gespaltenen Welt zu begegnen. Sie können sich dann nicht mehr nur mit der eigenen Geschichte und Identität beschäftigen. Welt und Kirche haben es um ihrer Zukunft und Hoffnung willen nötig, vom Evan-

---

[63] K. Rahner, Ritenstreit – Neue Aufgaben für die Kirche, in: Schriften zur Theologie XVI, aaO. 178–184, bes. 182; J. Miguez Bonino, Identität und Kommunikation, in: Zeitschrift für Mission 1 (1975) 5–12, bes. 11.
[64] Vgl. E. Lange, Die ökumenische Utopie oder Was bewegt die ökumenische Bewegung? Am Beispiel Löwen 1971: Menscheneinheit – Kircheneinheit, Stuttgart – Berlin 1972, 198.

gelium durchdrungen zu werden, das nie einfach Teil der Kultur oder des Christentums werden darf, sondern ihnen gegenübersteht.«[65]

Das Gleiche gilt für die außereuropäischen Theologien. Sind die einzelnen Theologien nicht so verschieden und von einem derartigen Profil, dass sie nur um den Verlust ihrer Bestimmtheit – in einer Art »Cocktailtheologie« – als Theologie der Weltkirche gelten könnten? Wenn eine eurozentrische Theologie zu Recht als einseitig und begrenzt bemängelt wird, kann allein die Tatsache, dass der eine »Provinzialismus« durch einen anderen ersetzt wird, schon die Einheit der Theologie gewährleisten? Alle Theologien sind eins in ihrem Bezug auf den Nazarener und den in ihm uns nahe gekommenen Gott, dessen Evangelium vielfältig zu Sprache gebracht wird und über das in Kommunikation zu treten, jeder Theologie aufgetragen ist. »Es hat (aber) nur dann Sinn, von afrikanischer, europäischer oder lateinamerikanischer Theologie zu sprechen, wenn das Vorgegebene, worüber sie allesamt reflektieren, eine ihm eigene Freiheit hat und, weil auf Kommunikation hin angelegt, erst Kommunikation ermöglicht. Die Erkenntnis der tiefen kontextuellen Eingebundenheit der christlichen Botschaft und Theologie lehrt uns alle, die Ungebundenheit, Freiheit und letztlich auch Fremdheit des Evangeliums wahrzunehmen. Nie wissen wir bereits im voraus, was es sagt und wohin es führt; immer muß das neu gesucht und erarbeitet werden.«[66] Deswegen bildet die Weltkirche auch eine »Lerngemeinschaft«, die auf allen Ebenen und zwischen allen Christinnen und Christen zu pflegen ist; jeden Tag neu.

Was die Christen und Christinnen der Dritten Welt in der Aufarbeitung ihrer eigenen Geschichte und ihrer kulturellen Traditionen theologisch thematisieren und dabei gleichzeitig neu entdecken, bleibt auch für die europäischen Kirchen und Theologien unentbehrlich, »... nicht nur deswegen, weil nur so das Universale des Christentums über einen einseitigen Europäismus hinaus gewonnen und geschützt zu werden vermag«.[67] Deren Geschichte zeigt uns wie in einem Spiegel die Auswirkungen unseres kirchlichen Handelns und theologischen Denkens, weil sie dessen Folgen oft unmittelbar zu spüren bekommen. Freilich darf die Beschäftigung mit den Dritte-Welt-Theologien nicht zur Alibiübung verkommen, in der die eigenen Probleme verdrängt statt bearbeitet werden. Genauso wenig stellen sie einen Luxus dar, den wir uns leisten

---

[65] K. Blaser, Christentum und Missionsgesellschaften aus der Perspektive eines Missionswissenschaftlers, in: Zeitschrift für Mission 16 (1990) 43–48, 45.
[66] K. Blaser, Kontextualität und Universalität von Theologie. Möglichkeiten ökumenischen Lernens aus der Sicht eines Erste-Welt-Theologen, in: Hg. Evangelisches Missionswerk in Deutschland, Theologie als konziliarer Prozess. Chancen und Grenzen eines interkulturellen Dialogs zwischen Theologien der »Dritten« und »Ersten Welt«, Hamburg 1988, 11–20, 18.
[67] H. Bürkle, Theologische Entwicklungen in der Dritten Welt, in: Zeitschrift für Mission 5 (1979) 78–89, 81.

oder auf den wir verzichten können. Die entscheidende Frage, die von ihnen gestellt wird und von den Kirchen und Theologien hier aufzunehmen ist, bleibt nur dann vernehmbar, wenn wir uns dem in ihnen artikulierten Leiden aussetzen. Diese Frage lautet schlicht: wo ist unser eigener Ort und wessen Interessen vertreten wir? Oder mit den Worten von James Cone: »Nach meiner Meinung kann ein theologisches Denken, das sich nicht dauernd für die Befreiung der Opfer engagiert, nicht christlich genannt werden. Die Frage ist unwichtig, welchem Kontinent diese Theologie zuzurechnen ist. Entscheidend dagegen ist, *wer* durch diese Theologie vertreten wird: die Armen oder die Reichen, die Schwarzen oder die Weißen, die erste oder die dritte Welt?«[68] Die Antwort auf diese Frage hat verschiedene Konsequenzen sowohl für die europäische Kirche als auch für unsere Theologie. Davon soll nun noch die Rede sein.

5. Europäische Kirche und Theologie

Es war schon mehrmals von europäischer Kirche die Rede, ohne dass genau gesagt wurde, was darunter zu verstehen sei. Wenn außereuropäische Kirchen und Theologen und Theologinnen von ihr sprechen, so scheinen sie damit eine breitflächige, geschichtlich-geographische Größe zu meinen, ohne nähere Profilierung; gelegentlich dient Europa als Bezugspunkt einer negativen Identität; oft erfüllt es die Funktion eines Schibboleths, eines Erkennungszeichens. Wie aber versteht sich diese Kirche selbst? Gibt es eine *europäische* Kirche, so wie es eine lateinamerikanische oder afrikanische Kirche gibt? Das ist mehr als fraglich. Es gibt zwar einen Rat der europäischen Bischofskonferenzen und eine Kommission der Bischofskonferenzen der Europäischen Union, doch ein allgemeines Bewusstsein, europäische Kirche zu sein, ist nicht zu finden. Dies mag an der Vielfalt der Sprachen liegen, die ein solches Bewusstsein erschwert, umgekehrt dafür ein weltkirchliches erleichtern könnte. Die Vermutung jedenfalls ist berechtigt, »europäische Kirche« scheint ein Stück Fiktion zu sein. Es gibt kein europäisches kirchliches Identitätsbewusstsein, vielmehr nationale: die österreichische, die deutsche, die spanische, die niederländische ... Kirche. Das gilt es im Folgenden zu beachten.

Die Tatsache der Tertiaterranität des Christentums verlangt von der europäischen Kirche eine Standortbestimmung innerhalb der einen Welt und der einen Weltkirche. Diese Kirche gehört nicht nur zu jenem Teil der Welt, welcher in der Vergangenheit die koloniale Herrschaft über andere Völker aufrichtete. Sie existiert auch jetzt inmitten von Gesellschaften, die sich auf neue Weise an

---

[68] J. H. Cone, Zeugnis und Rechenschaft. Christlicher Glaube in schwarzer Kirche, Freiburg/Schweiz 1988, 145.

andern bereichern und auf deren Kosten leben, und auch die Kirche zieht daraus ihren Nutzen. So ergibt sich die Notwendigkeit einer permanenten selbstkritischen Prüfung, inwieweit die europäische Kirche – auch wenn sie in »sündige Strukturen« verflochten bleibt – ihre Aufgabe wahrnimmt, *hier* Anwältin der Armen dieser Welt zu sein. Wenn die Diagnose der gegenwärtigen europäischen Mentalität noch immer zutrifft, wie sie J. B. Metz vor Jahren gemacht hat, als er von einem Euro-Ästhetizismus und Euro-Provinzialismus sprach,[69] dann ist eine solche Prüfung nicht bloß notwendig, sondern auch dringend. Die stille Verabschiedung von Gesellschaftskritik, das stumme Sich-Gewöhnen an das Elend der Mehrheit der Weltbevölkerung, das Verkleinern der Maßstäbe unserer Wahrnehmungsmöglichkeiten und Handlungswilligkeit sind alarmierende Indizien dafür, dass das, was in der Sprache unseres Glaubenszeugnisses »Hunger und Durst nach Gerechtigkeit« (Mt 5,6) heißt, abhanden zu kommen droht. Die Kirche kann sich hier nicht vorschnell auf ihre Hilfswerke und eine große, noch immer steigende Spendebereitschaft berufen, weil neben Almosen vor allem internationale soziale Gerechtigkeit gefragt ist. Die Freiheit, dazu ein mutiges Wort in unseren Gesellschaften zu sagen, gewinnt sie erst dann, wenn »sie sich mit keiner Macht mehr kompromittiert«,[70] und bereit ist, Konflikte zu riskieren. Ob die Stimmen europäischer Kirchen innerhalb der Weltkirche von den andern Kirchen gehört werden, hängt nicht zuletzt von ihrer eigenen Glaubwürdigkeit und einer neuen Gerechtigkeitspraxis ab, welche in die Mitte christlicher Existenz überhaupt gehört.

In diesem Zusammenhang möchte ich an eine Stelle aus dem Synodendokument »Unsere Hoffnung« erinnern: »Wir dürfen im Dienste an der einen Kirche nicht zulassen, daß das kirchliche Leben in der westlichen Welt immer mehr den Anschein einer Religion des Wohlstandes und der Sattheit erweckt, und daß es in anderen Teilen der Welt wie eine Volksreligion der Unglücklichen wirkt, deren Brotlosigkeit sie buchstäblich von unserer eucharistischen Tischgemeinschaft ausschließt. Denn sonst entsteht vor den Augen der Welt das Ärgernis einer Kirche, die in sich Unglückliche und Zuschauer des Unglücks, viele Leidende und viele Pilatusse vereint und die dieses Ganze die eine Tischgemeinschaft der Gläubigen, das eine neue Volk Gottes nennt. Die eine Weltkirche darf schließlich nicht in sich selbst noch einmal die sozialen Gegensätze unserer Welt einfach widerspiegeln. Sie leistet sonst nur gedankenlos jenen Vorschub, die Religion und Kirche sowieso nur als Überhöhung bestehender gesellschaftlicher Verhältnisse interpretieren.«[71] Deshalb ist es unerlässlich, dass es auch bei uns

---

[69] J. B. Metz, Die Dritte Welt und Europa. Theologisch-politische Dimensionen eines unerledigten Themas, in: Stimmen der Zeit 118 (1993) 3–9, 8 f.
[70] J. Gaillot, Das neue Europa – eine Herausforderung für die Kirchen, in: Die Kirchen und Europa. Herausforderungen – Perspektiven, Luzern 1993, 101–112, 106.
[71] Unsere Hoffnung. Ein Bekenntnis zum Glauben in dieser Zeit, in: Gemeinsame Synode der

zu einer Veränderung von Verhalten und Einstellungen kommt, ohne die keine wirtschaftlichen und politischen Veränderungen dauerhaft möglich sind. Das wiederum setzt umfassende Bildungs- und Informationsarbeit über ungerechte Wirtschaftsstrukturen voraus, um eine Verhaltensänderung in Gang zu setzen.

Einen aktuellen Bereich, in dem solche Gerechtigkeitspraxis gefragt ist und wirksam werden kann, bildet das Problem der Flüchtlinge und Asylbewerber und Asylbewerberinnen; auch die Bemühungen um einen »fairen Handel« (Gepa, TransFair), wie ihn viele »Eine-Welt-Gruppen« versuchen, gehören dazu.[72] Gerade der faire Handel kann auf breite Zustimmung stoßen, weil das Anliegen unmittelbar einsichtig ist. »Es ist in der gehandelten Ware sichtbar, be-greifbar, nicht theorielastig und kommt gleichzeitig dem weitverbreiteten Bedürfnis entgegen, etwas Konkretes zu tun.«[73] Darüber hinaus ist auf die Bedeutung von Partnerschaften hinzuweisen. Partnerschaften zwischen Gruppen und Gemeinden hier mit jenen des Südens sind mittlerweile zu zentralen Handlungsformen weltkirchlicher und entwicklungspolitischer Solidarität geworden; trotz vieler damit verbundener Schwierigkeiten verdienen sie vermehrte Beachtung. »Mit diesen unmittelbaren Beziehungen zu Partnern in anderen Ländern und Kulturen verbindet sich die Hoffnung, die globale Entwicklungsproblematik konkret nachvollziehen und die Weltkirche exemplarisch erfahren zu können.«[74]

Allerdings haftet dem Gedanken der Partnerschaft etwas Schillerndes und Vieldeutiges an, der in neuem Gewand alte Abhängigkeiten fortsetzen und damit wiederum eine Form des Paternalismus darstellen kann. Um dies zu vermeiden, braucht es ein gemeinsames Verständnis und klare Zielvorstellungen von dem, was Partnerschaft soll. »Partnerschaft ist kein Ziel in sich selbst, wenn die realen Lebensverhältnisse und ihre Ursachen nicht im Blick sind.«[75] Tatsächlich existierende Macht- und Abhängigkeitsverhältnisse können im Namen von Partnerschaft leicht verschleiert und überspielt werden, wobei das Geld eine nicht unbedeutende Rolle spielt. Wenn nämlich Partnerschaften sich vor allem als materielle Hilfe, über Projektgelder definieren, so stehen sie in Gefahr,

---

Bistümer in der Bundesrepublik Deutschland. Beschlüsse der Vollversammlung. Offizielle Gesamtausgabe I, Hg. L. Bertsch u. a., Freiburg – Basel – Wien 1976, 84–111, 109 (IV. 3); vgl. J. B. Metz, Jenseits bürgerlicher Religion. Reden über die Zukunft des Christentums, München – Mainz 1980, 51–69.

[72] Vgl. St. Stricker, Weltweite Gerechtigkeit konkret. Die fast dreißigjährige Geschichte des »Fairen Handels«, in: Herderkorrespondenz (1996) 362–367.

[73] Ebd. 364.

[74] Vgl. K. Piepel, Lerngemeinschaft Weltkirche. Zur pädagogischen Konzeption von Lernprozessen in Partnerschaften zwischen Christen in der Ersten und der Dritten Welt, in: Zeitschrift für Missionswissenschaft und Religionswissenschaft 79 (1995) 3–26, 4; J. Müller, Weltkirche als Lerngemeinschaft, in: Stimmen der Zeit 124 (1999) 317–328.

[75] B. Dinkelaker, Zusammenleben lokal – global: Ökumenisches Lernen in Partnerschaften, in: Zeitschrift für Mission 26 (2000) 274–280, 277.

neue Abhängigkeiten zu schaffen und diese festzuschreiben. Darüber hinaus können sie dort, wo sie sich auf direkte, bilaterale Beziehungen konzentrieren, bei Anderen Neidgefühle wecken und zur heimlichen Konkurrenz werden. Dennoch ist am Gedanken der Partnerschaft festzuhalten und dessen praktische Umsetzung zu begrüßen, weil er Weltkirche im Zeichen von Gleichberechtigung und Interdependenz, von wechselseitigem Teilhaben und Teilnehmen an der »Freude und Hoffnung, Trauer und Angst der Menschen von heute, besonders der Armen und Bedrängten aller Art« (GS 1) konkret und exemplarisch erfahren lässt.

Dass die europäische Theologie wie jede andere Theologie kontingent und damit begrenzt ist, das haben die außereuropäischen Theologien in ihrer Kritik immer wieder deutlich zu machen versucht, indem sie deren universalen Anspruch brandmarkten und die anthropologischen Voraussetzungen zurückwiesen. Nach K. Rahner hat sich die europäische Theologie zu fragen, »... ob sie nicht doch zu diesen Entwicklungen – schuldig oder unschuldig – beigetragen hat durch ein Menschenbild (und dessen ideologische Verzerrungen), das in Wahrheit gar nicht christlich legitimiert und verantwortet werden kann. Auch die Theologie ist eine Theologie sündiger Menschen; auch eine Theologie, welche die Väter betrieben haben, kann sich mit ihren Fehlleistungen, Kurzsichtigkeiten und Ausfällen an den Kindern rächen.«[76] Eine andere Sache freilich ist es, ob sich europäische Theologie selbst als solche zu begreifen lernt und sich der Aufgabe einer neuen Ortsbestimmung stellt. Zwar haben die meisten Theologinnen und Theologen die Menschen und Situationen Europas und darüber hinaus in ihrem Blickfeld. Das Bewusstsein einer *europäischen* Theologie ist jedoch noch nicht stark ausgeprägt. Dass eine europäische Theologie sich gar als *kontextuelle* Theologie begreift, d. h. als eine Theologie, die ihre Identität aus der eigenen Geschichte und der Reflexion auf ihren gesellschaftlichen Standort zu gewinnen sucht, um hier die vom Evangelium geforderten Interessen geltend zu machen, ist eher die Ausnahme als die Regel. Das aber ist es, was uns durch die neue weltkirchliche Situation aufgegeben wird, was andere von uns erwarten. Die europäische Theologie gilt nicht einfach als abgeschrieben, sie wird auch eine wichtige »Vermittlerrolle« behalten. Von ihr zu lernen, sind andere durchaus bereit, vorausgesetzt, sie lässt sich infrage stellen, steht auch zu den Schattenseiten ihrer Identität, und ihre Theologinnen und Theologen zeigen eine neue Haltung in der Kommunikation mit ihnen. Oft wirken noch immer koloniale Beziehungsmuster weiter, wonach wir die Lehrenden und Gebenden, die Anderen Lernende und Empfangende sind.

---

[76] K. Rahner, Aspekte europäischer Theologie, in: Schriften zur Theologie XV, Zürich – Einsiedeln – Köln 1983, 84–103, 98. Vgl. L. Vischer, Europäische Theologie – weltweit herausgefordert, in: Ökumenische Theologie 28 (1979) 233–247.

Wir können als europäische Kirchen, Theologinnen und Theologen nicht unbedacht in eine interkulturell-theologische Kommunikation mit anderen treten und zwar deswegen nicht, weil die Geschichte der europäischen Expansion und Mission auch eine Geschichte der Unterdrückung, Zerstörung und Ausbeutung gerade derjenigen ist, mit denen wir nun in Kommunikation treten wollen. Darum gilt es zuvor etwas zu bereinigen. »Es ist weder pastoral noch theologisch möglich, zwischen Christen unterschiedlicher Kulturen in einen Dialog einzutreten, wenn und solange das … Konfliktpotential nicht bewußt gemacht ist und die mit ihm verbundenen Verwundungen aufgedeckt und angenommen sind.«[77] Wir gelten als gewalttätig und unbescheiden; unser theologischer Diskurs als arrogant und »erfahrungsarm«. Ein interkultureller-theologischer Dialog aber fordert Sensibilität, um das hören zu können, was andere uns zu sagen versuchen; Empathie, die Fähigkeit, sich selbst mit den Augen der Anderen sehen zu lernen. Er verlangt darüber hinaus Geduld, nicht zuletzt, um ihre Theologie, deren wichtigsten Texte das Leben der Gemeinschaft selbst sind, verstehen zu lernen.[78] Damit kann auch unser eigenes theologisches Denken und kirchliches Leben von den andern dazu bekehrt werden, dem Evangelium treuer zu werden und damit neue missionarische Ausstrahlungskraft zu finden. »Nach fünf Jahrhunderten der Evangelisierung an der Peripherie hat es den Anschein, als begänne diese Peripherie der Dritten Welt, als begännen die Armen, auf ihre Mutterkirchen ›zurückzuebben‹, um sie an das *Wesen* des Evangeliums zu erinnern, das im Triumphalismus, im Reichtum, im Stolz, die Ersten, die Ältesten, die Klügsten, die ›Genauesten‹, die Diszipliniertesten, die Ordentlichsten, die Reinsten, die Zivilisiertesten … zu sein, ein wenig in Vergessenheit geraten ist. Von Russland und Polen angefangen bis zu (Mittel- und West-)Europa und den Vereinigten Staaten beginnen Katholiken und Protestanten, von ihren Geschwistern aus dem Süden, den ›armen‹ Kirchen Lateinamerikas, Afrikas und Asiens ›herausgefordert‹ zu werden. Dieses ›Zurückebben‹ ist nicht leicht hinzunehmen. Es gibt Widerstände, Die-Augen-Verschließen, Verteidigungsversuche oder schließlich die ›Kontrolle‹ der Botschaft, wenn irgendwo ein Fenster offen geblieben ist.«[79] Wer in seiner Angst um den wahren Glauben vorschnell die kirchliche Communio bemüht, der vergisst, dass Communio bisher vor allem darin bestand, dass andere unter uns gelitten haben und immer noch leiden.

---

[77] W. Simpfendörfer, Thesen auf der Suche nach einer interkulturellen Theologie, in: epd-Entwicklungspolitik 5/6 (1987) 31–38, 31.

[78] Vgl. R. J. Schreiter, Abschied vom Gott der Europäer. Zur Entwicklung regionaler Theologien, Salzburg 1992.

[79] E. Dussel, Die Gezeiten des Evangeliums. Wenn die evangelisierten Armen zu Evangelisatoren werden, in: Impulse der Befreiungstheologie für Europa, Hg. M. Sievernich, München – Mainz 1988, 159–171, 163.

Die neue Situation, in der sich das Christentum heute befindet, sollte deshalb vermehrt ins allgemeine Bewusstsein rücken, damit unser »parochiales Gewissen« überwunden werden kann, eine auf unsere Gemeinde oder auch nationale Kirche hin begrenzte Wahrnehmung der Wirklichkeit und Verantwortung, die unser Denken und Tun im kirchlichen und gesellschaftlichen Alltag bestimmen. In einem wachen *weltkirchlichen Bewusstsein*, wären dann Nöte und Fragen, aber auch Freude und Hoffnung unserer Geschwister sowie die Herausforderungen der »Einen Welt« präsenter. Die eigene Situation braucht deshalb nicht ausgeblendet und die mit ihr verbundenen Schwierigkeiten nicht übergangen zu werden. Im Horizont der »Einen Welt« und einer Weltkirche bekommen sie aber andere Dimensionen. Wem die Zulassung von Messdienerinnen bereits pastorale und theologische Mühe bereitet, der dürfte für andere, grundlegendere Fragen, kaum das erforderliche Verständnis aufbringen. Ein weltkirchliches Bewusstsein kann uns dazu verhelfen, die Verheißung des Evangeliums zu elementarisieren, damit auch wir sie als »Wort des Lebens« erfahren und unsere kirchlichen Aktivitäten und Optionen in eine entsprechende Rangordnung bringen, welche anderen Menschen an diesem Evangelium Anteil gibt. Das hätte nebenbei zur Folge, dass sich eine gelegentliche Vermutung, unsere Kirche sei mehr um sich selbst als um das Evangelium besorgt, als unbegründet erweist.

In einer Weltkirche, die sich gerade auch als multikulturelle Kirche zu verstehen hat, sitzen alle Jünger und Jüngerinnen Jesu im gleichen Boot. »Es gibt für alle nur eine Mission, nämlich das befreiende Evangelium hier und dort zu leben, in einen je anderen Kontext mit seinen spezifischen Problemen zu übersetzen und gerade so Jesus Christus Herr sein zu lassen über alle Herren politischer, militärischer, wirtschaftlicher oder religiöser Herkunft. Weil es nur eine – eben diese – Aufgabe gibt, deshalb sind wir alle miteinander Partner und aufgerufen, wirklich partnerschaftliche Verhältnisse herzustellen. ›Wir‹ greifen Mitchristen und Mitmenschen unter den armen Völkern ein bisschen unter die Arme (und zwar sofern sie das wünschen und dort, wo sie es wünschen) – ›sie‹ helfen uns, durch ihre provokativen Fragen, ihre Ansichten und ihre Situation, unsere Lage und Aufgabe klarer zu erkennen.«[80]

6. Weltkirche als *Lerngemeinschaft*

Seit Mitte der siebziger Jahre wird das Thema Weltkirche als Lerngemeinschaft intensiver diskutiert, und es erweist sich nicht allein für die Missionswissenschaft, sondern für die Theologie allgemein als relevant. »Der Begriff der ›Lern-

---

[80] K. Blaser, Das Missionsverständnis in Bewegung, in: Zeitschrift für Mission 19 (1993) 199–210, 208.

gemeinschaft‹ kommt aus dem Norden und formuliert Zielerwartungen vor allem auf der menschlichen, pastoralen oder theologischen Ebene.«[81] Genauer betrachtet geht es um das ökumenische Lernen in einem weiten Sinn, welches das interkulturelle Lernen mit einschließt. Solches Lernen erweist sich nicht nur angesichts der Tatsache der Nord-Süd-Verlagerung des Christentums als immer drängender, sondern auch wegen der inzwischen weltweit entstandenen Vielfalt von kontextuellen Theologien, mit denen ins Gespräch zu kommen uns aufgetragen ist. Gewiss mag dabei die »Option für weltkirchliches Lernen … psychologisch auch einem Wiedergutmachungskomplex des Nordens gegenüber dem Süden«[82] entspringen. Selbst wenn dies das entscheidende Motiv dafür sein sollte, so wäre damit ein nicht unbedeutender Anstoß für ein solches Lernen gegeben, weil damit implizit zugegeben wird, dass sich Christinnen und Christen des Nordens gegenüber jenen des Südens nicht richtig verhalten haben. Doch ob es sich der (!) Norden nicht doch zu leicht macht, wenn pauschalisierend erklärt wird: »Der Süden ist – in der Regel – nicht so sehr am Lernen wie am Geld interessiert.«[83]?

Partnerschaften ermöglichen in besonderer Weise ökumenisches Lernen: »Fremde Menschen und ihr Alltag, ihre kulturellen, religiösen, wirtschaftlichen, politischen und sozialen Lebensbedingungen bleiben nicht abstrakt, sondern nehmen Gestalt an, verbinden sich mit Namen und Gesichtern, mit konkreten Erfahrungen durch persönliche Begegnung und exemplarisches Lernen in einer verpflichteten Gemeinschaft. Wo wir uns wechselseitig einlassen aufeinander, da werden wir existentiell berührt und werden dabei selbst verändert. Da lernen wir, das eigene Leben mit neuen Augen zu sehen. Dies berührt nicht zuletzt die Wahrnehmung am eigenen Ort: Internationale Partnerschaften öffnen den Blick für die Ökumene am eigenen Ort, sensibilisieren und machen neugierig für das Andere, das Fremde ›vor der Haustür‹, in der eigenen Nachbarschaft.«[84]

---

[81] M. Ott, Lerngemeinschaft Weltkirche. Zum Programm und zur Praxis globalen Christseins, in: Stimmen der Zeit 126 (2001) 541–556, 550.
[82] M. Ott, Lerngemeinschaft Weltkirche, aaO. 547. Dieser Artikel weckt von seinem Anspruch her hohe Erwartungen, die der Autor aber m. E. nicht einlöst, nicht zuletzt wegen seiner »theologischen Unentschiedenheit« (vgl. aaO. 541, 552: »… Wie wichtig ist der Kontakt mit Christen aus anderen Teilen der Weltkirche? … Man muss nicht weltkirchlich denken und handeln, um ein guter Christ zu sein! …«) und den Widersprüchen (vgl. aaO. 551: »weltkirchliches Wahrnehmen, Denken und Danken (ist) … jedem Christen aufgegeben … nicht alles, was Christen in anderen Ortskirchen bewegt, (muss) auch mich bewegen … oder (soll) auch nur bewegen …). Vgl. dagegen Hg. M. Treber – W. Burggraf – N. Neider, Dialog lernen. Konzepte und Reflexionen aus der Praxis von Nord-Süd-Begegnungen, Frankfurt a. M. 1997; Hg. Christliche Initiative Internationales Lernen: L. Weckel – U. Wannig, Was brauchen (wir) Menschen? Nachhaltige Solidarität im internationalen Dialog, Frankfurt a. M. 2001.
[83] M. Ott, Lerngemeinschaft Weltkirche, aaO. 550.
[84] B. Dinkelaker, Zusammenleben lokal – global: Ökumenisches Lernen in Partnerschaften, aaO. 278. Vgl. K. Piepel, Eine-Welt-Gruppen in Gemeinden – ein Modell praktizierter Sozial-

Ökumenisches Lernen wird als ein neues Konzept verstanden, herkömmlichen Aufgaben, aber auch neuen Herausforderungen der Christen und Christinnen und Kirchen zu begegnen. »Ökumenisches Lernen im Welthorizont meint das Einleben in den komplexen und widersprüchlichen Zusammenhang der Einen Welt.«[85] Die Perspektive, auf die hin dieses Lernen erfolgt, ist die Bewohnbarmachung der ganzen bewohnten Erde für alle Menschen und orientiert sich an der Idee einer weltweiten Gerechtigkeit. Ökumene wird hier also in seinem ursprünglichen Bedeutungsgehalt – »die ganze bewohnte Erde« – verstanden, ein Sprachgebrauch, der in der Ökumenischen Bewegung auf dem Hintergrund des »konziliaren Prozesses für Gerechtigkeit, Frieden und Bewahrung der Schöpfung« mittlerweile gebräuchlich ist.

Zwei Aspekte sind für das ökumenische Lernen besonders hervorzuheben: Zum einen geht es um die Partizipation und Egalität aller Beteiligten. Ökumenisches Lernen kann nur dann gelingen, wenn alle Menschen an der Aufgabe der Bewohnbarmachung der Welt einbezogen sind und keine Gruppe privilegiert ist oder das Sagen hat. Zum andern handelt es sich beim ökumenischen Lernen um einen Prozess gegenseitiger Verständigung und gemeinsamen Voranschreitens, d.h. es geht vor allem um eine Weggemeinschaft. Für unseren eigenen Kontext könnten dabei aus missionswissenschaftlicher Perspektive nach wie vor solche Fragen hilfreich sein, wie sie beispielsweise in den 80er Jahren in den evangelischen Kirchen der DDR gestellt wurden:

»Wie verhalten sich die Kirchen zu Fehlentwicklungen in der Missionsgeschichte, und werden sie fähig sein, Partnerschaft mit Kirchen in Afrika, Asien und Lateinamerika zu lernen und zu gestalten?

Haben die Kirchen den missionarischen Aufbruch im eigenen Kontext wahrgenommen, und werden sie fähig sein, eigene Erfahrungen in die weltweite Mission der Kirche einzubringen, oder werden die neuen Möglichkeiten zur Flucht aus der missionarischen Verantwortung im eigenen Kontext benutzt?

Wird es den Kirchen gelingen, die Kontroverse zwischen Mission und Entwicklung, Verkündigung und sozialem Dienst zu überwinden und dem ganzheitlichen Charakter des missionarischen Auftrages zu entsprechen?«[86]

---

pastoral?, in: Hg. N. Mette – H. Steinkamp, Anstiftung zur Solidarität. Praktische Beispiele der Sozialpastoral, Mainz 1997, 173–196. Ein konkretes inhaltliches Beispiel solch ökumenischem Lernens findet sich bei Th. Ahrens, Ökumenisches Lernen. Anmerkungen zu seinen Möglichkeiten und Grenzen, in: Ders., Mission nachdenken. Studien, Frankfurt a.M. 2002, 75–87.

[85] W. Simpfendörfer, »Sich einleben in den größeren Haushalt der bewohnten Erde« – ökumenisches und ökologisches Lernen, in: Hg. H. Dauber – W. Simpfendörfer, Eigener Haushalt und bewohnter Erdkreis. Ökologisches und ökumenisches Lernen in der »Einen Welt«, Wuppertal 1981, 64–93, 67.

[86] E. Schülzgen, Auf der Suche nach neuen Wegen in Mission und Partnerschaft, in: Hg. M. Sens – R. Bodenstein, Über Grenzen hinweg zu wachsender Gemeinschaft. Ökumene in

Inkulturation und Identität

Drei Motive sind für das ökumenische Lernen grundlegend und bedeutsam:

- das sozialethisch-politische Motiv, das mit der Herausforderung der Christinnen und Christen angesichts der drohenden Katastrophen zu Einsatz für Gerechtigkeit, Frieden und Bewahrung der Schöpfung verbunden ist.

- das missionarische Motiv, das mit der Herausforderung der Christen zum Dialog mit Menschen anderer Religionen und Kulturen verbunden ist.

- das ekklesiologische Motiv, das mit der Herausforderung an die Christinnen und Christen verschiedener Konfessionen, Kirchen und Denominationen verbunden ist, verstärkt aufeinander zuzugehen und die geglaubte Einheit der Kirche schrittweise zu verwirklichen.

Die theologische Begründung für das ökumenische Lernen und Handeln liegt in der biblischen Verheißung des Schalom, der Heilszusage Gottes, die allen Menschen gilt und deshalb auch die universale Dimension von Ökumene und ökumenischem Lernen begründet. Die Verschränkung des eigenen »Oikos« mit der weltumspannenden Oikoumene – die fundamentale Grundstruktur ökumenischen Lernens – ist biblisch in der Verschränkung der Geschichte Israels mit dem ganzen Erdkreis grundgelegt. Ökumenisches Lernen bedeutet nichts weniger als Teilhabe an der Weltzuwendung Gottes, und es ereignet sich dort, wo der Zusammenhang von Glauben, Leben und Lernen immer wieder neu gesucht und hergestellt wird. Ökumenisches Lernen als Teilgabe an der eigenen Lebens- und Glaubenspraxis und zugleich Teilnahme an der Lebens- und Glaubenspraxis anderer ist darum eine unverzichtbare Aufgabe einer jeden Ortsgemeinde. Mit anderen Worten: Weltkirche kann heute nur noch als Lerngemeinschaft verstanden werden.

---

der DDR in den achziger Jahren (Beiheft zur Ökumenischen Rundschau 62), Frankfurt a. M. 1991, 99–104, 100.

Kontextuelle Theologien:

Eine Herausforderung für die »universale« Theologie und das kirchliche Lehramt

Zu den wichtigsten Veränderungen der letzten drei Jahrzehnte in der theologischen Landschaft und im Theologietreiben gehört das weltweite Aufkommen kontextueller Theologien. Nach Jahrhunderten einer mehr oder weniger »einheitlichen« europäischen Theologie, die im Gefolge der missionarischen Tätigkeit westlicher Kirchen auch in außereuropäischen Gebieten Eingang fand und dort wirksam wurde, begann im Zuge des Entkolonialisierungsprozesses innerhalb der Kirchen ein Aufbruch, der sich in der Suche nach einer eigenen kirchlichen und theologischen Identität bemerkbar machte und der bis heute unvermindert anhält. Diese Identitätssuche war und bleibt verbunden mit Vorbehalten gegenüber der überkommenen europäischen Theologie, deren universale Tragweite auf Grund ihrer anthropologischen Prämissen und den geschichtlichen Hypotheken nicht nur in Frage gestellt, sondern geradezu als irrelevant und ideologisch besetzt zurückgewiesen wird. »Theology in The Third World needs decolonizing«, bemerkt Samuel Rayan in dem vor kurzem erschienenen Lexikon von Dritte-Welt-Theologien.[1]

Einen gewichtigen Grund, weshalb es zur Zurückweisung westlicher Theologie kommt, formulierte die erste Abschlusserklärung der Ökumenischen Vereinigung von Dritte-Welt-Theologen (EATWOT) in Daressalam 1976, wenn gesagt wird, der Sinn der christlichen Botschaft sei in der westlichen Theologie so abgestumpft gewesen, »daß man den Todeskampf ganzer Rassen nicht empfand«.[2] Und das Dokument fährt unmittelbar fort: »Dies sind nicht nur historische Realitäten, sondern die unmittelbaren Vorläufer der gegenwärtigen westlichen Theologien. Sie haben bis heute noch nicht gelernt, die Nachfolger

---

[1] S. Rayan, Art. Decolonizing theology, in: Hg. V. Fabella – R. S. Sugirtharajah, Dictionary of Third World Theologies, Maryknoll 2000, 65 f. Vgl. R. Schaeffler, Ent-Europäisierung des Christentums?, in: Theologie und Glaube 86 (1996) 121–131.

[2] Schlußerklärung der Konferenz von Daressalam 1976, in: Herausgefordert durch die Armen. Dokumente der Ökumenischen Vereinigung von Dritte-Welt-Theologen 1976–1983, Freiburg – Basel – Wien 1983 (Theologie der Dritten Welt Bd. 4), 40 f. Die Erklärung findet sich erneut abgedruckt in: Von Gott reden im Kontext der Armut. Dokumente der Ökumenischen Vereinigung von Dritte-Welt-Theologinnen und –Theologen 1976–1996, Freiburg – Basel – Wien 1999 (Theologie der Dritten Welt Bd. 26), 33–46, 40 f. Vgl. Hg. G. Collet, Theologien der Dritten Welt. EATWOT als Herausforderung westlicher Theologie und Kirche, Immensee 1990.

Inkulturation und Identität

der Kolonisatoren in Frage zu stellen – nämlich die mächtigen Länder Europas, Nordamerika und Japan. Auch haben sie keine Theologie entwickelt, um gegen die Mißbräuche der Erben der kolonialen Kaufleute, nämlich die heutigen riesigen räuberischen multinationalen Konzerne anzugehen.« Dieser provokant formulierten Einschätzung dürfte sich auch Jahrzehnte danach wohl eine Mehrheit von Dritte-Welt-Theologinnen und -Theologen anschließen.

Kontextuelle Theologien sind wesentlich ein Phänomen der Dritten Welt, auch wenn es mittlerweile einige Ansätze solchen Theologietreibens bei uns gibt.[3] Im Allgemeinen verstehen sich aber westliche theologische Arbeiten (noch) nicht als »kontextuelle« Theologien, sondern schlicht als Theologien. Dass es sich bei der gelegentlich beißend vorgetragenen Kritik an unserer westlichen Theologie keineswegs um eine vorübergehende Erscheinung oder gar um ein marginales Phänomen handelt, über das man Gras wachsen lassen oder »großzügig« hinwegsehen kann, erhellt allein schon die Tatsache der Schwerpunktverlagerung der Christenheit von der nördlichen in die südliche Hemisphäre, die sog. Tertiaterranität des Christentums. Solange die Mehrheit der Christen noch im Norden lebte, galt auch deren Theologie fast selbstverständlich als »allgemeinverbindlich« und »mehrheitsfähig«. Man (!) war allgemein davon überzeugt, dass die europäische Interpretation des Evangeliums weltweite Gültigkeit besitze und die hier herrschende Theologie die allein mögliche sei. Zwar gab es bereits vor 1970, dem ungefähren Wendepunkt der Nord-Süd-Verlagerung in der Weltchristenheit, Versuche und Ansätze »einheimischer Theologien«, wie nach damaliger Sprachregelung das Anliegen kontextueller Theologien noch genannt wurde. So ist beispielsweise an die ersten Ansätze einer afrikanischen Theologie in der Mitte der 50er Jahre zu erinnern. Doch erst nachdem die Entfremdungserfahrungen so massiv wurden, begannen sich vermehrt Stimmen zu Wort zu melden, welche die ihnen aufgebürdete, fremde theologische »Last« monierten. Um nochmals aus der erwähnten Abschlusserklärung zu zitieren: »Die europäischen und nordamerikanischen Theologien dominieren heutzutage in unseren Kirchen und stellen eine Weise kultureller Beherrschung dar. Man muss sie als aus der Situation dieser Länder erwachsen verstehen und kann sie deshalb nicht unkritisch übernehmen, ohne dass wir die Frage ihrer Bedeutung im Kontext unserer Länder stellen. Wir müssen

---

[3] Vgl. z. B. K. Blaser, Unser Ort. Ein vorläufiger Versuch, den europäischen Kontext zu analysieren, in: Zeitschrift für Mission 12 (1986) 76–85; Hg. W. Dirks, Gefahr ist. Wächst das Rettende auch? Befreiende Theologie für Europa, Salzburg 1991; oder die Arbeiten des früh verstorbenen P. Frostin, der 1991 das Nordische Forum für kontextuelle Theologie gründete. (P. Frostin, Umkehr in der Metropole. Eine Antwort der Ersten Welt auf die Theologien der Dritten Welt, in: Hg. J. Wietzke, Theologie als konziliarer Prozeß. Chancen und Grenzen eines interkulturellen Dialogs zwischen Theologien der »Dritten« und »Ersten Welt«, Hamburg 1988 (Weltmission heute Bd. 3)).

nämlich, um dem Evangelium und unseren Völkern treu zu sein, uns über die Wirklichkeiten unserer eigenen Situation Gedanken machen und das Wort Gottes im Verhältnis zu diesen Wirklichkeiten interpretieren.«[4]

Für die katholische Kirche scheint die Bischofssynode von 1974, als das Thema Evangelisierung zur Debatte stand, den »point of no return« in der Frage nach den Möglichkeiten einer Kontextualisierung des Evangeliums zu markieren, weil sich hier viel deutlicher noch als auf dem vergangenen Konzil abzeichnete, »daß die katholische Kirche dabei ist, eine Weltkirche zu werden – eine Weltkirche nicht mehr durch eine weitere Ausbreitung der europäischen Kultur über die ganze Welt, sondern dadurch, daß die Kirche in vielen Kulturen heimisch und dadurch selbst pluraler wird ... Faktisch zeichnete sich hier zum ersten Mal in aller Deutlichkeit das Ende der eurozentrischen Epoche der Kirchengeschichte ab und zugleich das Ende der an der Klassik orientierten Theologiegeschichte.«[5]

Inzwischen ist »Kontext« ein Reizwort geworden, das »kulturelle Auseinandersetzungen an(zeigt), die das Gespräch zwischen Kirchen, die sich unter verschiedenen Umständen entwickelt haben, oder zwischen Theologen und Theologinnen unterschiedlicher Herkunft beeinflussen«.[6] Zwar wird seitens unserer Theologie vereinzelt das Gespräch mit den neu aufgekommen kontextuellen Theologien gesucht und gepflegt, doch erweist sich ein derartiges Projekt mühsamer, als es auf den ersten Blick erscheinen mag. Denn wenn ein solches Gespräch nicht zum vornherein misslingen soll, dann gilt es, sich in einen anderen Kontext mit seinen Problemen und Herausforderungen hineinzudenken. Oft scheitert dieses gut gemeinte Ansinnen allerdings bereits an der (fehlenden) gemeinsamen Sprache, welche eine Grundvoraussetzung für Kommunikation ist.[7] Dazu kommen noch immer starke Reserven seitens der »Universitätstheologie« gegenüber kontextuellen Theologien, weil diese – wie gelegentlich zu hören ist – weder den formalen noch den übrigen wissenschaftlichen Standards und Ansprüchen, wie sie bei uns üblich sind, zu genügen vermögen. Wie schwer es schließlich auch dem Lehramt fällt, sich auf die neu entstandenen kontextuellen Theologien einzulassen, belegt nicht zuletzt die Geschichte, wie nämlich das Lehramt mit der lateinamerikanischen Befreiungstheologie und einigen ihrer Vertreter umgegangen ist. Ob Rede- und Schreib-

---

[4] Schlußerklärung von Daressalam, aaO. 41.
[5] H. J. Pottmeyer, Kontextualität und Pluralität. Die Bischofssynode von 1974, in: Theologie und Glaube 86 (1996) 167–180, 168, 167.
[6] G. Sauter, Die Wahrheit im Kontext des Redens von Gott. Zum Stellenwert von »Kontexten« in der systematischen Theologie, in: Theologie und Glaube 86 (1996) 157–166, 166.
[7] Vgl. W. J. Hollenweger, Art. Kultureller Kontext, in: Ökumene Lexikon. Kirchen – Religionen – Bewegungen, Hg. H. Krüger u. a., Frankfurt 1983, 726–732, bes. 730 f.; K. Raiser, Beyond tradition and context. In search of an ecumenical framework of hermeneutics, in: International Review of Mission 80 (1991) 347–354.

verbote einer sachlichen Auseinandersetzung dienlich waren oder sind, dieser Zweifel darf immerhin angebracht werden.

In den folgenden Ausführungen möchte ich das Thema so behandeln, dass im Rückgriff auf die Herkunft des Begriffes Kontext zunächst das Anliegen kontextueller Theologie entfaltet wird. In einem weiteren Punkt wird dann die Herausforderung solcher kontextueller Theologien an die »universale« Theologie thematisiert, wobei unter »universal« zum einen jene westliche Theologie gemeint ist, gegen deren vermeintlich allgemeingültigen Anspruch sich kontextuelle Theologien wehren, und zum andern eine »interkulturelle bzw. eine ökumenische« Theologie, in der es darum geht, das »Ende einer seit fast zwei Jahrtausenden herrschenden Theologie (und ihrer ›herrschaftlichen‹ Art betrieben zu werden) zu verknüpfen mit dem Anfang einer ökumenischen und das heißt: der Bewohnbarmachung der bewohnten Erde verpflichteten Theologie.«[8] Einer solchen weltweit zu entwickelnden Theologie geht es vor allem darum, dass sie sich in den Dienst einer Praxis stellt, die sich darum bemüht, ökonomischer Gerechtigkeit, internationaler Friedensfähigkeit und ökologischer Verträglichkeit Gestalt für alle zu geben. Schließlich sollen einige Bemerkungen dazu gemacht werden, welche Rolle das Lehramt angesichts der vermehrt aufkommenden kontextuellen Theologien spielen könnte.

1. Zur Herkunft und zum Anliegen kontextueller Theologien

Der indische Theologe Felix Wilfred hat einmal eine anschauliche Geschichte erzählt, mit der er die Notwendigkeit der Verortung einer jeden Theologie unterstrich und welche weite Teile der herkömmlichen theologischen Landschaft in der Dritten Welt wiederzugeben vermag. »Ein Fallschirmspringer wurde einmal von einem großen Sturm überrascht, der ihn viele Kilometer von seinem eigentlichen Bestimmungsort wegblies. Er landete schließlich in einem Baumwipfel und war nur zu glücklich, daß sein Leben gerettet war. Er sah jemanden vorbeigehen, rief ihn an und fragte ihn: ›Entschuldigen Sie, Herr, können Sie mir sagen, wo ich bin?‹ Er erhielt die Antwort: ›Sie sind oben auf einem Baum‹. Der Fallschirmspringer fragte: ›Sind Sie ein Theologe?‹ Darüber wunderte sich der andere Mann über alle Maßen und fragte den Fallschirmspringer: ›Ja, das bin ich, aber wie konnten Sie das wissen?‹ Der Fallschirmspringer antwortete: ›Oh, das ist einfach. Weil das, was sie sagten, richtig ist, aber nutzlos!‹«[9] Mit der

---

[8] W. Simpfendörfer, Interkulturelle Theologie. Wie kann man Ende und Anfang verknüpfen?, in: Evangelische Kommentare 22 (1989) 37–40; Vgl. Ders., Thesen auf der Suche nach einer interkulturellen Theologie, in: epd-Entwicklungspolitik 5/6 (1987) 31–38.
[9] F. Wilfred, Die Konturen kontextueller Theologien aus der Dritten Welt, in: Jahrbuch für Kontextuelle Theologien 4 (1996) 157–173, 157.

westlichen Expansion gelang auch das europäische Christentum nach Übersee, und bei all den vereinzelten Bemühungen um eine Inkulturation des Evangeliums in den unterschiedlichsten Kulturkreisen herrschte bis Ende der 60er Jahre die von Missionaren vertretene westliche Theologie. »Die christliche Theologie war eine Theologie des abendländischen Kulturkreises, zu dem deren eigene Grundlage, die Welt des Alten Testamentes und der griechisch-römischen Kultur zu rechnen ist ...«.[10] Um an das Bild des Fallschirmspringers – nun aber im Rollentausch – anzuknüpfen: Als »théologie parachutiste« wurde solches christliches Denken in der Dritten Welt bezeichnet, eine fremde Theologie, die woanders her stammt und aus heiterem Himmel ungefragt auf einen anderen Boden fällt.

Die Kirchen der Dritten Welt begannen sich in einem schmerzlichen Ablösungsprozess von westlicher Bevormundung und Vorherrschaft zu lösen und auf die Suche nach einer eigenen Identität, in der anstelle fremder, von außen auferlegter und kontrollierter Deutungsmuster in eigener Verantwortung der Stimme Christi geantwortet wird, zu begeben. Dieses Sich-Einlassen auf die je eigene Situation wurde begrifflich mit Kontextualisierung zum Ausdruck gebracht. »Kontextualisierung wurde (so) zu einem Slogan für Dritte-Welt-Theologie, für eine Weise, Theologie zu treiben, die von den Problemen der Gemeinschaft ausgeht und dementsprechend die christliche Botschaft zu formulieren versucht. Kontextuelle Theologie liest sich deshalb nicht unerwartet mehr wie ein Programm, ein Kreuzzug, als denn wie ein Evangelium.«[11] Für einige Theologen und Theologinnen, die sich Gedanken darüber machten, wie der Glaube unter den herrschenden Verhältnissen ökonomischer Ausbeutung, rassistischer Diskriminierung, sexistischer Unterdrückung, kultureller Entfremdung ... faktisch gelebt wird und nach dem Evangelium zu leben wäre, gewann deshalb die eigene Wirklichkeitserfahrung ein entschiedenes Gewicht, das nur mit dem Verlust ihrer Konkretheit zu Gunsten eines abstrakten Allgemeinen aufgegeben werden kann. Der Blick auf die eigene geschichtliche, sozioökonomische, politische, kulturelle, ethnische und religiöse Wirklichkeit wurde deshalb für das eigene Theologietreiben überaus wichtig. Schrittmacher kontextueller Theologien waren in der Regel Angehörige einer christlichen Bildungselite, die teilweise von kirchlichen Basisbewegungen getragen wurden. »Die christlichen Intellektuellen, die in aller Regel zumindest Teile ihrer Ausbildung in den Zentren der Ersten Welt absolviert haben, sind sozial einer meist schmalen ›Mittelschicht‹ zuzurechnen. Angesichts der Herausforderungen ihrer

---

[10] K. Rahner, Aspekte europäischer Theologie, in: Ders., Schriften zur Theologie Bd. XV, Zürich – Einsiedeln – Köln 1983, 84–103, 88.
[11] J. S. Pobee, Art. Theology, Contextual, in: Ed. by N. Lossky e. a., Dictionary of the Ecumenical Movement, Geneva 1991, 985 f., 986.

Inkulturation und Identität ■■■■

sich in einem rapiden Umbruch befindlichen Gesellschaften wurde die von ihnen internalisierte traditionelle Theologie von einer Relevanzkrise erschüttert. Das koloniale Erbe ihrer Kirchen machte sie zudem verdächtig. Biographisch provozierte diese Erfahrung eine Identitätskrise ihrer christlichen Existenz, sie mußten ihren gesellschaftlichen Standort neu legitimieren. Die theologische Auseinandersetzung mit dem jeweiligen Kontext wurde daraufhin zum Programm erhoben.«[12]

Der Begriff »kontextuelle Theologie« entstand im Umfeld des Ökumenischen Rates der Kirchen, zu dem auch ein Theologischer Ausbildungsfonds, der sog. Theological Education Fund (TEF), gehörte und der mit Hilfe eines einmaligen amerikanischen Zuschusses 1958 gegründet wurde. Danach wurde er von verschiedenen Mitgliedskirchen des ÖRK, auch aus der Dritten Welt, mitfinanziert, und der Fonds ging 1977 mit veränderten Schwerpunkten in das Programme on Theological Education (PTE) über.[13] Innerhalb der drei Mandatsperioden des TEF haben sich die Zielsetzungen im Verlauf der Zeit verändert. Wollte man noch zu Beginn Theologiestudierenden aus den Jungen Kirchen durch ausgewählte Zentren (inklusive Aufbau theologischer Bibliotheken) verbesserte Ausbildungsmöglichkeiten bieten, indem westliche akademische Standards verfolgt wurden, so förderte man in einer späteren Phase v. a. Reformbestrebungen, wie beispielsweise Studienreformen, die das Theologiestudium an den Bedürfnissen ihrer Kirchen orientierten. So hatten Theologen der Dritten Welt durch den TEF die Gelegenheit bekommen, eigene Lehrbücher zu schreiben. In der dritten Mandatsperiode schließlich, die 1972 begann, kam es unter dem damaligen Direktor des TEF, dem taiwanesischen Theologen Shoki Coe, nachdem die Kritik an westlichen Formen und Standards theologischer Ausbildung immer deutlicher wurde, zum Ruf nach einer Kontextualisierung des Pfarramtes (ministry in context) und der theologischen Ausbildung.[14] Seit Beginn der 70er Jahre also ist die Rede von Kontextualisierung (contextualization) und Kontext (context).

Die Weltmissionskonferenz in Bangkok 1973, die unter dem Motto stand »Das Heil der Welt heute«, hat in ihrem Sektionsbericht »Kultur und Identität« ausdrücklich das Thema der kontextuellen Theologie zur Sprache gebracht. »Der *eine* Glaube muss in jedem Kontext heimisch werden, und doch kann er niemals ganz identisch damit sein. Daher wird es eine reiche Vielfalt geben … Wahre Theologie schließt die Reflexion von *Erfahrung* ein, Erfahrung der

---

[12] V. Küster, Theologie im Kontext. Zugleich ein Versuch über die Minjung-Theologie, Nettetal 1995, 19.
[13] Vgl. Ch. Lienemann-Perrin, Training for a Relevant Ministry. A Study of the work of the Theological Education Fund, Madras – Genf 1981.
[14] Vgl. S. Coe, Contextualizing Theology, in: Hg. G. H. Anderson – Th. F. Stransky, Mission Trends No.3: Third World Theologies, New York – Grand Rapids 1976, 19–24.

christlichen Gemeinschaft an einem bestimmten Ort und zu einer bestimmten Zeit. Sie wird deshalb ›Theologie im Kontext‹ sein; sie wird praktisch anwendbare und lebendige Theologie sein, die billige Verallgemeinerungen ablehnt, weil sie zu und aus einer bestimmten Situation spricht.«[15] Es ging in der dritten Phase des TEF, wie Generalsekretär Philip A. Potter zwei Jahre später in seinem Bericht auf der 5. Vollversammlung des ÖRK in Nairobi 1975 zur Schwerpunktsetzung ausführte, also darum, »das Schwergewicht auf theologische Ausbildung im Kontext als einzigen Weg … (zu legen), auf dem Theologie wahrhaft evangelistisch werden kann, nämlich eine lebendige Begegnung des universalen Evangeliums mit den Realitäten, denen sich die Menschen an ihrem jeweiligen Ort gegenübersehen«.[16]

Kontextuelle Theologie entsteht vor allem dort und dann, wenn Christen und Christinnen Armut, Hunger, Elend, Unterdrückung, Diskriminierungen unterschiedlichster Art erleiden und sie als Ausbeutung, Ungerechtigkeit, Unterdrückung und Gewalt wahrnehmen, dagegen aus dem Evangelium heraus protestieren und zum Kampf gegen die sie verursachenden Systeme und Strukturen antreten, um ein menschenwürdigeres Leben führen zu können. Unterdrückung und Diskriminierung von Indigenas in Mexiko oder von Dalits in Indien, von schwarzen Frauen in nordamerikanischen Gettos oder von jungen Mädchen in asiatischen Großstädten, von Reisbauern und Reisbäuerinnen auf den philippinischen Inseln oder von Hirsebauern in Nordkamerun, um einige Entstehungsorte solcher Theologien zu nennen, haben unterschiedliche Formen und doch eines gemeinsam: Das Leiden von Menschen. Solche konkreten Leidenserfahrungen und Situationen machen kontextuelle Theologien explizit zu ihrem Ausgangspunkt und auch zum Zielpunkt theologischen Nachdenkens, das von einer bestimmten Option getragen wird, nämlich von Gottes Parteinahme für die Armen, Unterdrückten, Marginalisierten und Ausgeschlossenen. Darüber hinaus sind kontextuelle Theologien von einer umfassenden Vision inspiriert. Sie versuchen, die menschliche Identität an jedem Ort zu wahren, indem sie das befreiende Evangelium *so* zu Wort kommen lassen, dass es die Menschen auch wirklich erreichen kann. Kontextuelle Theologien haben nicht zuletzt deshalb fragmentarischen und vorläufigen Charakter, weil sie sich immer auf dem Weg nach der umfassenderen Wahrheit befinden, oder anders gesagt: Kontextualisierung ist ein permanenter und grundsätzlich offener Prozess, der nicht zur Ruhe kommt.

Kontextuelle Theologie ist ein Sammelbegriff für eine Vielfalt älterer und

---

[15] Das Heil der Welt heute. Ende oder Beginn der Weltmission? Dokumente der Weltmissionskonferenz Bangkok 1973, Hg. Ph. A. Potter, Stuttgart – Berlin 1973, 181 f.
[16] Bericht des Generalsekretärs Dr. Ph. A. Potter, in: Bericht aus Nairobi 1975. Ergebnisse – Erlebnisse – Ereignisse, Hg. H. Krüger – W. Müller-Römheld, Frankfurt 1976, 254–272, 262.

neuerer Ansätze, welche politische, soziale, kulturelle, religiöse, ökologische Probleme ihrer jeweiligen Gesellschaften aufnehmen und sie im Lichte des Glaubens bedenken.[17] So gehört zu ihr afrikanische Theologie und schwarze Theologie, lateinamerikanische und palästinensische Befreiungstheologie, indianische Theologie[18], wobei auch dies erneut ein Begriff ist, unter den verschiedene Theologien zu fassen wären: Andine-, Aymara-, Guaraní-, Maya-, Kuna-, Quechua- und Rarámuri-Theologie, australische aboriginal theology, japanische Buraku-nim-Befreiungstheologie, indische Dalit-Theologie, ökofeministische Theologie, taiwanesische Chhut Than Thin-Theologie, koreanische Minjung-Theologie usw. Aber auch Theologien unterdrückter Minoritäten der Ersten Welt zählen zu den kontextuellen Theologien: japanisch-chinesisch-koreanisch-amerikanische Theologien, schwarze Theologie in den Vereinigten Staaten und in Großbritannien, Chicano-Theologie und teología mujerista. Schließlich kann auch feministische Theologie als eine kontextuelle verstanden werden. Die theologische Herausforderung, die sich angesichts einer solchen Vielfalt kontextueller Theologien für uns stellt, ist nicht die Frage nach der Legitimität von Inkulturation oder Kontextualisierung, sondern vielmehr das Problem, wie eine gegenseitige Verständigung zwischen den verschiedenen kontextuellen Theologien zu Stande kommen kann und zu gewährleisten ist.

Der Begriff Kontext meint im Unterschied zum sprachwissenschaftlichen Verständnis nicht den Umfeldbezug eines Textes, sondern den Ausgangspunkt und den entscheidenden Bestimmungsfaktor für das Theologietreiben. D. h. die historische, soziale, kulturelle, religiöse und ideologische *Wirklichkeit eines konkreten Ortes* wird als *Referenzpunkt* theologischer Reflexion gewählt.[19] Kon-

---

[17] Allgemeine Einführungen finden sich neben den einschlägigen Artikeln in Handbüchern und Lexika bei: Th. Witvliet, Befreiungstheologie in der Dritten Welt. Eine Einführung. Black Power, Karibik, Südamerika, Südafrika und Asien, Hamburg 1986; B. Chenu, Théologies chrétiennes des tiers mondes. Théologies latino-américaine, noire américaine, noire sud-africaine, africaine, asiatique, Paris 1987; Hg. G. Collet, Theologien der Dritten Welt. EATWOT als Herausforderung westlicher Theologie und Kirche, aaO.; K. Blaser, Volksideologie und Volkstheologie, München 1991; J. Parratt, Theologiegeschichte der Dritten Welt. Afrika, München 1991; A. Dohi – T. Sato – S. Yagi – O. Masaya, Theologiegeschichte der Dritten Welt. Japan, München 1991; F. Wilfred – M. M. Thomas, Theologiegeschichte der Dritten Welt. Indien, München 1992; R. Azzi – J. P. Bastian – E. Dussel – M. Salinas, Theologiegeschichte der Dritten Welt. Lateinamerika, München 1993; K. Blaser, La théologie au XXᵉ siècle. Histoire – Défis – Enjeux, Lausanne 1995, 229 ff.; R. Gibbelini, Handbuch der Theologie im 20. Jahrhundert, Regensburg 1995, 336 ff.
[18] Vgl. G. Collet, Von der Weisheit des Volkes. Zur Entwicklung einer indianischen Theologie, in: Neue Zeitschrift für Missionswissenschaft 56 (2000) 249–261.
[19] Vgl. H. Waldenfels, Art. Kontextuelle Theologie, in: Lexikon missionstheologischer Grundbegriffe, Hg. K. Müller – Th. Sundermeier, Berlin 1987, 224–230, bes. 224 f.; Ders., Theologie zwischen Universalismus und Partikularismus. Die Kontextualität als neues theologisches Paradigma, in: Markierungen. Theologie in den Zeichen der Zeit, Hg. M. Delgado – A. Lob-Hüdepohl, Berlin 1995, 13–35, bes. 23 ff.

---

textuelle Theologien gehen darum auch nicht von Texten aus, vielmehr induktiv von einer bestimmten Situation, die mit Hilfe eines vielfältigen methodischen Instrumentars analysiert wird, wozu etwa sozialwissenschaftliche, kulturanthropologische, religionswissenschaftliche Analysen zählen. Sie orientieren sich insbesondere am kulturellen Kontext und suchen eine neue Verhältnisbestimmung zwischen Evangelium und Kultur.[20] Für eine solche Verhältnisbestimmung genügen weder das Übertragungsmodell noch das Modell der Adaptation oder Akkommodation, wonach das Evangelium bzw. der christliche Glaube von vornherein feststeht und nur an die neue Situation angepasst werden müsste. Ein solches Modell verkennt die Tatsache, dass das Evangelium nicht ein für alle Mal feststeht, sondern immer neu zu suchen ist, und auch die Kultur eine lebendige Wirklichkeit darstellt, die nicht selektiv als Steinbruch für bereits gemachte Vorstellungen von Kirche missbraucht werden kann. Demgegenüber bieten kontextuelle Modelle, seien diese nun mehr ethnographisch oder mehr befreiungstheologisch orientiert, den Vorteil, dass sie sich sensibel auf kulturelle Kontexte einlassen und ihre Aufmerksamkeit auf jene Menschen richten, die im Prozess kulturellen Wandels, namentlich des heutigen Globalisierungsprozesses, gefährdet und bedroht sind.[21]

Die Spannung, die es zwischen kultureller Partikularität und der beanspruchten universalen Geltung des Evangeliums gibt, verleiht allerdings der Verhältnisbestimmung von Evangelium und Kultur ihre eigene Brisanz.[22] Kontextuelle Theologien, denen ein emanzipatorischer und ideologiekritischer Impetus eigen ist, anerkennen und fördern den theologischen Pluralismus, wobei aber eine echte Kontextualisierung im Unterschied zu einer vorschnellen, unkritischen Anpassung an die jeweilige Situation, prophetisch zu sein hat, denn sie verfolgt aus dem Evangelium nicht eine Bestätigung, sondern vielmehr eine Veränderung des Gegebenen. Kontexte existieren ja nicht um ihrer selbst willen;

---

[20] Vgl. K. Blaser, Kontextuelle Theologie als ökumenisches Problem, in: Theologische Zeitschrift 36 (1980) 220–235, bes. 225ff.; R. J. Schreiter, Constructing local theologies, London 1985 (Deutsch: Abschied vom Gott der Europäer. Zur Entwicklung regionaler Theologien, Salzburg 1992), Ders., The New Catholicity. Theology between the Global and the Local, Maryknoll 1997 (Deutsch: Die neue Katholizität. Globalisierung und die Theologie, Frankfurt 1997).
[21] Vgl. Hg. Th. Schreijäck, Menschwerden im Kulturwandel. Kontexte kultureller Identität als Wegmarken interkultureller Kompetenz, Luzern 1999; T. Balasuriya, Art: Globalization, in: Dictionary of Third World Theologies, aaO. 91–94.
[22] Vgl. M. Amaladoss, À la rencontre des cultures. Comment conjuger unité et pluralité dans les Èglises, Paris 1997; M. Bongardt, Glaubenseinheit statt Einheitsglaube. Zu Anliegen und Problematik kontextueller Theologien, in: Hg. K. Müller, Fundamentaltheologie – Fluchtlinien und gegenwärtige Herausforderungen, Regensburg 1998, 243–260, bes. 250ff.; F. Gmainer-Pranzl, Verheißene Einheit und fragmentarische Identität. Von der Realisierung christlicher Hoffnung in der Lebenswelt der Ortskirchen, in: Theologisch-Praktische Quartalschrift 148 (2000) 33–44.

sie sind darum auch nicht »heilig und unantastbar«. Sie gehen immer nur auf Grund einer Selektion gewisser Komponenten, welche eine Situation bestimmen, hervor, und die Interpretation des Evangeliums kann, wenn sie nicht selbst ideologisch werden soll, sich nicht aus einem Kontext allein rechtfertigen. Das Evangelium transzendiert nämlich, auch wenn es kulturell bestimmt bleibt, jede einzelne Kultur. Worin besteht nun die Herausforderung kontextueller Theologien an unsere Theologie und das kirchliche Lehramt?

2. Kontextuelle Theologien und interkulturelle-ökumenische Theologie

Kontextuelle Theologien enthalten explizit oder implizit eine Kritik an unserer westlichen, europäischen Theologie und an unserer Art, Theologie zu treiben. Sie zwingen uns damit, die eigene kulturelle Einbindung zu erkennen und diese kritisch aufzuarbeiten. Dies setzt freilich voraus, dass wir uns ihnen gegenüber weder als »unbeteiligte Zuschauer« noch als »theologische Zensoren« verhalten. Ohne die Kritikpunkte an unserer Theologie umfassend aufzulisten und sich eingehend mit ihnen auseinander zu setzen, soll hier Folgendes festgehalten werden:[23] Unser theologischer Diskurs wird im Allgemeinen aus einer Haltung »heimlicher Überlegenheit«, einer theologischen Beckmesserei, den Anderen gegenüber heraus geführt, die gelegentlich eher den Stolz und zugleich die Ignoranz verrät, als dass sie bescheiden das Gespräch mit anderen suchen würde. Zwischen »akademischer« und »existentieller« Theologie, zwischen Theorie und Praxis besteht oft eine deutliche Diskrepanz, durch die Glaubenswahrheiten »abstrakt« und »ohne Fleisch und Blut« wirken, weil sie in einer eigenen Welt angesiedelt und dort verhandelt werden, während im wirklichen Leben der Glaube nach seiner Wahrheit sucht und um sie ringt. Liegt hier vielleicht auch eine der Ursachen, die uns so unsensibel gegenüber den Leiden ganzer unterdrückter Völker und gesellschaftlicher Minoritäten macht? Wie kommt es, dass unserer Theologie vorgeworfen wird, sie habe sich nicht auf das tatsächliche Drama im Leben der Menschen der Dritten Welt eingelassen; sie habe »keine Motivation geboten für Protest gegen die Übel des Rassismus, Sexismus, Kapitalismus, Kolonialismus und Neokolonialismus«; es sei ihr nicht gelungen, »unsere Religionen, unsere einheimischen Kulturen und Traditionen zu verstehen und in respektvoller Weise zu ihnen in Beziehung zu treten«[24]?

Im Allgemeinen werden die Entstehungsbedingungen, der Standpunkt

---

[23] Vgl. K. Blaser, Kontextualität und Universalität von Theologie. Möglichkeiten ökumenischen Lernens aus der Sicht eines Erste-Welt-Theologen, in: Theologie als konziliarer Prozeß, aaO. 11–20; Ders., La théologie aux XXe siècle, aaO. 292 f.

[24] Schlußerklärung der Konferenz von New Delhi 1981, Art.32.

und die Interessen unserer Theologie nicht weiter reflektiert und deutlich genug benannt. Stattdessen wird oft unkonkret, abstrakt »wissenschaftlich« gesprochen und damit der Anschein von Universalität erweckt. Man gibt vor, für *den* Menschen sprechen zu können, unterstellt gleichzeitig unbewusst, dass das, was man »wissenschaftlich« sagt, für alle, zu allen Zeiten und in allen Kontexten Gültigkeit besitze, obwohl das Gesagte doch nur von begrenzter Reichweite ist. Solche mit Allgemeingültigkeitsansprüchen auftretenden Theologien sind aus der Perspektive der Dritten Welt »Allerweltstheologien«, die auf Grund ihrer fehlenden Beziehungen zu deren konkreten Lebenssituationen keine Relevanz besitzen. Theologie kann eben nicht einzelne ansprechen und zugleich universal für die Menschen der ganzen Welt bedeutsam sein. In Wirklichkeit war das, was der Dritten Welt als universale Theologie auferlegt wurde, eine europäische Theologie. Nach Meinung vieler Dritte-Welt-Theologinnen und -Theologen basiert unsere Theologie daher auf einem Universalismus, der in der Tat gar nicht universal ist. Die Wirklichkeit wird von den Menschen ja unterschiedlich wahrgenommen und theologisch reflektiert, und Theologie ist immer auch von den kulturellen Gegebenheiten mitbedingt. Das zeigt sich bereits innerhalb westlicher Theologien, deren theologische Fragestellungen vielfältig und von unterschiedlichen Mentalitäten geprägt sind, die sich wiederum auf die Deutung der Wirklichkeit auswirken. Mit welchem Recht können sich daher westliche Theologien den Anspruch anmaßen, die letzte Instanz für entscheidende Definitionen und Problembestimmungen der anderen zu sein?

Unsere Theologie ist europäische, genauer: deutsche Theologie, auch wenn wir unseren Kontext nicht deutlich machen. Indem wir allgemein von dem Menschen sprechen und unsere Theologie die menschliche Rede von Gott reflektiert, wird unbewusst eine ganz bestimmte Gruppe von Menschen als normativ für das Menschsein unterstellt: Männer weißer Hautfarbe, westeuropäischer Herkunft und mit bürgerlichem Klassenhintergrund.[25] Einer solchen Gruppe gehören in der Regel Theologen an, welche die »herrschende Theologie« machen. Dadurch, dass gesellschaftliche Optionen selbstverständlich geteilt und politische Interessen nicht klar benannt, sondern oft verschwiegen werden, unterstützt Theologie das gesellschaftliche Verhalten, mag dieses noch so partikular sein, und sie wird, ohne dies zu wollen, durch Anpassung Teil eines »herrschenden Systems«. Sehr oft ist Theologie Opfer einer etablierten Ideologie. Sie liefert ihr eher unbewusst als bewusst eine religiöse Untermauerung. »Jedes nach Herrschaft strebende Subjekt (jede ›herrschende Klasse‹) ist

---

[25] Vgl. Chr. Schaumberger, »Ich nehme mir meine Freiheit, damit ich nicht sterbe«. Überlegungen zu einer Feministischen Theologie der Befreiung im Kontext der »Ersten« Welt, in: Handbuch Feministische Theologie, Hg. Chr. Schaumberger – M. Maaßen, Münster ³1989, 332–361, bes. 335 ff.

Inkulturation und Identität

bestrebt, das eigene partikuläre Interesse – den partikularen Standpunkt – eben nicht als partikulär, sondern als universal und allgemein gültig darzustellen. Auch in der Theologie wird Herrschaft durch Verhüllung der Partikularität des Theologie produzierenden Subjektes und seines Standpunktes hergestellt.«[26] Kann unsere Theologie, können wir als Theologen die Tatsache ignorieren, dass wir Teil einer Gesellschaft sind, die vom allgemeinen Wohlstand der Ersten Welt profitiert und vielleicht nicht unmittelbar, jedenfalls aber durch vielfältige strukturelle Verflechtungen, gleichzeitig an der Verelendung der Mehrheit der Weltbevölkerung mitbeteiligt ist? Sind wir bereit, uns vom »stummen Schrei von Millionen von Menschen«[27], der aus deren Leiden emporsteigt, betreffen zu lassen und unser theologisches Denken und unsere Praxis der Nachfolge an ihnen auszurichten, oder haben wir uns an die Welt, wie sie ist, stumm gewöhnt? Mit wem und für wen treiben wir Theologie?

Solche Rückfragen wollen dazu dienen, unsere eigene Theologie als begrenzte, partikulare zu erkennen und diese Tatsache zu akzeptieren. Es braucht uns auch nicht zu genieren, wenn unsere Theologie, die deutsche eingeschlossen, zu einer »kontextuellen« erklärt wird.[28] Die Partikularität unserer eigenen Theologie ist aber nicht nur nachträglich billigend in Kauf zu nehmen, sondern *selbstreflexiv* zu bearbeiten, und sie ist notwendig, damit ein Systemanspruch, welcher der faktischen Pluralität von Kulturen nicht Rechnung tragen würde, überwunden werden kann. Insofern ist die Überwindung eurozentrischen Denkens in Richtung einer gleichberechtigten Pluralität theologischer Denkansätze längst überfällig. Doch gilt es in diesem Zusammenhang darauf hinzuweisen, dass jede kulturelle Isolierung zu einem Provinzialismus neuer Art oder gar zu einem kulturellen (Anti-)Rassismus führen kann.[29] Auch wenn an der Notwen-

---

[26] F. Castillo, Theologie der Befreiung. Option für die Armen, in: Herausforderung. Die dritte Welt und die Christen Europas, Regensburg 1980, 29–46, 30.

[27] So die »widersprüchliche« Formulierung von Medellín in seinem Dokument 14 »Armut der Kirche«, Nr. 2 (zit. nach: Die Kirche Lateinamerikas. Dokumente der II. und III. Generalversammlung des Lateinamerikanischen Episkopates in Medellín und Puebla, Bonn o. J. (Stimmen der Weltkirche Nr. 8) 115).

[28] Gegen eine allzu schnelle und leichtfertige Rede von Kontext und Kontextualität, wie sie gelegentlich bei uns zu finden ist, vgl. den wichtigen Beitrag von H. Müller, Kontextualität als normative Kategorie in der Praktischen Theologie. Plädoyer für die Weiterführung einer Debatte, in: Jahrbuch für kontextuelle Theologien 6 (1998) 136–154.

[29] Vgl. R. Schaeffler, Ent-Europäisierung des Christentums?, aaO. 150 f.: »Auch den Völkern außerhalb Europas wird im Namen des ›solus Christus‹ jede Selbstgerechtigkeit verwehrt werden müssen, ebensosehr wie den Völkern Europas im Namen des gleichen ›solus Christus‹ ihre Selbstgerechtigkeit versagt werden muß. Es gibt keine christliche Legitimation dafür, an die Stelle der Ideologie der (ehemals) Herrschenden nun eine Ideologie der (ehemals oder auch noch heute) Unterworfenen zu setzen … Freilich liegt in der Bereitschaft, in den gesamtchristlichen Dialog einzutreten, auch die Verpflichtung, dem Zeugnis der europäischen Christenheit Bedeutung für das eigene Verständnis der christlichen Botschaft zuzuerkennen. Andernfalls

digkeit, Theologie kontextuell zu betreiben, festzuhalten ist, so gilt es in gleicher Weise darauf hinzuweisen, dass eine jede Theologie um des Evangeliums willen für andere offen zu sein hat, um sich gegenseitig zu ergänzen und auch kritisieren zu können.[30] »Es ist gut, dass auch auf diesem Gebiet die ökumenische Freundlichkeit langsam vom Bewußtsein der Schwierigkeit, theologisch überhaupt noch zu kommunizieren, abgelöst wird, vorausgesetzt, die gegenwärtige Nicht-Kommunikation halte nicht allzu lange an. Wenn sich aber jedermann auf seinen besonderen Kontext zurückzieht, dann wird es unmöglich werden, sich zu verständigen und Freunde zu gewinnen: zu kommunizieren ... Wie können wir (darum) im theologischen Geschäft zusammenbleiben, wie wird gemeinsames Zeugnis und gemeinsamer Dienst überhaupt noch denkbar?«[31] Die Bejahung der Notwendigkeit von Kontextualität jeglicher Theologie kann ja nicht in einer unverbindlichen Beliebigkeit enden, sondern es bedarf eines Maßstabes, der eine solche kontextuelle Theologie als *christliche* ausweist. Doch wer setzt diesen Maßstab für die Christlichkeit einer kontextuellen Theologie? Rom, Wittenberg, Genf, Manila, oder St. Augustin?

Wenn es zutrifft, dass jede Theologie immer schon kulturell bestimmt ist, dann legt sich auch der Schluss nahe: es gibt keine »universale« Theologie, die für alle Menschen zu jeder Zeit und an jedem Ort gültig wäre. Durch die kontextuellen Theologien sind wir immer mehr mit Denkweisen und Problemen konfrontiert, die für unser westliches Denken ungewohnt und neu sind, und die eben diese Feststellung bestätigen: Christentum und theologische Reflexion sind ein multikulturelles Phänomen geworden. Darum ist von uns auch eine neue Weise theologischen Arbeitens verlangt, in der zwischen den verschiedenen kontextuellen Theologien Verständigung angezielt wird. Ein solches theologisches Modell bietet die interkulturelle Theologie. Interkulturelle Theologie ist der Versuch, sich mit Fragen auseinander zu setzen, welche sich aus dem Tatbestand eines multikulturellen Christentums, einer Vielfalt christlicher Erfahrungen und Reflexionen ergeben. Es geht bei der daraus entspringenden Notwendigkeit einer interkulturellen Theologie um eine Theologie, die sich nicht ins Schneckenhaus ihrer eigenen, kontextuellen Theologie zurückzieht, die sich aber auch nicht als allgemeingültige anpreist, sondern die zwischen mündlichen und schriftlichen, farbigen und weißen Christinnen und Christen

---

würde sich der Dialog in einen immanenten Monolog einer bestimmten, diesmal außer-europäischen Kultur verwandeln und damit aufhören, von dem einen Christus zu sprechen.«

[30] K. Rahner, Ritenstreit – Neue Aufgaben für die Kirche, in: Ders., Schriften zur Theologie, Bd. XVI, Zürich – Einsiedeln – Köln 1984, 178–184, bes. 183.

[31] K. Blaser, Theologie im Kontext, in: Ders., Gottes Heil in heutiger Wirklichkeit. Überlegungen – Beispiele – Vorschläge, Frankfurt 1978, 71–103, 80.

unterwegs ist.[32] Interkulturelle Theologie stellt demnach einen neuen Typ von Theologie dar, in dem das *ganze* Volk Gottes etwas zu sagen hat, wo die Gabe des Dichters oder jene, Geschichten erzählen zu können, genau so ernst genommen wird wie die Fähigkeit analytischen Denkens oder zu heilen, das Talent des Singens und Tanzens nicht weniger zählt als dogmenhistorische Kompetenz oder exegetische Fachkenntnis. [33]

Walter J. Hollenweger, der zu den Pionieren einer vor allem für das Selbstverständnis von Missionswissenschaft relevanten theologischen Neuorientierung zählt,[34] hat interkulturelle Theologie einmal definiert als »diejenige wissenschaftliche Disziplin, die im Rahmen einer gegebenen Kultur operiert, ohne diese zu verabsolutieren«.[35] Sie geht von folgenden Voraussetzungen aus: alle Theologien sind kontextuell bedingt, wobei kontextuelle Gebundenheit noch keine negative Qualifikation bedeutet. Die eigene Begrenztheit, aber auch Befangenheit, wird erst durch andere erkenn- und benennbar. Sollte diese Tatsache bisher noch nicht zur Kenntnis genommen worden sein, so ist es inzwischen nicht mehr möglich, darüber hinweg zu sehen. Die Kontaktstelle zwischen den verschiedenen theologischen Traditionen bildet nach Hollenweger die Heilige Schrift. Eine Theologie, die der eigenen Situation gerecht zu werden versucht, kann nur in einer kreativen Spannung zu einer möglichst umfassenden Perspektive entwickelt werden. Die Universalkirche ist dabei der alleinige Ort, wo solches Theologisieren sich vollzieht, da dessen letzte Loyalität keiner Nation, Klasse oder Kultur gilt. Das bedeutet also, dass die universale Dimension des christlichen Glaubens nicht aufgegeben wird, vielmehr reklamiert interkulturelle Theologie eine Offenheit gegenüber allen, und sie sucht die wechselseitige Kommunikation zwischen allen Christen und Christinnen und darüber hinaus. Deshalb sieht Hollenweger solches theologisches Arbeiten in der biblischen Tradition von der Leib-Christi-Vorstellung. »Interkulturelle Theologie ist auf der Suche nach einer ›Leib Christi‹-Theologie, in welcher jedes Organ seiner Funktion und seinem Zweck treu bleibt, gleichzeitig aber einen Beitrag zur Funktion des Gesamtleibes leistet und dabei nicht unterstellt,

---

[32] W. J. Hollenweger, Erfahrungen der Leibhaftigkeit. Interkulturelle Theologie 1, München 1979, 29.

[33] Vgl. W. J. Hollenweger, Intercultural Theology, in: Theology Today 43 (1986/87) 28–35.

[34] W. J. Hollenweger, Kultur und Evangelium. Das Thema der interkulturellen Theologie, in: Jahrbuch Evangelische Mission, Bd. 17, 1985, 52–60, 56: »Das eben ist das Thema der interkulturellen Theologie (früher Missionswissenschaft genannt), nämlich dass der kulturelle Kontext außerhalb unseres Gesichts- Kultur- und Bildungskreises für unsere Theologie wichtig ist.«

[35] W. J. Hollenweger, Erfahrungen der Leibhaftigkeit, aaO. 50. Vgl. R. Friedli, Art. Interkulturelle Theologie, in: Lexikon missionstheologischer Grundbegriffe, Hg. K. Müller – Th. Sundermeier, Berlin 1987, 181–185, 183.

daß es das wichtigste, das theologischste oder das wissenschaftlichste Glied am Leibe sei.«[36]

Interkulturelle Theologie zielt von ihrem Anspruch her nicht auf ein einseitiges, sondern auf ein *wechselseitiges* Verstehen und damit auf Verständigung. Es geht nicht darum, fremdkulturelle Erfahrungen mit dem Evangelium bloß zu verstehen, sondern um eine wechselseitige Verständigung, d.h. es handelt sich bei der interkulturellen Theologie um ein interaktives Geschehen, das eine allmähliche interkulturelle Kommunikationskompetenz aufbaut.[37] Wir sollen fähig werden, andere in ihrem Denken und Handeln angemessen verstehen und akzeptieren zu können, wie wir umgekehrt uns dasselbe von den Anderen wünschen. »Das Christentum der Zukunft bzw. seine Theologie sind (jedenfalls) nur noch ökumenisch und multikulturell (interkulturell) denkbar. Analog zur konziliaren Gemeinschaft der Kirchen, die auf der gegenseitigen Anerkennung der Verschiedenheit auf dem Weg der Einheit beruht, wird auch Theologie ein konziliarer Prozeß sein, in welchem die kontextuellen Theologen ihre Identität, Andersheit, Funktionen und Talente einbringen, andere kritisieren und sich selbst kritisieren lassen, bereichern und bereichern lassen.«[38] Über eine wechselseitige Verständigung hinaus wäre in diesem Zusammenhang nicht zuletzt auf den allen kontextuellen Theologien gemeinsamen, »interkontinentalen«, globalen Kontext hinzuweisen, nämlich die weltweite Armut, den Rassismus und die Diskriminierungen der Frauen ..., die zu bekämpfen und zu überwinden uns allen aufgetragen ist.

Um nochmals kurz auf die Frage nach dem Maßstab zurückzukommen, an dem sich eine kontextuelle Theologie als *christliche* erweist, sind noch einige Bemerkungen zu machen. Kontextuelle Theologien zeigen auf, dass jede für das Leben maßgebende Wahrheit nur in bedingter Form zum Ausdruck gebracht werden kann. Eine Theologie wäre allerdings dann zur Verantwortung der Wahrheit unfähig, wenn sie von der notwendig *bedingten Gestalt* eines Wahrheitsanspruchs dessen *unbedingte Geltung* zurückweisen wollte, weil sie damit der dem christlichen Glauben eigenen Struktur nicht gerecht werden würde. Denn der christliche Glaube findet seine Wahrheit in dem Leben und Geschick Jesu von Nazaret, in dem Gott sich selbst und die Wahrheit über den Menschen und die Welt maßgeblich gezeigt hat. »Christlich kann sich eine Lebensgestalt deshalb nur dann nennen, wenn sie sich als Antwort versteht auf die Zuwendung Gottes – als notwendig bedingte und defiziente Antwort auf den unbedingten Anspruch Gottes, ihn und damit die Wahrheit in Freiheit anzuer-

---

[36] W. J. Hollenweger, Erfahrungen der Leibhaftigkeit, aaO. 38.

[37] Vgl. R. J. Schreiter, Theorie und Praxis interkultureller Kommunikationskompetenz in der Theologie, in: Hg. E. Arens, Anerkennung der Anderen. Eine theologische Grunddimension interkultureller Kommunikation, Freiburg – Basel – Wien 1995, 9–30.

[38] K. Blaser, Art. Kultur und Christentum, in: EKL II, Göttingen ³1989, 1513–1520, 1519.

kennen.«[39] Darum ist jede Theologie dann christlich, wenn sie diesen Anspruch denkend verantwortet und konkrete Glaubensformen und sich selbst daran misst, was allerdings das Bekenntnis zu Christus als der Offenbarung Gottes voraussetzt, ein Bekenntnis, das auf Grund der kulturellen Pluralität selbst vielgestaltig ist. Umgekehrt ermöglicht aber das Christusbekenntnis auch eine Bestimmtheit, unangemessene Antworten auf Gottes Zuwendung festzustellen. Da sich beispielsweise das Bekenntnis zu Jesus als dem Christus wesentlich auf ein historisches Ereignis bezieht, dürfte es ein kulturelles System, das Geschichte nicht als Prozessgeschehen verstehen hilft, schwer haben, das Christusereignis theologisch zu entfalten.

Wir können und werden die verschiedenen kontextuellen Theologien vermutlich nie ganz verstehen. Könnten wir dies nämlich, dann läge eine Synthese mehrerer Theologien vor, so dass ein echter theologischer Pluralismus gar nicht mehr gegeben wäre. Was deshalb von uns verlangt wird, ist ein »… eschatologische(r) Respekt füreinander, eine gegenseitige Anerkennung …, die sogar inmitten der Konflikte die Solidarität pflegt«.[40] Karl Rahner sprach in diesem Zusammenhang von der Toleranz, »… in der jeder dem anderen sagt: Ich verstehe dich im allerletzten nicht hundertprozentig, und trotzdem bis du mein Bruder (scil. und meine Schwester) in ein und derselben Kirche.« Diese »Toleranz der letztlich nicht adäquat verstehbaren Andersheit in der Kirche« müsse erst noch eingeübt werden. »Es dominiert immer noch folgende Einstellung: Was ich am anderen nicht verstehe, nicht positiv mit meiner Mentalität erfüllen kann, kann kirchlich nicht legitim sein. Aber das stimmt eben nicht. Wenn wir uns fragen, wie denn diese nicht synthetisierbaren Theologien dennoch in der einen Kirche mit ihrem einen Glauben bestehen können, dann würde ich meinen: Wir sind eins, weil wir alle getauft sind und uns auf den einen Jesus als den Mittler unseres Heils beziehen, und wir sind auch eins, weil wir eine rechtliche und liturgisch verfasste Kommunikation untereinander aufrechterhalten. Mit diesem Rahmen ist eine Einheit gegeben, in der eine Pluralität von Mentalitäten zu ertragen ist und positiv gewertet werden kann.«[41]

Zum Abschluss dieser Bemerkungen möchte ich nochmals F. Wilfred zitieren: »In einer bestimmten Hinsicht können und müssen wir davon sprechen, daß der Glaube über den Kulturen steht. Aber was mit dem Wort ›über‹ bezeichnet wird, bedeutet nicht einfach, daß wir uns auf einen ›transzendentalen Bedeutungsinhalt‹ beziehen, der außerhalb der konkreten Begegnung des Evangeliums mit der Kultur existiert. Wenn es wahr ist, daß es tatsächlich verschie-

---

[39] M. Bongardt, Glaubenseinheit statt Einheitsglaube. Zu Anliegen und Problematik kontextueller Theologien, aaO. 254.
[40] J. Miguez Bonino, Identität und Kommunikation, in: Zeitschrift für Mission 1 (1975) 5–12, 11.
[41] K. Rahner, Ritenstreit – Neue Aufgaben für die Kirche, aaO. 182.

dene kulturelle Formen des Glaubens gibt, dann müssen wir auch anerkennen, daß keine von ihnen in der Lage ist, alle Aspekte und Dimensionen des Glaubens auszudrücken. Jede Form steht in Beziehung zu jeder anderen. Was wir mit ›über‹ bezeichnen, ist in Wirklichkeit nichts anderes als die Anerkennung der jeder kulturellen Form des Glaubensausdrucks inhärenten Begrenzungen und zugleich eine Einladung, uns im Dialog nach anderen Formen auszustrecken. Dann ereignet sich wirklich eine Gemeinschaft des Glaubens, die zur selben Zeit eine Gemeinschaft der Kulturen ist. Dieser Dialog und diese Gemeinschaft sind wahrhaftig der Weg, den Glauben davor zu bewahren, zu einer auf sich selbst begrenzten eigenen kulturellen Form zu werden.«[42]

3. Und das kirchliche Lehramt?

In welchem Verhältnis stehen kontextuelle Theologien zum kirchlichen Lehramt und umgekehrt: wie steht das kirchliche Lehramt zu den kontextuellen Theologien? Um mit der zweiten Frage zu beginnen, so hat schon vor knapp zwanzig Jahren K. Rahner darauf aufmerksam gemacht, dass die »... Gefahren der Mißverständnisse unter den Theologien und die Gefahr einer unberechtigten Bevormundung und Reglementierung der nichteuropäischen Theologien durch das kirchliche Lehramt mit seiner europäischen Theologie wachsen.«[43] Wie Recht hatte Rahner! Leonardo Boff, Ivone Gebara, Gustavo Gutierrez, Jon Sobrino, Felix Wilfred, Tissa Balasuriya, ... sie alle hatten Schwierigkeiten mit dem römischen Lehramt. Solche Fälle, von denen nur einige Namen genannt sind, machen deutlich, dass das römische Lehramt kontextuelle Theologien nicht als Bereicherung des christlichen Glaubens und der Lehre, sondern vielmehr als ernsthafte Bedrohung wahrnimmt.[44] »Immer, wenn theologische Vorstellungen entwickelt werden, die nicht gleich in Übereinstimmung mit der Tradition und der Terminologie der theologischen Reflexion des Westens zu stehen scheinen, werden Anstrengungen unternommen, Theologen, die so in den Verdacht von Abweichungen von der orthodoxen Lehre geraten sind, zu zwingen, zu traditionellen Formulierungen und Positionen zurückzukehren.«[45] Es scheint nicht klar zu sein, mit welcher Zuversicht und Unbefangenheit die Leitung der Kirche und mit ihr die Institutionen des römischen Lehramts den

---

[42] F. Wilfred, Die Konturen kontextueller Theologien aus der Dritten Welt, aaO. 165. Vgl. K. Rahner, Aspekte europäischer Theologie, aaO. 86 ff.

[43] K. Rahner, Aspekte europäischer Theologie, aaO. 92 f.

[44] Vgl. G. Evers, Theologen unter römischem Verdacht, in: Herderkorrespondenz 51 (1997) 14–16, bes. 16.

[45] Zum Fall T. Balasuriya. Erklärung des Missionswissenschaftlichen Instituts Missio, in: Orientierung 61 (1997) 26–28, 27.

einzelnen Teilkirchen kontextuelle Theologien zugestehen können, ohne sie gleich irgendeiner Häresie zu verdächtigen.

Von daher besteht die elementarste Herausforderung an das kirchliche Lehramt in der Bereitschaft, zunächst einmal auf die Anderen zu hören, sich mit deren Problemen vertraut zu machen, statt unmittelbar mit Verdächtigungen und Verboten darauf zu reagieren. »Dass die kirchliche Leitungsinstanz in dieser pluralen Situation wenigstens die Einheit des Bekenntnisses fordert, ist verständlich und legitim. Aber die Realisierung dieser Forderung wird dadurch erschwert, dass das Lehramt selber das Bekenntnis formuliert und sich dabei für eine bestimmte theologische Sprache aufgrund einer bestimmten Theologie (die eine von vielen ist) entschieden hat. In dieser Situation muss die kirchliche Leitungsinstanz in erheblich größerem Umfang als früher den theologisch Tätigen die Verantwortung dafür überlassen, dass sie sich selber ehrlich in Übereinstimmung mit dem kirchlichen Bekenntnis befinden.«[46] Die Frage, wie den Gefahren einer autoritären Bevormundung kontextueller Theologien durch das römische Lehramt wirksam begegnet werden kann, wäre deshalb dahingehend zu lösen, dass die einzelnen Teilkirchen in den verschiedenen kulturellen Räumen die Lehrautorität nicht Rom überließen, das über Theologien, die in einem ganz anderen Kontext entstanden und für diese gedacht sind, zu bestimmen hat, sondern in eigener Verantwortung die Aufgabe übernähmen, über die Christlichkeit solcher Theologien mit den Betroffenen zu befinden. Rom würde damit nicht nur von einer nicht zu bewältigenden Aufgabe entlastet, sondern das kirchliche Lehramt könnte auch sachgerechter arbeiten.

---

[46] H. Vorgrimler, Art. Pluralismus, in: Ders., Neues Theologisches Wörterbuch, Freiburg – Basel – Wien 2000, 497 f., 498.

Inkulturation

1. Einleitung

Gottes befreiendes Evangelium gilt allen Menschen, welcher Kultur auch immer sie angehören, und es erreicht die Menschen nur kulturell vermittelt, d. h. gebunden an eine konkrete Geschichte und insofern auch verbunden mit einer bestimmten (jüdisch-griechisch-hellenistisch-europäischen) Kultur. Dies ist mit der historischen Kontingenz des Christentums gegeben und gehört notwendigerweise mit zur Weitergabe des Evangeliums. Allein schon der Anspruch aber, dass in keinem anderen Rettung ist als im Gekreuzigten, stellt eine Provokation und Zumutung dar: »... den Juden: ein Ärgernis; den Völkern: ein Aberwitz« (1 Kor 1,23). Und sie potenzieren sich dadurch, dass dieser Anspruch universal geltend gemacht wird, was in der Begegnung des Christentums mit anderen Kulturen nicht nur zu Problemen gegenseitigen Verstehens, sondern unmittelbar auch zu praktischen Schwierigkeiten führt. Wie kann – beispielsweise – Eucharistie in Kulturen gefeiert werden, die kein Getreide kennen und wo Brot auf Grund seiner Fremdheit die Assoziation eines »magischen Objektes« bewirkt? Welche Gestalt soll die Taufe in einer Kultur haben, in deren Sicht das Ausgießen von Wasser über die Frau bedeutet, sie mit Unfruchtbarkeit zu bestrafen? Oder wie sieht eine christliche Ehe in einer Kultur aus, wo das Leben das höchste Gut darstellt, fehlende Nachkommenschaft zur Polygamie führt und diese primär Ausdruck eines protologisch-eschatologischen Glaubens ist? Die damit aufgeworfenen theologischen Fragen betreffen sowohl das Problem des Universalitätsanspruches des Christentums wie auch das Verhältnis von christlichem Glauben/Evangelium und Kultur(en). Insbesondere berührt dies das Problem der doppelten Treue des Evangeliums sowohl zur Vergangenheit wie auch zur Gegenwart, der christlichen Identität also, aber es berührt auch die Frage der interkulturellen Kommunikation allgemein. Verhandelt wird die Sache unter verschiedenen Begriffen wie Adaptation, Akkommodation, Indigenisierung, Kontextualisierung, Inkulturation. Das Problem der Inkulturation beschäftigt nicht allein das Christentum, auch wenn sich das Folgende darauf beschränkt, sondern Inkulturation erweist sich genauso als eine Notwendigkeit anderer Religionen, die über ihren Ursprungsort hinausgehen. So musste sich der in Indien beheimatete Buddhismus in China »inkulturieren«, oder der aus dem Arabischen stammende Islam fand in Indien und in Indonesien eine andere Gestalt.

Inkulturation bezeichnet jenen permanenten Vorgang, in dem das Evangelium in einer bestimmten sozio-politischen und religiös-kulturellen Situation so zur Sprache gebracht wird, dass es sich nicht bloß mit Elementen dieser Situation ausdrückt (z. B. in der Liturgie und in der Lehre), sondern zu deren inspirierender, bestimmender und transformierender Kraft wird. Die je eigenen Erfahrungen mit dem Evangelium sollen in einer konkreten Situation in der Weise zum Ausdruck kommen, dass sie selber Teil der jeweiligen Kultur eines Volkes werden.

Auch wenn das Problem der Inkulturation nicht neu ist, sondern so alt wie das Christentum selbst, so wird die theoretische Reflexion auf diesen Vorgang doch in die nachmittelalterliche Zeit datiert, und unter dem Begriff der Inkulturation finden die entsprechenden theologisch-hermeneutischen Auseinandersetzungen vor allem seit den 70er Jahren statt.

Die Inkulturationsthematik gewann deshalb an theoretischer Bedeutung und praktischer Dringlichkeit, weil die Mehrheit der Christen inzwischen in der südlichen Hemisphäre lebt, wohin das abendländische Christentum im Zuge europäischer Kolonisation und Expansion gelangte, und das westliche Christentum in seiner kulturellen Partikularität deutlicher erkannt wurde. Die Auseinandersetzungen stehen dabei in engstem Zusammenhang mit der Glaubenspraxis der verschiedenen Ortskirchen, die Glauben und Leben zur Einheit zu bringen suchen bzw. die »kulturelle Entfremdung« des Christentums, wie sie sich auf verschiedenen Gebieten zeigt (Liturgie, Pastoral, Theologie, Recht etc.), zu überwinden trachten. So geht es den Christen und Kirchen in Afrika, Asien, Lateinamerika und Ozeanien darum, ihre historische Hypothek durch ein doppeltes Erbe, »das Koloniale und das Tridentinische«, abzubauen und eine fortgesetzte *westliche* kulturelle Dominanz zu vermeiden, oder positiv: Es geht darum, ein *authentisches*, afrikanisches, asiatisches u.a. Christentum zu realisieren.

Inkulturation ist ebenso eine bleibende Aufgabe der Christen und Kirchen in den (nach-christlichen) Kulturen der westlichen Gesellschaften. Denn auch für sie gilt, dass der »Bruch zwischen Evangelium und Kultur ohne Zweifel das Drama unserer Zeitepoche (ist), wie es auch das anderer Epochen gewesen ist« (*Evangelii Nuntiandi* 20).

Weil Inkulturation nicht allein Thema der Theologie ist, sondern ein interdisziplinäres Problem bildet, das auch Anthropologen, Historiker und Philosophen beschäftigt, sind terminologische Klärungen unumgänglich, zumal sich innerhalb der Theologie selbst noch keine begriffliche Klarheit abzeichnet.

2. Terminologische Klärungen und Begriffsgeschichte

Der Begriff Inkulturation ist ein Neologismus, der in der Kulturanthropologie und seit einigen Jahren auch in der Theologie verwandt wird. Während der anthropologisch umstrittene Begriff *En*kulturation jenen Vorgang bezeichnet, in dem ein Individuum sich eine Kultur aneignet und Teil dieser Kultur wird, also Sozialisierung meint, bedeutet der ursprünglich in der Missionswissenschaft gebrauchte Begriff *In*kulturation das Eingehen in die Kultur selbst, d. h. es geht hier nicht um bloße Aneignung einer Kultur, sondern um das Sich-Einlassen einer Kultur auf eine andere Kultur. Die (direkte und indirekte) Begegnung von Kulturen und die Aufnahme von Elementen einer fremden Kultur wird mit dem Begriff Akkulturation zum Ausdruck gebracht.

Die theologische Verwendung des Begriffs geht auf den belgischen Missionswissenschaftler Joseph Masson SJ zurück, der ihn bereits 1959 gebrauchte und 1962 von der »Notwendigkeit eines inkulturierten Katholizismus« sprach. Sein Lehrer, Pierre Charles SJ, hatte den Terminus zwar schon 1953 gebraucht, ihn aber im Sinne von Enkulturation verstanden. Die 32. Generalversammlung der Jesuiten (1974/75) rezipierte den Begriff in ihren Dokumenten, und eine Eingabe des damaligen Generalsuperiors Pedro Arrupe an die römische Bischofssynode von 1977, in der er den »Mangel an Inkulturation als eines der großen Hindernisse für die Evangelisation« bezeichnete, dürfte dazu beigetragen haben, dass sich der Terminus offiziell erstmals im Schlussdokument der Bischofssynode von 1977 »Ad populum Dei nuntius« (Art. 5) findet. Zwei Jahre später ist er in einem päpstlichen Dokument rezipiert: »Catechesi Tradendae« (Art. 53). Der Terminus findet sich aber schon vorher in bischöflichen Verlautbarungen und Kongressakten.

3. Inkulturationsmodelle

Für die herkömmliche Missionswissenschaft war die Frage der »Inkulturation«, bevor sie eine grundsätzlich theologische Frage wurde, ein *methodisches* Problem, nämlich: Wie ist das Evangelium an jene Menschen auszurichten, welche einem anderen Kulturkreis angehören, damit es bei ihnen »ankommt«? Um darauf antworten zu können, musste die fremde Kultur besser verstanden werden. Dieses Verständnis instrumentalisierte allerdings die fremde Kultur, insofern man sie nicht um ihrer selbst willen verstehen wollte, sondern um − von sich und der ganzen Wahrheit überzeugt − dem *eigenen* Interesse folgen zu können. Missionare entdeckten bei ihrer Suche nach möglichen Anknüpfungspunkten für die Vermittlung des Evangeliums bei fremden Kulturen Hindernisse, aber auch kulturelle Werte, deren Nähe zum Evangelium erst allmählich erkannt wurde. Letzteres zu sagen ist nicht unproblematisch, weil sich dahinter immer noch »epistemologische Arroganz« und Taktik verbergen können, und darum wird das Bemühen um Inkulturation des Christentums aus der Perspektive der Dritten Welt gelegentlich skeptisch als subtile Fortsetzung einer nach wie vor kolonial-paternalistischen Haltung betrachtet. So reden beispielsweise asiatische Theologen von einem »Inkulturationsfieber«, dem verzweifelten Versuch, den dortigen Kirchen einen asiatischen Anstrich zu geben. Die Beantwortung der Frage implizierte jedenfalls immer ein bestimmtes Kultur- und theologisches Traditionsverständnis, und sie verfolgte konkrete pastorale Interessen, ohne all dies in der Grundsätzlichkeit zu diskutieren, wie es seit einigen Jahren der Fall ist.

Der Vorgang der Inkulturation lässt sich in verschiedenen Modellen festhalten: Während die einen mehr vom Evangelium und seiner Vermittlung ausgehen, richten andere ihre Aufmerksamkeit auf dessen Adressaten und ihren Kontext.

1. Nach dem *Translationsmodell,* das sich vor allem von der missionarischen Praxis (in der Katechese, Liturgie) aufdrängt, wird in einem Zweischritt verfahren. Zunächst soll das Evangelium von allem kulturellen »Beiwerk« gereinigt werden, um es dann dem anderen in *seiner* kulturellen Situation zu vermitteln. Dabei wird von der hermeneutisch fragwürdigen Unterscheidung und methodischen Voraussetzung ausgegangen, das Evangelium sei der Kern, seine kulturelle Einbindung die Schale und beides ließe sich voneinander trennen. Dieses Modell ist nach wie vor einflussreich, so – beispielsweise – wenn in der nachkonziliaren liturgischen Erneuerung von der *römischen* Liturgie ausgegangen und diese an die örtlichen Gegebenheiten angepasst wird, soweit sie nicht das »*Wesentliche*« betreffen. Auch in der Arbeit der Bibelübersetzung ist es wirksam, wenn linguistische Äquivalente aus fremden Kulturen für theologische Begriffe gesucht oder die biblische Bilderwelt (Schaf, Hirte, Weinrebe etc.) in andere Szenerien umgesetzt werden. Dieses Modell hat zwar den Vorteil, dass es vom kirchlichen Überlieferungsprozess ausgeht und ihn den neuen kulturellen Situationen anpasst. Darin liegt seine praktische Stärke. Doch impliziert es ein positivistisches Verständnis von Kultur, insofern es vorschnell parallele kulturelle Muster zu entdecken glaubt. Statt von einer Kulturanalyse auszugehen, die dem *Selbst*verständnis der jeweiligen Kultur gerecht wird, werden vielmehr Parallelen zu einem bereits inkulturierten Christentum gesucht bzw. äquivalente Muster unterstellt. Darüber hinaus geht es von der unhaltbaren Voraussetzung aus, es gebe das Evangelium, den christlichen Glauben ohne seine konkrete kulturelle Bestimmung.

2. *Adaptationsmodelle* entgehen einigen dieser Defizite und erlauben eine tiefere Begegnung des Christentums mit anderen Kulturen. Nach der einen Richtung wird bewusst eine umfassende »Weltsicht« der fremden Kultur zu

eruieren und zu formulieren gesucht, allerdings ausgehend von *westlichen* Modellen und Kategorien der Weltdeutung. Ein Beispiel dafür bilden die ersten Ansätze einer afrikanischen Theologie, wie sie im Gefolge von P. Tempels zu finden sind, aber selbst noch in den theologischen Arbeiten von Ch. Nyamiti wirkt dieses Modell nach. Damit kann sich der Andere zwar leichter wiedererkennen, und auch interkulturelle Verständigung scheint möglich, doch bleibt das Verständnis nach wie vor ein »von außen« bestimmtes. Der Zugang zur fremden Kulturwelt wirkt elitär, denn er steht nicht nur in Gefahr, die fremde Kulturwelt für sich zu vereinnahmen, sondern auch die menschliche Gemeinschaft mit ihrer Vielfalt von Kulturen (ihren »großen« und »kleinen« Traditionen) zu wenig ernst zu nehmen. Eine andere Richtung geht von der Vorstellung aus, der »Same des Glaubens« sei auf den Boden der fremden Kultur auszustreuen und nach einer Zeit des Wachstums und des Reifens würde dann von selbst ein »einheimisches Christentum« entstehen. Diese Vorstellung findet sich u. a. in päpstlichen Verlautbarungen zum Thema »Inkulturation« (vgl. AAS 61 [1969] 573–578. Die Missionsenzyklika *Redemptoris Missio* von Johannes Paul II. geht sehr allgemein auf die Inkulturationsfrage ein [Nr. 52 ff.] und folgt im Unterschied zur eben genannten Vorstellung eher einem zentral gelenkten »Übersetzungsmodell«.). Die Vorstellung ignoriert das Konfliktive, das mit Wachstumsprozessen unvermeidlich gegeben ist. Und selbst bei Unterstellung von idealen Wachstumsbedingungen führt die Begegnung des Evangeliums mit der Kultur notwendigerweise auch zu Konflikten. Darüber hinaus existieren aber innerhalb einer Kultur selbst zahlreiche Widersprüche und Spannungen; Kultur unterliegt historischen Wandlungsprozessen. So bleibt dieses Modell schließlich idealistisch. Es anerkennt zwar positiv die fremde Kultur und ist ernsthaft um deren Aufnahme bemüht, doch gelingt es ihm nicht, deren geschichtliches und gesellschaftliches Potential gebührend zu berücksichtigen. Genau dies verfolgen kontextuelle Modelle.

3. *Kontextuelle Modelle* gewichten insbesondere die kulturelle Situation, in die hinein der christliche Glaube inkulturiert werden soll. Dabei lassen sich zwei Richtungen ausmachen, die sich dadurch ergeben, ob sie sich mehr auf den durch moderne Technologie und zunehmende Urbanisation beschleunigten kulturellen *Wandel* konzentrieren oder auf die damit mitverursachte Situation der *Armut* und *Unterdrückung*. *Ethnographische Ansätze* zeigen eine besondere Sensibilität für kulturelle Identitäten und menschliche Würde gegenüber jenen, denen sie bisher abgesprochen oder die als minderwertig eingestuft wurden (Indios, Schwarze, Zigeuner u. v. m.). Im Unterschied zu den bisherigen Modellen wird hier von konkretem Leiden und von elementaren Bedürfnissen der Menschen ausgegangen und zu deren Glaubenstraditionen vorgestoßen. Eine unkritische Fixierung auf die kulturelle Identität und Stabilität kann allerdings auch zu kulturellem Romantizismus führen, in dem ungeschichtlich auf

eine quasi »natura integra« rekurriert wird, in der eigene Schatten ausgeblendet und gesellschaftspolitische Probleme übersehen werden. Oft sind die kulturellen Analysen eher »Expertenwissen« und weniger Lebenserfahrung der unmittelbar Betroffenen, derjenigen also, die gerade in den Prozess kulturellen Wandels involviert sind. *Befreiungsansätze* gehen vom gesellschaftlichen, politischen, kulturellen Kontext aus und richten ihre Aufmerksamkeit vor allem auf jene Menschen, welche in Prozessen kulturellen Wandels marginalisiert und unterdrückt werden: die Armen. Diese Ansätze versuchen, durch ein vielfältiges Instrumentar sozio-kultureller Analyse, Ursachen gesellschaftlicher Konflikte aufzudecken, und insistieren auf strukturellen Veränderungen globalen Ausmaßes, die *allen* zu Gute kommen. Positiv an diesen Ansätzen ist wiederum: Sie gehen von den Betroffenen aus, nehmen deren Widerstandskraft und Überlebensstrategien ernst, mobilisieren ihre historische Kraft und verbinden Leben und Glauben, wobei dieser auch gesellschaftspolitisch wirksam wird. Allerdings besteht gelegentlich die Tendenz theologischer Kurzschlüsse, so z. B. wenn zwischen der Welt der Bibel und heutigen gesellschaftlichen Prozessen und Situationen unvermittelt Isomorphien hergestellt werden; oder es ist die Gefahr analytischer Verkürzung gegeben, wenn kulturelle Bereiche unbeachtet bleiben.

4. Ein weiterer Lösungsversuch findet sich in jenem Modell, das *Inkulturation und Befreiung* in der Weise verbindet, dass es die Befreiung im kulturellen Kontext eines Volkes verwurzelt. Demnach wäre das Ziel von Inkulturation Befreiung im umfassenden Sinn, der Weg zur Befreiung jedoch Inkulturation. Diese bedeutet dann Solidarität mit den Armen im Sinne von: sich auf die soziopolitisch und kulturell ungeschützte Seite zu stellen (»Option für die Armen und Option für die Anderen in ihrem Anderssein«). Intendiert ist dabei sowohl eine Kontinuität der jeweiligen Kulturen als auch eine Zerstörung klassenschaffender und stabilisierender Gesellschaftsstrukturen. Dieses Modell will die unumstrittene Tatsache ernst nehmen, dass westliche Rationalität, Technik, Kultur- und Informationsindustrie weltumspannend sind, und es will zugleich eine »Kultur der Anerkennung der Anderen« entwickeln. Das verlangt eine neue Form der Kommunikation: sowohl eine spezifisch lokale Kommunikation als auch eine länderübergreifende. Die Stärke dieses Modells, welches Theologen sowohl der Dritten wie auch der Ersten Welt mit unterschiedlichen Akzentuierungen vertreten, liegt in der Intention, Inkulturation und Befreiung als *einen* Prozess zu begreifen, im Ernstnehmen der konkreten Geschichte des Christentums (auch seiner Schuldgeschichte) und der Geschichte der Anderen in ihrem Anderssein. Ohne einer ethnozentrischen Sicht zu verfallen, insistiert es (wo es in unseren Breitengraden vertreten wird) auf die Berücksichtigung jener vom Westen bestimmten Prozesse einer technologischen Weltzivilisation, die Praxis und Mentalitäten der Völker verändern und dem Bemühen um Inkulturation zuwider zu laufen scheinen. Allerdings wird das Argument von

Kulturanthropologen, dass sich genau gegen diesen Prozess einheimische Kulturen erheben und erstarken und das Problem der Inkulturation damit verschärft wird, kaum beachtet. Die nähere Zuordnung von Inkulturation und Befreiung, dabei verwendete Kategorien und auch der *Prozess* der Inkulturation bedürfen nicht zuletzt deshalb der genaueren Klärung. Und die Option für den Anderen verlangt nach einer *inhaltlichen* Bestimmung, wenn sie nicht eine unqualifizierte Akzeptanz bedeuten soll.

4. Ansätze, Kultur zu verstehen

Jedes Bemühen um Inkulturation impliziert ein Kultur*verständnis*, das selbst kulturbedingt ist und mehr oder weniger reflektiert bleibt. Dieses Verständnis ist für den Prozess der Inkulturation, seine Reichweite und dessen Prioritäten bedeutsam. Folgenden Ansprüchen sollte ein Kulturverständnis gerecht zu werden versuchen: Jeder Zugang zur Kultur hat möglichst *umfassend* zu sein. Er kann sich deshalb nicht a priori auf bestimmte Bereiche beschränken und andere unberücksichtigt lassen, sondern er muss – um die eigenen Grenzen wissend – versuchen, möglichst das Ganze wahrzunehmen. So ist z. B. Religion nicht nur eine Lebens*sicht*, sondern auch eine Lebens*weise*. Da Kultur eine menschliche Gruppe bestimmt bzw. jede Gruppe ihre Kultur hat, ist darauf zu achten, was die *Identität* einer Kultur konstituiert: Was eint und unterscheidet sie von anderen? Und schließlich sollte ein Kulturverständnis in der Lage sein, den *sozialen Wandel* wahrzunehmen und zu berücksichtigen.

Nach R. Schreiter lassen sich folgende Ansätze festhalten, die für das Verstehen einer Kultur und damit auch als methodisches Instrumentar einer für die Inkulturation erforderlichen Kulturanalyse hilfreich sind. Jeder dieser Ansätze bietet Vor- und Nachteile und sollte darum im Hinblick darauf gewählt werden, welcher Aspekt einer Kultur verständlich zu machen ist.

1. *Funktionalistische Ansätze* umfassen ein weites Spektrum. Ansätze, die vor allem E. Durkheim und M. Weber folgen, strukturalistischer Funktionalismus, T. Parsons Soziologie wie Sozialanthropologie angelsächsischer Herkunft – sie alle sind besonders an dem Aufweis interessiert, w*ie* die verschiedenen Aspekte einer Gesellschaft konstituiert werden und zusammenspielen, wie gesellschaftliche Spannungen gelöst werden, um ein kulturelles Ganzes zu formen. Die Stärke dieser Ansätze liegt im Interesse, Kultur möglichst umfassend zu verstehen, in der Aufmerksamkeit gegenüber dem empirischen Detail und in dessen präziser Beschreibung. Ihre Schwäche liegt zum einen im Theoriedefizit und zum anderen im Ausblenden bzw. im Entgehen nicht-empirischer Phänomene. Diese Ansätze tun sich nicht nur schwer mit dem Phänomen des kulturellen Wandels, sondern sie können zweckfreies Verhalten kaum erklären.

2. *Ökologische und materialistische Ansätze,* wie sie von R. Rappaport oder M. Harris vertreten werden, konzentrieren sich auf die Beziehung Gesellschaft – materielle Umwelt. Sie versuchen aufzuzeigen, wie kulturelle Aktivitäten dazu dienen, im Gleichgewicht mit der Umwelt zu stehen, wie die Umwelt die kulturelle Erkenntnis mitbestimmt. Dabei überschneiden sie sich mit marxistischen Ansätzen, für welche der Zusammenhang zwischen Arbeit/Ökonomie und »Weltsicht« von besonderer Bedeutung ist. Diese Ansätze zwingen dazu, Kultur nicht losgelöst vom Materiellen zu bestimmen, und sie vermögen dadurch in der Tat bestimmte Handlungsweisen zu erklären. Sie machen kulturelle Einschnitte in der Geschichte deutlich, die mit der ökonomischen Produktion zu tun haben. Sozialer Wandel findet in diesen Ansätzen die meiste Beachtung. Allerdings haben sie die Tendenz, alle kulturellen Phänomene darauf zu reduzieren und den Zusammenhang zwischen der »ideellen Seite« einer Kultur und der »materiellen« deterministisch zu erklären.

3. *Strukturalistische Ansätze,* wie sie v. a. bei Cl. Lévi-Strauss zu finden sind, suchen unbewusste Strukturen freizulegen, welche kulturelle Muster bestimmen und ihre Veränderungen und Verschiebungen kontrollieren. Solche Strukturen äußern sich öfters in binären Gegensätzen, und viele kulturelle Erscheinungen sind als Versuch zu verstehen, diese Gegensätze geregelt zu lösen (Natur vs. Kultur, Mann vs. Frau). Strukturalistische Ansätze haben den Vorteil, Kultur als ein vielfältiges Beziehungsgefüge aufdecken zu können, insbesondere entdecken sie, welche Rollen Mythos und Ritus erfüllen. Damit helfen sie, eine Kultur von innen her zu verstehen. Problematisch bleibt allerdings die Methode solcher Kulturanalyse, die mehr der Intuition eines einzelnen Forschers entspringt und schwer von mehreren rezipiert und gehandhabt werden kann.

4. *Semiotische Ansätze* betrachten Kultur als ein weites kommunikatives Netzwerk von Zeichen, mit verbalen und nonverbalen Botschaften, die über verschiedene Wege Sinnsysteme erzeugen. Diese gilt es zu beschreiben und zu erklären, indem u. a. die (syntaktischen, semantischen und pragmatischen) Spielregeln der Zeichenverwendung analysiert werden. Solche Ansätze, die vieles der Linguistik (F. de Saussure, R. Jakobson, Cl. Lévi-Strauss) verdanken, finden sich in Frankreich (R. Barthes, A. J. Greimas, J. Kristeva), in den Vereinigten Staaten Amerikas (I. Portis Winner, Cl. Geertz, V. Turner, M. Douglas, K. Lewin) und in der Moskau-Tartu Schule (J. Lotmann, B. Uspenskij, V. Ivanov, I. Toporov). Sie alle bieten den Vorteil eines interdisziplinären, sehr umfassenden Kulturverständnisses, das sog. »höhere« und »volkstümlichere« Elemente wie aber auch die sozialen, politischen, ökonomischen, religiösen u. a. Dimensionen integriert, und sie können Identitäten auch »Outsidern« näher bringen. Allerdings erweist sich die zentrale Kategorie des Zeichens als ambivalent, und noch sind die semiotischen Ansätze nicht genügend ausgearbeitet.

Zusammenfassend: Es wurde im Vorausgehenden darauf insistiert, eine fremde Kultur nicht von außen, sondern von *innen* her zu verstehen. Verschiedene methodische Ansätze erlauben es, unterschiedliche Aspekte eines kulturellen Ganzen zu verstehen. Damit soll von einem deduktiv erarbeiteten Kulturverständnis Abstand genommen werden, weil dieses zwar für eine theologische Auseinandersetzung um Inkulturation »hilfreich« scheint, aber dazu führt, das eigene partikulare Verständnis zu universalisieren und als normativ zu erklären. Kulturelle Differenzen und Eigenheiten werden dann vorschnell ausgeblendet oder als »Abweichungen« wahrgenommen, und Inkulturation kann damit enden, andere Kulturen in die eigene (die anderen für überragend gehaltene) Kultur zu integrieren. Demgegenüber bietet ein deskriptiv-induktives Verstehen von Kultur den Vorteil, der kulturellen Vielfalt und ihren Selbstverständnissen gerechter zu werden. Und der Inkulturationsprozess entartet nicht zu einer herrscherlichen »Globalstrategie«, die überall nach demselben Muster verfährt, sondern erlaubt es, in Respekt vor der je eigenen Geschichte und den unterschiedlichen Bedürfnissen voranzugehen. Allerdings wird damit das Problem interkultureller Kommunikation verschärft, und die Frage bleibt offen, *ob* und *wie* das Evangelium von seiner kulturellen Bestimmung getrennt werden kann. Dies zu beantworten, setzt die Wahrnehmung des Entstehungs*ortes* der Frage voraus, nämlich in den jeweiligen Ortskirchen.

5. Subjekt der Inkulturation

Das Subjekt der Inkulturation ist die einzelne *Ortskirche als Ganze*, und zwar in ihrem Auftrag, den Menschen »vor Ort« das Evangelium zu bezeugen. Der Prozess der Inkulturation durchläuft hier – vereinfachend gesagt – drei Etappen, die auf Grund sowohl des kulturellen Wandels als auch der Geschichte der einzelnen Ortskirche konkomitant sind: Translation – Akkulturation – Transformation. Zunächst begegnet das Evangelium in einer konkreten Bestimmung durch das Zeugnis von Christen Menschen einer anderen Kultur. Dabei werden Adaptationen an diese fremde Kultur vorgenommen. Allmählich findet dann eine Akkulturation statt, d. h. es werden *wechselseitig* fremde kulturelle Elemente rezipiert. Je mehr Menschen einer fremden Kultur zur christlichen Gemeinde gehören und je stärker die »kulturelle Entfremdung« erfahren wird, desto dringlicher wird schließlich die Aufgabe, *ihre* Kultur zu rezipieren und zu »assimilieren«. Damit beginnt der Inkulturationsprozess im engeren Sinn, weil nun diese Gemeinde *aktiv* die Kultur aus dem Geiste des Evangeliums zu gestalten und zu verändern anfängt (»Evangelisierung der Kultur«).

Die Verantwortung für das Bezeugen des Evangeliums kann die Ortskirche weder an andere delegieren noch kann diese Verantwortung substituiert werden. Das bedeutet jedoch, dass der Inkulturationsprozess *Freiheit* impliziert, und er gelingt nur dann, wenn diese Verantwortung ernst genommen wird. Das vergangene Konzil hat verschiedentlich die Bedeutung der Ortskirchen herausgestellt und damit viele Hoffnungen für den Inkulturationsprozess geweckt (vgl. AG 15, 19, 22; GS 44, 58, 62). Doch zeigen nachkonziliare Entwicklungen und kirchenpolitische Ereignisse, dass die einzelnen Ortskirchen nicht das volle Vertrauen Roms zu genießen scheinen. Nach wie vor werden Entscheidungen *zentral* getroffen, womit die *westliche* Dominanz weiterhin anhält. Der damit anhaltende Eurozentrismus ist freilich nicht allein ein Problem Europas und des »Kirchenzentrums«, sondern genauso ein Problem der verschiedenen Ortskirchen, die »Europa« internalisiert haben. Je freier jedoch die Ortskirchen ihrem Auftrag nachkommen, desto gleichberechtigter werden sie in der kirchlichen Communio stehen und um so besser kann auch der Inkulturationsprozess gelingen. Das *Selbst*verständnis der Ortskirchen und des Glaubens werden dann nicht *a priori* von einer Ortskirche bestimmt und anderen normativ auferlegt, sondern sie erwachsen aus der Erfahrung der jeweiligen Ortskirchen und »ihrem täglichen Leben auf der Suche nach Übereinstimmung mit dem Evangelium« (J. P. Jossua), d. h. normativ im Inkulturationsprozess ist das *Evangelium*. Wie aber schon das Neue Testament selbst zeigt, kann das Evangelium vielfältig verstanden und gelebt werden, und verstanden und gelebt bleibt es nur, wenn es in die Kultur eines Volkes integriert ist. Diese Integration und kulturelle Bestimmung bleibt immer ein hermeneutischer Prozess der Interpretation. Aus der kulturellen Bestimmung kann darum nicht geschlossen werden, es lasse sich nicht aus dieser *konkreten* Bestimmung lösen. In einer anderen Kultur kann das Evangelium und seine Vermittlung von der Ortskirche genauso aus *ihrem* Innern neu interpretiert und verstanden werden. Dadurch kommen nicht nur neue Dimensionen des Evangeliums und seiner Wahrheit ans Licht, sondern auch die Grenzen; das Sündige und Negative der eigenen Kultur werden erkenn- und benennbar. Jede Kultur besitzt demnach einen unverkennbaren Wert und eine eigene Würde, und zugleich wird sie der Kritik durch das Evangelium ausgesetzt. Theologisch ist hier allerdings eine Akzentverschiebung erforderlich: Die Gefahr einer Instrumentalisierung einer fremden Kultur ist im Inkulturationsprozess nämlich vor allem dort gegeben, wo Kultur statt von der Protologie und Pneumatologie, von der Christologie (und einer bedenklichen »Sinnparallelität zwischen Inkulturation und Inkarnation« [J. B. Metz]) und Soteriologie her betrachtet und verstanden wird. Kultur erscheint dann primär nicht als Gottes Schöpfung und Ort seines Geist-Wirkens (vgl. Joh 1, 10 ff.), sondern als dasjenige, was zuvor der Erlösung bedarf.

Der Inkulturationsprozess erweist sich demnach als ein Integrationsprozess im doppelten Sinn: nämlich einerseits als Integration des christlichen Glaubens und Lebens in eine andere Kultur und andererseits als Integration einer neuen (kulturellen) christlichen Erfahrung in das Leben und Denken der Universalkirche. Für den Erfahrungsaustausch zwischen den einzelnen Ortskirchen hat Rom dabei eine unverzichtbare Funktion, aber auch die europäischen Kirchen und Theologien haben auf Grund ihrer Glaubensgeschichte und Erfahrungen einen Beitrag zur Inkulturation anderer Ortskirchen zu leisten.

Mit der Inkulturation stellt sich freilich auch das Problem, wie mit der dadurch entstehenden *Vielfalt* des Glaubensbewusstseins der Kirche ihre *Einheit* gewahrt werden kann. Wenn diese Einheit nicht äußerlich formal durch gleichlautende Glaubenssätze, dieselbe Liturgie ... gegeben sein soll, sondern aus dem freien Sich-Einlassen von Menschen unterschiedlicher Kulturen auf das Evangelium erwächst, dann ist sie wesentlich eine Sache des Glaubens selbst, und die Identität der einzelnen Ortskirchen liegt dann nicht nur im gemeinsamen Auftrag, das Evangelium zu bezeugen, sondern auch im selben Geist, der sie alle »in die ganze Wahrheit führt« (Joh 16, 13).

Literatur zum Thema:

M. A. Amaladoss, Beyond Inculturation. Can the Many be One?, Delhi 1998; M. Arias Montes, B. Carrasco, Y la palabra de Dios se hizo indio, Quito 1996; St. C. Bate, Inculturation in South Africa, Grace and Truth 15 (1998) 26–43; M. Büker, Befreiende Inkulturation – Paradigma christlicher Praxis, Freiburg (Schweiz) 1999; G. Collet, Inkulturation, in: Hg. N. Mette, F. Rickers, Lexikon der Religionspädagogik, Neukirchen-Vluyn 2001, Bd. 1, 863–869; M. Dhavamony, Christian Theology of Inculturation, Roma 1997; Hg. J. Espeja, Inculturación y teología indigena, Salamanca 1993; Hg. M. Fabri dos Anjos, Inculturação: Desafios de hoje, Petropolis 1994; – Teologia da inculturação e inculturação da teologia, Petropolis 1995; Hg. F. Frei, Inkulturation zwischen Tradition und Modernität. Kontexte – Begriffe – Modelle, Freiburg Schweiz 2000; Inculturation, Gospel and Culture, Studia Missionalia 44 (1995) 1–388; D. Irarrázaval, Un Cristianismo Andino, Quito 1999; L. Jolicoeur, El Cristianismo Aymara, Quito 1996; Hg. A. Lienkamp, Chr. Lienkamp, Die »Identität« des Glaubens in den Kulturen. Das Inkulturationsparadigma auf dem Prüfstand, Würzburg 1997; L. N. Mercado, Doing Filipino Theology, Manila 1997; Hg. Missionswissenschaftliches Institut, Annotated Bibliography on Inculturation (Theology in context. Supplements 9), Aachen 1994; J. Ntedika Konde, La Théologie Africaine et sa contribution pour une inculturation, Revue Africaine des Sciences de la Mission 5 (1998) 9–47; J. Mvuanda, Inculturer pour évangéliser en profondeur, Bern – Berlin 1998; Hg. M. Pankoke-Schenk, G. Evers, Inkulturation und Kontextualität. Theologien im weltweiten Austausch, Frankfurt a. M. 1994; Hg. D. Salado, Inculturación y nueva Evangelización, Salamanca 1991; Hg. Th. Schreijäck, Menschwerden im Kulturwandel.

Inkulturation und Identität

Kontexte kultureller Identität als Wegmarken interkultureller Kompetenz, Luzern 1999; R. J. Schreiter, Abschied vom Gott der Europäer. Zur Entwicklung regionaler Theologien, Salzburg 1992; – Die neue Katholizität. Globalisierung und die Theologie, Frankfurt a. M. 1997; F. Weber, Gewagte Inkulturation. Basisgemeinden in Brasilien: eine pastoralgeschichtliche Zwischenbilanz, Mainz 1994.

Weitere Literatur in Theologie im Kontext. Informationen über theologische Beiträge aus Afrika, Asien, Ozeanien und Lateinamerika, Aachen 1 (1980) ff.

Theologische Begründungsmodelle von Inkulturation

Seit Mitte der siebziger Jahre ist innerhalb der Theologie vermehrt die Rede von Inkulturation, um damit das Verhältnis von Evangelium bzw. Christentum zu den Kulturen zu thematisieren und zu problematisieren.[1] Der Begriff der Inkulturation, d. h. des Heimischwerdens der christlichen Botschaft und des christlichen Glaubens im Lebenszusammenhang anderer Kulturen, trat dabei an die Stelle von Adaptation, Akkommodation und Akkulturation, von denen bisher vorwiegend in der Missionswissenschaft gesprochen wurde. Eine zentrale Fragestellung der Missionswissenschaft, welche sich mit praktischen und theoretischen Problemen, wie sie sich aus der missionarischen Expansion des westlichen Christentums in andere Kulturwelten ergaben, wurde zu einer die Theologie insgesamt bewegenden Frage. Dazu haben wesentlich die gesellschaftlich verstärkte Besinnung auf kulturelle Identitäten sowie das im Vaticanum II erwachte *weltkirchliche Bewusstsein* beigetragen.[2] Das vergangene Konzil, dem der Problemkomplex Evangelium und Kultur durchaus bewusst war, und das sich in verschiedenen Dokumenten dazu äußerte (vor allem in GS 53 ff., AG 19 und 22, SC 37 ff.), sprach allerdings noch nicht von Inkulturation, sondern gebrauchte die damals noch gängigen Begriffe Adaptation und Akkommodation.[3] Mittlerweile reden aber nicht nur Theologen und Theologinnen von Inkulturation, sondern deren begriffliche Verwendung hat auch im kirchlichen

---

[1] Die Literatur zum Thema ist inzwischen dermaßen angewachsen, dass ein Überblick kaum mehr möglich erscheint. Vgl. A. Amato, Inculturazione, Contestualizzazione, Teologia in contesto. Elementi di biliografia scelta, in: Salesianum 45 (1983) 79–111; Hg. Missionswissenschaftliches Institut Aachen, Annotated Bibliography on Inculturation (Theology in context – Suppl. No. 9), Aachen 1994.

[2] Vgl. M. Azevedo, Evangelización inculturada, in: Misiones Extranjeras No. 86 (1985) 197–221, bes. 201 ff.; V. Neckebrouck, La Tierce Église devant le problème de la Culture, Immensee 1987.

[3] J. Amstutz, Über die missionarische Anpassung, in: Vermittlung zwischenkirchlicher Gemeinschaft. 50 Jahre Missionsgesellschaft Bethlehem Immensee, Hg. J. Baumgartner, Schöneck-Beckenried 1971, 235–246; zur unterschiedlichen Interpretation von AG 22 vgl. A. Camps, Évangile et inculturation. L'aspect théologique du problème, in: Église et Mission 65 (1985) 25–42, bes. 25 ff.; A. Shorter, Toward a theology of inculturation, London 1988, 191–205.

Lehramt – vor allem in welt- und kontinentalkirchlichen Zusammenhängen – verstärkte Aufnahme gefunden.[4]

Der folgende Beitrag versucht einigen theologischen Grundlagen der Inkulturation nachzuspüren, wie sie in ausgesuchten theologischen Veröffentlichungen gegenwärtig anzutreffen sind.[5] Die Auswahl erhebt nicht den Anspruch auf irgendeine Repräsentanz, vielmehr erfolgte sie im Hinblick auf die Verschiedenheit theologischer Argumentationen, die allerdings erst dann in den Blick kommen, wenn Inkulturation nicht als analytischer Begriff zur Beschreibung von kultureller Begegnung, sondern als normative Idee kirchlich-missionarischen Handelns verstanden wird.[6] Solche Argumentationen sind keineswegs einheitlich, sondern lassen sich – abgesehen von einer Fülle von mehr praktisch orientierten Beiträgen, für welche die Notwendigkeit der Inkulturation ohne nähere theologische Explikation selbstverständlich feststeht, schematisch in drei Begründungsmodelle fassen: Während die Mehrheit der Theologen vorwiegend christologisch, vor allem von der Inkarnation her argumentiert, bildet für andere der Schöpfungsglaube Grundlage jeglicher Inkulturation. Eine andere Argumentation greift auf die Pneumatologie zurück.[7] Es soll auch gleich angemerkt werden, dass es öfter »Mischformen« solcher Begründungsmodelle gibt.[8] Schließlich ist darauf hinzuweisen, dass die für dieses Forschungsprojekt zentralen Bezugspunkte Tradition und Modernität, von wenigen Ausnahmen abgesehen[9], in den vorgestellten theologischen Argumen-

---

[4] Vgl. K. Müller, Accommodation and inculturation in the papal documents, in: Verbum SVD 24 (1983) 347–360.

[5] Auf theologiegeschichtlich relevante Theologumena wie die Rede von den logoi spermatikoi oder der *anima naturaliter christiana* u. a., die in diesem Zusammenhang bedeutsam sind und die gelegentlich von Theologen, die sich zur Inkulturation äußern, aufgegriffen werden, kann nicht eingegangen werden. Vgl. K. Kienzler, Art. Anima naturaliter christiana, in: LThK I, Freiburg – Basel – Wien ³1993, 680 f. (Lit.).

[6] Vgl. K. Hilpert, Inkulturation. Anspruch und Legitimation einer theologischen Kategorie, in: Der eine Gott in vielen Kulturen. Inkulturation und christliche Gottesvorstellung, Hg. Ders. – K. H. Ohlig, Zürich 1993, 13–32, 17 f.

[7] Vgl. R. J. Schreiter, Inkulturation, in: LThK V, Freiburg – Basel – Wien ³1996, 508 f.

[8] Vgl. M. Amaladoss, Inculturation: Perspectives and Challenges, in: Ders., Making All Things New. Dialogue, Pluralism and Evangelization in Asia, Maryknoll 1990, 121–130, 121: »The theological basis of inculturation is two-fold. On the one hand, the Incarnate Word who became flesh (John 1:14) is not only the model and justification of inculturation, but demands it. God has chosen this way of sharing his life with people by transforming them from within as leaven. On the other hand, the plurality of cultures leads us to perceive the Church not as a monolith, but as a communion of churches. The Word itself remains the principle of unity amid the enriching multiplicity of forms in which the creative Spirit gives it expression.«

[9] M. Azevedo, Inculturation and the challenges of modernity, Rome 1982; Ders., Vivir la fe en un mundo plural. Discrepancias y convergencias, Estella 1993; Ders., Contexto geral do desafio da inculturação, in: Hg. M. Fabri dos Anjos, Teologia da inculturação e inculturação da teologia, Petropolis 1995, 13–27, 19 f.; J. Comblin, Evangelização e inculturação: implicações pastorais, in: ebd. 57–89; Th. F. Zuern – J. A. Tetlow – P. Schineller, On being church in a modern

tationen keine erkennbare Rolle spielen, was nicht zuletzt mit dem Ausfall einer klaren Identifikation vergangener und gegenwärtiger Inkulturationsprozesse zu tun hat.[10]

1. Inkulturation – Inkarnation

Um die Wechselbeziehung zwischen Evangelium und Kultur zu beschreiben, wurde in den letzten Jahrzehnten auf das Modell der Inkulturation zurückgegriffen, das meistens auf einer Theologie der Inkarnation beruhte.[11] Die Inkarnation, ein theologischer Begriff, mit dem sowohl die Fleischwerdung des göttlichen Logos als auch das ganze Geheimnis Christi bezeichnet wird, bildet für viele Theologen daher auch den zentralen Schlüssel zum Verständnis von Inkulturation. »Theologisch kann sich Inkulturation nur in Analogie zum christlichen Verständnis der Inkarnation vollziehen.«[12] »Die Menschwerdung

---

society, Rome 1983. Doch fällt auch hier auf, dass eine *theologische* Begründung für Inkulturation kaum gegeben, sondern diese als selbstverständlich notwendig vorausgesetzt wird.

[10] Genau diesem Ausfall versucht die Arbeit von M. Büker entgegenzutreten, indem er paradigmatisch nach einer Praxis von Inkulturation fragt, »die mehr ist als bloße Forderung oder Absichtsäußerung«, vielmehr »kohärente Konzeptionen und identifizierbare Praxisformen« bietet (Befreiende Inkulturation – Paradigma christlicher Praxis. Die Konzeptionen von Paulo Suess und Diego Irarrázaval im Kontext indigener Aufbrüche in Lateinamerika, Freiburg/ Schweiz 1999, 19; 232; 328 f.).

[11] Auch das Konzil griff auf die Inkarnation zurück, um eine bessere »Anpassung« des christlichen Lebens an die Kulturen zu thematisieren. Vgl. AG 22: »In der Tat nehmen die jungen Kirchen, verwurzelt in Christus, gebaut auf das Fundament der Apostel, nach Art der Heilsordnung *der Fleischwerdung* in diesen wunderbaren Tausch alle Schätze der Völker hinein, die Christus zum Erbe gegeben sind. Aus Brauchtum und Tradition ihrer Völker, aus Weisheit und Wissen, aus Kunststil und Fertigkeit entlehnen sie alles, was beitragen kann, die Ehre des Schöpfers zu preisen, die Gnade des Erlösers zu verherrlichen, das Christenleben recht zu gestalten.«

[12] H. Waldenfels, Inkulturation, in: Handwörterbuch religiöser Gegenwartsfragen, Hg. U. Ruh – D. Seeber – R. Walter, Freiburg – Basel – Wien ²1989, 169–173, 172; Vgl. Ders., Inkulturation, in: Hg. Ders., Lexikon der Religionen, Freiburg – Basel – Wien ²1988, 307–309, wo diese Analogie zwischen Inkulturation und Inkarnation vermieden wird. Im Unterschied zu Waldenfels sieht A. A. Roest Crollius gerade (umgekehrt) die Inkarnation in Analogie zur Inkulturation: »In maniera analoga, il Mistero dell'Incarnazione può essere considerato come un fatto di inculturazione. Il Verbo di Dio non si è fatto uomo in un senso astratto e generale, ma, Figlio della Vergine, è divenuto Ebreo, con la cultura di una classe sociale e di un'epoca particolari. Per la sua vita ha santificato, nel suo ministero ha purificato, e nella sua morte e risurrezione ha rinnovato anche i valori umani di lingua e cultura di cui egli era il portatore. La Rivelazione, che ha raggiunto la sua pienezza in Cristo, è il fondamento e modello di ogni inculturazione.« (Inculturazione, in: Hg. Pontificia Università Urbaniana, Dizionario di missiologia, Bologna 1993, 281–286, 281. Vgl. Ders., Inculturation, in: Ed. S. Karotempel, Following Christ in Mission. A Foundational Course in Missiology, Nairobi 1995, 110–119, bes. 117 f.).

Gottes in Christus ist das erste Analogat der Inkulturation …«[13] »Die Inkarnation wurde zum Modell für Inkulturation. Christliche Inkulturation vollzieht sich in Analogie.«[14] Inkulturation in Analogie zur Inkarnation zu verstehen, erscheint hier leicht als »Christologie von oben«, welche die einmalige, konkrete Fleischwerdung des ewigen Logos unterstreicht oder aber die Prozesshaftigkeit der Inkarnation herausstellt. So ist nach H. Waldenfels Inkulturation »… theologisch nichts anderes als die Fortsetzung der Inkarnation Gottes. Sie ist das, was immer neu geschieht, wenn Gott wirklich ›zur Sprache kommt‹ und Fleisch wird. Fleisch aber wird Gott nicht im allgemeinen oder auf abstrakte Weise, weil es den Menschen nicht auf abstrakte Weise gibt. Fleischwerdung geschieht folglich, indem er Jude, Afrikaner, Chinese, Inder, Lateinamerikaner wird und damit eingeht in die Kulturen der Erde.«[15]

H. B. Meyer macht darauf aufmerksam, »… dass das (statisch verstandene) Faktum der Inkarnation nicht genügt. Denn so wie das bleibende Angenommensein der menschlichen Natur in der Person Jesu Christi nicht einfach nur einen Zustand bedeutet, sondern einen geschichtlichen Lebensweg, der durch das irdische Leben des Jesus von Nazaret in die Vollendung des ewigen Lebens mit und in Gott führt, so ist analog dazu Inkulturation der Glaubens-

---

[13] H. B. Meyer, Zur Frage der Inkulturation der Liturgie, in: Zeitschrift für katholische Theologie 105 (1983) 1–31, 27.

[14] A. Quack, Enkulturation / Inkulturation, in: Handbuch religionswissenschaftlicher Grundbegriffe, Hg. H. Cancik – B. Gladigow – M. Laubscher, Bd. 2, Stuttgart – Berlin – Köln 1990, 283–289, 285; vgl. S. Rayan, Inculturation and the Local Church, in: Mission Studies 3 (1986) 14–27, 15 f.; D. Irarrázaval, Inculturación latinoamericana de la catequesis, in: Medellín 60 (1989) 542–576, 554; P. Suess, Inkulturation, in: Mysterium Liberationis. Grundbegriffe der Theologie der Befreiung, Hg. I. Ellacuría – J. Sobrino, Bd. 2, Luzern 1996, 1011–1059, 1047: »Die Bedeutung der Inkulturation und die Bedeutung der Inkarnation sind nicht identisch, doch zwischen beiden Begriffen gibt es eine Beziehung der Analogie.« Ders., Evangelizar desde los proyectos históricos de los otros. Diez ensayos de misiología, Quito 1995, 140 ff.; 162 ff. (Vgl. M. Büker, Befreiende Inkulturation – Paradigma christlicher Praxis. Die Konzeptionen von Paulo Suess und Diego Irarrázaval im Kontext indigener Aufbrüche in Lateinamerika, aaO. 384 ff.); H. J. Krieg, Inkulturation als Hingabe. Die Anerkennung des Fremden als Ort der Gegenwart Gottes und Mitte des Inkulturationsprozesses, in: Theologie der Gegenwart 40 (1997) 209–216, 209. Vgl. K. Müller, Inkulturation, in: Lexikon missionstheologischer Grundbegriffe, Hg. Ders. – Th. Sundermeier, Berlin 1987, 176–180, 178: »Wie der Logos eine konkret menschliche Natur annahm und als dieser konkrete Mensch eine Offenbarung Gottes wurde, soll sich auch die Botschaft Jesu in einer jeweils neuen Kultur ›inkarnieren‹, d. h. eine neue Gestalt annehmen, eine Gestalt annehmen, die dem jeweiligen Volk angemessen ist, auf eine neue Weise Offenbarung der allerbarmenden Liebe Gottes sein. So gesehen ist das nicht eine Verfälschung oder Verwässerung des Wortes Gottes, sondern eine Fortsetzung der Inkarnation des Herrn in neue Kulturen hinein, ein Wachsen des mystischen Herrenleibes auf die Fülle hin: Auf dass Er alles in allem sei. Damit ist sinngemäß erklärt, was man heute mit ›Inkulturation‹ bezeichnet.«

[15] H. Waldenfels, Christliche Theologie im Kontext von Kulturen und gesellschaftlichen Verhältnissen, in: Ordensnachrichten 29 (1989) 6–20, 15.

---

botschaft und des Lebens aus dem Glauben … ein Prozess, der innerhalb der Geschichte … zu einer je neu zu gewinnenden Synthese von Glaube und Kultur führt … Sowohl der Lebensweg Jesu Christi, des Gottmenschen, als auch der Prozess der Inkulturation verlaufen aber in einer Geschichte, die der postlapsarischen Ordnung zugehört und keine paradiesische, sondern Erlösungsgeschichte ist. Modell bzw. Analogie … der Inkulturation ist daher die Inkarnation nicht ohne das Paschamysterium des Todes und der Auferstehung des Herrn, aber auch nicht ohne die Gesamtheit der mysteria vitae Christi.«[16]

In Analogie zur Inkarnation vollzieht sich nach dieser Argumentation also auch die Inkulturation des Evangeliums bzw. seine Ein- und Verwurzelung in einer Kultur. Der universale Gott, der jenseits aller Kulturen steht, offenbart sich in dem Medium einer konkreten Kultur. Jesus war ein Mensch, der zu einer bestimmten Zeit, an einem bestimmten Ort geboren wurde und in eine bestimmte Kultur »enkulturiert« wurde. Die universale Botschaft Gottes, wie sie in Jesus Christus verkündigt wird, richtet sich an Menschen, die einer konkreten Kultur angehören und nur im Medium ihrer eigenen Kultur antworten können. Mit dieser Analogie wird deshalb gleichzeitig die Notwendigkeit einer Kultur zum Ausdruck gebracht, ohne die Jesus seine Botschaft vom Reich Gottes nicht hätte verkünden und die Menschen sie nicht hätten vernehmen können. Die »kulturelle Solidarität« Jesu war deshalb eine notwendige Bedingung für die Kommunikation des Evangeliums und diese ist auch für die Fortführung seiner Sendung durch die Kirche unerlässlich.

Wenn von der Inkarnation Christi die Rede ist, so ist damit meistens die Beziehung Christi zu einer bestimmten Kultur, nämlich der jüdisch-aramäischen gemeint.[17] Dabei wird vor allem der aktive Aspekt dieses Ereignisses herausgestellt. In der Inkarnation Gottes wird er Fleisch: »… er entäußerte sich und wurde wie ein Sklave und den Menschen gleich. Sein Leben war das eines Menschen; er erniedrigte sich und war gehorsam bis zum Tod, bis zum Tod am Kreuz« (Phil 2,7 f.). Vor der Inkarnation gehört Christus keiner Kultur an. Im Unterschied dazu supponiert Inkulturation jedoch eine konkrete Beziehung zwischen einer bestimmten kulturellen Gestalt des Evangeliums und des christlichen Glaubens und einer anderen Kultur. Das Christentum war vor jeglicher Begegnung mit anderen Kulturen bereits kulturell bestimmt, was nicht aus-

---

[16] H. B. Meyer, Liturgietheologische Überlegungen zur Inkulturation – ein Versuch, in: Ecclesia Lacensis, Hg. E. von Severus, Münster 1993, 516–528, 519. Vgl. J. Niewiadomski, Inkarnation als Inkulturation. Ein theologisches Triptychon, in: Evangelium und Inkulturation (1492 – 1992), Hg. P. Gordan, Graz – Wien – Köln 1993, 27–49, 29 f.; M. Amaladoss, Inculturation in India. Historical Perspectives and Questions, in: Jahrbuch für kontextuelle Theologien 2 (1994) 42–58, 52.

[17] Vgl. N. Standaert, L'histoire d'un néologisme. Le terme »inculturation« dans les documents romains, in: Nouvelle Revue Théologique 110 (1988) 555–570, 559 ff.

schließt, dass es diese partikulare Bestimmung überschreiten kann. »Die Universalität des christlichen Glaubens bestätigt sich (aber) nicht dadurch, daß die Eigenheiten verleugnet oder transzendiert werden, sondern dadurch, daß im Partikularen bzw. im Konkreten eines bestimmten kulturellen Kontextes das Universale und Transzendente erfahren wird.«[18]

Eine Analogie zwischen Inkarnation und Inkulturation herzustellen, erweist sich – abgesehen von der Schwierigkeit, die mit der analogen Rede überhaupt gegeben ist – allerdings nicht als unproblematisch. Zunächst wird damit nämlich die Vorstellung insinuiert, das Evangelium oder der christliche Glaube würde vor einer solchen Inkarnation in eine bestimmte Kultur in einer quasi überkulturellen Weise existieren, und sie fänden deshalb bei allen Völkern und Rassen und in allen geographischen Räumen Eingang.[19] Das leistet einem Denken Vorschub, wonach ein transkulturelles Wesen des Glaubens gleichsam in eine Kultur injiziert wird.[20] Doch geschieht Inkulturation nicht als beständige neue Inkarnation eines reinen Evangeliums oder reinen Glaubens in eine andere Kultur, sondern immer nur als Weitervermittlung einer vielschichtigen kulturellen Tradition in eine andere kulturelle Tradition. Denn der christliche Glaube hat immer nur im Konkreten, in einem bestimmten kulturellen und religiösen Kontext existiert, und was als »Substanz des Christentums« gilt, das ist immer schon geschichtlich bedingter Ausdruck christlichen Glaubens und christlicher Erfahrung.[21] Darüber hinaus legt eine solche Analogie das Verständnis nahe, als würde sich Inkulturation als Einbahnprozess vollziehen, in dem das Evangelium bzw. das Christentum allein in Aktion tritt und der ihm begegnenden Kultur eine rein passive Rolle zukäme. Schließlich besteht bei diesem Begründungsmodell die Gefahr einer Reduktion von Gottes Handeln und der Mission der Kirche auf die »plantatio« bzw. »transplantatio« der Kirche. Diese Gefahr ist insbesondere dann gegeben, wenn die Analogie zwischen Inkarnation und Inkulturation kulturelle Konflikte übergeht.[22]

In Wirklichkeit handelt es sich bei der Inkulturation um einen Prozess der

---

[18] F. Wilfred, Weltreligionen und christliche Inkulturation, in: Zeitschrift für Missionswissenschaft und Religionswissenschaft 72 (1988) 205–220, 209.

[19] Vgl. J. B. Metz, Im Aufbruch zu einer kulturell polyzentrischen Weltkirche, in: F. X. Kaufmann – Ders., Zukunftsfähigkeit. Suchbewegungen im Christentum, Freiburg – Basel – Wien 1987, 93–165, bes. 117 f.; 127; Ders., Einheit und Vielheit: Probleme und Perspektiven der Inkulturation, in: Concilium 25 (1989) 337–342, 338; Ders., Die Eine Welt als Herausforderung an das westliche Christentum, in: Una Sancta 44 (1989) 314–322, 315 f.

[20] A. Peter, Inkulturation, kontextuelle Theologie, Befreiung. Ein Verstehensversuch, in: Für Enrique Dussel. Aus Anlass seines 60. Geburtstages, Hg. R. Fornet-Betancourt, Aachen 1995, 121–147, 129 f.

[21] Vgl. M. Amaladoss, Inculturation in India. Historical Perspectives and Questions, aaO. 55.

[22] Vgl. D. Irarrázaval, Incarnation, Paschal Mystery, Pentecost: Sources of Inculturation, in: Jahrbuch für kontextuelle Theologien 2 (1994) 166–190, 178.

Kulturbegegnung und daher um ein wechselseitiges Geschehen. Es geht bei der Inkulturation im Unterschied zur Adaptation oder Akkommodation primär ja nicht um das Verhalten *den Andern gegenüber*. Vielmehr gilt es hier zu berücksichtigen, dass sich auch die Andern zu jenen verhalten, die auf sie zukommen, es sich also bei der kulturellen Begegnung um ein *wechselseitiges* Geschehen handelt.[23] Zu Recht bemerkt daher St. Silber: »Die Inkarnation ist kein menschlich verfügbares Geschehen, während es der Theologie der Inkulturation doch gerade um die Bestimmung einer neuen missionarischen Praxis geht ... Denn während die Inkarnation eine einmalige und darum abgeschlossene Beziehung zwischen Christus und einer bestimmten Kultur (der Kultur Jesus von Nazaret) ist, muss die Inkulturation als Beziehung zwischen Kulturen gedacht werden ... Der inkarnatorische Vorgang der ersten Menschwerdung des Wortes Gottes ist nicht wiederholbar. Er kann darum nicht als Modell für die Auseinandersetzung zweier Kulturen mit dem in ihnen präsenten Wort Gottes dienen.«[24]

Shorter hat vorgeschlagen, anstelle einer problematischen Parallelisierung von Inkarnation und Inkulturation von der Parallele Pascha-Mysterium und Inkulturation zu reden. »In der Tat, Inkulturation steht in einem ursächlichen und analogen Zusammenhang mit dem Pascha-Mysterium. Denn durch sein Leiden, Tod und Auferstehung wurde Christus wirklich universaler Herr, und im Geist wurde er dem Volke einer jeden menschlichen Kultur zugänglich. Das Pascha-Mysterium bietet uns auch die Möglichkeit einer Analogie für die Bekehrung bzw. Metanoia der Kultur. Um authentischer und der einer Kultur zugrundeliegenden Wahrheit treuer zu werden, muss diese unter dem Einfluss der Evangelisierung ›sterben und erneut auferstehen‹; der Einladung auf Christi Selbstmitteilung in der Geschichte zu antworten und um menschlicher zu werden, indem das ›Christus-Modell‹ angenommen wird, das Vorbild von Christi Tod und Auferstehung.«[25] Allerdings ist Shorter sich dessen bewusst, dass auch

---

[23] Vgl. die Bemerkungen von J. Kardinal Ratzinger, der anstelle des Begriffs Inkulturation den Begriff Interkulturalität vorschlägt mit der Begründung: »Denn Inkulturation setzt voraus, dass ein gleichsam kulturell nackter Glaube sich in eine religiös indifferente Kultur versetzt, wobei sich zwei bisher fremde Subjekte begegnen und nun eine Synthese miteinander eingehen. Aber diese Vorstellung ist zunächst einmal künstlich und irreal, weil es den kultur-freien Glauben nicht gibt und weil es die religionsfreie Kultur außerhalb der modernen technischen Zivilisation nicht gibt. Vor allem aber ist nicht zu sehen, wie zwei einander an sich völlig fremde Organismen in einer Transplantation, die zunächst beide verstümmelt, plötzlich ein lebensfähiges Ganzes werden sollten. Nur wenn die potentielle Universalität aller Kulturen und ihre innere Offenheit aufeinander hin gilt, kann Interkulturalität zu fruchtbaren neuen Gestalten führen.« (J. Kardinal Ratzinger, Der christliche Glaube vor der Herausforderung der Kulturen, in: Evangelium und Inkulturation, aaO. 9–26, 15.)

[24] St. Silber, Typologie der Inkulturationsbegriffe: vier Aporien. Eine Streitschrift für einen neuen Begriff in einer notwendigen Debatte, in: Jahrbuch für kontextuelle Theologien 5 (1997) 117–136, 125 f.

[25] A. Shorter, Evangelization and Culture, London 1994, 35; vgl. Ders., Toward a theology of

---

Inkulturation und Identität ▬▬▬

dieser theologische Zugang zur Inkulturation »spekulativ« bleibt und wenig zur Ekklesiologie beiträgt.

2. Inkulturation – Schöpfungsglaube

Für W. Pannenberg begründet der »… christliche Schöpfungsglaube … Möglichkeit und Notwendigkeit einer Inkulturation des Evangeliums, wie es denn auch ohne den Schöpfungsglauben nie eine christliche Mission, jedenfalls keine Heidenmission, gegeben hätte. Die christliche Mission hat seit der Zeit der Apostel damit begonnen, ihren Hörern den Gott zu verkünden, der die Welt und alle Menschen, also auch die Hörer selbst, erschaffen hat und der ihnen darum nicht gänzlich fremd und unbekannt sein kann.«[26] Christlicher Schöpfungsglaube führt zur Bereitschaft, fremden Kulturen positiv zu begegnen, was »… allerdings nicht eine einfache Gleichsetzung der christlichen Botschaft mit den Erfahrungen der fremden Kultur von der göttlichen Wirklichkeit und mit den Konsequenzen daraus für die Lebensführung der Menschen zur Folge haben« kann.[27] Inkulturation verfährt seiner Meinung nach selektiv. Sie wendet sich »vorzugsweise Vorstellungen, Einrichtungen und rituellen Vollzügen« zu, »die den eigenen Motiven der missionierenden Religion entgegenkommen«.[28] Auch wenn sich Pannenberg in seinen theologischen Werken eingehend mit dem Problem Religion / Christentum – Kultur beschäftigt, so bleibt es meines Wissens in Bezug auf eine theologische Begründung der Inkulturation bei diesen wenigen Gedanken.

Eine positive Sicht der Welt und des Menschen, wie sie das Vaticanum II vor allem in seiner pastoralen Konstitution *Gaudium et Spes* vorgelegt hat, hebt nicht nur nachhaltig den »Weltauftrag« der Kirche hervor, sondern ermöglicht auch ein Verständnis der Vielfalt der Kulturen.[29] Dies zeigt sich auch bei D. S. Amalorpavadass, der in seiner Grundlagenbestimmung der Inkulturation, die

---

inculturation, aaO. 83 ff. Ähnlich E. J. Pénoukou, Inculturation, in: Dictionnaire critique de Théologie, Hg. J. Y. Lacoste, Paris 1998, 565–568, 567 f.
[26] W. Pannenberg, Notwendigkeit und Grenze der Inkulturation des Evangeliums, in: Christentum in Lateinamerika. 500 Jahre seit der Entdeckung Amerikas, Regensburg 1992, 140–154, 142. Vgl. T. Okure, Scriptural and Christological bases for inculturation in the African context, in: Jahrbuch für kontextuelle Theologien 2 (1994) 112–128, 118 ff. Für Okure selbst bleibt allerdings die Inkarnation nebst der Ekklesiologie »the central and most developed basis« der Inkulturation (ebd. 121).
[27] W. Pannenberg, Notwendigkeit und Grenze der Inkulturation des Evangeliums, aaO. 143.
[28] W. Pannenberg, Notwendigkeit und Grenze der Inkulturation des Evangeliums, aaO. 143.
[29] Vgl. Ch. Moeller, Der Aufstieg der Kultur, in: Die Kirche in der Welt von heute. Untersuchungen und Kommentare zur Pastoralkonstitution »Gaudium et Spes« des II. Vatikanischen Konzils, Hg. G. Baraúna, Salzburg 1967, 271–332, 281 ff.

auf der Inkarnation des Wortes beruht, vom Schöpfungsgedanken und dem Verhältnis zur Welt ausgeht. Gott ist Ursprung und Ziel der Welt, sichtbare Manifestation von Gottes Wort, durch das alles wurde.[30] »Dasselbe Wort ist gegenwärtig geworden in der ganzen Schöpfung und durch die ganze Geschichte der Menschheit, indem es sich auf verschiedene Weisen den verschiedenen Völkern geoffenbart hat.«[31] Die Inkarnation des Wortes bestimmt auch die Natur der Kirche, so wie es *Lumen Gentium* 8 zum Ausdruck bringt: »Der einzige Mittler Christus hat seine heilige Kirche, die Gemeinschaft des Glaubens, der Hoffnung und der Liebe, hier auf Erden als sichtbares Gefüge verfasst und trägt sie als solches unablässig; so gießt er durch sie Wahrheit und Gnade auf alle aus. Die mit hierarchischen Organen ausgestattete Gesellschaft und der geheimnisvolle Leib Christi, die sichtbare Versammlung und die geistliche Gemeinschaft, die irdische Kirche und die mit himmlischen Gaben beschenkte Kirche sind nicht als zwei verschiedene Größen zu betrachten, sondern bilden eine einzige komplexe Wirklichkeit, die aus menschlichem und göttlichem Element zusammenwächst. Deshalb ist sie in einer nicht unbedeutenden Analogie dem Mysterium des fleischgewordenen Wortes ähnlich. Wie nämlich die angenommene Natur dem göttlichen Wort als lebendiges, ihm unlöslich geeintes Heilsorgan dient, so dient auf eine ganz ähnliche Weise das gesellschaftliche Gefüge der Kirche dem Geist Christi, der es belebt, zum Wachstum seines Leibes (vgl. Eph 4, 16).« Kraft dieses Prinzips der Inkarnation hat sich auch die Kirche inkarnatorisch zu verhalten, und dieses »inkarnatorische Verhalten heißt Indigenisierung oder Inkulturation«.[32]

Für F. Wilfred stellt Inkulturation nicht eine Aktivität der Kirche unter vielen dar, sondern sie ist »... die eigentliche Form ihrer Präsenz und Verwurzelung im Volk, die Art, wie sie Anteil nimmt an seinem Leben, seiner Erfahrung ...«[33] Er insistiert darauf, dass ein angemessenes Verständnis von Inkulturation deshalb notwendigerweise die Religionen im Blick haben muss, da Religion und Kultur immer ein organisches Ganzes darstellen.[34] Dabei ist die Beziehung zu den anderen Religionen in der fundamentalen Tatsache begründet, »... dass die Menschheit insgesamt gleichen Ursprungs ist und das gleiche Schicksal hat«.[35] In diesem Zusammenhang zitiert Wilfred *Nostra Aetate* 1: »Alle Völker sind ja eine einzige Gemeinschaft, sie haben denselben Ursprung,

---

[30] D. S. Amalorpavadass, Cultural Challenges to Mission, in: Voices from the third world XIII (1990) 89–114.
[31] D. S. Amalorpavadass, Cultural Challenges to Mission, aaO. 90.
[32] D. S. Amalorpavadass, Cultural Challenges to Mission, aaO. 91.
[33] F. Wilfred, Weltreligionen und christliche Inkulturation, aaO. 218.
[34] Vgl. F. Wilfred, Inculturation as a Hermeneutical Question, in: Vidyajyoti 52 (1988) 422–436, 428.
[35] F. Wilfred, Weltreligionen und christliche Inkulturation, aaO. 214.

da Gott das ganze Menschengeschlecht auf dem gesamten Erdkreis wohnen ließ; auch haben sie Gott als ein und dasselbe letzte Ziel«, und er sieht diese tiefste Verbundenheit und Einheit »in der Schöpfung grundgelegt«. Dies hat Konsequenzen auch für die Inkulturation, bis hin zur Frage nach der Zugehörigkeit zur Kirche. Denn bisher war man gewohnt, Menschen entweder als der Kirche zugehörig oder nicht-zugehörig zu sehen. In Asien aber finden sich Menschen, die von Jesus ergriffen sind und ihn verehren, und gleichzeitig dem Hinduismus oder Buddhismus treu bleiben, ohne dass sie sich deswegen als synkretistisch verstehen. Wenn aber Kirche als Gemeinschaft und Gruppe der Christusnachfolger verstanden wird, so verändert sich mit dem Ernstnehmen dieser Wirklichkeit auch die Frage nach der Kirchenzugehörigkeit und nach der Ekklesiologie. »Diese Sicht von Inkulturation verlangt eine Ekklesiologie, die sich nicht einfach auf die Erlösung und Errettung konzentriert, sondern integriert ist in eine Theologie der Schöpfung.«[36]

Nach Meinung von F. Wilfred ist jedoch Inkulturation »... letztlich ein eurozentrischer Begriff und bezeichnet etwas ganz bestimmtes, nämlich dass es aus dortiger Sicht um ein neues Image der Kirchen der Dritten Welt in der nachkolonialen Ära geht. Es ist eine Sicht vom Zentrum her für all das, was sich in den Kirchen der Dritten Welt abspielt oder nach westlichen Erwartungen abspielen sollte.«[37] Angemessener wäre seiner Meinung nach deshalb die Rede von interkultureller Begegnung.[38]

3. Inkulturation – Pneumatologie

A. Pieris sieht im Begriff Inkulturation einen Neologismus, der die von Johannes XXIII. benutzte Rede von *Aggiornamento* abgelöst hat. Darunter sei eine Anpassung der Kirche an das Wort, »das jeden erleuchtet, der in diese Welt kommt« (Joh 1,9), zu verstehen, d. h. es war ein Aufruf an die Kirche, sich auf ihre pfingstlichen Ursprünge zu besinnen.[39] Mit *Aggiornamento* sei ein neues Pfingsten gemeint gewesen und dies sei der Grund dafür, die Frage der Inkulturation pneumatologisch anzugehen. Der pneumatologische Zugang bedeutet

---

[36] F. Wilfred, Inculturation as a Hermeneutical Question, aaO. 429.

[37] F. Wilfred, Interkulturelle Begegnung statt Inkulturation, in: Jahrbuch Mission 27 (1995) 114–133, 117. Vgl. A. Pieris, Theologie der Befreiung in Asien. Christentum im Kontext der Armut und der Religionen, Freiburg – Basel – Wien 1986, 61. 69. 83.

[38] Vgl. auch M. Amaladoss, Inculturation in India. Historical Perspectives and Questions, aaO. 56 [Ders., Inculturation: Perspectives and Challenges, aaO. 122], der aus anderen Gründen den Begriff Inkulturation in Frage stellt.

[39] A. Pieris, Inculturation in Asia. A theological reflection on an experience, in: Jahrbuch für kontextuelle Theologien 2 (1994) 59–72, 59.

aber dem »Primat des Wortes« Rechnung zu tragen. »Der Geist spricht und über ihn wird nicht gesprochen. Was der unausgesprochene Sprecher (the Unspoken Speaker) (das Pneuma) über den unaussprechlichen Einen (Gott) aussagt, ist Sprache selbst, das erhellende Wort der Offenbarung, der sichere Weg der Erlösung und der einzige Weg zur Veränderung: Logos, Dabar, Hodos, Marga, Tao, Dharma, Vac. Es ist das große Gespräch des Geistes, das von einem jeden gehört und erkannt wird, der im selben Geist wandert. Wie auch immer, es ist dieses Wort selbst, das offenbart, rettet und verändert und nicht unsere Worte (z. B. Christus, Herr und andere menschliche Kategorien), mit denen wir es beschreiben.«[40] Christen erkennen dieses Wort als Jesus Christus, das sie gesehen, gehört und berührt haben, und es ist heute sicht- und fassbar in denen, die er zu seinen Stellvertretern auf der Welt bestimmte: die Kleinen, die Nichtpersonen, die Opfer der Völker. Diese sind die »stimmlosen Vermittler« dieses Wortes. Auf das Wort zu hören und ihm zu folgen bedeutet die Sprache des unausgesprochenen Sprechers zu lernen, der in unserer Zeit beim Volke »als der österliche Leib Christi« wohnt und wirkt. »Ein solches Lernen bezeichnen wir als Inkulturation«, wobei diese näherhin den Austausch des Geistes bedeutet, der in der Kirche und im »Asiatischen Christus« wohnt.[41]

Nach D. Irarrázaval bilden Inkarnation, Ostern und Pfingsten die normativen Elemente einer Inkulturation, wobei es sich um Quellen handelt, die für alle, auch für Nichtchristen zugänglich sind.[42] »Die Proto-Inkulturation entstammt der Inkarnation des Wortes, vom Geheimnis Jesu und Ostern und von der Geistsendung.«[43] Inkarnation bildet die Bedingung, das Ostergeheimnis den Prozess und Pfingsten den Träger/das Subjekt der Inkulturation. Diese Quellen strukturieren nach Irarrázaval Inkulturation, von der es keine Theologie im strikten Sinne, wohl aber eine in ihr gibt.[44] »Tod und Auferstehung des Gottessohnes sind bedeutungsvoll für die Inkulturation des Glaubens hier und jetzt einer jeden Gemeinschaft. Zugleich inspiriert sie den Dialog mit dem nichtchristlichen Volk. Tatsache ist, dass Erlösung universal ist und sie alle menschliche Erwartungen erfüllt.«[45] Solche Quellen werden in jedem menschlichen Kontext angenommen und gelebt. Der Schöpfungslogos, österliches Leiden und Auferstehung sowie die Gegenwart des Pneumas bilden unerschöpf-

---

[40] A. Pieris, Inculturation in Asia. A theological reflection on an experience, aaO. 60. Vgl. Ders., Universalität und Inkulturation in unterschiedlichen theologischen Denkmodellen, in: Concilium 30 (1994) 526–532, 527.

[41] A. Pieris, Inculturation in Asia. A theological reflection on an experience, aaO. 60.

[42] D. Irarrázaval, Incarnation, Paschal Mystery, Pentecost: Sources of Inculturation, aaO. 176 ff.

[43] D. Irarrázaval, Práctica y teología en la inculturación, in: Paginas 18 (1993) 32–48, 40.

[44] D. Irarrázaval, Práctica y teología en la inculturación, aaO. 39.

[45] D. Irarrázaval, Incarnation, Paschal Mystery, Pentecost: Sources of Inculturation, aaO. 177.

liche Quellen, die auf die Grundfragen des Menschen antworten und ihn zur ganzheitlichen Befreiung führen.[46] Das Grundgeheimnis des Glaubens, die Inkarnation, wird vom Leiden und der Spiritualität des Volkes angegangen. An die Inkarnation zu glauben »… erlaubt eine Begegnung mit Gott in der Menschheit, in der Geschichte und im Kosmos«.[47] Grund der Inkulturation ist Christus, der in der menschlichen Gemeinschaft transzendent gegenwärtig ist. Transzendentale Wirklichkeit vermögen wir durch Zeichen der physischen Umwelt und kreativer menschlicher Äußerungen zu erkennen. Inkarnation ist demnach als »Menschwerdung und Armwerden« zu verstehen, und ein inkulturierter Glaube zieht uns nicht von den natürlichen, menschlichen und geistigen Wirklichkeiten weg, sondern lässt sie vielmehr voll annehmen.

»Die Quelle der Inkulturation ist die Erfahrung, durch Christus befreit zu sein.«[48] Diese Erfahrung wird in der Gemeinschaft gemacht; inmitten des Volkes wird der Herr gegenwärtig. Er ist es, der der Menschheit immer Gnade und Geist anbietet, dem »österlichen Geheimnis in einer Gott bekannten Weise verbunden zu sein« (*Lumen Gentium* 22). Die Gemeinschaft kann aber die Ostererfahrung in den kulturellen und religiösen Kategorien eines jeden menschlichen Kontextes machen. Und wenn Nachfolge jener Prozess ist, in dem die Last des Kreuzes auf sich genommen und neues Leben gewonnen wird, dann führt Inkulturation aus Situationen des Todes zu einer Erfahrung von Auferstehung. Das erlösende Ostern lässt dann Inkulturation im Sinne von Transformation verstehen, d.h. Inkulturation ist keine »kulturelle Angelegenheit«, sondern sie zielt auf integrale Befreiung. Das befreiende Ostern trägt den Inkulturationsprozess, und wenn Glauben inkulturiert wird, so bietet er erlösende Inhalte an, die für die Menschen insgesamt relevant sind.[49]

Als eine dritte Hauptquelle der Inkulturation führt Irarrázaval das Werk des Geistes an. Pfingsten gibt den Gläubigen die Kraft, »Agenten und Träger der Inkulturation« zu werden.[50] Der Grund liegt darin, dass der Heilige Geist reichlich Hoffnung gibt, eine Kraft, das Evangelium bis an die Grenzen der Erde zu bezeugen. Allerdings ist dieser Geist nicht auf die Kirche und die Gemeinschaft der Gläubigen beschränkt, sondern er berührt auch »… die Gesellschaft und die Geschichte, die Völker, die Kulturen, die Religionen« (*Redemptoris Missio* 28), was den Inkulturationsprozess umfassend verstehen lässt. Inkulturation ist eine »spirituelle Realität«, »Werk des Geistes«, der dessen Pluralismus und Dy-

---

[46] D. Irarrázaval, Incarnation, Paschal Mystery, Pentecost: Sources of Inculturation, aaO. 179.

[47] D. Irarrázaval, Incarnation, Paschal Mystery, Pentecost: Sources of Inculturation, aaO. 181.

[48] D. Irarrázaval, Incarnation, Paschal Mystery, Pentecost: Sources of Inculturation, aaO. 183.

[49] D. Irarrázaval, Incarnation, Paschal Mystery, Pentecost: Sources of Inculturation, aaO. 184.

[50] D. Irarrázaval, Incarnation, Paschal Mystery, Pentecost: Sources of Inculturation, aaO. 185; Ders., Práctica y teología en la inculturación, aaO. 40. Vgl. M. Büker, Befreiende Inkulturation – Paradigma christlicher Praxis, aaO. 389 ff.

namismus garantiert. »Die Norm war und ist: in jeder Sprache, in jedem symbolischen Universum ›Gottes große Taten verkünden‹ (Apg 2,11). Die Inkulturation dient also nicht dazu, Anhänger zu gewinnen, sondern um Gott plurikulturell als Retter der Menschheit zu bezeugen.«[51]

Auffallend ist bei den hier angeführten Überlegungen die Tatsache, dass es vor allem Theologen aus außereuropäischen Kulturbereichen sind, die auf protologisch und pneumatologisch begründete Modelle von Inkulturation zurückgreifen. Ist die Vermutung abwegig, dass der Schöpfungsglaube und die Pneumatologie ihnen ein theologisch angemesseneres Argument bieten, um die von ihnen eingeforderte Multikulturalität des Christentums zu begründen? Während inkarnatorische Begründungsmodelle mehr dazu neigen, den Ursprung des Christentums hervorzuheben und damit dem »Traditionsprinzip« ein besonderes Gewicht beizumessen, finden beim protologisch und pneumatologischen Begründungsmodell »außerchristliche« Kulturen mehr Beachtung und Wertschätzung. Das damit veränderte positive Verhältnis zu diesen Kulturen lässt freilich gelegentlich deren negativen Seiten leicht vergessen, bzw. intra- und interkulturelle Konflikte werden ausgeblendet. Darin liegt auch ein notwendiges Korrektiv des inkarnatorischen Begründungsmodells, insofern es an die »Erlösungsbedürftigkeit« aller Kulturen erinnert und die Metanoia bzw. eine Ent-kulturation all jener einfordert, die sich auf das Evangelium einlassen.

---

[51] D. Irarrázaval, Práctica y teología en la inculturación, aaO. 40.

»Vom theologischen Vandalismus zum theologischen Romantizismus?«

Fragen zu einer multikulturellen Identität des Christentums

Auf dem Weg zur Arbeitsstelle begegnet mir seit einigen Monaten auf einer Plakatwand, die für Waschmittel und ein neues Automodell wirbt, auch ein in unbeholfener Schrift geschriebener Text, mit dem die Bevölkerung des Landes, das sich zur Zeit mit der Tatsache einer gewalttätigen Fremdenfeindlichkeit auseinander zusetzen hat, um Achtung und Verständnis für die in vermehrtem Maß Einwandernden gebeten werden soll. Der Text, dessen Verfasser anonym ist, lautet wörtlich:

Dein Christus ein Jude

Dein Auto ein Japaner

Deine Pizza italienisch

Deine Demokratie griechisch

Dein Kaffee brasilianisch

Dein Urlaub türkisch

Deine Zahlen arabisch

Deine Schrift lateinisch

Und Dein Nachbar nur ein Ausländer?

Einige hundert Meter davon entfernt betreibt auf einer Litfaßsäule eine Zigarettenfirma mit reißerisch-sexistischen Plakaten, die in regelmäßigen Abständen erneuert werden, Werbung für ihr Produkt, und das für die Werbung verpflichtete Atelier verfährt dabei meist nach demselben Muster: äußere Erkennungszeichen von Personen, die auf ihre Identität schließen lassen – wie etwa Hautfarbe, Berufskleidung etc. –, werden durch »Verfremdung« bzw. dadurch, dass sie in einen ganz anderen Kontext gestellt werden, mehr oder weniger witzig lächerlich gemacht. Während man also auf der einen Seite um Achtung vor dem Anderen und um Verständnis für die Fremden bittet, werden auf der anderen Seite Menschen auf subtile Weise entwürdigt.

1. Multikulturalität als Realität und Herausforderung

Multikulturalität ist ein unübersehbares gesellschaftliches Faktum geworden, mit dem sich auseinander zusetzen man schwer vorbeikommt. Mit Multikulturalität ist, wie die Plakatinschrift verdeutlicht, ein Vielfaches gemeint. Unter ihr versteht man nicht nur, dass die eigene kollektive wie persönliche Identität und was zu ihrer Geschichte gehört, in einem Selektionsprozess aus verschiedenen Kulturen erwachsen ist und an ihnen teilhat, so dass wir sowohl kulturell von anderen bestimmt werden als auch dass wir uns von anderen bestimmen lassen, indem wir gewisse Leistungen von ihnen auswählen und übernehmen. Multikulturalität bedeutet vor allem, dass Menschen, die verschiedenen kulturellen Traditionen angehören, in ein und derselben Gesellschaft zusammenleben, ja aus verschiedenen Gründen zusammenleben müssen. Denn im Unterschied zu früheren Zeiten, in denen beispielsweise gezielt Ausländer als Arbeitskräfte ins Land geholt wurden, weil man sie benötigte oder Perioden, in denen Menschen freiwillig ihre Heimat verließen, weil sie sich anderswo ein besseres Leben versprachen, zwingen heute wirtschaftliche, politische und religiöse Ursachen Millionen von Menschen zu Migration und Flucht in wirtschaftlich-politisch stabilere Regionen, wobei die Hauptlast die Dritte Welt zu tragen hat. Diese, aber nicht nur sie, sind in besonderer Weise mit dem Problem multikulturellen Zusammenlebens konfrontiert. »Fremde« freilich, die gestern geholt wurden und gerne gesehen waren, weil man sie brauchte, können heute, wo die wirtschaftliche Entwicklung mit Schwierigkeiten zu kämpfen hat, nicht vor die Tür gesetzt werden, weil sie »lästig« zu werden scheinen. Und Menschen, die aus welchen Gründen auch immer, ihre Heimat freiwillig oder gezwungenermaßen verlassen und anderswo um Asyl nachsuchen, – kann man ihnen so schnell die Tür verschließen ohne gleichzeitig nach dem eigenen Anteil an dieser ihrer Not zu fragen?

Dieser letztere Aspekt einer durch weltweite Migration und Flucht bedingten Multikulturalität wird allerdings erst dann sichtbar, wenn das Problem ökonomisch-politischer Interdependenz berücksichtigt wird, und das Zusammenleben mit Angehörigen anderer kultureller Herkunft nicht ins persönliche Belieben gestellt, sondern als gesellschaftliche Realität akzeptiert und bewusst gewollt wird. Dann verändert sich auch die Rede von der Multikulturalität. Ein Blick auf Hintergründe und Ursachen solcher Multikulturalität holt diese nämlich aus dem unverbindlichen, panegyrischen Geschwafel von Globetrottern und Reiseprospekten, die einem buchstäblich »das Blaue vom Himmel« versprechen, auf den Boden der Realität, und er zeigt auch reale Schwierigkeiten auf, die mit der Multikulturalität verbunden sind. Diese Schwierigkeiten betreffen zuallererst jene, die in einem anderen kulturellen Kontext leben müssen und die ohne ein gerütteltes Maß an selbstverständlich geforderter Anpassung (angefangen von Essgewohnheiten und Verhaltensweisen bis zur Sprache) an die neuen Verhältnisse nicht durchkommen. Anpassungsleistungen sind aber auch von jenen verlangt, die in einer bestimmten Kultur beheimatet sind, wiewohl man sich diesen leichter entziehen kann, und offensichtlich selbst jenen zu schaffen machen, die ihre »multikulturellen Erfahrungen« bereits besitzen. Es macht eben einen Unterschied, ob Multikulturalität eine befristete Sache ist und auf eigener Entscheidung beruht, oder ob diese eine permanente gesellschaftliche Situation darstellt, der man sich nicht entziehen kann. Solange es noch im Belieben des Einzelnen steht, ob er seinen Urlaub auf den Bahamas oder in einem buddhistischen Kloster verbringt, zum Abendbrot Schweizer Käse oder mexikanische Avocados isst, bleibt Multikulturalität vor allem eine Frage des Geldes und Geschmackes und gewiss auch der eigenen psychischen Fähigkeit, sich auf Unbekanntes einzulassen. Kommt das Fremde und Andere, das außerhalb des Gewohnten so fasziniert und geschätzt wird, aber näher, verliert es plötzlich seinen Reiz und löst Ängste aus. Die Gastfreundschaft, von der man beim letzten Aufenthalt im Ausland noch überwältigt war, gewährt man zu Hause den Fremden nicht; ein fröhliches Volksfest mit seinen festen Formen, in das man zufällig geriet und welches das eigene Herz erfreute, wird daheim als unzumutbares »Affentheater« weit von sich gewiesen. Multikulturalität enthält nicht nur die Chance gegenseitigen Lernens, sondern sie birgt gleichzeitig auch ein großes Konfliktpotential.

Wird Multikulturalität als nicht zu umgehendes Faktum gesellschaftlichen Zusammenlebens, in dem unterschiedliche, ja gegensätzliche Wertvorstellungen im Spiele sind, und für die man sich entscheiden muss sowie auf dem Hintergrund globaler Interdependenzen gesehen, mit dem wir uns auch politisch auseinander zusetzen haben, so verändern sich die Sicht und das Urteil. Schon die »... bloße Anwesenheit des Fremden macht es den Einheimischen deutlich, daß ihre so einleuchtende und logische Art des Denkens, daß ihre ethischen und moralischen Wertmaßstäbe, die als universal angesehen wurden, offensichtlich nur von provinzieller Bedeutung sind und es für den Fremden durchaus nicht selbstverständlich ist, sie auch für sich als gut und maßgebend zu übernehmen«.[1] Wird darüber hinaus die Anwesenheit Fremder als physische Bedrohung und reale Einschränkung der bisherigen, eigenen Lebensmöglichkeiten erfahren, wandelt sich die Einstellung ihnen gegenüber schnell und kann in Hass umschlagen.

Wie die gesellschaftlichen Ereignisse der letzten Jahre deutlich machten, gelingt es weder Politikern, das Problem einer Multikulturalität als tagespolitisches Traktandum (gegen die Fremden) in den Griff zu bekommen, noch können wir im Blick auf die Gesellschaft davon ausgehen, dass sie schon genügend Erfahrung im multikulturellen Zusammenleben und im Lösen aufkommender Konflikte hätte. Vielmehr haben wir uns auf diese vielfältige Herausforderung

---

[1] O. Schumann, Die Fremden als Herausforderung. Der asoziale Geist des westlichen Denkens, in: »Fremde raus?« Fremdenangst und Ausländerfeindlichkeit: Gefahren für jede Gemeinschaft, Hg. R. Italiaander, Frankfurt a. M. 1983, 48.

vorzubereiten und mit ihr umzugehen zu lernen (was unter dem Stichwort »interkulturelles Lernen« diskutiert wird)[2], d. h. eine politische Kultur der Multikulturalität ist gefragt, wobei hier unterstellt wird, »... daß die Weltgesellschaft – dank der weltwirtschaftlichen Abhängigkeiten, der Globalität der Finanzströme und des weltweiten Funktionierens von Kommunikationsnetzen – zu *einer* Gesellschaft geworden ist, in der die Verschiedenen um ihren Platz ringen. Denn erst dann wird die globale Disparität von Lebensbedingungen, der Gegensatz von Reichtum und Armut, von Wohlstand und Hunger zu einem Problem der Gerechtigkeit, wenn die von diesem Gegensatz Betroffenen Glieder ein und derselben Gesellschaft sind.«[3]

Wenn schließlich noch mitbedacht wird, dass nach christlichem Selbstverständnis die Fremden meine Brüder und meine Schwestern sind, und das Evangelium in seinem Anspruch eine ethnozentrische Diskriminierung gerade ausschließt, so gewinnt die Frage der Multikulturalität an Brisanz. Denn das Herausfordernde einer multikulturellen Gesellschaft für den christlichen Glauben und die Kirche liegt eben darin, dass er von seinem Selbstverständnis her jegliche Diskriminierung überwinden möchte – »es gibt nicht mehr Juden und Griechen, nicht Sklaven und Freie, nicht Mann und Frau« (Gal 3, 28) –, ohne dabei bisherige kulturelle Identitäten zu zerstören, wohl aber sie durch die Zumutung einer bestimmten Geschichte neu zu konstituieren (vgl. Apg 4, 12). Christliche Glaubenspraxis hat dementsprechend den Andern in seinem Anderssein zu respektieren und ihm gleichzeitig das Recht auf Heimat zu gewähren. Das schließt den Verzicht sowohl auf ghettohafte Selbstbehauptung als auch auf strategische Vereinnahmung ein. Gefordert ist vielmehr das freie Angebot einer neuen Lebensgemeinschaft. Deshalb stehen mit der erneuten Fähigkeit des Christentums zur Multikulturalität auch seine Glaubwürdigkeit und Relevanz zur Debatte. Zu diskutieren ist dabei nicht primär die *Geschichte* des Christentums mit seinen vielfältigen Bindungen an unterschiedliche kulturelle Traditionen und seine Fähigkeit bzw. Unfähigkeit, anderen kulturellen Traditionen respektvoll zu begegnen, sondern die Frage, wie es sich unter den Bedingungen heutiger Multikulturalität zur Geltung bringen kann und soll. Ob sich die Situation in Zentraleuropa wesentlich von anderen unterscheidet, mag dahin gestellt sein. Nach Ansicht eines Religionssoziologen wird derjenige, der »... die Botschaft Jesu ernst nimmt, und dies mag als vorläufige Umschreibung des Begriffs ›Christ‹ genügen, ... in jeder, auch in einer sogenannt christlichen Kultur, in letzter Konsequenz zum Außenseiter«.[4]

---

[2] Vgl. K. Piepel, Lerngemeinschaft Weltkirche. Lernprozesse in Partnerschaften zwischen Christen der Ersten und der Dritten Welt, Aachen 1993, 188 ff.
[3] W. Huber, Viele Kulturen – eine Gesellschaft. Multikulturalität in europäischer Perspektive, in: Zeitschrift für evangelische Ethik 36 (1992) 111–124, 112 f.
[4] F. X. Kaufmann, Religion und Modernität. Sozialwissenschaftliche Perspektiven, Tübingen

Rückt eher der normative Aspekt in den Vordergrund, so wird mit Multikulturalität mehr als eine bloße Beschreibung des gegenwärtigen gesellschaftlichen Zustandes gegeben. Multikulturalität bildet dann einen Programmbegriff, mit dem ein zukünftiges gesellschaftliches Zusammenleben von Menschen verschiedenster kultureller Traditionen anvisiert ist, d.h. nichts weniger, als dass Multikulturalität nicht nur als unausweichliche Realität akzeptiert, sondern aus innerer Überzeugung bejaht und für die Zukunft als gesellschaftliches Modell gewollt wird. Dies heißt: »Mehrheit und Minderheit leben gleichberechtigt zusammen in gegenseitiger Achtung und Toleranz für die kulturell unterschiedlich geprägten Einstellungen und Verhaltensweisen der jeweils anderen.«[5] Multikulturalität setzt dann nicht nur die unbedingte reziproke Anerkennung voraus, die zum Gelingen einer rechtlichen Gestaltung des gesellschaftlichen Zusammenlebens bedarf und auf die sich alle Beteiligten zu verpflichten haben,[6] sondern sie impliziert auch eine eigene, für andere wahrnehmbare Identität, für die sich niemand weder zu schämen noch zu entschuldigen braucht. Dies wiederum hat mit dem Selbstwertgefühl der Einzelnen zu tun, das nicht zuletzt von der Akzeptanz durch andere abhängt. Wer täglich gedemütigt wird, kann – in der Sprache von E. Bloch formuliert – nicht den aufrechten Gang lernen und ebenso wenig Heimat finden.

In dieser Programmatik des multikulturellen Zusammenlebens treffen sich seit einiger Zeit gesellschaftliche und kirchliche Tendenzen, wobei gleichzeitig anzumerken bleibt, dass sowohl in der Gesellschaft als auch in der Kirche, wenn auch aus unterschiedlichen Gründen und verschiedenen Interessen, gegen das Projekt einer Multikulturalität Vorbehalte angemeldet werden und dieses zu verhindern gesucht wird. Dass dabei in der Kirche ähnliche Mechanismen in

---

1989, 211. Vgl. K. Gabriel, Christentum zwischen Tradition und Postmoderne, Freiburg – Basel – Wien 1992; N. Mette, Gemeinde-werden im europäischen Kontext, in: Die Kirchen und Europa. Herausforderungen und Perspektiven, Luzern 1993, 125–139, 130.

[5] B. Winkler, Kulturpolitik für eine multikulturelle Gesellschaft: Hg. St. Ulbrich, Multikultopia. Gedanken zur multikulturellen Gesellschaft, Vilsbiburg 1991, 293–297, 294.

[6] W. Huber, Viele Kulturen – eine Gesellschaft, aaO. 113 f.: »Achtung vor der Würde des Menschen in der Person des Fremden, Toleranz gegenüber seinen Lebensformen, Gewaltfreiheit im Austrag des Konflikts unterschiedlicher Wahrheitsansprüche sind wie für die pluralistische Gesellschaft insgesamt so auch für die multikulturelle Gesellschaft entscheidende Bedingungen. Sie beruht also auf einem Prozeß der Verständigung über die elementaren Regeln einer Rechtsgemeinschaft, die wechselseitige Anerkennung ermöglicht und sicherstellt. Diese Regeln selbst können nicht im Namen der Multikulturalität ins Belieben gestellt werden; über sie muß vielmehr zwischen den Kulturen ein Konsens erzeugt werden. Ein wichtiges Thema multikulturellen Zusammenlebens ist deshalb die Auseinandersetzung über ›core values‹ … Die grundlegende Erfahrung für diese Ausbildung von ›core values‹ liegt in der Entwicklung der neuzeitlichen Demokratie, insbesondere in der Formulierung der Menschenrechte vor.« Vgl. Ders., Die tägliche Gewalt. Gegen den Ausverkauf der Menschenwürde, Freiburg – Basel – Wien 1993, 54 ff.

der Fremdwahrnehmung und im Verhalten den Andern gegenüber eine Rolle spielen, wie sie in einer multikulturellen Gesellschaft anzutreffen sind, wird man trotz theologischer Argumentationen und viel gutem Willen, es anders und besser zu machen, nicht von Vornherein ausschließen, aber genauso wenig darauf reduzieren können. Der Programmbegriff, mit dem eine Multikulturalität des Christentums heute eingeklagt und diskutiert wird, lautet: Inkulturation. Unter Inkulturation wird dabei das Bemühen der Kirche verstanden, das Evangelium in einen bestimmten sozio-kulturellen Kontext so einzubringen, dass die Menschen gemäß allen diesem Umfeld eigenen Werten glauben können, soweit sie mit dem Evangelium vereinbar sind.

2. Inkulturation – in welche Kultur?

Fragen einer Inkulturation des Christentums auf diesem Hintergrund der Multikulturalität der Gesellschaft zu betrachten, kann hilfreich sein, weil sie zum Realismus und zur Behutsamkeit in der Behandlung eines brisanten Problems nötigt. Solange nicht die Anstrengung unternommen wird, näher zu klären, was denn genauer wo inkulturiert werden soll, wird es bei der mittlerweile gängigen, nichtsdestotrotz inflationär wirkenden Rede von der Notwendigkeit einer Inkulturation des Christentums bleiben. Daran ändert auch nicht viel, wenn gesagt wird, die neue Evangelisierung hätte »von der kulturellen Realität aus« zu erfolgen. Hat es jemals eine Evangelisierung gegeben, die nicht von einer Kultur her erfolgt wäre? Gewiss: jetzt sind im Unterschied zu den westlich-abendländischen Kulturen die indigenen, autochthonen Kulturen und deren Reichtümer gemeint. Wer bestimmt aber die »wahrhaften Werte« (oder »jene geistlichen und sittlichen Güter und sozial-kulturellen Werte«, wie *Nostra Aetate* 2 sagt) dieser Kulturen, und nach welchen Kriterien kann eine solche Bestimmung vorgenommen werden? Gelegentlich wird der Unterschied auch etwas platter formuliert: nicht von einer herrschenden, sondern von einer unterdrückten Kultur her sei zu evangelisieren. Das ist jedoch nicht weniger problematisch. Abgesehen davon, dass die Unterscheidung von herrschenden und unterdrückten Kulturen zu einfach ist, da eine jede Kultur repressive und befreiende Momente enthält (werden beispielsweise in Indigena-Kulturen Frauen nicht auch unterdrückt und soll nun die Evangelisierung von der Kultur dieser unterdrückten Frauen her erfolgen oder von wem?), scheinen darüber hinaus bei der Rede von dominierender und beherrschter Kultur die Ergebnisse bekannt zu sein, bevor überhaupt analysiert und argumentiert wird.[7]

Das Problem der Inkulturation ist vielschichtig, und es erfordert deshalb

---

[7] Vgl. C. Rodrígues Brandão, El arca de Noe. Apuntes sobre significados y diferencias respecto

auch eine differenzierende Sicht- und Sprechweise. Es besteht nicht nur in der
näheren Bestimmung dessen, was das Evangelium ist und in der Klärung der
hermeneutischen Frage, inwieweit es an bestimmte kulturelle Traditionen unverzichtbar gebunden bleibt.[8] Schon die Bestimmung und kritische Wahrnehmung von Kultur überhaupt bereitet Schwierigkeiten. Was gehört zu einer Kultur und wer definiert all das, was zu ihr gehört? Wer sind ihre Subjekte? Um dies
an einem Beispiel zu verdeutlichen: T. S. Eliot bestimmt Kultur als »… die Ge-
samtform, in der ein Volk lebt von Geburt bis zum Grabe, vom Morgen bis in
die Nacht und selbst im Schlaf«[9]. D. Irarrázaval kommt aus einer anderen Perspektive und ausgehend vom alltäglichen Geschehen mit einleuchtenden Argumenten dazu, von einer »Gegen-Kultur der Gewalt und des Todes«[10] zu sprechen. Des einen Traum, des andern Alptraum!

Wenn auf der einen Seite einem ethnozentrischen Kulturverständnis und
auf der anderen einem beliebigen Kulturrelativismus gewehrt werden soll, dann
nur so, dass Kultur weder univok noch aequivok, sondern analog gedacht wird.
»Die Methode der Analogie befähigt jeden Betroffenen, alternativen kulturellen
Verständnisweisen menschlichen Wertes und menschlicher Möglichkeit innerhalb ihres eigenen Horizontes gegenüber aufgeschlossen zu sein, von ihnen zu
lernen und sie sich möglicherweise sogar zum Teil selbst zu eigen zu machen.
Analoges Denken lehrt, Analogien zu entwickeln, die es gestatten, eine von der
eigenen verschiedene Sicht der Wirklichkeit zu unterscheiden, sie gelten zu lassen und sie eventuell auch zu integrieren. In dem Maße, wie eine ganze Gemeinschaft diese Fertigkeit analogen Denkens erwirbt, wird für sie ethnischer
Pluralismus – einschließlich seines theologischen Ausdruckes – zur Verheißung
anstatt zur Bedrohung; zur Verheißung eines reicheren kulturellen Selbstverständnisses für alle; Verheißung, eine die gesamte Gemeinschaft umfassende
analoge Sicht zu entwickeln, die die Verschiedenheit mehrerer kultureller Traditionen umfaßt.«[11]

Vor Klischeevorstellungen in der Wahrnehmung des Andern und des

---

[8] a la idea de Cultura: Culturas y Evangelización, in: La unidad de la razón evangélica en la
multiplicidad de sus voces, Org. P. Suess, Abya-Yala 1992, 25–45, 43.
[8] Vgl. F. Wilfred, Inculturation as a Hermeneutical Question. Reflections in the Asian Context,
in: Vidyajyoti 52 (1988) 422–436, 423: »The efforts at inculturation made since Vatican II have
been … largely of a pastoral nature. The theology animating these efforts has been mostly a
theology of incarnation which is quite valid but, in my view, inadequate. The key question in
inculturation is hermeneutics, and as long as we do not realize this, our discussions and deba-
tes on inculturation are bound to move within narrow limits; they may produce a lot of heat,
but little light.«
[9] T. S. Eliot, Zum Begriff der Kultur, Frankfurt 1961, 33.
[10] D. Irarrázaval, Inculturación latinoamericana de la catequesis: Medellín 60 (1989) 542–576,
544; vgl. Ders., Práctica y teología en la inculturación: Paginas 122/1993, 32–48, 33.
[11] D. Tracy, Ethnischer Pluralismus und systematische Theologie, in: Concilium 13 (1977) 56–
61, 59.

Fremden, oder fachterminologisch ausgedrückt: vor Fremdvölkerstereotypen sind weder Kirchen noch Theologinnen und Theologen gefeit, wo immer sie sich finden. Auch bei ihnen kann der Mechanismus des überall wirksamen Ethno- oder Soziozentrismus wirken. Danach wird »das Eigene, die in einer bestimmten sozialen Gruppe, sei es Stamm, Volk oder Kulturkreis, gepflegte Weltsicht, ... zum allgemeingültigen Maßstab erhoben, das Andere, Fremde wird demgegenüber als minderwertig, vielleicht gar als bedrohlich abgelehnt, oder als paradiesisch idealisiert, wenn man mit den eigenen Verhältnissen unzufrieden ist.«[12] Solche Stereotypen sind wirksam, wenn wir von den Deutschen oder den Amerikanern, von den Schwarzen oder den Indigenas sprechen, und sie machen sich nicht zuletzt in den zur Zeit geführten Diskussionen um Inkulturation des Christentums bemerkbar. Dies ist um so verständlicher, als die missionarischen Methoden, mit denen das westliche Christentum im Gefolge von Kolonialismus und Imperialismus in der Welt Eingang fand, entgegen anderslautenden Devisen – erinnert sei nur an die Instruktion der Propagandakongregation von 1659[13] – nicht so sehr auf Anerkennung der anderen Kulturen und Religionen ausgerichtet waren. Im Gegenteil: Im Bewusstsein, das wahre Menschsein zu kennen und im vollen Besitze der Wahrheit zu sein, scheuten sich westliche Kirchen und Theologen nicht vor der gewaltsamen Vernichtung anderer Kulturen und der Dämonisierung fremder Religionssysteme. Es macht deshalb durchaus Sinn, in diesem Zusammenhang von einer Unterwerfungshermeneutik im Unterschied zu einer Anerkennungshermeneutik zu sprechen[14]. Schon ein flüchtiger Blick in die Missionsgeschichte lässt ja ein schlechtes Gewissen aufkommen, das auch durch die zahlreichen »Ausnahmen« gelungener Begegnung und unbedingter Anerkennung der Anderen kaum zur Ruhe findet. In der Wiedergutmachung dieses Sachverhaltes, den zu erhellen das Quintocentenario beigetragen hat, kann der erwähnte Mechanismus allerdings unter anderen Vorzeichen aufs Neue spielen.

Hat einst eine unkritische Identifikation westlichen Christentums mit dem Evangelium schlechthin zum theologischen Vandalismus geführt, so verleitet heute eine »Verklärung« anderer Kulturen verbunden mit einer »Europa- bzw. West-Allergie« vielleicht zum theologischen Romantizismus, der in den Kulturen der Andern nur noch das Positive sieht und kaum mehr ein kritisches Wort

---

[12] F. Gewecke, Wie die neue Welt in die alte kam, Stuttgart 1986, 61.

[13] Diese findet sich auszugsweise deutsch abgedruckt in: A. Mulders, Missionsgeschichte. Die Ausbreitung des katholischen Glaubens, Regensburg 1960, 271.

[14] J. B. Metz, Theologie angesichts des fremden Anderen. Zur neubearbeiteten Auflage von G. Gutiérrez' ›Theologie der Befreiung‹, in: Orientierung 56 (1992) 4–6, 5; Ders., So viele Antlitze, so viele Fragen. Lateinamerika mit den Augen eines europäischen Theologen, in: J. B. Metz – H. E. Bahr, Augen für die Anderen. Lateinamerika – eine theologische Erfahrung, München 1991, 11–61, 59 ff.

zu äußern traut, weil man erneut jemanden verletzen könnte. Zu Recht wurde deshalb darauf hingewiesen, es handle sich um dieselbe »epistemologische Arroganz«, die sich im Urteil über andere Kulturen das letzte Wort vorbehält, auch wenn dieses Wort mittlerweile positiv klingt. Wurde früher das Fremde und Andere als barbarisch und heidnisch ausgegrenzt und verurteilt, so wird es heute als gut und edel bejubelt. Eine solche Einstellung ist, wenn sie nicht zu differenzieren bereit ist, nicht zuletzt (kirchen-)politisch gefährlich. Wenn in einer multikulturellen Euphorie, ohne nähere inhaltliche Bestimmung für das Recht des Andern in seinem Anderssein plädiert und das Lob der Differenz[15] besungen wird, so kann sich das leicht in das Gegenteil des mit ihm Intendierten umschlagen. Auch die Unvernunft hat ihre List! Müsste es nicht zu denken geben, wenn mit demselben Argument rücksichtslose Nationalisten und menschenverachtende Fundamentalisten ihre Rechte einklagen, um sich der Auseinandersetzung mit der Multikulturalität zu verweigern und ihre Macht über Leichen gehend durchzusetzen? Ihre Begründung lautet dann schlicht: »Wenn die anderen ein Recht auf den Unterschied haben, warum nicht auch wir?«[16]

Niemand wird ernsthaft die Notwendigkeit und Dringlichkeit einer Inkulturation in Abrede stellen können. Wie man aber mit dem Problem umgeht, erfordert nicht allein theologisch-hermeneutische Sensibilität, sondern elementarer noch: Respekt vor den Andern als »mündige Subjekte« und zugleich inhaltliche Auseinandersetzung. Gerade auf die Stimmen jener außereuropäischen Kirchen, die unter der kulturellen Entfremdung, welche ein geradliniger Export westlichen Christentums bei ihnen bewirkte, zu leiden hatten und es noch immer tun, haben wir genau zu hören. Von ihnen wird u. a. moniert, dass wir von einem »… Inkulturationsfieber als einem in letzter Minute gemachten verzweifelten Versuch, der Kirche eine asiatische Fassade zu geben«[17], gepackt seien. Was tun, wenn das Problem der Inkulturation von den Betroffenen selbst nicht als bedrängend empfunden wird und weniger Interesse an der überkommenen Kultur als vielmehr am »western way of life« besteht? Soll mit Inkulturation etwa ein brüchig werdendes kulturelles Erbe erhalten, untergegangene kulturelle Traditionen gar zu neuem Leben erweckt werden? Kann die geforderte Inkulturation der zunehmenden Verarmung des Volkes begegnen, der es zu entkommen sucht? Mit leeren Worten wird kein hungriger Magen satt. Oft sind es gerade nicht die Betroffenen und deren Bedürfnisse, die zu Wort kommen, sondern westliche Missionare, Theologen und Kirchenvertreter, welche andern gegenüber von Inkulturation reden und gelegentlich sogar genau wissen, was

---

[15] R. Darcy de Oliveira, Elogio da diferença, São Paulo 1991.

[16] Vgl. aus sozialethischer Perspektive dazu: St. H. Pfürtner, Fundamentalismus. Die Flucht ins Radikale, Freiburg – Basel – Wien 1991, 128–135.

[17] A. Pieris, Theologie der Befreiung in Asien. Christentum im Kontext der Armut und der Religionen, Freiburg – Basel – Wien 1986, 83.

und wie zu inkulturieren ist. Was diese gut und schlecht in einer Kultur finden, das sollen dann die ihr Angehörigen auch so sehen. Der alte Vorwurf des missionarischen Paternalismus, wonach westliche Christen ihre Herrschaft über andere in allen Dingen des Lebens ausüben, ist dann berechtigt. Es handelt sich um dieselben Methoden, mit denen die alte koloniale Überheblichkeit perpetuiert wird, auch wenn sie in neuem Gewand auftritt.[18]

Wenn gegenwärtig von Inkulturation des Christentums die Rede ist, so fällt ein Mehrfaches auf: Gelegentlich wird von Inkulturation gesprochen, ohne die notwendige Klärung, in welche Kultur inkulturiert werden soll und dass deren Subjekte namhaft zu machen sind. Es wird vielmehr Klarheit darüber vorausgesetzt, was unter Kultur zu verstehen ist. Dies ist es – wie schon erwähnt – aber gerade nicht. Und die Unschärfe, in der diese Frage belassen wird, wirkt sich dann auch auf die Rede über Inkulturation aus. Wenn man berücksichtigt, was Anthropologen schon vor etlichen Jahren festgestellt haben, nämlich dass es mittlerweile über dreihundert Bestimmungen dessen gibt, was unter Kultur verstanden werden kann,[19] so ist die Zurückhaltung auf diesem Gebiet wohl verständlich. Als Tugend wird aber das fehlende Bemühen schwer auszugeben sein, vor allem dann nicht, wenn kaum Ansätze einer Subjektklärung erkennbar sind und gleichzeitig die Inkulturation des Evangeliums ernstgenommen werden soll. In welche Kultur soll denn in einer multikulturellen Gesellschaft das Evangelium inkulturiert werden? In die Kultur katholischer Einwanderer aus Süditalien oder muslimischer Asylsuchender aus dem ehemaligen Jugoslawien, in die Kulturen einer rassisch gemischten Großstadt in Südamerika oder die eines geschlossenen Bauerndorfes in einem Seitental des Wallis? Welche gesellschaftlichen Schichten hat man dabei im Auge? Sind es arbeitslose Jugendliche, die sich zum Kiffen im Bahnhofsviertel treffen, oder Leute aus dem industriellen Management, die sich zur sonntäglichen Eucharistiefeier Zeit nehmen? Die Fragen werden bewusst als Alternativen gestellt, ihre konkrete Beantwortung fällt aber verschieden aus und sie verlangt von der Kirche pastorale Optionen. Darüber besteht kein Zweifel: Ihnen allen gilt das Evangelium, und die Kirche hat all das ihr Mögliche zu tun, dass es als befreiende Botschaft bei ihnen ankommt und sie in ihm ihre Identität finden können. Das hat aber schon für die Darlegung des Evangeliums Konsequenzen, wie J. M. Tillard bemerkte: »Man verkündet das Evangelium nicht auf dieselbe Weise in Jerusalem und in Athen, vor einer Vollversammlung der UNO ... und vor einer Zusammenkunft armer brasilianischer Landarbeiter. Darum sieht sich der (theologische, die Lehre be-

---

[18] Vgl. V. Neckebrouck, Inculturation et identité, in: Cultures et développement 16 (1984) 251–279.
[19] Vgl. A. L. Kroeber – C. Kluckhohn, Culture. A Critical Review of Concepts and Definitions, New York 1965, 291.

treffende) Pluralismus nicht nur an die kulturelle Einwurzelung des Glaubens gebunden, sondern auch schon seine Darlegung …«[20]

Wann immer Inkulturation ohne präzisere Zielangabe der anvisierten Kultur und ihrer Träger oder Subjekte gefordert wird, da verkommt sie leider zum multikulturellen Allesreiniger, der überall eingesetzt wird und von dem sich einige offenbar ein neues Outfit der Kirche zu erhoffen scheinen, ohne zu sagen, wie dies geschehen soll. Es genügt nicht, wie dies öfters vorkommt, mit Rekurs auf lehramtliche Äußerungen auf eine allgemeine Bestimmung von Kultur zurückzugreifen (z.B. auf GS 53). So hilfreich eine solche Bestimmung zunächst erscheinen mag, sie hilft im Inkulturationsproblem solange nicht weiter, als nicht eine *konkrete* Kultur in ihrer Vielfalt von Facetten und Konflikten analysiert wird. Man kann in der Inkulturation ebenso wenig »häppchenweise« verfahren: ein wenig Musik, ein wenig Volksweisheit, ein wenig religiöse Traditionen …, die allmählich christlich rezipiert und transformiert werden, weil Kultur etwas Ganzheitliches darstellt. Und schon wird eine weitere Schwierigkeit sichtbar. Selbst dort, wo Kulturen nämlich eingehend analysiert werden (wie im Falle von Indigena-Kulturen), werden sie meist zu isoliert von anderen einflussreichen gesellschaftlichen Mutationen gesehen. In der Absicht, die innere Logik eines Systems zu erforschen, um eine dichte Beschreibung einer Kultur geben zu können,[21] werden externe Faktoren, welche eine Kultur bestimmen, ausgeblendet, damit aber diese selbst verzerrt.

Sind also – die Frage zu stellen, ist nicht abwegig – zuerst Ergebnisse von Kulturanalysen abzuwarten, bis mit der Inkulturation begonnen werden kann? Käme diese dann aber nicht zu spät, weil Kultur eine lebendige Wirklichkeit ist und sich in dauerndem Wandel befindet? Und würde das in der Folge für den christlichen Glauben nicht bedeuten, »auf künstliche Weise natürlich und in bewusster Anstrengung spontan« werden zu müssen?

3. Inkulturation – ein »Nebenprodukt«

Wenn die Aussage zutrifft, dass ein Christ kein Christ ist, sondern dies nur in Gemeinschaft sein kann, so wäre ebenso wichtig hervorzuheben, dass man seinen Glauben nicht überall, sondern in einer bestimmten Zeit und in einer konkreten Situation mit ihren Hoffnungen und Ängsten, Problemen und Herausforderungen zu leben hat. Inkulturation beginnt deshalb dort, wo sich

---

[20] J. M. Tillard, Theologischer Pluralismus und Geheimnis der Kirche, in: Concilium 20 (1984) 57–76, 65.
[21] Vgl. Cl. Geertz, Dichte Beschreibung. Beiträge zum Verstehen kultureller Systeme, Frankfurt a. M. 1987.

Menschen unterschiedlicher kultureller Traditionen mit ihrem begrenzten Leben auf die Verheißung des Evangeliums einlassen, diesem trauen und es gemeinsam für andere zu leben beginnen, indem sie sich dem Anspruch des Evangeliums stellen und ihm in ihrem Alltag zu entsprechen suchen. Die Nachfolge des Nazareners ist aber nicht billig zu haben; sie fordert von allen ihren Preis, sowohl von jenen, die sich Christen nennen, wie auch von jenen, die es werden möchten. Wer sich auf das Evangelium einlässt, kommt nicht daran vorbei, einiges, was wie selbstverständlich zu seiner bisherigen Kultur gehört, hinter sich zu lassen (cf. Mt 10, 39). Ohne gleichzeitige Entkulturation ist eine Praxis der Nachfolge nicht möglich, wenn anders man sich nicht »diesem Weltgefüge gleichschalten« will (Röm 12, 2).[22] Was dies im Einzelnen beinhaltet, bedarf einer »Unterscheidung der Geister«.

Dieser Alltag hat ganz verschiedene Gesichter, und die Herausforderungen an den Glauben sind weder aus der Perspektive einer Gemeinde noch aus jener ihrer Welt überall dieselben. Was christliche Gemeinden jedoch kennzeichnen sollte, ist ihre Bereitschaft, das Evangelium über ihren begrenzten Kreis mit anderen zu teilen und mit allen Menschen solidarisch zu sein. Dort, wo Christen beginnen, sich aus Sym-pathie auf die Anderen, mit denen sie zusammenleben, einzulassen und ihr Schicksal zu teilen, kann auch Empathie erwachsen, die eine notwendige Bedingung dafür ist, einen Anderen und seine Kultur besser verstehen und möglicherweise schätzen zu lernen. Neue menschliche Möglichkeiten können eröffnet und eigene Defizite aufgedeckt werden. Das geschieht aber nicht a priori, sondern im Prozess der Begegnung mit verschiedenen Menschen selbst. Die durch konkrete Begegnung mit benennbaren Sub-

---

[22] Vgl. Chr. Burchard, Erfahrungen multikulturellen Zusammenlebens im Neuen Testament, in: Multikulturelles Zusammenleben. Theologische Erfahrungen, Hg. J. Miksch, Frankfurt 1983, 24–41; N. Brox, Fremdheit und Grenzüberschreitung im Frühchristentum, in: Das Fremde – Aneignung und Ausgrenzung. Eine interdisziplinäre Erörterung, Hg. G. Eifler – O. Saame, Wien 1991, 15–33.
Die Schrift an Diognet, auf die in diesem Zusammenhang gelegentlich rekurriert wird, hält diesen Aspekt genauso fest: »Denn die Christen unterscheiden sich nicht durch Land, Sprache oder Sitten von den übrigen Menschen. Denn nirgendwo bewohnen sie eigene Städte, noch bedienen sie sich irgendeiner abweichenden Sprache, noch führen sie ein auffallendes Leben. Gewiß ist nicht durch irgendeinen Einfall und Gedanken geschäftiger Menschen diese ihre Art von Wissenschaft von ihnen erfunden, noch vertreten sie eine menschliche Lehrmeinung, wie es manche tun. Obwohl sie griechische und barbarische Städte bewohnen, wie es einen jeden traf, und die landesüblichen Sitten befolgen in Kleidung und Kost sowie im übrigen Lebensvollzug, legen sie doch eine erstaunliche und anerkanntermaßen eigenartige Beschaffenheit ihrer Lebensführung an den Tag. Sie bewohnen das eigene Vaterland, aber wie Beisaßen. Sie nehmen an allem teil wie Bürger, und alles ertragen sie wie Fremde. Jede Fremde ist ihr Vaterland und jedes Vaterland eine Fremde. Sie heiraten wie alle, zeugen und gebären Kinder; aber sie setzen die Neugeborenen nicht aus. Ihren Tisch bieten sie als gemeinsam an, aber nicht ihr Bett. ...« (Schrift an Diognet, in: Schriften des Urchristentums, Zweiter Teil, Eing., hrsg. übertr. und erl. von K. Wengst, Darmstadt 1984, 281–341, 319).

jekten erschlossene Kultur verändert schließlich die Rede über Inkulturation, weil sie sich auf bestimmte Menschen und deren Geschichte bezieht, und damit ihre abstrakte Grundsätzlichkeit hinter sich lässt. Dieses Sicheinlassen darf allerdings nicht missverstanden werden: so harmlos es klingen mag, zahlreiche gesellschaftliche und auch kirchliche Konflikte sind programmiert. Dabei handelt es sich nicht nur um den »Konflikt der Interpretationen«, sondern auch handfester Interessen, ein Konflikt, den auszutragen von zahlreichen Christen die Bereitschaft verlangt, ihr Leben zu lassen.[23]

Ohne Umkehr im Sinne eines radikalen Verzichts auf Besserwisserei und Selbstbehauptung, die nur sich und die Reproduktion der eigenen bisherigen Identität im Auge hat, und ohne Solidarität mit den Anderen kann Inkulturation nicht gelingen. Diese impliziert notwendigerweise die Fähigkeit zur Selbsterneuerung und verlangt eine Haltung der Offenheit, wonach die uns fremden Kulturen in der freien oder unausweichlichen Begegnung mit ihnen *von innen* her, d. h. von ihren Trägern selbst, in ihren Werten und Defiziten erschlossen und gerade nicht mit eigenen Wertmaßstäben gemessen werden, sofern wir ihnen in ihrem *Selbst*-anspruch und -verständnis gerecht werden wollen. »Inkulturation bedeutet, dass das kirchliche Leben und Denken nicht länger als monolithische Einheit aufgefasst werden kann, sondern als Vielfalt der Kulturen. Dies beinhaltet die Anerkennung der kulturellen Identität der Menschen innerhalb der Universalkirche und die Anerkennung der Kompetenz der Menschen, den christlichen Glauben in ihrem Leben unterschiedlich zu interpretieren und auszudrücken.«[24] Die Subjekte einer Kultur haben selbst die erforderliche Kompetenz, um darüber entscheiden zu können, inwiefern sie in dem durch das konkrete missionarische Zeugnis vermittelten Evangelium ihren Glauben authentisch ausgedrückt finden bzw. worin sie Entfremdung erfahren und ihre Identität finden können. Wo diese Kompetenz abgesprochen oder verweigert wird, suchen die »Kleinen und Unmündigen« ihren eigenen Weg, um ihrem Glauben Ausdruck zu verschaffen. Die Religion des Volkes oder Volksreligiosität, aber auch die verstärkt auftretenden Bewegungen unabhängiger Kirchen belegen dies vielfältig.

Eine Glaubensgemeinschaft, welche Multikulturalität in ihren eigenen Reihen ernst nehmen will, kann dabei fundamentale Konflikte wie den Nord-Süd-Konflikt, den Rassenkonflikt oder den Geschlechterkonflikt, zu denen die Kirche das Ihrige beitrug und die sich auch in ihr niederschlagen, nicht ausblenden oder verdrängen, wenn sie das Anliegen der Inkulturation nicht selbst kompro-

---

[23] Vgl. La matanza de los pobres. Vida en medio de la muerte en el Salvador, Hg. M. Lopez Vigil – J. Sobrino, Madrid ²1993.
[24] J. Upkong, Ein kritischer Blick auf die »Lineamenta« zur Afrikanischen Synode, in: Concilium 28 (1992) 53–61, 56.

mittieren will. Die Kirche ist nicht nur gefragt, wo sie selbst in diesen Konflikten steht und welche Rolle sie darin spielt, sondern auch, wie sie mit Macht umgeht. Wenn sich die eine Gemeinschaft nicht über die andere erheben will, sondern *Communio* inhaltlich erreicht und nicht bloß formal behauptet werden soll, dann so, dass Konflikte zugelassen und ausgetragen und deren Ursachen beseitigt werden. »Gerade die aus der Teilhabe an der Geschichte Jesu Christi erwachsende konkrete Ortsanweisung, die Aufgabe, das Evangelium vom Reich Gottes als konkrete Befreiungsbotschaft zu verkünden und Gestalt werden zu lassen, wird immer neue Unterschiede innerhalb und zwischen den Gemeinden entstehen lassen. Diese Unterschiede sind nicht Zeichen eines Mangels an Einheit, sondern Zeichen der Lebendigkeit des Leibes Christi – solange sie sich nicht exklusiv voneinander abgrenzen, solange die konstitutive Bezogenheit innerhalb der geistgewirkten Gemeinschaft nicht angetastet ist. Entscheidendes Kriterium der Kirchengemeinschaft ist die Eucharistie, die an jedem Ort mit und für die ganze Kirche gefeiert wird. Und in der Eucharistie wird die in der Taufe durch die Kraft des Geistes vollzogene Eingliederung in den universalen Leib Christi immer neu aktualisiert.«[25] Erst dann, wenn so bedingte und anerkannte ekklesiologische Multikulturalität zu Gesicht kommt, wird auch ein interkulturelles Lernen möglich, das über den unverbindlichen Austausch von Höflichkeiten hinausgeht. Das fordert von allen nichts weniger als »einen eschatologischen Respekt füreinander, eine gegenseitige Anerkennung …, die sogar inmitten der Konflikte die Solidarität pflegt.«[26]

---

[25] K. Raiser, Ökumene im Übergang. Paradigmenwechsel in der ökumenischen Bewegung?, München 1989, 156.
[26] J. M. Bonino, Identität und Kommunikation, in: Zeitschrift für Mission 1 (1975) 5–12, 11.

Zwischen Anpassung und Widerstand

Bemerkungen zur Inkulturation des Evangeliums

1. Zur Aktualität der Fragestellung

Die Beziehung Glaube – Kultur, die den Kern der Inkulturationsproblematik bildet, ist in den vergangenen Jahrzehnten verstärkt ins theologische Bewusstsein getreten und zu einer grundlegenden Herausforderung für die Kirchen und die Glaubensvermittlung geworden. Mit ihr hängt eine Reihe verschiedener anderer, aktueller Fragenkomplexe zusammen (polyzentrisches Christentum, kontextuelle Theologien, theologischer Pluralismus, interkulturelles und interreligiöses Lernen u. a.). Die Herausforderung zur Inkulturation ergibt sich vor allem aus zwei Tatsachen: Zum einen hat die Nord-Süd-Verlagerung der Christenheit dazu geführt, dass die im Zuge europäischer Expansion und Kolonisation erfolgte Evangelisierung außereuropäischer Völker sehr deutlich als Übertragung bzw. Export westlichen Christentums erkannt wurde. Gegen diese »kulturelle Überfremdung« wehren sich seit einigen Jahrzehnten Christen und Christinnen der Dritten Welt, indem sie sowohl diesen für sie belastenden Tatbestand monieren, als auch indem sie ihren Glauben im Kontext eigener und fremder Kulturen neu zu artikulieren und zu reflektieren begannen. Zum andern zeigt sich immer deutlicher eine Distanz, ja Entfremdung der Menschen in unserem westlichen Kontext vom Christentum und von den Kirchen, deren kulturellen Ausdruck insbesondere jüngere Generationen für antiquiert und überholt halten, und die sich nicht zuletzt darum schwer tun, sich auf das Evangelium einzulassen. Wenn denn Glaube als verstehendes Sicheinlassen auf das Evangelium begriffen wird, so muss dieses *so* zur Sprache kommen, dass Menschen sich einlassen können auf das Wort, das als *Wort Gottes* an sie ergeht und Glauben ermöglicht. Von da her kann es nicht beim Alten bleiben, weder bei der überkommenen Sprache noch bei den alten Lebensformen, weil diese einem Verstehen des Evangeliums erschwerend im Wege stehen. In der Tat gilt deshalb, was Paul VI. in seinem Schreiben *Evangelii nuntiandi* 1975 bemerkte: »Der Bruch zwischen Evangelium und Kultur ist ohne Zweifel das Drama unserer Zeitepoche, wie es auch das anderer Epochen gewesen ist« (EN 20).

Dass christlicher Glaube immer Ausdruck eines bestimmten Glaubens konkreter Menschen ist, diese Einsicht blieb – so überraschend dies auch sein mag – dem theologischen Bewusstsein lange Zeit verborgen und wurde deshalb auch nicht weiter thematisiert. Glauben bedeutete, sich auf das Wort Gottes einzulassen, so wie es in den Schriften des Ersten und des Neuen Testaments zu finden ist, und Theologie als Glaubenswissenschaft, die mittels einer universal verstandenen Vernunft betrieben wurde, hatte dementsprechend allgemeine Gültigkeit und Verbindlichkeit. Vor allem Aufklärung und moderne Bibelkritik (bzw. -wissenschaften) brachten jedoch die kulturelle Bestimmung und damit auch die »Grenzen« des christlichen Glaubens ans Tageslicht. Die biblischen Schriften haben alle einen soziopolitischen, kulturell-religiösen Hintergrund, den zu erheben für ein angemessenes Verständnis ihrer Intentionen und ihrer Inhalte unerlässlich ist (Sitz im Leben). Wie die dogmatische Konstitution über die göttliche Offenbarung erklärt, ist *Gottes Wort* Wort Gottes im *Wort des Menschen* (*Dei Verbum* 12), die immer schon zu einer bestimmten Kultur gehören, und genauso bleibt die gläubige Antwort auf dieses Wort kulturell bestimmt. Diese Einsicht führte nicht nur zur Entdeckung verschiedener Theologien im Neuen Testament, die von unterschiedlichen kulturellen Situationen geprägt sind. Auch das geschichtliche Werden des Dogmas der Kirche und damit dessen Bindung an ein konkretes menschliches Denken und Sprechen wurden entdeckt. Schließlich hat in unserer Zeit eine neu gewonnene kulturelle Sensibilität dazu geführt, das Anderssein der Andern differenzierter wahrzunehmen und es anzuerkennen sowie den christlichen Glauben bewusst in verschiedenen Glaubenspraxen und Theologien zum Ausdruck bringen zu wollen.

2. Geschichtlicher Rückblick

Von Anfang an implizierte die universale Bestimmung des Evangeliums eine Begegnung des christlichen Glaubens mit den verschiedenen Kulturen. Bei den ersten Christen bestand allerdings noch kein größeres kulturelles Problem, da sie sich innerhalb der jüdischen Kultur sozialisierten und eine Gruppenbildung innerhalb des Judentums in Palästina darstellten. Im Verhältnis der Urgemeinde zum Judentum gab es aber einen gravierenden Unterschied zwischen den einheimischen Juden aramäischer Sprache und den griechischsprachigen Juden in der Diaspora des hellenistischen Auslands, der zu einem schwerwiegenden Konflikt zwischen Hebräern und Hellenisten führte, und der auf dem »Apostelkonzil« im Jahre 48/49 zu unterschiedlichen Wegen der Evangelisierung mit entsprechenden kulturellen Konsequenzen führte (vgl. Gal 2; Apg 15,1–29). Vor allem dem hellenistischen Heidenchristentum kam für die Geschichte und Ausbreitung des Christentums eine entscheidende Bedeutung zu. Einen ersten großen Schritt kultureller Begegnung bildete nämlich der Übergang des Christentums von der jüdischen zur griechischen Welt (»Hellenisierung des Christentums«), wobei die griechische Welt dem christlichen Glauben im Laufe der Zeit so zu eigen wurde, dass nicht nur Unterschiede zur jüdischen »eingeebnet« zu werden drohten, sondern auch deren Verhältnisbestimmung zur Welt der »Barbaren« übernommen wurde. Demnach wurde Christianisierung und »Kultivierung« bzw. »Zivilisieren« der Welt als *eine* Aufgabe angesehen. Dies galt auch für die Zeit nach den großen Entdeckungen im 15. und 16. Jahrhundert, die das westliche Christentum mit einer Vielfalt von Kulturen und anderen Religionen konfrontierte und die Frage nach dem Verhältnis von Glaube und Kultur zuspitzte. Trotz einiger Lösungsansätze, wie sie beispielsweise in den Diskussionen um die Verwendbarkeit und Erlaubtheit einheimischer religiöser Gebräuche und Sprachformen in Indien und China gesucht wurden (Ritenstreit des 17. und 18. Jahrhunderts), blieb es dabei, dass Evangelisierung Verwestlichung bedeutete: angetroffene Kulturen wurden von »europäischer Kultur« überformt und gleichzeitig unterdrückt, teilweise sogar ausgerottet. Vor allem gegenüber den Menschen, denen Europäer in den beiden Amerikas und Afrika begegneten, äußerte sich eine ethnozentrische Weltsicht und eine arrogante Verhaltensweise, die die Andern geringschätzte, weil sie angeblich von Dämonen besessen und kulturell noch Kinder waren. Dieser nicht allein für die Kirchen typische Eurozentrismus wurde erst durch Arbeiten der Kulturanthropologie des vergangenen Jahrhunderts aufgebrochen, und mittlerweile hat sich die Erkenntnis durchgesetzt, dass ein jedes Volk das Recht auf seine eigene kulturelle Identität hat und dass dessen Würde zu achten ist.

3. Terminologische Klärungen

Die Begrifflichkeit, mit der die Beziehung zwischen Glauben und Kultur zum Ausdruck gebracht wird, ist vielfältig, und sie impliziert auch eine bestimmte Verhältnisbestimmung der beiden zueinander. Das dabei in der Theologie benutzte Vokabular entstammt weitgehend der Kulturanthropologie, welche sich mit kulturellen Prozessen allgemein und empirischen Einzelanalysen im Besonderen beschäftigt. So ist in ihr die Rede von Adaptation und Akkommodation, von Assimilation und Transformation, von Indigenisierung und Kontextualisierung, von Inkarnation und Inkulturation. Die Begriffe Adaptation und Akkommodation (Anpassung) gehen davon aus, dass der christliche Glaube mehr oder weniger feststeht. Damit die zu verkündende Botschaft jedoch in einer nichtchristlichen Kultur ankommen kann, braucht es gewisse Anpassungen an die fremde Welt. Das Verhältnis des christlichen Glaubens zur anderen Kultur bleibt hier einseitig und wird vor allem als methodisches Problem gesehen. Es geht bei der Adaptation und Akkommodation primär um das Verhalten *den*

Andern gegenüber, ohne zu berücksichtigen, dass auch die Andern sich zu jenen verhalten, die auf sie zukommen, es sich also bei der kulturellen Begegnung um ein *wechselseitiges* Geschehen handelt. Genau dies meint der Begriff Akkulturation. Darunter wird die direkte oder indirekte Begegnung von Kulturen sowie die wechselseitige Aufnahme fremder kultureller Elemente verstanden, wobei der Prozess der Akkulturation freiwillig oder – wie im Zeitalter des Kolonialismus und Imperialismus – gezwungenermaßen geschehen kann. Wird die eine kulturelle Identität zu Gunsten einer anderen aufgegeben bzw. geht man ihrer verlustig, so ist die Rede von Assimilation (Angleichung). Es kann aber auch zu einer Vermischung der beiden kommen, indem trotz gewisser Anpassungsleistungen an eine fremde Kultur weiterhin an der alten festgehalten wird (»Politik des religiösen Parallelismus«). In diesem Fall handelt es sich um Synkretismus, d. h. um eine Verschmelzung unterschiedlicher kulturell-religiöser Systeme. Davon zu unterscheiden ist der Begriff *Enkulturation*, worunter das allmähliche Hereinwachsen des Einzelnen in die Kultur der ihn umgebenden Gesellschaft zu verstehen ist; gelegentlich wird dies auch als Sozialisation bzw. Soziabilisierung bezeichnet. Durch diesen lebenslangen Lernprozess macht der Mensch sich seine »Welt« vertraut und erwirbt sich eine »kulturelle Kompetenz«, d. h. Werte und Verhaltensweisen einer bestimmten Kultur werden einerseits angeeignet und andererseits an die folgende Generation weitergegeben. Der erstmals 1953 in der katholischen Missionswissenschaft (Pierre Charles) gebrauchte Begriff *Inkulturation* stellt einen Neologismus dar, mit dem die Beziehung zwischen der christlichen Botschaft / dem Evangelium und der Kultur bzw. den Kulturen beschrieben werden soll. »Inkulturation ist die Gestaltwerdung des christlichen Lebens und der christlichen Botschaft in einem gegebenen kulturellen Milieu, in solcher Weise, daß diese Erfahrung nicht nur in Elementen zum Ausdruck kommt, die der betreffenden Kultur eignen (das allein wäre nur eine oberflächliche Anpassung), sondern daß sie ein Prinzip wird, das die Kultur beseelt, leitet und zur Einheit bringt, indem sie diese umwandelt und erneuert, so daß eine ›neue Schöpfung‹ daraus wird.« (Arrupe, 241) Bei der Inkulturation handelt es sich folglich um einen permanenten Vorgang, der nicht bloß Anpassung oder Einfügung in eine vorgefundene Kultur beinhaltet, sondern auch deren Kritik und Entkulturation bedeutet, sofern christliches Leben nicht einfach »Gleichschaltung mit diesem Weltgefüge« heißen kann (vgl. Röm 12, 2), vielmehr Mut zum Widerspruch gegen übliche Lebensstile fordert.

Allerdings bleibt hier kurz anzumerken, dass sich im Prozess der Inkulturation auch das Evangelium »verändert«, insofern dessen Botschaft nicht im Vorhinein ein für alle Male feststeht, sondern zu dessen tieferem Verstehen die einzelnen Ortskirchen in ihrem täglichen Leben auf der Suche nach Übereinstimmung mit ihm herausgefordert sind. Schon das Neue Testament zeigt uns, dass das Evangelium vielfältig verstanden und gelebt werden kann, und verstanden und gelebt bleibt es nur dann, wenn es in die konkrete Kultur eines Volkes integriert ist. Eine solche Integration und kulturelle Bestimmung bleibt freilich immer ein hermeneutischer Prozess der Interpretation, wobei nicht unterstellt werden darf, das Evangelium lasse sich nicht aus dieser konkreten kulturellen Bestimmung lösen. Denn das in einen anderen kulturellen Kontext vermittelte Evangelium kann genauso aus *dessen Innern* neu interpretiert und verstanden werden. Dadurch kommen neue Dimensionen des Evangeliums und seiner Wahrheit ans Licht, und bisherige Grenzen in dessen Verstehen werden erkenn- und benennbar.

4. Kultur und Inkulturation

Was unter Inkulturation verstanden wird, hängt entscheidend davon ab, wie Kultur definiert wird. Es gibt eine Vielfalt von Kulturdefinitionen: neben integralen bzw. integrativen Konzeptionen finden sich klassenbezogene, kognitivistische und analoge, aber auch globalisierte Konzeptionen von Kultur. Kultur umfasst alles, was Menschen aus sich und der Welt machen, was sie davon denken und wie sie darüber reden; sie bezieht sich auf Erfahrungen und Praktiken, welche Glauben und ethisches Verhalten genauso einbeziehen wie symbolische und materielle Produktion. Kultur vermittelt einer Gruppe / einem Volk theoretisches und praktisches Wissen und normatives Verhalten, worauf sie ihre Sinndeutung des Lebens gründen und aus der sie es gestalten, d. h. sie ermöglicht Selbstidentifikation und sichert das Überleben; sie ist Reflex von Sinn und zugleich produziert sie ihn. Kultur existiert deshalb nur im Plural einer Vielfalt von Erfahrungen und Praktiken, und da diese so verschieden sind wie Gruppen und Völker, ist Kultur auch ein Unterscheidungsmerkmal zwischen ihnen, wobei keine für andere normativ ist, da ansonsten leicht ein Ethnozentrismus entstünde. Deshalb kann man in der Tat von einem »kulturellen Relativismus« sprechen, wobei solche Gleichrangigkeit der Kulturen aber nicht von einer interkulturellen Solidarität entbindet. Vielmehr gilt es zwischen Ethnozentrismus und kulturellem Relativismus menschliche Orientierungsmuster und gemeinsame Überzeugungen zu suchen und zu finden, die eine solche Kultur in einem analogen Sinn als »Metakultur« verstehen lassen, aus der das globale Miteinander für alle verbindlich zu gestalten bleibt. Wie aber Kulturen vielfältig sind, so handelt es sich auch bei der Inkulturation um ein pluralistisches Phänomen, so dass man besser von Inkulturationen des Evangeliums in einzelne Kulturen sprechen sollte, denn es gilt: »Das universale Wort spricht nur Dialekt« (Pedro Casaldáliga). Nur auf dem Weg einer Vielfalt von Inkulturationen (Liturgie, Amt, gemeindlichen Strukturen, Ethik und Moral, Theologie,

Mystik u.a.), die sich gegenseitig ergänzen und bereichern können, wird man sich daher der Wahrheit des Evangeliums nähern können. Inkulturation des Evangeliums im Plural ist deswegen auch die entscheidende Bedingung dafür, dass sich eine bisher vorwiegend monokulturell präsentierende Kirche Europas auf den Weg zu einer kulturell polyzentrischen Weltkirche machen kann, in der deren Vielstimmigkeit zu Gehör gebracht und vernommen wird. Gleichzeitig aber ist Inkulturation, weil Kultur alles umfasst, integral und universal, d.h. sie betrifft alle Bereiche menschlichen Lebens und richtet sich an alle Völker. Da darüber hinaus Inkulturation einen unabschließbaren Prozess darstellt, zieht er sich nicht nur über Generationen hinweg, sondern er fängt auch mit jeder Generation, der das Evangelium ausgerichtet wird, neu an.

5. Westliche Gegenwartsgesellschaft als Herausforderung

Dem Christentum gelang es, sich in der westlichen, vor-modernen Welt zu inkulturieren, die moderne Kultur hingegen entstand größtenteils als Gegenbewegung dazu, und die Säkularisierung verbreitete die Kluft zwischen Glauben und Kultur dermaßen, dass sie inzwischen unüberbrückbar geworden zu sein scheint. Das Christentum verlor im Zuge der Moderne die bisherige Monopolstellung als allgemein verbindliche Instanz der Weltdeutung und Lebensführung. Denken und Leben haben sich nicht vor Religion und Kirche zu rechtfertigen, sondern umgekehrt: diese haben sich vor den aktuell gültigen Prinzipien eigenen Denkens und Lebens zu legitimieren. In diese moderne / postmoderne Kultur gilt es, das Evangelium neu zu inkulturieren. Für die Vermittlung des Glaubens bedeutet dies, nachdem eine christliche Sozialisation durch das Milieu unmöglich geworden ist, neue Formen seiner missionarischen Vermittlung zu suchen, die auf erfahrungsbezogene Identität und freie Entscheidung setzt, und von den christlichen Gemeinden verlangt dies nichts weniger als den Mut zur »kognitiven Minderheit«, d.h. die Bereitschaft, an einer von den gängigen und herrschenden Wirklichkeitsdeutungen abweichenden Sinndeutung des Lebens festzuhalten und sie auch öffentlich zur Geltung zu bringen.

Der Prozess der Modernisierung hat Auswirkungen auf die individuelle Lebensführung und für den Umgang miteinander. Das wird unter dem Stichwort der Individualisierung verhandelt. Die »entfaltete Moderne« (Gabriel, 121) zeichnet sich dadurch aus, dass die die Modernisierung vorantreibenden Steuerungsprinzipien (funktionale Differenzierung, ökonomische Rationalisierung, technologisch-industrielle Beschleunigung) sämtliche Sektoren des Lebens erfasst haben. Davon sind auch jene Bereiche betroffen, die den Individuen bisher eine gewisse Beständigkeit von Orientierungsmustern und Lebensformen sicherten. Auf Grund des geltenden Beschleunigungsprinzips werden mittlerweile aber die Voraussetzungen jeglicher auf Dauerhaftigkeit angelegten Vergemeinschaftungsformen brüchig und erfordern hohe individuelle Flexibilität. »Die Individuen müssen, um nicht zu scheitern, langfristig planen und den Umständen sich anpassen können, müssen organisieren und improvisieren, Ziele entwerfen, Hindernisse erkennen, Niederlagen einstecken und neue Anfänge versuchen. Sie brauchen Initiative, Zähigkeit, Flexibilität und Frustrationstoleranz. Chancen, Gefahren, Unsicherheiten der Biographie, die früher im Familienverbund, in der dörflichen Gemeinschaft, im Rückgriff auf ständische Regeln oder soziale Klassen definiert waren, müssen nun von den einzelnen selbst wahrgenommen, interpretiert, entschieden und bearbeitet werden.« (Beck, 15).

Chancen der Individualisierung sind im Freiheitsgewinn zu suchen: jedem steht eine Fülle von Wahlmöglichkeiten offen. Die Biographie ist dem Einzelnen als selbst zu verantwortende Aufgabe aufgegeben und nicht mehr vorgegeben. Die Frage nach dem Ich, der eigenen Identität, drängt sich von da her jedoch bedeutend stärker auf als früher. Das Ich ist gewissermaßen »... die einzige Person, mit der man lebenslang zusammenleben muss« (Norbert Elias). Damit ist ein hohes Maß an Beschäftigung mit dem eigenen Selbst verbunden, das sich entweder im ständigen Streben nach Selbstverwirklichung oder im reflexiven Bemühen um Selbstvergewisserung äußert. Die eigene Biographie muss das kompensieren, was früher kollektive Bindungen gewährleisteten, d. h. jeder hat selbst die eigene Lebensdeutung und -orientierung zu finden, was mit einer wachsenden Pluralisierung von Lebensstilen und Weltanschauungen einhergeht. Damit verlieren viele kulturelle Traditionen ihre bisherige, unhinterfragte normative Verbindlichkeit; sie werden kritisiert, geprüft und zu Objekten freier Wahl.

Doch sind mit der Wahl verschiedener Handlungsmöglichkeiten auch institutionelle Zwänge und Abhängigkeiten verbunden, nicht zuletzt deshalb, weil die Kosten solcher Wahl von den Einzelnen allein getragen werden müssen. Insofern ist mit dem Freiheitsgewinn auch ein Sicherheitsverlust verbunden. Die Herstellung und Gestaltung der eigenen Biographie zwingt nämlich auch zum Aufbau von moralischen, sozialen und religiösen Bindungen, deren Gewissheit sich aus individuellen Entscheidungen ergibt. Damit spaltet sich gleichzeitig die Gesellschaft weiter auf; die Bedingungen sozialer und kultureller Teilhabe an ihr sind ungleich, und die Frage drängt sich auf, was denn eine solche Gesellschaft jenseits ihrer Steuerungsprinzipien noch zusammenhält. »Darüber hinaus darf nicht aus dem Blick verloren werden, dass die ›Modernisierung‹ nicht nur Gewinner kennt, sondern auch Opfer kostet. Es gibt nicht bloß die Seite derer, die von der Steigerung des gesellschaftlichen Reichtums profitieren und damit nicht nur einen materiellen, sondern auch einen ideellen

Zugewinn in Form vermehrter Gestaltungschancen ihres Lebensentwurfes, ihrer Selbstverwirklichung in Freizeit, Bildung, kulturellen Aktivitäten etc. erfahren. Es gibt auch die andere Seite.« (Mette in Haslinger, 88) Denn die materiellen Resultate der Modernisierung verteilen sich ungleich, auch in der Bundesrepublik, und die immer dynamischer werdende Ungleichheit verschärft auch die Ungewissheit persönlicher Lebensentwürfe und Biographien.

6. Glaubensvermittlung und Inkulturation

Die gesellschaftlichen und kulturellen Bedingungen der Glaubensvermittlung in unserem Kontext haben sich in den vergangenen Jahrzehnten massiv verändert. Das »konfessionelle Milieu«, in dem noch eine traditionelle Religiosität und Christianität gegeben waren, hat sich weithin aufgelöst, und wir befinden uns mittlerweile in einer multikulturellen und -religiösen Situation. Es ist nicht mehr selbstverständlich, Christ zu sein, sondern es erfordert eine entschiedene Wahl innerhalb einer breiten Palette religiöser Angebote. Diese Situation verschärft damit die Frage nach dem, was denn Christentum eigentlich ist, und wie die Vermittlung des christlichen Glaubens im Zusammenhang einer Gesellschaft gelingen kann, in der es zu einem Traditionsabbruch und einem Plausibilitätsschwund kirchlichen Lebens gekommen ist. Für viele Menschen ist Christentum mittlerweile ein »Fremdwort«, das sie nicht (mehr) kennen, sondern erst noch lernen müssen, sofern sie dazu bereit und nicht von agnostischen und nihilistischen Strömungen, welche Sinnfragen verabschiedet haben, erfasst sind. Wir stehen deshalb auch bei uns vor einer »*missionarischen Situation*«, in der es darum geht, Wege einer Mystagogie zum Geheimnis Gottes zu finden und diese behutsam zu gehen. Glaubenlernen überhaupt ist gefragt, was heute jedoch weitgehend einem Gegen-Lernen gleichkommt, d.h. es geht u.a. darum, jene Fähigkeit zu erwerben, die vielfältigen Beeinflussungen, denen wir alltäglich ausgesetzt sind, zu durchschauen und die gängigen Plausibilitäten kritisch zu prüfen. Das könnte beispielsweise bedeuten, die Markt- und Konsumorientierung unseres alltäglichen Verhaltens aufzudecken; der Verinnerlichung der gesellschaftlichen Wertschätzung als Maßstab eigener Selbsteinschätzung entgegenzuwirken; sich der stillen Verabschiedung von Gesellschaftskritik öffentlich zu widersetzen; einer diffus zynischen Mentalität und einem stummen Sich-Gewöhnen an das Elend der Mehrheit der Weltbevölkerung entgegenzuwirken. In einer immer anonymer werdenden, versachlichten und funktionalisierten, durch wissenschaftliche Rationalität und Technik geprägten Gesellschaft können Menschen erfahrungsarm werden, was sich auch auf den Glauben auswirkt. Denn aus einer solchen Situation resultiert nicht nur eine Reduktion sozial-emotionaler zwischenmenschlicher Kontakte. Auch ein Orientierungsverlust und ein Verschwinden von bisher selbstverständlichen gesellschaftlichen Legitimationen traditioneller Überzeugungen und Werte ist damit gegeben, was unvermeidlich auch Rückwirkungen auf soziale Beziehungen hat, die Voraussetzungen menschlicher Sinn- und Glaubenserfahrungen überhaupt sind. Denn Glauben lernen hängt entscheidend von Menschen ab, denen man begegnet, und die für ihre persönliche Erfahrung und Überzeugung auch einstehen.

Ausgangspunkt einer Glaubensvermittlung und damit auch einer Inkulturation hat jedenfalls die nüchterne Annahme dieser gesellschaftlich-kulturellen Wirklichkeit zu sein, die nicht notwendigerweise den religiösen Sinn der Menschen und den Gottesgedanken ausschließt. Inkulturation hat sich deshalb als Versuch einer Hinführung zum Glauben zu zeigen, deren elementare Herausforderung im Entdecken des Sinns christlichen Glaubens für den Menschen dieser konkreten Gesellschaft besteht, die für zahlreiche christliche Werte und für Gott empfänglich ist, vorausgesetzt allerdings, dieser Glaube wird in einer für den Zeitgenossen klaren, zugänglichen und einsichtigen Weise verkündigt und ihm nahegebracht. Das bedeutet nicht Verzicht auf christliche Identität, wohl aber geduldiges Übersetzen, Entziffern und Einsichtigmachen des Evangeliums als »Wort des Lebens« (1 Joh 1,1). Inkulturation kann darum auch nicht in der Wiederbelebung vergangenen religiös-kirchlichen Brauchtums oder in der Erhaltung nicht mehr zu rettender Lebensstile bestehen. Sie bewährt sich vielmehr darin, dass sie zu einer lebbaren und gelebten Alternative inmitten einer Vielfalt von religiös-kulturellen Sinnangeboten beiträgt und dazu einlädt, dem Evangelium und seiner Verheißung des Lebens zu trauen.

Literatur zum Thema:

Hg. U. Beck – E. Beck-Gernsheim, Riskante Freiheiten. Individualisierung in modernen Gesellschaften, Frankfurt a.M. 1994.- Gottfried Bitter, Weitergabe des Glaubens in Europa und in der Dritten Welt, in: Hg. M. Pankoke-Schenk – G. Evers, Inkulturation und Kontextualität. Theologien im weltweiten Austausch, Frankfurt a.M. 1994, 163–176.- G. Collet, Art. Inkulturation, in: NHThG II (^{2}1991) 394–407.- A. A. Roest Crollius, What is so New about Inculturation, Gregorianum 59 (1978) 721–738.- Ders., Inculturation and the Meaning of Culture, Gregorianum 61 (1980) 253–274.- Hg. Evangelisches Missionswerk in Deutschland (EMW), Schritt halten mit Gott. Das Evangelium und unsere Kultur, Hamburg 1996.- Hg. H. Haslinger, Handbuch Praktische Theologie, 2 Bde., Mainz 1999.- J. Langer, Evangelium und Kultur in der DDR. Zur Bedeutung ihrer Beziehungen für Zeugnis und Gestalt der Evangelischen Kirchen, 2 Bde., Berlin 1990.- Hg. A. Lienkamp – Chr. Lienkamp, Die »Identität« des Glaubens in den Kulturen. Das Inkulturationsparadigma auf dem Prüf-stand, Würzburg 1997.- Mission? Mission! Hintergrundmaterial und Unter-richtsbausteine, Rprax 7 (1998) Spezial.- R. J. Schreiter, Abschied vom Gott der Europäer. Zur Entwicklung regionaler Theologien, Salzburg 1992.- Paulo Suess, Inkulturation, in: Hg. I. Ellacuría – J. Sobrino, Mysterium Liberationis. Grundbegriffe der Theologie der Befreiung, Band 2, Luzern 1996, 1011–1059.-J. Werbick, Glaubenlernen aus Erfahrung. Grundbegriffe einer Didaktik des Glaubens, München 1989.- Hg. H. Zwiefelhofer, Im Dienst des Evangeliums. Ausgewählte Schriften von P. Pedro Arrupe SJ, Generaloberer der Gesellschaft Jesu (1965–1983), München 1987.

III ■ Missionstheologische Fragmente

Die in diesem Teil vorgestellten Arbeiten befassen sich mit missionstheologischen Fragen im engeren Sinne. Es handelt sich nicht um eine ausgearbeitete Theologie der Mission oder gar eine Missionslehre. Beides dürfte heute, wo die Zeit großer theologischer Systeme vorbei ist, kaum möglich sein. Vielmehr geht es um Einzelaspekte einer theologischen Grundlegung, welche notgedrungen bruchstückhaft bleibt.

Der *erste* Beitrag geht auf den Missionsbegriff ein, wie er in der lehramtlichen Überlieferung seit dem vergangenen Konzil verwendet wird. Das Missionsdekret *Ad Gentes* hielt einerseits fest, dass die ganze Kirche missionarisch sei, andererseits hob es Mission als eine besondere Tätigkeit der Kirche hervor, in der unter anderem auch ein geographischer Aspekt zum Tragen kam. Diese Mehrdeutigkeit des Missionsbegriffes ermöglichte in der Folgezeit auch eine unterschiedliche Interpretation. Das zehn Jahre nach dem Missionsdekret erschienene Apostolische Schreiben *Evangelii Nuntiandi*, das mit dem Begriff der Evangelisierung operiert, hat nicht nur die missionstheologische Diskussion bereichert, sondern auch die verschiedenen kirchlichen Aktivitäten zu systematisieren versucht und eine umfassende Beschreibung der Sendung der Kirche gegeben. Die letzte Missions-Enzyklika *Redemptoris Missio* knüpft an die konziliare Wesensbestimmung der Kirche als missionarische an und differenziert unterschiedliche Tätigkeitsbereiche, wobei auch erneut ein geographisches Kriterium angeführt wird. Im Unterschied zur lehramtlichen Überlieferung, so ein Hinweis, wird in Dokumenten aus der Weltchristenheit von realen Lebenssituationen ausgegangen, um von dort aus einen entsprechenden ganzheitlichen Missionsbegriff zu gewinnen. Dies hat dann zur Folge, dass es auch zu einer Pluralität von Missionstheologien kommt, woraus zugleich die Frage der Verständigung untereinander resultiert.

Mit Rückgriff auf eine Handlungstheorie, für welche die wechselseitige unbedingte Anerkennung der Anderen und der Verzicht auf Selbstbehauptung auf Kosten Anderer grundlegend sind, beschäftigt sich der *zweite* Beitrag mit dem missionarischen Handeln. Dieses Handeln hat die Christentumsgeschichte schwer belastet, und dies vor allem deshalb, weil die Vermischung unterschiedlicher, ja gegensätzlicher Interessen der Glaubwürdigkeit des Evangeliums entgegenstanden. Der Freiheit des Glaubens widersprach die direkte oder indirekte Nötigung, ihn übernehmen zu müssen. Fremdvölkerstereotype waren wirksam, wonach die Anderen teilweise idealisiert, noch mehr jedoch dämonisiert wurden, und welche kein positives Verhältnis zu fremden Kulturen und Religionen zuließen. Ein solch positives Verhältnis wurde in der katholischen Kirche vor allem seit dem Zweiten Vatikanischen Konzil möglich, auch wenn besonders seitens der Dritte-Welt-Theologen befürchtet wird, diese Verhaltensänderung könne derselben epistemologischen Arroganz entspringen. Trotz aller von ihnen vorgebrachten Kritik am missionarischen Handeln der Kirche, waren es aber gerade auch Theologen und Theologinnen der Dritten Welt, welche auf ein ganzheitliches Verständnis von Mission insistierten, die dem »Leben in Fülle« (Joh 10, 10) zu dienen hat. Das impliziert Veränderungen sowohl im Verhältnis der Kirche zur Welt allgemein als auch in den zwischenkirchlichen Beziehungen, die bisher weitgehend asymmetrisch geblieben sind. Vor allem für den heute erforderlichen Inkulturationsprozess ist es wichtig, dass die einzelnen Ortskirchen ihre Verantwortung wahrnehmen können, ohne von anderen bevormundet, aber genau so wenig im Stich gelassen zu werden. Die darin zur Geltung kommende unbedingte Anerkennung der Anderen ist grundsätzlich für jede Mitteilung des Evangeliums geboten, wenn sie nicht autoritär oder doktrinär sein soll. Nicht zuletzt um dies zu vermeiden, legt es sich nahe, an Stelle des belasteten Begriffes der Mission auf jenen des Zeugnisses zurückzugreifen. Denn das Zeugnis respektiert voll die Überzeugung des Anderen, ohne deshalb auf die eigene verzichten zu müssen.

Auf die missionstheologische Relevanz des Begriffes Evangelisierung / Evangelisation wurde bereits hingewiesen. Inzwischen ist vor allem unter dem derzeitigen Pontifikat die Rede von Neuevangelisierung aufgekommen. Der *dritte* Beitrag geht grundlegenden Aspekten dieser Rede nach, wie sie sich in einer begrenzten Auswahl lehramtlicher Texte findet. Da insbesondere im Hinblick auf Europa und Lateinamerika von Neuevangelisierung gesprochen wird, ist es nicht uninteressant in Erfahrung zu bringen, welches Europabild dieser Rede zu Grunde liegt. Mit dem Präfix *Neu* wird das Ungenügen der bisherigen Evangelisierung zum Ausdruck gebracht, was sich hauptsächlich auf die zwei erwähnten Erdteile bezieht, die sich dem Christentum entfremden. Die Erinnerung an die christlichen Wurzeln Europas soll zu dessen Erneuerung, zur Entstehung einer »neuen gemeinsamen europäischen Zivilisation«, beitragen, was die Selbstevangelisierung der Kirche mit einschließt. Nach Ansicht des Papstes ist eine europäische Identität ohne Christentum nicht verständlich. Europa wird allerdings geschichtlich selektiv wahrgenommen, was sich beispielsweise darin äußert, dass die weltweit wirksam gewordenen Schattenseiten Europas nicht erwähnt werden. Zwar ist in diesem Zusammenhang an das Schuldbekenntnis und die Bitte um Vergebung vom 12. März 2000 zu erinnern, in dem der Papst zentrale Elemente ausspricht, welche zu diesem Schatten beigetragen haben. Dies dürfte jedoch das päpstliche »Europabild« nicht wesentlich ändern. Wenn eine *Neu*evangelisierung ihrem Anspruch gerecht werden soll, dann hat sie auf jeden Fall auf das Evangelium zurückzugreifen, wozu es jedoch immer auch der Unterscheidung von Evangelium und Kultur bedarf.

Einem verhärteten Denken, das sich gelegentlich als unduldsam und fanatisch präsentiert, kann leicht der Vorwurf des Fundamentalismus gemacht werden, wobei dieser Vorwurf meist den Anderen gemacht wird. Die Aufklärungs- und Vernunftzivilisation will nichts undiskutiert hinnehmen, und was einen

Missionstheologische Fragmente

verbindlichen Anspruch stellt, hat sich vor dem »Gerichtshof« eigener Vernunft auszuweisen. Christentum und Mission sind unmittelbar davon betroffen. Auch innerhalb der Kirche und des Theologietreibens gibt es eine fundamentalistische Bedrohung. Gründe solcher Denkstrukturen und Verhaltensweisen sollen im *vierten* Beitrag aufgedeckt werden. Als entscheidend für fundamentalistisches Denken innerhalb der Kirche wird ein bestimmtes Offenbarungsverständnis ausgemacht, wonach die Achtung vor dem Letzten und Kritik unvereinbar sind. Nach diesem »instruktionstheoretischen« Offenbarungsverständnis teilt Gott die religiöse Wahrheit mit, auf die schlechthin Verlass ist, und diese gilt es auch unverkürzt an die kommenden Generationen weiterzureichen. Fundamentalistische Intoleranz vor allem »Abweichlern« gegenüber scheint damit unausweichlich. Dagegen wird bei einem »kommunikationstheoretischen« Offenbarungsverständnis Gottes Gesetz als »Wegweiser« verstanden, welches besagt, wie Menschen zur Wahrheit ihres Lebens gelangen können. Christlicher Glaube, der sich im Bekenntnis zur Einmaligkeit Jesu Christi realisiert, sucht auf seinem Weg die Wahrheit immer neu herauszuhören und ihr auf die Spur zu kommen. Weil er diese Wahrheit als endgültige Bestimmung jedoch antizipiert, kann er sie auch niemals vereinnahmen, was eine religiöse Besserwisserei oder Intoleranz gegenüber anderen Menschen geradezu verbietet. Aus dem Gehen dieses Weges erwächst die Gewissheit. Wer diesen Weg geht, will von seinen eigenen Erfahrungen reden und argumentativ für ihn eintreten.

Theologie der Mission oder der Missionen?

Beobachtungen zum Umgang mit einem umstrittenen Begriff

Das Zweite Vatikanische Konzil hat eine entschieden missionarische Haltung bewiesen, indem es angesichts der heutigen Weltsituation nach dem Selbstverständnis von Kirche und deren Auftrag fragte. Auch wenn die Weltsituation damals noch stark aus europäischer Sicht wahrgenommen wurde, und die verabschiedeten Dokumente von europäischer Theologie geprägt sind, so ändert diese Feststellung nichts an der Tatsache, dass dieses Konzil, wie Karl Rahner formulierte, »in einem ersten Ansatz, der sich erst tastend selber zu finden sucht, der erste amtliche Selbstvollzug der Kirche *als Weltkirche*« ist.[1] Nach einer sehr kurzen Periode des Juden-Christentums, die dadurch gekennzeichnet ist, dass die Verkündigung des Evangeliums »innerhalb seiner eigenen geschichtlichen Situation und nicht in einer davon verschiedenen« erfolgte, kam es nach der Jerusalemer-Entscheidung zum Übergang von einem Juden-Christentum zu einem Christentum der Heiden als solchem. Diese zweite, über Jahrhunderte dauernde Periode war gekennzeichnet »von einem bestimmten Kulturkreis, nämlich des Hellenismus und der europäischen Kultur und Zivilisation«. Für die dritte, mit dem vergangenen Konzil einsetzende Periode ist »der Lebensraum der Kirche von vornherein die ganze Welt«.[2]

Auch für die missionstheologische Entwicklung setzte das Vaticanum II einen wichtigen Meilenstein, insofern hier der Anfang einer Theologie der Mission gemacht wurde, welche weltweit eine jede Ortskirche als Subjekt der Evangelisierung in die Pflicht nahm, im Unterschied zu einer Theologie, die das missionarische Handeln noch ausschließlich als Werk europäischer Kirchen unter römischer Leitung in fernen Ländern thematisierte. Dies hing einerseits mit der veränderten weltkirchlichen Situation und andererseits mit dem neu gewonnenen kirchlichen Selbstverständnis zusammen. Aus den sog. Missionskirchen waren inzwischen eigenständige Ortskirchen entstanden, die ihr Recht

---

[1] K. Rahner, Theologische Grundinterpretation des II. Vatikanischen Konzils, in: Schriften zur Theologie, Bd. XIV (In Sorge um die Kirche), Zürich – Einsiedeln – Köln 1980, 287–302, 288; Vgl. Ders., Die bleibende Bedeutung des II. Vatikanischen Konzils, ebd. 303–318, 304. Vgl. O. H. Pesch, Das Zweite Vatikanische Konzil. Vorgeschichte – Verlauf – Ergebnisse – Nachgeschichte, Würzburg ³1994, 359 ff.
[2] K. Rahner, Theologische Grundinterpretation des II. Vatikanischen Konzils, aaO. 294.

Missionstheologische Fragmente

auf einen eigenen Ausdruck des Glaubens reklamierten, und die sich – nicht zuletzt im Zuge eines allgemeinen Emanzipationsprozesses aus westlicher Herrschaft – herausgefordert sahen, ihren Ort innerhalb der jeweiligen Gesellschaften neu bestimmen und sich ihren Aufgaben stellen zu müssen.

Das missionarische Handeln der christlichen Glaubensgemeinschaften war immer getragen von einem bestimmten Verständnis ihrer selbst sowie der Welt und der Menschen, denen das Evangelium zu verkünden war. Aber nicht nur das Selbstverständnis der Kirchen, sondern auch jenes der Welt und die Verhältnisbestimmung der beiden zueinander haben sich im Verlauf der Geschichte gewandelt.[3] Ein Hinweis auf die 1967 erschienene Studie »Die Kirche für andere«, welche das Referat für Fragen der Verkündigung des Ökumenischen Rates der Kirchen herausbrachte und in der die Beziehung von Kirche und Welt neu durchdacht und auf die Formel »Die Welt setzt die Tagesordnung« gebracht wurde, mag genügen, um den geschichtlichen Wandel der erwähnten Verhältnisbestimmung zu markieren.[4] Das Aufkommen zahlreicher kontextueller Theologien in den Ländern der Dritten Welt, in denen von der Analyse der jeweiligen Situation ausgegangen wird, um den dort lebenden Menschen das Evangelium als »Wort des Lebens« angemessen zur Geltung bringen zu können, ist genauso Ausdruck für eine erfolgte neue Verhältnisbestimmung, um die sich freilich auch theologische Diskussionen entzündeten, und die zu zwischenkirchlichen Spannungen führte.

Die folgenden Bemerkungen versuchen kurz aufzuzeigen, wie sich in der lehramtlichen Entwicklung seit der Verabschiedung des Missionsdekretes auf dem Konzil eine »Offenheit« in der Bestimmung des Missionsbegriffs abzeichnet, die sowohl für ein umfassendes, ganzheitliches Verständnis des Auftrages der Kirche dient, als aber auch für eine nach wie vor wirksame, geographisch eingeengte Sicht von Mission herangezogen werden kann. So finden sich gegenwärtig auch zwei gegenläufige missionstheologische Tendenzen: Während die eine stark an westliche Traditionen und deren »konzeptueller Theologie« gebunden ist, sucht die andere, ausgehend von vielfältigen Erfahrungen in unter-

---

[3] S. Dianich, Chiesa in missione. Per una ecclesiologia dinamica, Milano [3]1987, 40–79; Ders., Chiesa estroversa. Una ricerca sulla svolta dell'ecclesiologia contemporanea, Milano 1987; D. J. Bosch, Transforming Mission. Paradigm Shifts in Theology of Mission, Maryknoll 1991, bes. 181 ff. und den entsprechenden Reader dazu: Classic Texts in Mission and World Christianity, Ed. N. E. Thomas, Maryknoll 1995, bes. Part I.

[4] Die Kirche für andere und Die Kirche für die Welt. Schlußberichte der westeuropäischen Arbeitsgruppe und der Nordamerikanischen Arbeitsgruppe des Referats für Fragen der Verkündigung, Genf 1967, bes. 19 ff.; Vgl. Hg. W. Simpfendörfer, Kirchenreform, Bd .1: Die Gemeinde vor der Tagesordnung der Welt. Dokumente und Entwürfe, Stuttgart 1968; Ders., Offene Kirche – kritische Kirche. Kirchenreform am Scheidewege, Stuttgart – Berlin 1969, bes. 9 ff.

schiedlichen kulturell-religiösen Situationen eine Theologie der Mission zu erarbeiten, welche als kontextuell zu bezeichnen ist.

1. Mission oder Missionen der Kirche?

Bekanntlich hatte das Dekret über die Missionstätigkeit der Kirche eine bewegte
Vorgeschichte.[5] Verschiedene Fassungen wurden von entsprechenden Kommis-
sionen zurückgewiesen, weil sie das Thema einseitig unter disziplinären, pastoralen und kanonistischen Gesichtspunkten behandelten. Auch Reformvorschlä-
ge, welche die Entwürfe enthielten, stießen auf Widerstand. Gefordert wurde
von den Konzilsvätern eine entschiedenere theologische Behandlung des Problems. Was das Konzil am Ende verabschiedete, war denn auch ein »Kompro-
misspapier«, das zu einer Korrektur, aber nicht zu einer »Magna Charta« der
Mission wurde.[6] Hatte das ursprüngliche Dokument noch von der *einen Mission* gesprochen, so wurde in letzter Minute wieder der Begriff *Missionen* eingeführt und damit das erreichte theologische Ergebnis, welches von der einen
Sendung Christi und seiner Kirche im Sinne eines global-universalen Missions-
verständnisses sprach, wenn nicht wieder zurückgenommen, so zumindest indirekt infrage gestellt. Für das Verständnis des Missionsdekretes *Ad Gentes*, das
im Zusammenhang mit der Kirchenkonstitution *Lumen Gentium*, der Pastoralkonstitution *Gaudium et Spes* und der Erklärung über die nichtchristlichen
Religionen *Nostra Aetate* gesehen und verstanden werden muss, ist die Aussage
fundamental, dass die ganze Kirche missionarisch sei und Mission daher in die
Wesensbestimmung der Kirche gehöre (vgl. AG 2). Als in die Welt gesandte
Kirche habe sie von dem in Christus gestifteten Heil Zeugnis zu geben, sie sei
das »umfassende Sakrament des Heils« (LG 48, AG 1).

Bereits das erste Kapitel, das sich mit der theologischen Grundlegung der
Mission befasst, macht allerdings die eben angedeutete begriffliche Zwiespältig-
keit deutlich. Während Mission eingangs die *eine* Sendung der Kirche in ihren
verschiedenen Funktionen meinte, spricht AG 6 unvermittelt von Missionen als
»spezielle(n) Unternehmungen, wodurch die von der Kirche gesandten Boten
des Evangeliums in die ganze Welt ziehen und die Aufgabe wahrnehmen, bei
den Völkern oder Gruppen, die noch nicht an Christus glauben, das Evangelium zu predigen und die Kirche selbst einzupflanzen«. Es wird dabei kein theo-

---

[5] Vgl. J. Glazik, Vor 25 Jahren Missionsdekret »Ad Gentes«. Erinnerungen eines Augenzeugen
des Konzils, in: Zeitschrift für Missionswissenschaft und Religionswissenschaft 74 (1990) 257–
274.
[6] J. Glazik, Eine Korrektur, keine Magna Charta, in: Hg. J. Chr. Hampe, Die Autorität der
Freiheit. Gegenwart des Konzils und Zukunft der Kirche im ökumenischen Disput, Bd. III,
München 1967, 543–553.

logischer Grund erkennbar, der die Einheit und den Unterschied zwischen der Sendung der Kirche und den Missionen deutlich machen würde. Vielmehr erfährt die eine Sendung der Kirche auf Grund äußerer Bedingungen und der Adressaten eine Differenzierung, für welche geographische, zeitliche und soziokulturelle Gesichtspunkte ins Feld geführt werden. Im Missionsdekret wurden also zwei unterschiedliche Redeweisen von Mission deutlich: zum einen präsentiert das Konzil ein Kirchenverständnis, das Mission als *Wesensfunktion* der Kirche und als gemeinsame Aufgabe der ganzen Kirche bestimmt. Zum anderen wird aber jene Auffassung erkennbar, wonach Mission eine *besondere Tätigkeit* der Kirche darstellt. Diese »Mehrdeutigkeit« des Begriffs Mission ließ in der Folgezeit auch verschiedene Interpretationen zu.

2. Evangelisierung – ein neuer Schlüsselbegriff

Einen wichtigen Meilenstein in der missionstheologischen Entwicklung bildete das zehn Jahre nach Ende des Konzils erschienene Schreiben Pauls VI. *Evangelii Nuntiandi*, das die »Ergebnisse« der ein Jahr zuvor durchgeführten Bischofssynode aufgriff. »Im Unterschied zum 2. Vatikanum und stärker noch als auf den vorherigen Bischofssynoden war die Synode von 1974 ein Ereignis, bei dem die jungen Kirchen Afrikas, Asiens und Lateinamerikas sich zu Wort meldeten. Wie nie zuvor bestimmten sie Denkweise, Sprache und Themen. Faktisch zeichnete sich hier zum ersten Mal in aller Deutlichkeit das Ende der eurozentrischen Epoche der Kirchengeschichte ab und zugleich das Ende der an der Klassik orientierten Theologiegeschichte.«[7] Das Dokument erklärte: »Evangelisieren ist in der Tat die Gnade und eigentliche Berufung der Kirche, ihre tiefste Identität« (EN 14). Schon die Wahl der Begrifflichkeit und des theologischen Ansatzes ist bemerkenswert. Hatte das Konzil zwar auch schon von Evangelisierung gesprochen – insgesamt kommt das Wort 31 mal in den Dokumenten vor –, vermochte sich der Begriff damals jedoch noch nicht durchzusetzen. Anders in *Evangelii Nuntiandi*, das seinerseits sehr sparsam mit dem Begriff Mission umgeht[8] und Evangelisierung zu einem Schlüsselbegriff macht, mit dem auch der in *Ad Gentes* verwendete Missionsbegriff »überholt« wurde, wenn in EN 17 festgestellt wird: »Keine partielle und fragmentarische Definition entspricht ... der reichen, vielschichtigen und dynamischen Wirklichkeit, die die Evangelisierung darstellt; es besteht immer die

---

[7] H. J. Pottmeyer, Kontextualität und Pluralität. Die Bischofssynode von 1974, in: Theologie und Glaube 86 (1996) 167–180, 167.
[8] Vgl. F. Kollbrunner, Missionstheoretische Überlegungen zu Evangelii Nuntiandi, in: Neue Zeitschrift für Missionswissenschaft 32 (1976) 242–254, 243.

Gefahr, sie zu verarmen und sogar zu verstümmeln. Es ist unmöglich, sie zu erfassen, wenn man sich nicht darum bemüht, alle ihre wesentlichen Elemente in die Betrachtung mit einzubeziehen.«

Mit Evangelisierung wurde aber nicht nur ein neuer missionstheologischer Begriff in das lehramtliche Vokabular eingeführt, sondern es wurden auch die unterschiedlichen Tätigkeiten der Sendung der Kirche sprachlich zu systematisieren versucht, wobei der Begriff umfassend zu verstehen ist. In welchem Sinn dies gemeint ist, wird aus EN 19 deutlich, wenn gesagt wird: »Für die Kirche geht es nicht nur darum, immer weitere Landstriche oder immer größere Volksgruppen durch die Predigt des Evangeliums zu erfassen, sondern zu erreichen, daß durch die Kraft des Evangeliums die Urteilskriterien, die bestimmenden Werte, die Interessenpunkte, die Denkgewohnheiten, die Quellen der Inspiration und die Lebensmodelle der Menschheit, die zum Wort Gottes und zum Heilsplan im Gegensatz stehen, umgewandelt werden.«

Wenn das Missionsdekret das missionarische Handeln noch als »rein religiöse, übernatürliche Tätigkeit« bestimmte, so macht sich in diesem Dokument ein deutlicher Wandel bemerkbar, insofern eine umfassende Beschreibung der Sendung der Kirche vorgenommen wurde, zu der konstitutiv der Einsatz für die Befreiung der Menschen gehört (EN 30). Es gilt Unrecht zu bekämpfen und Gerechtigkeit wiederherzustellen (EN 31). »Evangelisieren besagt (demnach) für die Kirche, die Frohbotschaft in alle Bereiche der Menschheit zu tragen und sie durch deren Einfluß von innen her umzuwandeln und die Menschheit selbst zu erneuern« (EN 18).

3. Mission »ad gentes« – Rückkehr zu den Missionen?

Die Missionsenzyklika von Johannes Paul II. *Redemptoris Missio* aus dem Jahr 1990 greift auf das Missionsdekret *Ad Gentes* und auf das Apostolische Rundschreiben *Evangelii Nuntiandi* zurück, und er legt darin einen festumrissenen Missionsbegriff vor.[9] Das Dokument insistiert auf der Feststellung, »daß die ganze Kirche eine Missionskirche« (RM 31), »ihrer Natur nach missionarisch« (RM 62) ist. Zugleich weist die Enzyklika jedoch darauf hin, diese Feststellung schließe nicht aus, »daß es eine spezifische Mission *ad gentes* gibt« (RM 32), wobei es sich bei dieser »um eine wesentliche und nie abgeschlossene Haupt-

---

[9] Vgl. J. Neuner, Mission in Ad Gentes and in Redemptoris Missio, in: Vidyajyoti. Journal of Theological Reflection 56 (1992) 228–241; P. Tihon, Retour aux missions? Une lecture de l'encyclique »Redemptoris Missio«, in: Nouvelle Revue Théologique 114 (1992) 69–86; W. Hering, Schon wieder ein neuer Missionsbegriff?, in: Lebendiges Zeugnis 47 (1992) 117–124; H. Rzepkowski, Neue Perspektiven und Probleme des Missionsbegriffes. Zur Missionsenzyklika »Redemptoris Missio«, in: Forum katholische Theologie 9 (1993) 194–213.

tätigkeit der Kirche« handelt (RM 31). Johannes Paul II. hält also an der *einen Mission* der Kirche fest – »Mission ist eine einzige, aber komplexe Wirklichkeit« (RM 41) –, er betont aber gleichzeitig die Unterschiede in der Tätigkeit, die sich »aus den unterschiedlichen Umständen, in denen die Mission sich entfaltet« (RM 33), ergeben.

Was die Mission *ad gentes* betrifft, so zählt *Redemptoris Missio* drei unterschiedliche Bereiche auf. Zum einen ist die Rede von gebietsbezogenen Bereichen bzw. von einem geographischen Kriterium: »Man darf sich nicht täuschen lassen von der starken Zunahme der jungen Kirchen in letzter Zeit. In den diesen Kirchen anvertrauten Gebieten, besonders in Asien, aber auch in Afrika, in Lateinamerika und in Ozeanien gibt es ausgedehnte, nicht evangelisierte Zonen« (RM 37a). Zum anderen ist die Rede von neuen sozialen Welten und Phänomenen: »Heutzutage verändert sich das Bild der Mission *ad gentes* zusehends: zu den bevorzugten Orten müßten die Großstädte werden, in denen neue Gewohnheiten und Lebensstile, neue Formen der Kultur und der Kommunikation entstehen, die ihrerseits wieder die Bevölkerung beeinflussen« (RM 37b). Schließlich spricht das Dokument von Kulturbereichen oder modernen Areopagen, der Welt der Kommunikation, der wissenschaftlichen Forschung und internationaler Beziehungen (RM 37c).

Im Rahmen der einen Mission der Kirche beschreibt das Dokument schließlich drei Situationen, welche unterschiedliche Tätigkeiten bedingen: 1. Die eigentliche Mission *ad gentes*, 2. Die Seelsorgtätigkeit und 3. Die Neu- oder Wieder-Evangelisierung. Auch wenn der Papst erklärt, dass »die Grenzen zwischen der Seelsorge der Gläubigen, der Neu-Evangelisierung und der ausgesprochen missionarischen Tätigkeit nicht eindeutig bestimmbar« sind (RM 34), folglich die Begriffe auch nicht einfach mehr geographischen Gebieten zugeordnet werden können, wird dies in der näheren Beschreibung dieser Situationen faktisch gemacht. In der Enzyklika wird der Missionsbegriff nämlich sowohl im streng theologischen wie auch erneut im geographischen Sinn gebraucht.[10]

4. Auf dem Weg zu einem integralen Missionsverständnis

Würden wir jüngere missionstheologische Dokumente aus der Weltchristenheit zum Vergleich mit den hier skizzierten heranziehen, so zeigte sich ein anderes, etwas nüchterneres Bild, weil nämlich diese Dokumente immer von realen Situationen, in denen sich die Kirchen befinden, ausgehen, um von dort aus

---

[10] Vgl. E. Nunnenmacher, »Le Missioni« – un concetto vacillante riabilitato? Riflessioni sulla dimensione geografica di un termine classico, in: Euntes docete 44 (1991) 241–264.

einen Missionsbegriff zu gewinnen.[11] Ausgangspunkt ist in den allermeisten Fällen die sichtbare, empirische Gestalt der Kirche, und ebenso wird die Welt von einem konkreten Standpunkt aus wahrgenommen. Es geht um die vorgefundenen sozialen Bedingungen, kulturell-religiösen Traditionen, welche zum Referenzpunkt theologischer Reflexion über die Mission der Kirche gemacht werden. Dadurch verdeutlichen solche Dokumente, dass missionarisches Handeln sich nie in einer abstrakten »Welt« vollzieht, sondern in einer Vielfalt von unterschiedlichen Kontexten und sich dementsprechend auch ein breites Spektrum missionarischer Ausdrucksformen zeigt. Mission beschränkt sich deshalb auch nicht mehr auf Verkündigung des Evangeliums, Kirchenpflanzung, Ausbreitung der Kirche, Bekehrung o. ä., sondern sie umfasst die Gestaltung der »Welt«, was mit dem Begriff der »ganzheitlichen Befreiung« oder mit »comprehensiveness« zum Ausdruck gebracht wird.

Durch ein solch integrales Missionsverständnis werden Polarisierungen überwunden, welche immer wieder in der Missionsdebatte auftauchen, so wenn beispielsweise nach dem Stellenwert der Verkündigung und dem sozialen Handeln gefragt wird. Nach einem integralen Missionsverständnis, das auf Grund der auf die »Zeichen der Zeit« zu gebenden Antwort formuliert wird, kann es keine vorausliegende *Rangordnung* geben, wohl aber ist von einer gleichberechtigten gegenseitigen *Zuordnung* auszugehen. Darüber hinaus überwindet ein solches Missionsverständnis die Trennung von »innerer Mission« oder Evangelisierung bzw. Neuevangelisierung unter Getauften und »äußerer Mission« unter Nichtgetauften und macht eine einseitig geographische Fixierung auf »transkulturelle Westmission nach Übersee« endgültig obsolet.[12] Zwar stellt der missionarische Auftrag jede Kirche in einen universalen Horizont, jedoch ist sie zuerst zu den Menschen in ihrem *eigenen* Kontext gesandt. Für diese Mission tragen die Ortskirchen eine besondere Verantwortung.

Im methodischen Zugang, wie heute eine Theologie der Mission erarbeitet wird, zeichnet sich deshalb auch ein beachtlicher Unterschied zu den lehramtlichen Dokumenten ab. Nicht nur wird an Stelle überlieferter theologischer Dokumente oder fester Begriffe eine Vielfalt kontextuell bedingter Erfahrungen zum Ausgangspunkt christlicher Glaubensreflexion gemacht, sondern auch auf eine dadurch bedingte Pluralität in dem, was Theologie der Mission heißt,

---

[11] Vgl. M. R. Spindler, Mission Reaffirmed: Recent Authoritative Statements of Churches Around the World (1982–1991), in: Exchange 20 (1991) 161–258; J. A. Scherer – St. B. Bevans, New Directions in Mission and Evangelization 1: Basic Statements 1974–1991, Maryknoll 1992; Dies., Theological foundations, Maryknoll 1994; Hg. J. Wietzke, Mission erklärt. Ökumenische Dokumente von 1972 bis 1992, Leipzig 1993.

[12] Vgl. H. W. Gensichen, Akzente und Problemstellungen in der gegenwärtigen evangelischen Missionstheologie, in: Zeitschrift für Missionswissenschaft und Religionswissenschaft 75 (1986) 112–127, 122.

insistiert. Es ist geradezu auffällig, mit welchem »missionarischen Bewusstsein« die Kirchen des Südens seit Beginn der siebziger Jahre gegenüber den Kirchen des Nordens auftreten und ein jahrhundertealtes Interpretationsmonopol der christlichen Botschaft seitens westeuropäischer Kirchen zurückweisen. Und je stärker die Kirchen des Südens die missionarische Aufgabe in die eigenen Hände nehmen, desto mehr werden die Kirchen des Nordens zu den kritisch Befragten. Dabei kann man eine überraschende Feststellung machen: »Je mehr das klassische Missionsverständnis kritisch hinterfragt wurde ... desto größer ist die gegenseitige Befruchtung im missionstheologischen Denken geworden. Der allgemeinen ›Krise der Mission‹ korrespondiert eine vorher nicht gekannte Offenheit und Durchlässigkeit für missionstheologische Reflexion in anderen Konfessionsfamilien.«[13]

Es gehört zu den offenen Fragen nicht nur einer Missionstheologie, sondern von Theologie allgemein, wie eine interkulturelle Hermeneutik auszusehen hat, welche die in einem bestimmten Kontext erfolgte Aneignung und entwickelte Interpretation des Evangeliums ernst nimmt und zugleich an der Universalität der einen Glaubenswahrheit und der einen Kirche festhält.[14] Je mehr Kirche wirklich *Weltkirche* wird, desto vielfältiger wird auch das Christentum, und um so drängender die Antwort auf diese Frage.

---

[13] J. Wietzke, Auswertender Rückblick, in: Mission erklärt. Ökumenische Dokumente von 1972 bis 1992, aaO. 426.
[14] Vgl. Hg. D. Mieth – E. Schillebeeckx – H. Snijdewind, Cammino e visione. Universalità e regionalità della teologia nel XX secolo. Scritti in onore di Rosino Gibbelini, Brescia 1996; M. Bongardt, Glaubenseinheit statt Einheitsglaube. Zu Anliegen und Problematik kontextueller Theologien, in: Hg. K. Müller, Fundamentaltheologie – Fluchtlinien und gegenwärtige Herausforderungen, Regensburg 1998, 243–260.

Missionarisches Handeln

Missionarisches Handeln kann als kommunikatives Geschehen verstanden werden, in dem Menschen, die das Evangelium vernommen haben und es sich gefallen ließen, dieses auch anderen zur Sprache und zur Erfahrung bringen.[1] Das »Wort des Lebens«, das Menschen gehört und mit ihren Augen gesehen haben, was sie zu schauen und mit eigenen Händen zu tasten bekamen, – davon wollen Christen anderen berichten und es bezeugen (vgl. 1 Joh 1, 1 ff.). Dass in diesem kommunikativen Geschehen das »Wort des Lebens« als Wort des *Lebens* vernommen und erfahren werden kann, hängt freilich von Verschiedenem ab: nicht nur von seinem Inhalt und von denjenigen, die es zur Sprache bringen, sondern genauso von der Zeit und dem Ort, vom Kontext und den Hörern. Und nicht zuletzt ist die Art und Weise der Kommunikation des Evangeliums von Bedeutung.[2]

Das missionarische Handeln vollzieht sich allerdings in einer etwas eigenartigen Situation: Auf der einen Seite stößt es auf enormen Widerspruch und zwar deshalb, weil es mehr dem Leben entgegenstand und »todbringende« Folgen hatte (physische und psychische, religiöse und kulturelle, individuelle und kollektive), als dass es dem Leben der Menschen gedient hätte. Argumente dafür liefert meistens die Missionsgeschichte selbst, auf die in diesem Zusammenhang rekurriert wird. Auf der anderen Seite wird der Anspruch erhoben, missionarisches Handeln habe im Dienste »der Befreiung zur Fülle des Lebens« zu stehen. Diesen Anspruch erheben Kirchen und Christen, wiewohl interne Auseinandersetzungen um die Zuordnung von Evangelisierung im engeren Sinne und sozialpolitischem Befreiungshandeln, kontroverse Diskussionen um die »missionary policy«, damit aber auch unterschiedliche Bestimmungen dessen, was »Leben in Fülle« (Joh 10, 10) konkret bedeutet, nicht unterschlagen werden

---

[1] Vgl. G. Fuchs, Der Glaube kommt vom Hören. Christsein als bestimmte kommunikative Praxis, in: Religionsunterricht an höheren Schulen 26 (1983) 73–78; Th. Pröpper, Erlösungsglaube und Freiheitsgeschichte, München ²1988, 220 ff.; G. Schneider, Mission, in: Hg. Chr. Bäumler – N. Mette, Gemeindepraxis in Grundbegriffen, München – Düsseldorf 1987, 280–290.
[2] J. Ramón Moreno, Evangelio y Misión, San Salvador 1990, 25 ff.

können.[3] Darüber hinaus wäre daran zu erinnern, dass die heutige Situation äußerer und innerer Infragestellung missionarischen Handelns nicht neu ist; denn Identität und Integrität der Mission waren schon immer fragwürdig.

Der folgende Beitrag sucht zunächst einige Elemente zu benennen, welche dazu geführt haben, dass das missionarische Handeln Widerspruch auslöste und jede Rede von Mission heute belastet. Diese Last aufzuspüren ist deshalb wichtig, weil mögliche Widersprüche gegen das missionarische Handeln nicht allein als durch die heutige Zeit bedingt vorschnell abgetan werden können. Vielmehr ist zu fragen, ob nicht die Kirche selbst mit daran trägt, dass das im missionarischen Handeln vermittelte »Wort des Lebens« nicht als solches vernommen und angenommen werden kann. In einem weiteren Abschnitt wird dann kurz die »Neubesinnung« das missionarische Handeln betreffend thematisiert und damit indirekt die Relevanz einer theologischen Handlungstheorie innerhalb der Missionswissenschaft angedeutet. Orientierend wird dabei ein für eine solche Handlungstheorie entscheidendes Prinzip sein, nämlich das Prinzip der unbedingten Anerkennung des Anderen, das zugleich den Verzicht auf Selbstbehauptung impliziert.[4]

1. Die Last der Geschichte

Zu den belastendsten Elementen der Christentumsgeschichte gehört die missionarische Tätigkeit der Kirche, auf Grund derer aus kleinen Gruppen von Freunden, Verwandten und Anhängern Jesu von Nazaret eine Gemeinschaft mit universaler Präsenz entstand.[5] Wie das Christentum sich ausbreitete und der Glaube an andere weitergegeben wurde, fand von Anfang an sowohl Bewunderung und Anerkennung als aber auch Kritik, Widerspruch und Verfolgung.[6] Die Missionsgeschichte ist deshalb »von einer bedrängenden Ambivalenz«[7], von der sich Kirche und Glaube nicht freimachen können, denn die Last

---

[3] Vgl. W. Gern, Art. Entwicklung, in: Hg. K. Müller – Th. Sundermeier, Lexikon missionstheologischer Grundbegriffe, Berlin 1987, 72–82.
[4] In dieser Frage ist es auf Grund verschiedener Gründe auch innerhalb des Selbstverständnisses der Missionswissenschaft zu einer veränderten Sicht gekommen. Vgl. dazu G. Collet, Bekehrung – Vergleich – Anerkennung. Die Stellung des Anderen im Selbstverständnis der Missionswissenschaft, in: Zeitschrift für Missionswissenschaft und Religionswissenschaft 77 (1993) 202–215.
[5] N. Brox, Kirchengeschichte des Altertums, Düsseldorf 1983, 9.
[6] G. Bardy, Menschen werden Christen. Das Drama der Bekehrung in den ersten Jahrhunderten, Freiburg – Basel – Wien 1988, 221 ff.; N. Brox, Zur christlichen Mission in der Spätantike, in: Hg. K. Kertelge, Mission im Neuen Testament, Freiburg – Basel – Wien 1982, 190–237, bes. 191 f.
[7] H. W. Gensichen, Glaube für die Welt. Theologische Aspekte der Mission, Gütersloh 1971, 16.

der Geschichte ist zu groß, als dass diese von der Kirche vergessen werden könnte, und – nach christlichem Selbstverständnis – ist das Evangelium hinwiederum so bedeutungsvoll, dass seine Mitteilung zur Notwendigkeit wird (vgl. 1 Kor 9, 16). »Die eigentliche Last der Geschichte wird man darin zu sehen haben, daß spätestens seit dem frühen Mittelalter das Ineinander von geistlichen und machtpolitischen Interessen den Grundsatz der Freiwilligkeit des Glaubens fortgesetzt widerlegte, daß damit die Mission in einen Dauerkonflikt zwischen dem freien Evangeliumsangebot einerseits und der direkten oder indirekten Nötigung andererseits geriet, der die Glaubwürdigkeit der christlichen Botschaft aufs schwerste beeinträchtigen mußte, und das nicht etwa nur in den Kreuzzügen.«[8] Gerade das 500-Jahr-Gedenken der europäischen Entdeckung bzw. Eroberung Amerikas, in deren Zusammenhang die Missionierung der Neuen Welt erfolgte, erinnerte an die erwähnte Ambivalenz missionarischen Handelns und zeigte, wie unterschiedlich sich die Kirche zu dieser Vergangenheit verhalten kann. Während Vertreter der einen Seite einen büßenden Umgang mit der Geschichte forderten, indem sie an den Preis, mit dem die Evangelisierung verbunden bleibt, und an die Opfer der Gewalt erinnerten, waren jene der anderen Seite für eine feierliche Begehung des Anlasses, um dankbar der Ankunft des christlichen Glaubens in der Neuen Welt zu gedenken; denn trotz aller »Schattenseiten« habe das Positive überwogen.

»Welteroberung und Christentum«[9]: koloniale Machtausweitung fand nicht zuletzt im Christentum ein starkes Motiv und eine ideologische Legitimation. Umgekehrt beteiligte sich die Kirche an der geistlichen Eroberung (conquista espiritual) der Welt und handelte sich damit eine gewaltige Hypothek ein, an der insbesondere die Mission zu tragen hat. Die Legitimität missionarischen Handelns ist deswegen alles andere als selbstverständlich. Die Kommunikation der befreienden Botschaft des Nazareners im Kontext der Expansion westlicher Macht musste notgedrungen dazu führen, »daß das Evangelium von Anfang an verschrien wurde als Religion der Imperialisten, Kolonisten und Ausbeuter«[10]. Christwerden war oft nicht freies Sicheinlassen eines mündigen Subjektes auf das ihm verkündete Evangelium, sondern gewaltsame Imposition durch den physisch Stärkeren. Diesem sich zu fügen und seinen Glauben zu übernehmen, war fürs nackte Überleben erforderlich. »Wer den Wurzeln vieler Gewalttätigkeiten in der Geschichte nachgeht, wird feststellen, daß Ursache und Legitimation dieser Gewalttätigkeiten oft auf absolute Wahrheits-

---

[8] H. W. Gensichen, Last und Lehren der Geschichte, in: K. Müller, Missionstheologie. Eine Einführung. Mit Beiträgen von H. W. Gensichen und H. Rzepkowski, Berlin 1985, 145–159, 148.
[9] H. Gründer, Welteroberung und Christentum. Ein Handbuch zur Geschichte des Christentums, Gütersloh 1992.
[10] H. J. Prien, Die Geschichte des Christentums in Lateinamerika, Göttingen 1978, 77.

ansprüche zurückgehen.«[11] Wer sich physisch dem Anderen überlegen fühlt, der sieht sich sehr bald auch kulturell als herausragend und im alleinigen Besitz der Wahrheit. Das hat sich nicht zuletzt im missionarischen Handeln gezeigt. Die Anderen betrachtete man als »Barbaren«, deren Lebensweisen mehr jenen der Tiere ähnlich zu sein schienen. Dementsprechend galt es, sie erst einmal zu *Menschen* zu machen, bevor sie überhaupt Christen werden konnten.[12] Eine »Hermeneutik des Fremden« offenbart deswegen zugleich, wenn nicht gar mehr das *eigene* Denken und Handeln als das der Anderen. Wie in anderen Bereichen spielten deshalb auch im missionarischen Handeln Fremdvölkerstereotype eine wichtige Rolle, d. h. »das Eigene, die in einer bestimmten sozialen Gruppe, sei es Stamm, Volk oder Kulturkreis, gepflegte Weltsicht, wird zum allgemeingültigen Maßstab erhoben, das Andere, Fremde wird demgegenüber als minderwertig, vielleicht gar als bedrohlich abgelehnt – oder als paradiesisch idealisiert, wenn man mit den eigenen Verhältnissen unzufrieden ist.«[13] Um dies zu exemplifizieren, kann auf das Indiobild zurückgegriffen werden, das die Bewohner der Neuen Welt als »edle Wilde« sowohl idealisierte aber auch als barbarisch und heidnisch ausgrenzte. Was das Letztere betrifft, so schreibt der Dominikanermissionar Tomás de Ortiz, der 1528 zum Bischof von Santa Marta in Kolumbien ernannt wurde: »Die Indios auf dem Festland essen Menschenfleisch, sie sind mehr als irgendein anderes Volk unzüchtig, Gerechtigkeit gibt es bei ihnen nicht. Sie gehen ganz nackt, haben keine Achtung vor wahrer Liebe und Jungfräulichkeit und sind dumm und leichtfertig. Wahrheitsliebe kennen sie nicht, außer wenn sie ihnen selbst nützt. Sie sind unbeständig, glauben nicht an die Vorsehung, sind undankbar und umstürzlerisch. In maßloser Trunksucht berauschen sie sich an den Getränken, die sie ähnlich wie wir Bier und Obstwein aus gewissen Kräutern, Früchten und Kornarten herstellen. Auf ihre Bodenerzeugnisse, die sie ernten und essen, bilden sie sich viel ein. Sie sind gewalttätig und verschlimmern dadurch noch die ihnen angeborenen Fehler. Bei ihnen gibt es keinen Gehorsam, keine Zuvorkommenheit der Jungen gegenüber den Alten, der Söhne gegenüber den Vätern. Lehren wollen sie nicht annehmen. Bestrafungen nutzen bei ihnen nichts. Verräterisch, grausam, rachsüchtig wie sie nun einmal sind, kennen sie keine Verzeihung. Als Gegner der Religion, als Faulenzer, Diebe, gemeine und verdorbene Menschen ohne Urteilskraft beachten sie weder Verträge noch Gesetze. Die Männer erweisen ihren

---

[11] P. Suess, Die Herausforderung durch die Anderen. 500 Jahre Christentum in Lateinamerika: Conquista, Sklaverei, Befreiung, in: Münchener Theologische Zeitschrift 43 (1992) 232–245, 236.

[12] So schreibt der berühmte Missionstheoretiker J. de Acostá in seinem Grundlagenwerk »De procuranda Indorum salute«: »Zunächst hat man dafür zu sorgen, daß die Barbaren lernen, Menschen dann Christen zu sein« (1,3, cap. 19,1 Madrid 1984, 539).

[13] F. Gewecke, Wie die neue Welt in die alte kam, Stuttgart 1986, 61 f.

Frauen keine Treue, die Frauen nicht ihren Männern. Sie sind lügnerisch, abergläubisch und feige wie Hasen. Zu ihren Speisen gehören Läuse, Spinnen und Würmer, die sie ungekocht essen, wo sie sie nur finden. Sie betreiben keine Künste und kein Gewerbe. Wenn man sie die Geheimnisse der wahren Religion lehrt, erklären sie, diese Dinge paßten für die Spanier, aber für sie bedeuteten sie nichts und sie seien nicht bereit, ihre Gewohnheiten zu ändern. Einen Bart tragen sie nicht, wenn ihnen Barthaare wachsen, reißen oder rupfen sie sie aus. Mit Schwachen haben sie kein Mitleid, wenn einer von ihnen schwer krank wird, dann holen ihn seine Verwandten und Nachbarn und bringen ihn in die Berge und lassen ihn dort sterben. Neben sein Haupt legen sie ein wenig Brot und Wasser, dann gehen sie davon. Ein je höheres Alter diese Menschen erreichen, desto böser werden sie. Wenn sie zehn oder zwölf Jahre alt sind, glaubt man noch, sie besäßen einige Höflichkeit und etwas Tugend, aber später entarten sie wahrhaft zu rohen Tieren. Ich kann versichern, daß Gott kein Volk je erschaffen hat, das mehr mit scheußlichen Lastern behaftet ist als dieses, ohne irgendeine Beigabe von Güte und Gesittung. Wir Dominikaner erklären, daß wir es in diesem Land nur mit Stämmen zu tun haben, die durch ihre schlechten Sitten und Gewohnheiten jeden abstoßen ... Die Indios sind dümmer als Esel und wollen sich in keiner Weise bessern.«[14]

Sowohl ein dämonisierendes als auch ein idealisierendes Vorurteil in der Wahrnahme der Anderen bestimmte das missionarische Handeln. Am geschichtsmächtigsten wurde allerdings jenes, welches kein positives Verhältnis zu den fremden Kulturen und Religionen fand, auch wenn Missionsgeschichte den Sachverhalt differenzierter zu beurteilen hilft, als antimissionarische Klischees und Vorurteile dies wahrhaben wollen. Ein positives Verhältnis zu den fremden Kulturen und Religionen bahnte sich innerhalb der katholischen Kirche erst in den letzten Jahrzehnten an, vor allem seit dem vergangenen Zweiten Vatikanischen Konzil. Doch selbst dieses neue, positive Verhältnis bleibt nicht unumstritten, weil es nämlich derselben »epistemologischen Arroganz« entspringen kann wie ehedem jenes Verhalten, das im Fremden nur das Schlechte und Böse sehen konnte. Wie vormals aus europäisch-christlicher Perspektive das Fremde und Andere als barbarisch und heidnisch betrachtet wurde, so wird dies nun aus derselben Perspektive als gut, erhaltenswert etc. eingeschätzt. An der Haltung den Anderen gegenüber, so wird gesagt, habe sich aber nichts geändert. Nach wie vor sind es europäische Christen, welche die Anderen definieren und qualifizieren. Es würde sich hier demnach um einen Eurozentrismus mit anderem Vorzeichen handeln, der sich wiederum nicht auf den Anderen und *seine* Erwartungen und Bedürfnisse einlassen würde.

Dass das missionarische Handeln die Last der Geschichte zu tragen hat,

---

[14] P. Martyr von Anghiera, Acht Dekaden über die neue Welt, Bd. 2, Darmstadt 1973, 199f.

wird von den Kirchen und Theologen und Theologinnen der Dritten Welt, die weitgehend die ehemaligen »Missionsländer« umfasst, immer wieder moniert. Dem missionarischen Handeln der westlichen Kirchen wird seitens der Dritte-Welt-Kirchen seit langem vorgehalten, es hätte sich im Rahmen europäischer Expansion, europäischen Kolonialismus und allem, was damit zusammen-hängt, vollzogen. Der Mission wird vorgeworfen, sie sei ideologisch deshalb belastet, weil sie unkritisch zugesehen habe, wie die Dritte Welt ökonomisch-ökologisch ausgebeutet wurde und es nach wie vor wird. Darüber hinaus ma-chen Theologen und Theologinnen der Dritten Welt den westlichen Kirchen den Vorwurf, ihre eigenen kulturellen und religiösen Werte, wenn nicht verach-tet, so jedenfalls doch geringgeschätzt zu haben.[15] Auch wenn der Umfang, die Radikalität und die Intention der Kritik nicht einheitlich sind, so lassen sich dennoch folgende drei Formen der Kritik festhalten: Die Kritik im Namen der eigenen religiösen Traditionen, die Kritik im Namen ethnisch-rassisch-kultu-reller Identität und die Kritik der ökonomisch-politischen Abhängigkeit aus der Situation von Ausbeutung und Dependenz.[16] Diese Kritik wurde von europäi-schen Kirchen und Theologen rezipiert und verarbeitet, und die Ergebnisse lassen sich – vereinfachend – in drei »Theologien« finden: In der Theologie der Religionen, der Inkulturation und der Entwicklung/Befreiung. Es kam zu einer Neubewertung nichtchristlicher Religionen, d. h. zu einer Theologie nichtchristlicher Religionen und des Dialoges mit diesen Religionen. Die kul-turelle Kritik fand Aufnahme in den theologischen Überlegungen zur Adaptati-on, Indigenisierung, Kontextualisierung und Inkulturation des Christentums. Die sozio-ökonomische Kritik schließlich wurde aufgenommen in den Theo-logien der Befreiung bzw. neuerdings in einer Vielzahl ökonomisch-theologi-scher Arbeiten. Eine Frage, die in diesem Zusammenhang gestellt wird, ist die, aus welchem Blickwinkel die entsprechenden theologischen Überlegungen ge-macht werden und welche Interessen mit ihnen verbunden sind. Denn Theo-logien der Dritten Welt insistieren darauf, Theologie aus der Perspektive der Armen zu betreiben und deren Interessen zu vertreten, und sie weisen jene theologischen Reflexionen als irrelevant zurück, die nicht aus einer Praxis der Gerechtigkeit und der Befreiung erwachsen sind und auf einen konkreten Kon-text hin zielen.[17]

---

[15] Diese Kritik lässt sich beispielsweise deutlich entnehmen aus: Herausgefordert durch die Armen. Dokumente der ökumenischen Vereinigung von Dritte-Welt-Theologen 1976–1986, Freiburg – Basel – Wien ²1990.
[16] Vgl. L. Rütti, Westliche Identität und weltweite Ökumene, in: Hg. P. Lengsfeld, Ökume-nische Theologie. Ein Arbeitsbuch, Stuttgart – Berlin – Köln – Mainz 1980, 285–296, bes. 287 ff.
[17] Vgl. Hg. G. Collet, Theologien der Dritten Welt. EATWOT als Herausforderung westlicher Theologie und Kirche, Immensee 1990.

2. Mission als Zeugnis

Die Geschichte des missionarischen Handelns der Kirche und die weltweit innerhalb und außerhalb der christlichen Gemeinschaften daran vorgebrachte Kritik haben nicht nur zu einer Krise der Mission, sondern damit verbunden zu einer Neubesinnung der Sendung der Kirche geführt, welche auch theologisch ihren Niederschlag fand und praktisch-pastoral innovativ wirkte. Dabei haben gerade die Kirchen, Theologen und Theologinnen der Dritten Welt einen enormen Beitrag geleistet, obwohl sie über Jahrhunderte unter dem missionarischen Handeln der westlichen Kirchen zu leiden hatten. Dieses Leiden wurde jedoch produktiv gemacht, um nach der eigenen christlichen Identität und nach einem erneuerten Missionsverständnis zu suchen. Kirchen, Theologen und Theologinnen der Dritten Welt waren es, welche die Sendung der Kirche in einem *umfassenderen*, ganzheitlichen Sinn zu verstehen lernten. Im missionarischen Handeln geht es nicht einfach darum, dem Menschen ein die Geschichte überspringendes Heil zu verkünden, sondern wie die lateinamerikanische Kirche es zum Ausdruck brachte, an der »ganzheitlichen Befreiung« der Menschen mitzuwirken, da Befreiung eine »realsymbolische Vermittlung« des »Lebens in Fülle« ist. »Jede Befreiung (ist) schon eine Vorwegnahme der vollkommenen Erlösung durch Christus.«[18] Ein solches Verständnis missionarischen Handelns, das die eigene gesellschaftliche und kirchliche Situation kritisch prüft, nimmt ihm die »politische Unschuld«, in dem es sich lange wähnte, führt es mitten in die Konflikte der Welt und fordert es heraus, selbst gegen die todbringenden und todverursachenden Mächte anzutreten und Stellung zu beziehen. Wenn es im missionarischen Handeln darum geht, in der Nachfolge des Nazareners dem Leben zu dienen – damit die Menschen das »Leben in Fülle haben« (Joh 10, 10) – so bedeutet dies nicht nur, vorrangig für jene geradezustehen, denen Leben vorenthalten wird (vgl. die Rede von der »Option für die Armen«), sondern mit allen Kräften sich dem entgegenzustellen, was Leben verhindert und zum Tode führt. Die Sendung der Kirche wird dann u. a. bestimmt als »Anklage und Demaskierung der Strukturen der Sünde, der Götzen dieser Welt – der Anhäufung von Reichtum, der Sicherheit der Staaten – und als Exkommunikation der alten und modernen Machthaber aller Art«.[19] War es nicht die politische Abstinenz oder eine vermeintliche »Neutralität«, welche

---

[18] Die Kirche Lateinamerikas. Dokumente der II. und III. Generalversammlung des Lateinamerikanischen Episkopates in Medellín und Puebla, Hg. Sekretariat der Deutschen Bischofskonferenz, Bonn o. J. hier: Medellín (IV, 9) 51.
[19] J. Sobrino, Gemeinschaft, Konflikt und Solidarität in der Kirche, in: Hg. I. Ellacuría – J. Sobrino, Mysterium liberationis. Grundbegriffe der Theologie der Befreiung, Bd. 2, Luzern 1996, 851–878, 862.

die Kirche zur Komplizin anderer Mächte werden ließ, die ihrer Sendung zuwiderliefen?

Veränderte Verhältnisse im missionarischen Handeln und neue bzw. wiedergewonnene theologische Einsichten haben das Selbstverständnis von Kirchen und Christen tief berührt. Insbesondere sind in diesem Zusammenhang die Nord-Süd-Verlagerung des Christentums, die sog. Tertiaterranität des Christentums, der gleichzeitige Minorisierungsprozess im Westen – die planetarische Diaspora – und die damit gegebenen Herausforderungen (Inkulturation, Glaubenskommunikation, zukünftige Tradierung und Stellung des westlichen Christentums) zu erwähnen. Aber auch an das wiedergewonnene Selbstverständnis der Kirche als »universales Sakrament des Heils« (LG 48), an die positive Würdigung der nicht-christlichen Religionen und der verschiedenen Kulturen, an den erklärten Machtverzicht der Kirche in ihrer Arbeit der Evangelisierung ist zu erinnern.[20] Dies alles veränderte sowohl das Verhältnis der Kirche zur Welt allgemein als auch jenes zwischen den verschiedenen Ortskirchen. Was die zwischenkirchlichen Beziehungen betrifft, so ließe sich gerade an diesem Punkt die Aktualität und Relevanz einer theologischen Handlungstheorie aufzeigen.

Zu den großen Herausforderungen des Christentums in der Situation der Tertiaterranität gehört das Problem der Inkulturation. Auf Grund der Entstehungsgeschichten sind bekanntlich die Kirchen Afrikas, Asiens, Lateinamerikas und Ozeaniens weitgehend von ihrer Lebenswelt und von sich selbst entfremdet geblieben. Das missionarische Handeln glich mehr dem »Tun einer Exportfirma«, das ein europäisches Produkt in aller Welt vertrieb ohne dieses aber so zu »vermarkten«, dass es den Anderen als für sie »heilsrelevant« erschienen wäre. Zwar gab es an den Randzonen des kirchlichen Lebens schon immer Anpassungen an die unterschiedlichen Verhältnisse, sie betrafen jedoch nicht das »Produkt« selbst, wie dies heute mit der Forderung nach Inkulturation laut wurde. Danach geht es darum, das »Wort des Lebens« in einer bestimmten sozio-politischen und religiös-kulturellen Situation *so* zur Sprache zu bringen, dass es sich nicht bloß mit Elementen dieser Situation ausdrückt – etwa in der Liturgie oder in der Lehre. Das Evangelium soll vielmehr zur inspirierenden, bestimmenden und transformierenden Kraft dieser Situation werden. Die je eigenen Erfahrungen mit dem Evangelium sollen in einem konkreten Kontext in der Weise zum Ausdruck gebracht werden, dass sie selber als Teil der jeweiligen Kultur eines Volkes erscheinen. Das kann allerdings nur dann gelingen, wenn die einzelnen Ortskirchen ihrer Verantwortung nachkommen (können),

---

[20] Vgl. K. Rahner, Theologische Grundinterpretation des II. Vatikanischen Konzils, in: Schriften zur Theologie XIV, Einsiedeln 1980, 287–302; Die bleibende Bedeutung des II. Vatikanischen Konzils, aaO. 303–318.

das Evangelium vor Ort selbst zu bezeugen, ohne dass die eine Ortskirche der andern vorschreibt, in welcher Weise sie dies zu tun hat. Vielmehr ist davon auszugehen, dass eine jede Ortskirche auf Grund des allen verheißenen Geistes zur geforderten Inkulturation des Evangeliums befähigt ist. In dieser Aufgabe hat jede Ortskirche von den anderen ermutigt und unterstützt zu werden, und sie darf dort mit tatkräftiger Solidarität rechnen, wo sie auf fremde Hilfe angewiesen ist.

Das Thema der Unabhängigkeit und Selbständigkeit der sogenannten jungen Kirchen hat die protestantische Christenheit auf Grund anderer geschichtlicher und theologischer Entwicklungen früher beschäftigt als die katholische. Hier war der Rahmen einer kirchlichen Autonomie enger gesteckt. Doch selbst nach der offiziellen theologischen Anerkennung der ortskirchlichen Selbständigkeit ist die konkrete Verwirklichung nicht spannungsfrei, da Dominanz und Praepotenz der alten Kirchen trotz theologischer Erneuerung nach wie vor praktisch wirksam sind. Das missionarische Handeln war über Jahrhunderte hinweg ein asymmetrisches: hier das christliche Abendland, dort die heidnische Welt, hier die sendende Kirche, dort die empfangende. Die Asymmetrie in den zwischenkirchlichen Beziehungen äußerte sich bis in die Gegenwart in personeller, materieller und ideologischer Übermacht bzw. Abhängigkeiten, welche die freie »Subjektwerdung« vielfältig gefährdete, wenn nicht gar verhinderte. Um dies an einem kleinen Beispiel aus jüngerer Zeit deutlich zu machen: das kirchliche Rechtsbuch konzipierte die Missionstätigkeit der Kirche »papal und damit zentralistisch. Mission erfolgte durch Delegation des Papstes. Im Hintergrund stehen die geschichtliche Erfahrung und die Ekklesiologie des ersten Vatikanischen Konzils … Die Universalkirche wurde als Größe für sich gedacht, dem Papst zugeordnet, wie die Diözesen den einzelnen Bischöfen zugeordnet sind.«[21] Im sogenannten »ius commissionis« wurden in einer Art Treuhandsystem Missionsinstituten bestimmte Gebiete übertragen. Die daraus entstehenden Ortskirchen waren als »Missionskirchen« nicht nur entmündigt, sondern sie erschienen auch als Kirchen »zweiter Ordnung«. Das Zweite Vatikanische Konzil hat Mission »vom Rand der Kirche in ihre Mitte zurückgeholt« als sie diese als ihrem Wesen nach missionarisch definierte (AG 2).[22] Eine logische Konsequenz war dann, das missionarische Handeln als Sache des *gesamten* Gottesvolkes zu sehen, was notwendigerweise auch die rechtlichen Grundlagen – konkret: das eben erwähnte ius commissionis – betraf. Nach dem vergangenen Konzil wurde dies abgeschafft und an dessen Stelle trat das »ius mandati«,

---

[21] O. Stoffel, Missionsstrukturen im Wandel, in: Neue Zeitschrift für Missionswissenschaft 31 (1975) 259–270, 263.
[22] Instruktionen der Kongregation für die Evangelisation der Völker mit einem Kommentar von J. Glazik, Trier 1970, 7.

wonach die Verantwortung für das missionarische Handeln in den einzelnen Ortskirchen selbst liegt und Missionsinstitute der Ortskirche helfend zur Seite zu stehen haben.

Was sich an dieser kleinen Veränderung der Rechtslage zeigt, ist von allgemeiner Bedeutung. Das bisherige asymmetrische Verhältnis zwischen den einzelnen Ortskirchen soll nämlich in Richtung einer Anerkennung anderer Ortskirchen als gleichwertige Subjekte innerhalb der einen Communio verändert werden. Das gelingt im kirchlichen Alltag, wie bereits erwähnt wurde, noch lange nicht. Kirchenpolitische Auseinandersetzungen z. B. um den Stellenwert kontinentaler und regionaler Synoden und Bischofskonferenzen belegen das vielfältig.[23] Es geht dabei, und darin besteht die Radikalität der theologischen Herausforderung, nicht bloß um eine äußere Veränderung in den bisherigen Beziehungen zwischen den verschiedenen Kirchen, sondern grundlegender noch um die Heranbildung einer eigenen, multikulturellen, christlichen Identität und die Gewinnung eines neuen Selbstverständnisses von dem, was missionarisches Handeln bedeutet. Auch hier kann von einer theologischen Handlungstheorie gelernt werden. Es gilt nämlich jeden Traum aufzugeben, dass man etwas tun kann für den Anderen und dass man sein Bestes wollen kann ohne ihn; gleichgültig dabei, ob diese Illusion auf das spirituelle oder das affektive Leben zielt oder sonst auf einen Bereich. »Der Andere kann sich nur ändern und sich zum Vater Jesu bekehren genau in dem Maß, in dem ich aufhöre, ihn ändern zu wollen, genau in dem Maß, ... in dem ich mich umgekehrt radikal ändere in der Beziehung zu ihm.«[24]

Das im missionarischen Handeln vorherrschende Kommunikationsmodell war weitgehend autoritär und doktrinär.[25] Evangelisierung war eine Notwendigkeit, Licht ins Dunkle zu bringen, Wahrheit dorthin, wo man in Irrtum und Unwissenheit steckt. »Außerhalb der Kirche kein Heil« – das wurde wörtlich genommen. Mit der Verurteilung des Glaubens der Anderen ging auch eine Verurteilung ihrer Kultur einher. Missionarisches Handeln musste als religiöse Indoktrination erscheinen, das in einseitiger Weise Andere von oben herab belehrte. Für das Anderssein des Anderen fand man keine Anerkennung und dort, wo man sich auf die fremde Kultur einließ, geschah dies meist mit der Absicht, sie in den Dienst einer wirksameren Evangelisierung zu stellen. So bemerkt der bekannte Franziskanermissionar Bernardino de Sahagún, dem wir wertvolle Einsichten in die aztekische Kultur und Sprache verdanken: »Der Arzt kann dem Kranken die Medizin nicht richtig verordnen, wenn er nicht

---

[23] Vgl. dazu: Hg. P. Ladrière – R. Luneau, Le retour des certitudes. Evénements et orthodoxie depuis Vatican II., Paris 1987.
[24] G. Adler, Von der Rückeroberung zur Kommunikation, in: Katechetische Blätter 111 (1986) 428–434, 434.
[25] Vgl. C. Floristan, La evangelización, tarea del cristiano, Madrid 1978, 22 ff.

vorher weiß, um welche Art von Krankheit und Ursachen es sich handelt ... Die Missionare, welche das Evangelium predigen und die Beichten hören, sind Seelenärzte. Um die geistlichen Krankheiten zu heilen, ist es notwendig, daß sie Erfahrung haben mit geistlichen Heilmitteln und Krankheiten.«[26]

Deutlich wird die Neubesinnung im Selbstverständnis missionarischen Handelns aber auch im Umgang mit dem Begriff der Mission selbst. Weil Mission so belastet ist, so wurde verschiedentlich darauf hingewiesen, sei auf diesen Begriff zu verzichten; stattdessen biete die Kategorie des Zeugnisses eine angemessene Möglichkeit, Mission in einem post-kolonialen Zeitalter zu verstehen.[27] Es geht hier nicht einfach um ein neues Wort, mit dessen Hilfe die Last der Geschichte über Bord geworfen werden könnte, sondern um eine bestimmte Art und Weise, wie der Glaube an Andere mitgeteilt wird, und es geht um ein neues Verhältnis zu ihnen. Gegen eine kolonialistische, paternalistische und indoktrinäre Form der Glaubenskommunikation wird das Zeugnis gesetzt. Das hat gute biblische und handlungstheoretische Gründe.[28] Das Zeugnis respektiert nämlich voll das Anderssein des Anderen und verzichtet dabei keineswegs auf die aus Erfahrung erwachsene eigene Überzeugung, sondern bringt sich selbst in Respektierung der Freiheit des Anderen und der eigenen Geschichte ein. »Bezeugen ist ein Handeln zwischen zwei Subjekten. Also eine Verständigung und keine Einwirkung eines Subjektes auf ein Objekt. Deshalb ist es nicht instrumental herstellend, nicht direkt verändernd. Bezeugen anerkennt die Selbstbestimmung und Selbstverantwortung des anderen. Es setzt auf dessen Wahrheitsfähigkeit und Wahrheitswilligkeit. Bezeugen ist deshalb auch kein strategisches Handeln im Sinn einer Verwendung des anderen, als Mittel für die von einer Seite beabsichtigten Zwecke ... Bezeugen setzt Mündigkeit schon voraus und muß diese respektieren.«[29] Diese Einsicht hat Konsequenzen beispielsweise für den interreligiösen Dialog.

Zeugnis geben bedeutet für den- und diejenige, die für eine Sache gerade stehen, dass sie sich immer neu mit dieser Sache identifizieren, was jedoch nur dann möglich ist, wenn man sich ehrlich und offen der eigenen Überzeugung stets vergewissert. Wer immer schon alles weiß, der ist nicht auf der Suche nach der Wahrheit und genauso wenig offen für Andere und Anderes. Wer in das

---

[26] Fr. Bernardino de Sahagún, Historia general de las cosas de Nueva España, Mexico 1982, 17.
[27] G. M. Soares-Prabhu, Missiology or Missiologies?, in: Missions Studies 3 (1986) 85–87, 86. J. M. Velasco, Increencia y evangelización. Del dialogo al testimonio, Santander 1988, 9 ff. 121 ff.
[28] Vgl. E. Arens, Bezeugen und Bekennen. Elementare Handlungen des Glaubens, Düsseldorf 1989.
[29] H. P. Siller, Die Kompetenz des Bezeugens und was die Theologie dazu beiträgt, in: Diakonia 20 (1989) 226–236, 226 f.; Ders., Handbuch der Religionsdidaktik, Freiburg i.Br. 1991, 184 ff. 203 ff.

Gespräch mit Vertretern und Vertreterinnen anderer Glaubensgemeinschaften eintreten will, kann deshalb nicht so tun, als sei er allein im Besitze der Wahrheit, sondern er hat davon auszugehen, dass auch diese ihrem Wahrheitsgewissen folgen. Das Bemühen um Wahrheitserkenntnis kann dementsprechend von ihnen bereichert werden, noch mehr: Das interreligiöse Gespräch erweist sich dann geradezu als notwendig, wenn die eigene Glaubensüberzeugung ernst genommen wird, dass »das wahre Licht jeden Menschen erleuchtet« (Joh 1,9). Dies aber nicht, um im Anderen gleichsam das Echo der eigenen Stimme zu hören, sondern weil darin Gott in fremder Gestalt zu mir kommen will.

Missionarisches Handeln im Sinne des Zeugnisses zu verstehen hat genauso Konsequenzen für die missionarische Existenz einer Gemeinde.[30] Sie betreffen nicht nur den Umgang der Gemeindemitglieder untereinander, sondern auch das Verhältnis nach außen, zur gesellschaftlichen Umwelt und zur gesellschaftlichen Praxis. Zur Beschreibung eines missionarischen Kirchenbildes bzw. Kirchenmodells ist auf das lateinamerikanische Stichwort *convivencia* zurückgegriffen worden. Das auf Paulo Freire zurückgehende Stichwort bezeichnet jenes Zusammenleben, in dem man einander hilft, voneinander lernt und miteinander feiert. Dieses Zusammenleben ist u. a. dadurch charakterisiert, dass Asymmetrien in den gegenseitigen Beziehungen ausgeschlossen werden, weil zwischen Helfenden und Hilfe-Empfangenden, zwischen Lernenden und Lehrenden und zwischen Feiernden keine eindeutigen Trennungen bestehen. Alle dürfen auf Hilfe hoffen und von allen wird solche erwartet; alle sind Lernende und gleichzeitig auch Lehrende und Feiern gestattet erst recht keine »Herrschaftsverhältnisse«. Missionarische Existenz als Konvivenz zu beschreiben, erinnert an die notae ecclesiae der Jerusalemer Urgemeinde (vgl. Apg 2,42 ff.), von der einst das Evangelium seinen Ausgang nahm.

Missionarisches Handeln sucht bewusst die universale Kommunikation des Evangeliums. Es drängt sich den Anderen aber nicht auf, sondern es vertraut als ein solidarisches Handeln mit den Menschen ganz auf die »Kraft des Wortes Gottes« (1 Kor 2,3–5) und verzichtet auf »Zwang und Kunstgriffe«. Stattdessen sucht es die »Überzeugung der Vernunft durch Gründe und die sanfte Anlockung und Ermunterung des Willens«.[31] Denn das »Wort des Lebens« bewegt die Menschen auf »milde, zarte und sanfte Weise«.

---

[30] Vgl. Th. Sundermeier, Konvivenz als Grundstruktur ökumenischer Existenz heute, in: W. Huber – D. Ritschl – Th. Sundermeier, Ökumenische Existenz heute, München 1986, 49–100.

[31] B. de las Casas, Obras Completas II: De unico vocationis modo, Madrid 1990, 17 (V, 1); 359 (V, 35).

»Ein noch nicht ganz ausgeträumter Traum?«

Missionstheologische Anmerkungen zur Neuevangelisierung Europas

Das Thema Evangelisation hat in den letzten Jahrzehnten – anders als in den evangelischen Kirchen und den im Ökumenischen Rat der Kirchen versammelten Glaubensgemeinschaften – innerhalb der katholischen Kirche und Theologie an Bedeutung gewonnen und zu unterschiedlichen Meinungen geführt.[1] Der ursprünglich im protestantischen Raum beheimatete und auch dort keineswegs unumstrittene Begriff »Evangelisation« – vermutlich hat ihn der schottische Missionar und Missionswissenschaftler Alexander Duff 1854 anlässlich eines Kongresses in New York erstmals gebraucht – ist mittlerweile ein gängiger Terminus, der geradezu inflationär gehandelt wird.[2] Das vergangene Konzil, in dessen Terminologie »Evangelisierung« schon ein geläufiger, wenn auch nicht zentraler Begriff war, erklärte, die ganze Kirche sei missionarisch und »das Werk der Evangelisation eine Grundpflicht des Gottesvolkes« (AG 35).[3] Wenn bei einer solchen Formulierung noch der Eindruck entstehen konnte, es handle sich bei der Evangelisation um nur eine wichtige Aufgabe der Kirche, zu der noch weitere hinzukämen, so wurde die zentrale Bedeutung der Evangelisierung zehn Jahre nach Abschluss der konziliaren Versammlung deutlicher herausgestellt. Papst Paul VI. erklärte, die Evangelisierung sei die wesentliche Sen-

---

[1] Vgl. J. López Gay, Evolución histórica del concepto »evangelización«, in: Hg. M. Dhavamony, Evangelisation, Roma 1975, 161–190; D. Grasso, Evangelizzazione. Senso di un termine, in: ebd., 21–47.

[2] Vgl. O. Fuchs, Ist der Begriff der Evangelisierung eine Stopfgans?, in: Katechetische Blätter 112 (1987) 498–514; Ders., Was ist Neuevangelisierung?, in: Stimmen der Zeit 117 (1992) 465–472.

[3] »Cum tota Ecclesia missionaria sit, et opus evangelizationis officium Populi Dei fundamentale ...« Welch grundlegender Wandel sich auch in missionstheologischer Hinsicht hier bemerkbar macht, wird erkennbar, wenn man sich beispielsweise vergegenwärtigt, dass Th. Ohm nur wenige Jahre zuvor in seinem Buch »Machet zu Jüngern alle Völker. Theorie der Mission«, Freiburg 1962, schreiben konnte: »Die Päpste haben tatsächlich eine ›Sendung‹ an alle Nichtchristen. Sie sind es sogar, die Christus in erster Linie mit dem Werke der Weltmission beauftragt hat. Alle anderen, die sich für die Mission und in der Mission betätigen, sind ... nur in Kraft eines Mandats des Heiligen Stuhles tätig. Sie tun nicht ihr Werk, sondern das des Papstes.« (443)

dung der Kirche, ihre eigentliche Berufung, die Evangelisierung bilde »ihre tiefste Identität« (EN 14).[4]

Das Thema ist freilich nicht deswegen aktuell, weil es in kirchlichen Verlautbarungen verstärkt aufgegriffen und in der theologischen Literatur vermehrt diskutiert wird, sondern umgekehrt: Evangelisierung wird deshalb zu einem zentralen theologischen Thema, weil die Verkündigung der guten Nachricht als »Wort des Lebens« aktuell bleibt. Dass dieses »Wort des Lebens« als solches vernommen und auf seine Verheißung vertraut werden kann, hängt von verschiedenen Faktoren ab, über die unter Christen und Christinnen keineswegs Einverständnis herrscht, vielmehr immer neu Verständigung zu suchen ist. Zu den für eine gelingende Evangelisierung notwendigen Faktoren zählt wesentlich die Analyse der gegenwärtigen Situation, sowohl der gesellschaftlichen als auch der kirchlichen; darin eingeschlossen sind die Hoffnungen und Ängste, welche die Menschen heute bewegen, denen die »gute Nachricht« verkündigt werden soll. Das bedeutet noch lange nicht, dass das Evangelium auf Grund seiner Kontextualisierung notwendig den Charakter der *guten* Nachricht gewinnt. Umgekehrt garantiert auch das Wiederholen von Formeln der Vergangenheit, so »orthodox« auch immer sie sein mögen, nicht eo ipso, dass die christliche Botschaft auch die Menschen als gute Nachricht erreichen kann.[5]

In der diagnostischen Einschätzung der Gegenwartssituation und in der Auslegung dessen, was Evangelisierung und Neuevangelisierung genauer besagen, stehen wir allerdings mitten in einer – nicht nur innerhalb der katholischen Kirche – kontrovers geführten Diskussion. Denn so einmütig die Meinungen hinsichtlich der Bedeutung und Aktualität der Evangelisierung für Kirche und Welt von heute sein mögen, so verschieden sind doch die Ansichten darüber, welche Wege zu beschreiten sind, wie eine entsprechende Pastoral aussehen muss.[6] Das Thema gewinnt nicht zuletzt deshalb eine ökumenische Brisanz, weil nicht wenige Christen und Christinnen befürchten, bei der Rede von Neuevangelisierung, wie sie insbesondere unter dem derzeitigen Pontifikat anzutreffen ist, gehe es um eine Rekatholisierung im Sinne der mittelalterlichen Vorstellung der »Christenheit«. Dabei träumen »nicht nur nostalgisch oder triumphalistisch gesinnte Katholiken … von einer Wiederherstellung der Christenheit. Sie haben ihre protestantische Partner unter denen, die verzweifelt

---

[4] »Siquidem evangelizandi munus habendum est gratia ac vocatio Ecclesiae propria, verissimamque eius indolem exprimit.« Papst Paul VI., Apostolisches Schreiben an den Episkopat, den Klerus und alle Gläubigen der katholischen Kirche »Über die Evangelisierung in der Welt von heute« vom 8. Dezember 1975. Lateinisch-Deutsch. Mit Einführung und Kommentar von A. Brandenburg, Trier 1976.

[5] Vgl. A. Nolan, Gott in Südafrika. Die Herausforderung des Evangeliums, Fribourg-Brig 1989, 25–50; J. R. Moreno, Evangelio y misión, San Salvador 1990, 25–48.

[6] J. I. González Faus, Nueva evangelización, iglesia nueva, Santander 1992.

Gesten der Staats- oder Volkskirche festzuhalten suchen und in stärker säkularer Perspektive unter denen, die … meinen, die westliche und speziell europäische technologische Kultur habe eine einzigartige Dynamik, die sowohl im Christentum verwurzelt sei als auch durch ihre weltweite Ausdehnung zu einem heutigen Träger der christlichen Botschaft werde. Schließlich könnte man jene hinzufügen, die die vorrangige Aufgabe der Kirche darin sehen, kohärente gesellschaftliche Werte zu bewahren, die einen christlichen Ursprung haben und jetzt in säkulare Sprache übertragen sind.«[7]

Die unterschiedlichen Erwartungen und Perspektiven, die mit einer Neuevangelisierung verbunden sind, hängen also entscheidend mit der Einschätzung der gegenwärtigen Situation zusammen. Schon deren begriffliche Fassung kann dies deutlich machen: Bezeichnungen wie postmodern, nach-christlich[8], säkularisiert[9] u. a. signalisieren analytische Unterschiede, die sich dann zwangsläufig auch auf das kirchliche Handeln auswirken. Während die einen Neuevangelisierung eher im restaurativen Sinne verstehen, wonach in der Besinnung auf die Vergangenheit der christliche Auftrag als Transformation der modernen Gesellschaft definiert wird, setzen andere auf eine grundlegende Erneuerung der Mission der Kirche, die sich in diese »postmoderne«, »nach-christliche«, »säkularisierte« Gesellschaft zu inkulturieren habe und dadurch ihr evangelisches Potential zur Geltung zu bringen vermag.[10]

Im Folgenden sollen grundlegende Aspekte der römisch-katholischen Position vorgetragen werden, wie sie sich in einigen lehramtlichen Dokumenten findet. Dazu werden Ansprachen und apostolische Schreiben des Papstes herangezogen, über deren Auswahl man geteilter Meinung sein kann. Niemand dürfte freilich davon befreit werden, eine solche Auswahl treffen zu müssen.[11]

---

[7] Duncan B. Forrester, Der Ort der Kirche im neuen Europa, in: Ökumenische Rundschau 42 (1993) 147–165, 155.

[8] Vgl. N. Mette, Was heißt »Evangelisierung in nach-christlicher Gesellschaft«? Das Beispiel der beiden Pastoralbriefe der Katholischen Bischofskonferenz der USA zu Frieden und wirtschaftlicher Gerechtigkeit, in: Diakonia 19 (1988) 94–102; D. Seeber, Evangelisierung: Eine Selbstverständlichkeit?, in: Lebendige Katechese 11 (1989) 69–75; K. J. Rivinius, New evangelization in »post-christian« multicultural Europe, in: Verbum SVD 33 (1992) 355–376.

[9] Vgl. H. B. Gerl, Auf welche Welt zielt die Neuevangelisierung?, in: Internationale Katholische Zeitschrift »Communio« 17 (1992) 291–294.

[10] C. Floristán, La »nueva evangelización«. Ambigüedades y exigencias, in: Sal Terrae. Revista hispanoamericana de teología pastoral 79 (1991) 879–891.

[11] Vgl. J. M. van Engelen, Papst Johannes Paul II. und die Sendung der Kirche heute, Pro Mundi Vita Bulletin No. 103 (1985/4); J. Saldanha, The Teaching of Pope John Paul II on Evangelization, in: Indian Missiological Review 7 (1985) 358–369; L. Scheffczyk, Neu-Evangelisierung als Herausforderung der Kirche nach der Verkündigung Johannes Pauls II., in: Forum Katholische Theologie 4 (1988) 262–281; Cl. Champagne, La nouvelle Évangélisation: la pensée de Jean-Paul II, in: Kerygma 26 (1992) 247–270; H. Legrand, L'évangélisation de l'Europe. Une décennie d'études au sein de CCEE, in: Nouvelle Revue Théologique 114 (1992) 500–518; M. Figura, Neu-Evangelisierung als zentrale Aufgabe der Kirche. Ein Blick auf neuere

Abgesehen davon, dass es fast unmöglich ist, sich überhaupt einen Überblick über das inzwischen vorliegende Material zu verschaffen, kommt die Schwierigkeit hinzu, die zugänglichen und teilweise umfangreichen Dokumente *problemorientiert*, d. h. sowohl in analytischer als auch programmatischer Hinsicht so studieren und darstellen zu können, wie es für eine eingehende Interpretation erforderlich wäre. Denn auch hierzu müsste der jeweilige Kontext erneut genauer bedacht sein, weil die Situation, in der ein Wort fällt, für das Verständnis eben dieses Wortes zu berücksichtigen ist. Der Einbezug des Kontextes ist schon deshalb unerlässlich, um die Pointe einer Aussage zu finden. Mit diesen Einschränkungen soll im Folgenden ein Blick auf den Begriff der »Neuevangelisierung« und auf das darin implizierte »Europabild« geworfen werden, dem sich einige missionstheologische Anmerkungen anschließen.

1. Von Medellín über Santiago de Compostela nach Port au Prince ...

Die Wortprägung »neue Evangelisierung« bzw. »Neuevangelisierung« geht nicht etwa auf Johannes Paul II. zurück, auch wenn dieser Terminus unter seinem Pontifikat ein großes Gewicht erlangte, sondern sie findet sich meines Wissens erstmals in der »Botschaft an die Völker Lateinamerikas«, welche die 2. Generalversammlung der lateinamerikanischen Bischofskonferenz 1968 in Medellín formulierte und die sie ihren damals verabschiedeten Dokumenten voranstellte. Diese im expliziten Bezug auf das Vaticanum II und im nahen zeitlichen Anschluss daran abgehaltene Versammlung wollte einen Beitrag zur Überwindung der Trennung von Glaube und Leben leisten. Dazu gehörten die entschiedene Hinwendung der Kirche zu den Armen, die später als »Option für die Armen« formuliert wurde, und die Selbstverpflichtung zur biblischen Armut. Die Versammlung, welche für den kirchlichen Aufbruch und Erneuerung der lateinamerikanischen Kirche überaus wichtig wurde, ermutigte in diesem Zusammenhang zu einer »neue(n) Evangelisierung und intensive(n) Katechese, die die Führungsschichten und Massen erreicht ..., um zu einem klaren und engagierten Glauben zu führen«.[12]

Von »neuer Evangelisierung« im wörtlichen Sinn war dann allerdings län-

---

Verlautbarungen und ökumenische Dokumente, in: Internationale katholische Zeitschrift »Communio« 21 (1992) 329–339; Cl. Champagne, La nouvelle Évangélisation chez les Évêques des Églises d'Europe (lors des symposium du CCEE et du synode européen de 1991), in: Kerygma 27 (1993) 65–91.

[12] Botschaft an die Völker Lateinamerikas, in: Die Kirche in der gegenwärtigen Umwandlung Lateinamerikas im Lichte des Konzils, Bonn o. J. (Stimmen der Weltkirche 8: Die Kirche Lateinamerikas), 14–18, 17. Vgl. Signos de nueva-evangelización. Testimonios de la iglesia en América latina 1983–87, Lima 1988.

gere Zeit nicht mehr die Rede, auch wenn die 3. römische Bischofssynode von 1974 exakt von dem Thema »Evangelisation« handelte und dazu eine kleine Botschaft verfasste. Das aus den Beratungen dieser Synode hervorgegangene Rundschreiben von Paul VI. »Über die Evangelisierung in der Welt von heute« *(Evangelii nuntiandi)*, das ein Jahr später erschien und in mancherlei Hinsicht das wichtigste nachkonziliare Dokument zu diesem Thema sein dürfte, nimmt viele Aspekte von dem, was später unter »Neuevangelisierung« verhandelt wird, vorweg. Doch scheint mir der ekklesiologische Kontext sowie die dem Rundschreiben zu Grunde liegende, kirchliche Vision eine andere zu sein als jene, die sich in den jüngeren lehramtlichen Dokumenten bemerkbar macht. Freilich bedarf diese Unterstellung einer Begründung, für welche die Analyse von Ansprachen, Erklärungen und Rundschreiben zwar unerlässlich, aber gleichzeitig ungenügend ist. Denn über Dokumente hinaus bietet die »Kirchenpolitik« oder die praktische Auslegung der – ob feierlich verkündeten oder halboffiziell geltenden – Worte einen eigenen Kommentar, den zu konsultieren einer geradezu notwendigen »Gewissenserforschung« gleichkommt, wenn wir uns denn nach Jak 1, 22 nicht selbst betrügen wollen.

Johannes Paul II. gebrauchte den Terminus »Neuevangelisierung« schon kurz nach seinem Amtsantritt im Jahr 1978. Der Begriff gehört nach wie vor zu seinem Vokabular, das er v. a. im Hinblick auf Europa und Lateinamerika, aber auch Afrika verwendet. Das anfänglich etwas verschwommene Profil wurde im Verlauf der Zeit zunehmend klarer und zugleich umstrittener. Die wechselnden Präfixe »Neu« oder »Zweit« oder »Re« wollen zum Ausdruck bringen, dass die vorangegangene Evangelisierung heute – aus welchen Gründen auch immer – als ungenügend zu betrachten ist. Etwas vereinfachend lässt sich sagen: der Bischof von Rom versteht unter Neuevangelisierung eine zweite Missionierung jener Erdteile, die sich dem Christentum entfremden, was namentlich Europa und Lateinamerika betrifft. Zwischen den beiden Erdteilen besteht ein Unterschied, der v. a. den Kontext der Evangelisierung betrifft. Während der europäische Kontext mit den Stichworten »Atheismus / Säkularismus« gekennzeichnet wird, wird die lateinamerikanische Situation mit »Oberflächlichkeit« der Evangelisierung charakterisiert. Was Kardinal Basil Hume in seiner Eröffnungsansprache anlässlich des V. Symposiums des Rates der europäischen Bischofskonferenzen 1982 (»Die kollegiale Verantwortung der Bischöfe und Bischofskonferenzen in der Evangelisierung des Kontinents«) im Hinblick auf seine Situation sagte, dürfte auch auf viel größere Gebiete zutreffen: »sakramentalisiert, aber nicht evangelisiert«.[13] Johannes Paul II. wird vor allem nicht

---

[13] Kardinal Basil Hume, Eröffnungsansprache beim V. Symposium: Die kollegiale Verantwortung der Bischöfe und Bischofskonferenzen in der Evangelisierung des Kontinents, Rom (4. – 8. Oktober 1982), in: Die europäischen Bischöfe und die Neu-Evangelisierung Europas. Rat

müde, immer wieder an die christlichen Wurzeln Europas zu erinnern, eine Erinnerung, die zur Erneuerung Europas und darüber hinaus führen soll: »Denkt daran«, sagte er den Deutschen Bischöfen bei seinem ersten Besuch in Fulda, »daß Europa nur aus jenen Wurzeln sich erneuern und einen kann, die Europa werden ließen!«[14] Später kommt er dann auf die Rolle eines neuevangelisierten Europas für die Welt zu sprechen.

Anlässlich seiner ersten Reise zur »Tausendjahrfeier der Taufe Polens« 1979 sprach der Papst erstmals von Neuevangelisierung. Während der Ansprache bei der Eucharistiefeier im Industriekombinat von Nowa Huta gebrauchte er den Ausdruck »neue Evangelisierung«. An den historischen Hintergrund ist zu erinnern: Die polnische Kirche stieß unter kommunistischer Herrschaft auf enorme Schwierigkeiten, in diesem Industrieort eine Kirche zu errichten. Kaum hatte man von der Regierung die Zusage erlangt, wurde ein Holzkreuz errichtet, dessen polizeiliche Entfernung dann zu breiten Protesten innerhalb der Bevölkerung führte. Als man endlich die staatliche Bewilligung zum Kirchenbau bekam, verzögerte sich die technische Hilfe, ein schweres Eisenkreuz auf die Kirche zu setzen. Das Kreuz, von dem der Papst im Zusammenhang mit der neuen Evangelisierung sprach, symbolisiert deswegen über den religiös-christlichen Gehalt hinaus auch eine eigene polnische (Lokal-) Geschichte.[15] In der Predigt sagte er damals: »Wir erhielten ein Zeichen, daß an der Schwelle eines neuen Jahrtausends das Evangelium neu eingeht. Eine Neu-Evangelisierung hat begonnen, als ob es sich um eine Zweit-Evangelisierung handelte, auch wenn es sich in Wirklichkeit immer um dieselbe handelt.«[16]

Von der Evangelisierung und Neuevangelisierung Europas sprach Johannes Paul II. bei verschiedenen Gelegenheiten. Wichtig scheint mir die Ansprache vom 5. Oktober 1982 beim bereits erwähnten V. Symposion des Rats der Europäischen Bischofskonferenzen in Rom zu sein. Wichtig nicht zuletzt deshalb, weil in dieser Rede der Papst »im Lichte einer Theologie der Geschichte« zu einer Analyse Europas, das vom Atlantik bis zum Ural reicht, ansetzte. Dabei fragte er sich, was Europa heute sei; ob angesichts der zahlreichen Gegensätze,

---

der europäischen Bischofskonferenzen (CCEE), Hg. Sekretariat der Deutschen Bischofskonferenz und CCEE Sekretariat, Bonn – St. Gallen 1991 (Stimmen der Weltkirche Europa 32), 88–99, 92.

[14] Ansprache an die Deutsche Bischofskonferenz in Fulda am 17. November 1980, in: Papst Johannes Paul II. in Deutschland, Bonn 3. veränderte Auflage o. J. (Verlautbarungen des Apostolischen Stuhls 25A), 120–128, 127.

[15] Vgl. La Documentation Catholique 61 (1979) 1er juillet 1979, No. 1767, 638. Zum Hintergrund vgl. ebd., 637, Anm. 1 und La Documentation Catholique 57 (1975) 1er juin 1975, No. 1677, 541.

[16] »… mag sich auch die Welt verändern«. Predigt in der Heilig-Kreuz-Kirche von Mogila am 9.6.1979, in: Predigten und Ansprachen von Papst Johannes Paul II. bei seiner Pilgerfahrt durch Polen, Bonn o. J. (Verlautbarungen des Apostolischen Stuhls 10), 102–106, 103.

die sich quer durch den Kontinent ziehen, überhaupt von Europa gesprochen
werden könne, oder ob es sich nicht vielmehr, wie manche meinen, um einen
Mythos handle, weil Europa in der Realität in der Mehrzahl existiere. Ohne
Spannungen und Gegensätze übergehen zu wollen, sah der Bischof von Rom
gerade in dieser Versammlung ein Zeichen für ein vereintes Europa, das »die
Berufung Europas zur Brüderlichkeit und Solidarität aller seiner Völker« be-
weist.[17] Dahinter steht folgende Sicht der Wirklichkeit: Das Christentum hat
einem gemeinsamen europäischen Geist Leben verliehen und die Besinnung
auf diese Wurzeln stärkt die Hoffnung darauf, »eine neue gemeinsame europäische Zivilisation entstehen zu lassen.«[18] Der Wille zur Emanzipation und Autonomie führte allerdings dazu, dass die europäische Kultur vom Glauben und
von der Kirche Abstand suchte, was »eine innere Krise des Europabewußtseins
selbst« offenbart. Denn Europa kann das Christentum gar nicht aufgeben, ohne
sich selbst »in eine dramatische Krise zu stürzen«.[19] Das zeigt sich geschichtlich
darin, dass dort, wo Systeme den Menschen absolut setzen wollten, sie ihn
gleichzeitig selbst in Frage stellen, was Skeptizismus und Relativismus, Nihilismus und Existenzangst zur Folge hat.

Die Situation Europas ist nach Auffassung des Papstes jedoch nicht der
Kirche äußerlich, sondern sie trifft diese und das Christentum unmittelbar
selbst. »Die Krisen des europäischen Menschen sind die Krisen des christlichen
Menschen; die Krisen der europäischen Kultur sind die Krisen der christlichen
Kultur«.[20] Deshalb bilden sie auch nicht bloß äußere Schwierigkeiten oder Hindernisse, die bei der Evangelisierung zu überwinden wären. Vielmehr handelt es
sich um »Prüfungen und Versuchungen«, die »dem Christentum und der Kirche selbst innewohnen«. So sagte Johannes Paul II.: »Der europäische Atheismus ist eine Herausforderung, die im Horizont eines christlichen Bewußtseins
verstanden werden muß; es ist mehr eine Auflehnung gegen Gott und eine
Untreue gegenüber Gott als eine bloße Leugnung Gottes. Der Säkularismus,
den Europa in der Welt verbreitet hat und der die Gefahr in sich birgt, blühende
Kulturen der Völker anderer Kontinente zum Verdorren zu bringen, hat sich
genährt und nährt sich noch immer von der biblischen Vorstellung der Schöpfung und der Beziehung des Menschen zum Kosmos.«[21] In der Kirche und im

---

[17] Johannes Paul II., Die Krise der europäischen Kultur ist die Krise der christlichen Kultur, in:
Die europäischen Bischöfe und die Neu-Evangelisierung Europas. Rat der europäischen Bischofskonferenzen (CCEE), aaO. 128–133.

[18] Die Krise der europäischen Kultur ist die Krise der christlichen Kultur, aaO. 130. Vgl. auch
die Rede in Strasbourg vor dem europäischen Parlament: L'Europe est un exemple de la fécon-
dité culturelle du christianisme. Discours au Parlement européen à Strasbourg, in: La Documentation Catholique 70 (1988) 6 Novembre 1988, No. 1971, 1043–1046.

[19] Die Krise der europäischen Kultur ist die Krise der christlichen Kultur, aaO. 130.

[20] Die Krise der europäischen Kultur ist die Krise der christlichen Kultur, aaO. 130.

[21] Die Krise der europäischen Kultur ist die Krise der christlichen Kultur, aaO. 132.

Christentum lassen sich dann Vorwände (z. B. der Schöpfungsauftrag) finden, die die Evangelisierung Europas erschweren und verhindern, gleichzeitig jedoch – so der Papst – finden sich darin »Heilmittel und Lösungen«.

In diesem Zusammenhang sprach Johannes Paul II. von der Notwendigkeit einer *Selbstevangelisierung* der Kirche, »um den Herausforderungen des heutigen Menschen gerecht werden zu können«. Die Herausforderungen werden mit den Stichworten »Atheismus«, »Säkularismus«, »industrielle Revolution« … angedeutet. Die mit der Selbstevangelisierung verbundene Absicht erläuterte der Papst in folgender Weise: »Wenn wir an den Glauben und an die Heiligkeit der Kirche appellieren, um auf diese Probleme und Herausforderungen zu antworten, so ist das nicht Ausdruck eines Verlangens, die Macht zu ergreifen oder wieder zu ergreifen, sondern es ist der verpflichtende Weg, der bis zu den letzten Ursachen der Herausforderungen und Probleme führt.«[22] Es geht ihm nach diesen Aussagen also nicht um eine Rückkehr zur mittelalterlichen Christenheit, sondern um eine Selbstbesinnung und -erneuerung Europas aus der Besinnung auf dessen Wurzeln.

Diese Sicht der Dinge wird durch Ausführungen in Santiago de Compostela unterstrichen, wo der Papst wenige Wochen später das Thema aufgriff. Er erinnerte erneut daran, dass »die europäische Identität ohne das Christentum nicht verständlich« sei, »daß gerade in ihm sich jene gemeinsamen Wurzeln finden, aus denen die Zivilisation des Kontinents erwachsen ist, seine Kultur, seine Dynamik, seine Unternehmungslust, seine Fähigkeit zur konstruktiven Ausbreitung auch in andere Kontinente, kurz alles, was seinen Ruhm ausmacht«.[23] Gleichzeitig sprach Johannes Paul II. aber von dem »Stadium der Krise …, das an der Schwelle zum dritten Jahrtausend der christlichen Ära sich abzeichnet« und das zivile und christliche Leben berührt.[24] Ein durch säkularistische Ideologien gekennzeichnetes, geteiltes Europa erlaube es nicht, seinen Beitrag zum Wohl anderer Kontinente zu erbringen. Atheismus, Materialismus, Hedonismus und Nihilismus werden genannt. Auch religiös ist Europa geteilt. »Nicht so sehr oder hauptsächlich wegen der Spaltungen, die im Lauf der Jahrhunderte entstanden sind, sondern vielmehr wegen der Abkehr von Getauften und Gläubigen von den tiefen Gründen ihres Glaubens und der lehrhaften und

---

[22] Die Krise der europäischen Kultur ist die Krise der christlichen Kultur, aaO. 132 f.

[23] »Altes Europa, finde wieder zu dir selbst«. Ansprache des Papstes bei der Europa-Feier in Santiago de Compostela am 9. November, in: Predigten und Ansprachen von Papst Johannes Paul II. bei seiner apostolischen Reise nach Spanien. 31. Oktober bis 9. November 1982, Hg. Sekretariat der Deutschen Bischofskonferenz, Bonn 1982 (Verlautbarungen des Apostolischen Stuhls 41), 153–159, 155.

[24] »Altes Europa, finde wieder zu dir selbst«, aaO. 155.

moralischen Kraft der christlichen Lebensanschauung, die den Personen und Gemeinschaften Gleichgewicht garantiert.«[25]

In persönlichen, ja beschwörenden Worten formulierte der Papst nach dieser Situationsschilderung dann den Auftrag Europas, um dessen Leben er sich sorgt:

»Ich, Johannes Paul, Sohn der polnischen Nation, die sich immer auf Grund ihres Ursprungs, ihrer Tradition, ihrer Kultur und ihrer lebenswichtigen Beziehungen als europäisch betrachtet hat, als slawisch unter den Lateinern und als lateinisch unter den Slawen, ich, Nachfolger Petri auf dem Stuhl von Rom, einem Stuhl, den Christus in Europa errichten wollte und den er liebt wegen seiner Bemühung um die Verbreitung des Christentums in der ganzen Welt, ich, Bischof von Rom und Hirt der Universalkirche, rufe dir, altes Europa, von Santiago aus voller Liebe zu: Finde wieder zu dir selbst! Sei wieder du selbst! Besinne dich auf deinen Ursprung! Belebe deine Wurzeln wieder! Beginne wieder deine echten Werte zu leben, die deine Geschichte ruhmreich gemacht haben, und mach deine Gegenwart in den anderen Kontinenten segensreich! Bau deine geistige Einheit wieder auf in einer Atmosphäre voller Achtung gegenüber den anderen Religionen und den echten Freiheiten! Gib Cäsar, was des Cäsars ist, und Gott, was Gottes ist! Im Stolz auf deine Errungenschaften vergiß nicht die möglichen negativen Konsequenzen! Betrübe dich nicht über den quantitativen Verlust deiner Größe in der Welt oder wegen der dich jetzt durchziehenden sozialen und kulturellen Krisen. Noch immer kannst du Leuchtturm der Zivilisation und Anreiz zum Fortschritt für die Welt sein. Die anderen Kontinente blicken zu dir hin und erhoffen von dir die Antwort des Jakobus zu hören, die er Christus gab: ›Ich kann es.‹«[26]

Ein Europa, das sich in seinem Leben mehr von der Religion »mit der gebührenden Achtung und Ehrfurcht vor Gott, in dem jedes Recht und jede Gerechtigkeit gründet«, bestimmen lässt, könnte eine neue Epoche des Lebens beginnen und zum Segen für die ganze Welt werden.

Am 9. März 1983 nahm der Papst anlässlich der Eröffnung der CELAM-Konferenz in Port au Prince das Thema Neuevangelisierung auf. In Vorbereitung des 500-Jahr-Gedenkens der Evangelisierung Lateinamerikas sprach Johannes Paul II. von dieser Aufgabe, einer Aufgabe, »nicht der Re-Evangelisierung, sondern der Neuevangelisierung. Neu in ihrem Eifer, in ihren Methoden und ihrer Ausdrucksweise.«[27] Die Voraussetzungen dieser Neuevangelisierung sind nach den gegebenen Erläuterungen: zahlreiche Priesterberufungen und

---

[25] »Altes Europa, finde wieder zu dir selbst«, aaO. 156.
[26] »Altes Europa, finde wieder zu dir selbst«, aaO. 156.
[27] Neue Evangelisierung von Lateinamerika. 500 Jahre nach der Entdeckung. Ansprache an die 19. Vollversammlung des Lateinamerikanischen Bischofsrats (CELAM) in Port-au-Price (Haiti) am 9. März, in: Predigten und Ansprachen von Papst Johannes Paul II. bei seiner aposto-

gute Vorbereitung, die Heranbildung von Laien und Laiinnen, die in verstärktem Maß in der Evangelisierung mitarbeiten und die Orientierung an Puebla und zwar in der Integrität seiner Botschaft (ohne Fehlinterpretationen und Verkürzungen). Hier wird zwischen Re- und Neuevangelisierung offensichtlich ein Unterschied gemacht, den zu markieren deshalb schwer fällt, weil einige Jahre später eine Differenz zwischen den beiden nicht zu bestehen scheint.

Bei seinem Besuch in Santo Domingo im Jahre 1984 kam der Papst wiederum auf die Neuevangelisierung zurück, als er zur Eröffnung der neunjährigen Vorbereitung für das 500-Jahr-Gedenken sprach. Dabei nahm Johannes Paul II. insbesondere die bereits erwähnten Voraussetzungen einer Neuevangelisierung auf, wobei mir die Bemerkung erwähnenswert scheint, mit der er den Sinn der Novene erklärt: »Möge sie zu einer neuen Evangelisierung, einer *ausgedehnten* Mission und einer intensiven geistlichen Erneuerung werden.«[28] In der Ansprache an die Bischöfe des CELAM am folgenden Tag (12. Oktober 1984) ist das Thema weiterhin präsent. Die Kirche Lateinamerikas wird als »Kirche der Neu-Evangelisierung« bezeichnet, die mit »der Kraft des Kreuzes« »eine neue kirchliche Morgenröte schaffen« kann.[29] Das Programm der Neuevangelisierung erhält auch einen Namen: »Zivilisation im Zeichen der Liebe«.

1985 wurde der Begriff »Neuevangelisierung« im europäischen Kontext vermehrt gebraucht. Im selben Jahr fand in Rom eine außerordentliche Bischofssynode statt, zu der Johannes Paul II. aus Anlass des 20. Jahrestages des Abschlusses des Zweiten Vatikanischen Konzils eingeladen hatte. Sowohl das Schlussdokument als auch die Botschaft an die Christen und Christinnen in der Welt hebt die Bedeutung der Evangelisierung hervor. Das Schlussdokument erklärt: »Evangelisierung meint nicht nur Mission im einfachen Sinne, d.h. im Sinne von Heidenmission. Denn die Evangelisierung der Nichtgläubigen setzt die Selbstevangelisierung der Getauften voraus, ja sogar in einem gewissen Sinne die der Diakone, Priester und Bischöfe selbst. Evangelisierung geschieht durch Zeugen; ein Zeuge gibt sein Zeugnis allerdings nicht allein durch Worte, sondern durch sein Leben.«[30]

Am 11. Oktober 1985 sprach Johannes Paul II. zu den Teilnehmern des VI. Symposions des Rates der europäischen Bischofskonferenzen (»Säkularisie-

---

[28] lischen Reise nach Mittelamerika, Bonn o. J. (Verlautbarungen des Apostolischen Stuhls 46), 113–121, 120.

[28] Marksteine der Evangelisierung. Predigt bei der Messe in Santo Domingo am 11. Oktober, in: Predigten und Ansprachen von Papst Johannes Paul II. bei seinem Pastoralbesuch in Kanada und seiner Pastoralreise nach Saragossa und in die Karibik, Bonn o. J. (Verlautbarungen des Apostolischen Stuhls 59), 207–215, 214 f.

[29] Begegnung zwischen zwei Welten. Ansprache an die Bischöfe des Lateinamerikanischen Bischofsrates in Santo Domingo am 12. Oktober, in: ebd. 216–226, 226.

[30] Schlussdokument der Ausserordentlichen Bischofssynode 1985 und Botschaft an die Christen in der Welt, Bonn o. J. (Verlautbarungen des Apostolischen Stuhls 68), 11.

rung und Evangelisierung in Europa heute«). In dieser Ansprache sagte der Bischof von Rom: »Das Europa, zu dem wir entsandt worden sind, hat derartige und so viele kulturelle, politische, soziale und wirtschaftliche Wandlungen durchgemacht, dass sich das Problem der Evangelisierung in völlig neuen Begriffen stellt. Wir können auch sagen, Europa, wie es sich in der Folge der komplexen Veränderungen des letzten Jahrhunderts herausgebildet hat, stellt das Christentum und die Kirche vor die radikalste Herausforderung, die die Geschichte bisher gekannt hat, zugleich erschließt es heute neue und kreative Möglichkeiten der Verkündigung und Inkarnation des Evangeliums.«[31]

In ökumenischer Hinsicht ist der Brief vom 2. Januar 1986 an die Präsidenten der europäischen Bischofskonferenzen erwähnenswert. Darin werden erneut die Dringlichkeit und Bedeutung der Neuevangelisierung des alten Kontinents erwähnt und auf die dazu notwendige vereinte Kraft der Christen und Christinnen aufmerksam gemacht. Namentlich werden die lateinische und die östliche Tradition, die Spaltung zwischen Orient und Okzident genannt, und es wird die dringliche Pflicht, »das Einvernehmen wiederherzustellen« angesprochen.[32] Dann wird, zum Vorausgehenden m. E. allerdings ungleichgewichtig, angemerkt: »Europa ist … auch der Kontinent, in dem es zu einem weiteren tiefen Riß am ›nahtlosen Gewand‹ Christi gekommen ist, zur sogenannten protestantischen Reformation. Es ist für jeden deutlich, welches starke Hindernis für den Einsatz zur Evangelisierung der heutigen Welt diese Situation der Spaltung darstellt. Jeder einzelne muß sich darum mit ganzer Kraft für die Sache des Ökumenismus einsetzen, damit es auf dem Weg zur Einheit unter der Mithilfe von allen nicht nur keinen Stillstand gibt, sondern jene Beschleunigung, wie sie die brennendsten Herzen, vom Heiligen Geist bewegt, so sehr ersehnen.«[33]

Die Ansprache vom 9. Mai 1988 in Salto (Uruguay) nahm die Formulierung »Neuevangelisierung – neu in ihrem Eifer, in ihren Methoden und in ihrem Ausdruck« auf. Der Eifer bezieht sich in dieser Ansprache auf das erneute Vertrauen auf Christus, aus dem sich das apostolische Feuer nährt – nicht Fanatismus, wohl aber Glaubenszeugnis. Neu in den Methoden meint, dass alle Glieder der Kirche zur Evangelisierung beauftragt sind – die ganze Kirche hat demnach missionarisch zu sein. Was den Ausdruck betrifft: zwi-

---

[31] Ansprache von Papst Johannes Paul II. an die Teilnehmer des VI. Symposium (11. Oktober 1985), in: Die europäischen Bischöfe und die Neu-Evangelisierung Europas, aaO. 237–247, 237.

[32] Brief von Papst Johannes Paul II. an die Präsidenten der europäischen Bischofskonferenzen (2. Januar 1986), in: Die europäischen Bischöfe und die Neu-Evangelisierung Europas, aaO. 282–285, 282.

[33] Brief von Papst Johannes Paul II. an die Präsidenten der europäischen Bischofskonferenzen (2. Januar 1986), in: Die europäischen Bischöfe und die Neu-Evangelisierung Europas, aaO. 283.

schen der Neuevangelisierung und der Förderung von Gerechtigkeit besteht ein Zusammenhang.

Besonders eindringlich wird das Thema der Neuevangelisierung im nachsynodalen Schreiben *Christifideles Laici* – über die Berufung und Sendung der Laien und Laiinnen in Kirche und Welt – herausgestellt. Die ins Jahr 1988 datierende Enzyklika sagt:»Die Kirche erkennt und erlebt die augenblickliche Dringlichkeit einer neuen Evangelisierung. Sie kann sich aber nicht dem bleibenden Auftrag entziehen, das Evangelium all denen – den Millionen von Männern und Frauen –, die Christus, den Erlöser des Menschen, noch nicht kennen, zu verkünden. Diese ausgesprochen missionarische Aufgabe hat Jesus seiner Kirche anvertraut und gibt er ihr täglich neu auf. Die Mitwirkung der Laien hat auf diesem Gebiet nie gefehlt. Heute aber wird sie immer notwendiger und wertvoller.« (CL 35)[34] Was erwartet der Papst konkret von den Laien und Laiinnen? Abgesehen vom guten Lebensbeispiel geht es darum, dass sich »insbesondere die christlichen Familien … für das Erwachen und Reifen ausgesprochen missionarischer Berufe – als Priester, Ordensleute oder im Laienstand – verantwortlich halten«. (CL 35)

Schließlich soll noch die Enzyklika *Redemptoris Missio* erwähnt werden, die 1990 veröffentlicht wurde. In ihr fällt nicht allein die Rückkehr zu einer älteren Terminologie auf. So hat der Terminus Evangelisierung eine Zeit lang das missionstheologische Vokabular bestimmt. Jetzt ist erneut die Rede von der Mission *ad gentes*. Auch ein überwunden geglaubtes geographisches Missionskonzept taucht wieder auf. Unter dem Gesichtspunkt der Evangelisierung gibt es drei unterschiedliche Situationen: Völker und Gruppen, in denen das Evangelium nicht bekannt ist. Hier ist eigentliche Mission *ad gentes* gefordert. Darüber hinaus gibt es solide christliche Gemeinden, die die Seelsorgstätigkeit der Kirche benötigen. Schließlich finden sich Länder mit christlicher Tradition, in denen den Menschen der lebendige Sinn des Glaubens abhanden gekommen ist und die sich in ihrem Leben von Christus und dem Evangelium entfernt haben. »In diesem Fall braucht es eine ›neue Evangelisierung‹ oder eine ›Wieder-Evangelisierung‹.« (RM 33)[35] In diesem Dokument besteht also keine Differenz zwischen Neuevangelisierung und Re-Evangelisierung.

---

[34] Nachsynodales Apostolisches Schreiben Christifideles Laici von Papst Johannes Paul II. über die Berufung und Sendung der Laien in Kirche und Welt, Bonn o. J. (Verlautbarungen des Apostolischen Stuhls 87), 55.
[35] Enzyklika Redemptoris Missio Seiner Heiligkeit Papst Johannes Paul II. über die fortdauernde Gültigkeit des missionarischen Auftrages, Bonn o. J. (Verlautbarungen des Apostolischen Stuhls 100), 36.

2. Ein römisches »Europabild«

Die zahlreichen Ansprachen, welche Johannes Paul II. bei verschiedenen Gelegenheiten gehalten hat, und die Rundschreiben, die er verfasste, offenbaren nicht nur ein ambivalentes Konzept von Neuevangelisierung, sondern erlauben es auch, sein »Europabild« zunehmend klarer zu rekonstruieren.[36] Selbst wenn das dabei entstehende Puzzle-Bild nicht alle Teile enthält, so wird aus den vorliegenden Elementen doch mehr als nur Graufläche sichtbar. Es handelt sich um ein Europa, das sowohl geschichtlich selektiv als auch in seiner Gegenwart vorwiegend negativ wahrgenommen wird. Dabei sind die beiden Mechanismen der Verdrängung und Idealisierung wirksam.

Auffällig ist zunächst ein gewisser Zug zur Resakralisierung Europas. Die europäische Einheit wird dadurch unterstrichen, gelegentlich auch beschworen, dass Daten, Orte und Personen, welche für die katholische Vergangenheit von Bedeutung sind, »heilig gesprochen« werden. Johannes Paul II., der seine Reisen als Pastoral- und Pilgerreisen versteht, findet man vor allem dort, wo es etwas zu erinnern und zu feiern gibt: Hundertjahr-, Fünfhundertjahr-, Tausendjahrfeiern.[37] Damit verbindet sich unübersehbar ein Heiligen- und Marienkult. »Das Europa von Johannes Paul II. ist das Europa der Heiligen.«[38] Es scheint, als würde Europa ohne Heilige und Maria nicht existieren. Heilige stehen am Anfang der Entstehung europäischer Nationen; als deren Missionare waren sie gleichzeitig auch die Initianten einer neu entstehenden, christlichen Kultur. Diese Heiligen bleiben als Modelle aktuell, und die Pilgerreisen der Menschen unterschiedlicher Herkunft einen sie zu Europäern. Doch welches Europa hat der Papst näher besehen im Auge?

Das Ungleichgewicht in der Erinnerung ist offensichtlich.[39] Das gegenwärtige Europa ist das Ergebnis einer langen Geschichte, in welcher die Religion eine führende Rolle spielte und in der sie unbestreitbar auch große kulturelle Leistungen erbrachte. Dazu gehören christliche Einflüsse, aber eben nicht nur solche. Denn es kann nur schwer übersehen werden, dass auch der Islam Europa im

---

[36] Vgl. P. Ladrière, La vision européenne du pape Jean-Paul II, in: Hg. R. Luneau – P. Ladrière, Le rêve de Compostelle. Vers la restauration d'une Europe chrétienne?, Paris 1989, 147–181.

[37] Vgl. Apostolisches Schreiben Tertio Millenio Adveniente von Papst Johannes Paul II. an die Bischöfe, Priester und Gläubigen zur Vorbereitung auf das Jubeljahr 2000 (10. November 1994), Bonn o. J. (Verlautbarungen des apostolischen Stuhls 119), No. 15; No. 23.

[38] P. Ladrière, La vision européenne du pape Jean-Paul II, aaO. 148.

[39] Vgl. die kritische Bemerkung von H. Legrand in seiner Einführung zum Sammelband »Die europäischen Bischöfe und die Neu-Evangelisierung Europas« (vgl. oben Anm. 13), 26. Anm. 16. Auch wenn die Formulierung von P. Ladrière »überzogen« erscheinen mag, so beruht sein Urteil immerhin auf gründlicher und umfangreicher Recherche und nicht zuletzt ökumenische Stimmen scheinen Ladrière Recht zu geben, dass er hier eine »Schwachstelle« im Europa-Bild von Johannes Paul II. entdeckt hat.

ersten Jahrtausend erreichte und bleibende Spuren hinterließ. »Durch den geistigen Austausch von Denkern und Philosophen, die wir vergessen haben, die aber von den Arabern hoch in Ehren gehalten werden (wie Aristoteles und Plato) wurde dieser noch und noch Teil der westlichen Kultur.«[40] Auch das Judentum wäre in diesem Zusammenhang zu nennen. Darüber hinaus kommt die protestantisch-evangelische Christenheit kaum in den Blick. Das zeigt sich beispielsweise darin, dass wichtige Namen dieser großen und für Europa bedeutsamen Tradition wie etwa Luther, Zwingli und Calvin kaum Erwähnung finden. Ist diese Tradition für Europa eine zu verdrängende Belastung oder an der »Schwelle ins dritte Jahrtausend« gar eine »quantité négligeable«? Selbst die eigene Tradition wird selektiv in Erinnerung gerufen. Bei seinem Besuch in den Niederlanden beispielsweise erwähnte der Bischof von Rom den großen Humanisten Erasmus kein einziges Mal. Diese Beobachtungen legen den Schluss nahe, dass Europa – sit venia verbo – »katholisch« wahrgenommen wird: was die katholische Identität stärkt, das findet Beachtung und Erwähnung. Das zeigt gleichzeitig aber, dass der Papst sich offensichtlich schwer damit tut, all das zu akzeptieren, was zum modernen Europa gehört und dazu beigetragen hat, dass es das wurde, was es ist. Stattdessen wird auf ganz bestimmte Traditionen zurückgegriffen und mit katholischer Schlagseite interpretiert. Weniger überraschend ist dabei die »Idealisierung« einer Vergangenheit als vielmehr die Verdrängung der weltweit wirksam gewordenen »Schattenseiten« Europas und das Verschweigen einer jener großen Überlieferungen, welche entscheidend mit zur Herausbildung der modernen europäischen Gesellschaft geführt hat.[41] Das zeigt ein weiteres Element in seinem Europabild:

Wiederum kurz nach seinem Amtsantritt hat Johannes Paul II. dem heiligen Benedikt, den Paul VI. 1964 zum Patron Europas erklärte, 1980 die Gebrüder Cyrill und Methodius als Mitpatrone proklamiert. Die Gründe, die er dafür anführte, verdienen Beachtung. »Wenn man nämlich Europa geographisch und in seiner Gesamtheit betrachtet, so waren es, um es so zu sagen, vor allem zwei christliche Traditionsströme, die sich verbanden, um dieses Europa hervorzubringen, zwei Ströme, mit denen auch zwei verschiedene Formen oder Arten menschlicher Kultur entstanden sind, von denen jede die andere ergänzt. Denn wenn der heilige Benedikt – dessen Autorität nicht nur in Europa, vor allem in West- und Mitteleuropa, Geltung besaß, sondern durch die Benediktinerklöster auch in anderen Teilen der Erde zu Bedeutung gelangte – gleichsam das Haupt jener Kultur war, die von Rom, also dem Sitz der Nachfolger des Petrus, strömte, so haben die heiligen Brüder aus Saloniki zunächst die alte griechische Weis-

---

[40] A. Camps, The identity of Europe and cultural plurality. The need for the »Third Eye«, in: Studies in interreligious Dialogue 1 (1991) 163–173, 165.
[41] Vgl. K. Raiser, Art. Protestantismus, in: EKL III, Göttingen ³1992, 1351–1358 (Lit.).

heit und Kultur bekannt gemacht; dann stellten sie die Bedeutung der Kirche von Konstantinopel und der östlichen Tradition heraus: Diese hat sich in der Frömmigkeit wie in der Kultur der Völker und Nationen im Osten des europäischen Kontinents tief eingegraben. Und da heute, nach so vielen Jahrhunderten der Kirchenspaltung, der Trennung zwischen Orient und Okzident, zwischen Rom und Konstantinopel, seit dem Zweiten Vatikanischen Konzil schon vieles unternommen wurde, um zur vollen Einheit zu gelangen, scheint die Erhebung der heiligen Kyrillos und Methodios zu Mitpatronen Europas neben dem heiligen Benedikt ganz und gar den Zeichen unserer Zeit zu entsprechen, besonders wenn sie in dem Jahr erfolgt, wo die beiden Kirchen, die katholische und orthodoxe, in die entscheidende Phase des Dialogs eingetreten sind ...«[42] Für die europäische Einheit im Sinne von Johannes Paul II. muss darum auch diese religiöse Einheit gesucht werden. Die religiösen Traditionen, die hier als für die kulturelle Einheit Europas konstitutiv angeführt werden, gehen allerdings auf die Zeit vor dem großen morgenländischen Schisma zurück, und unterlaufen damit ein großes Stück Christentumsgeschichte. Solche Überlegungen könnten ökumenisch v. a. dann verletzend wirken, wenn die Verhältnisbestimmung zur katholischen Kirche betrachtet wird. Ein Detail, das einiges besagt: Kyrill und Methodius, »Griechen der Rasse nach, Slawen dem Geiste nach, rechtmäßig vom römischen Pontifex gesandt«.[43]

Die starke Verbindung, welche Johannes Paul II. zwischen Religion, Kultur und Nation – es ist in diesem Zusammenhang öfter von der Taufe die Rede, mit der die Nationwerdung beginnt – immer wieder herstellt, gehört mit zu seinem Europabild. Die historische Problematik dieser Verbindung ist eine Sache; eine andere, theologisch weit fragwürdigere freilich ist die Modellhaftigkeit, auf die damit rekurriert wird. Soll das Europa von morgen jenes aus der Vergangenheit erneuerte sein? Wenn erklärt wird, dass eine dem Menschen wahrhaft würdige Zivilisation, *christlich* zu sein habe, so werden damit elementare Prinzipien der modernen Gesellschaft, die sich ja gerade von einer religiösen Bevormundung nicht zuletzt zur Sicherung der Würde des Menschen emanzipiert hat, geleugnet und unter der Hand ein Anspruch angemeldet, der nicht von allen Gesellschaftsmitgliedern geteilt wird. Der gesellschaftliche Differenzierungsprozess hat zur Auflösung einer weltanschaulich homogenen Kultur geführt, in der Gesellschaft, Christentum und Kirche eng mit- und ineinander verflochten waren. Dieser Prozess ist weder rückgängig zu machen, noch kann er einseitig im

---

[42] Die Heiligen Cyrill und Methodius – Mitpatrone Europas, in: Die europäischen Bischöfe und die Neu-Evangelisierung Europas, aaO. 84–87, 86.
[43] Jean Paul II, Discours aux Évêques de Tchécolovaquie, in: La Documentation catholique 64 (1982) 4 Avril 1982, No. 1827, 343–345, 343.

Muster einer »Verfallsgeschichte« beurteilt werden.[44] Insofern übergeht der ständige Appell, sich der christlichen Wurzeln unserer Kultur zu erinnern, in der Absicht, die Dinge zum Besseren wenden zu können, gerade *unsere* Problematik, nämlich was es heißt, hier und heute Gottes Evangelium als Wort des Lebens zu verkünden. Gesellschaftliche Wirklichkeit und historische Entwicklungen werden nicht in ihren vielfältigen Facetten wahrgenommen, sondern sehr schnell auf moralische Aspekte reduziert, und »römische Äußerungen« machen den »Zeitgenossen und Zeitgenossinnen«, die sich selbst nicht als Christen und Christinnen verstehen, dann insgeheim einen Vorwurf. Statt sie positiv in ihrem eigenen Selbstverständnis zu akzeptieren, wird ihnen eine »Defizienz« unterstellt. So reduziert beispielsweise »eine brutale intellektuelle Simplifikation die Autonomie auf eine pure Selbstbehauptung und macht damit aus Atheismus und Säkularisierung ein und dieselbe Sache«.[45] Wie soll unter solchen Voraussetzungen eine Neuevangelisierung überhaupt Chancen haben?

Der französische Soziologe P. Ladrière hat darauf aufmerksam gemacht, dass ein grundlegender Schlüssel für das Verstehen des derzeitigen Pontifikates in der implizierten Beziehung zwischen Säkularisierung und Religion zu finden sei.[46] Nach seinem Urteil wird nämlich eine theologische Entwicklung bezüglich des modernen Atheismus, wie sie auf dem Vaticanum II unter dem Einfluss von Jean Daniélou zum Tragen gekommen sei, in den berühmten Nummern 19 – 22 von *Gaudium et Spes* Niederschlag fand und auf den Nenner: *vom Anathema zum Dialog* gebracht werden kann, zurückgenommen. Anstelle eines existentiellen und nicht mehr ontologischen Zuganges zu diesem Phänomen der modernen Gesellschaft, werden an eine scholastische Ontologie gebundene dogmatische Behauptungen aufgestellt. Das hat dann aber unweigerlich Konsequenzen für die Wahrnahme und in der Einschätzung der Anderen, welche den christlichen Glauben nicht teilen, und es führt zu einem prinzipiellen, hermeneutisch-methodischen Problem, das missionstheologisch relevant ist.

Es ist daran zu erinnern, dass auch eine *Neue*evangelisierung, die dem Anspruch der *Evangelisierung* genügen will, dem Evangelium entsprechend verstanden werden muss. Ein kurzschlüssiger Rückgriff auf »alte Traditionen« bzw. die »Reaktivierung von Tradition« gewährleisten ja nicht eo ipso die Evangeliumsgemäßheit einer gelingenden Neuevangelisierung. »Insofern bestimmte Traditionen wie Unauflöslichkeit der Ehe, christliche Familienmoral, Umkehr und Verzicht, selbstverständlich vom *Evangelium* her begründet und gefordert

---

[44] Vgl. K. Gabriel, Christentum zwischen Tradition und Postmoderne, Freiburg – Basel – Wien 1992.
[45] P. Ladrière, La vision européenne du pape Jean-Paul II, aaO. 158. Vgl. W. Raberger, Aufklärung und Aufklärungsresistenz. Anmerkungen zu einem Problembereich im europäischen Selbstverständnis, in: Theologie der Gegenwart 38 (1995) 13–32.
[46] P. Ladrière, La vision européenne du pape Jean-Paul II, bes. 158 f.

sind, hat die notwendige Erneuerung auf das Evangelium selbst zurückzugreifen. Aber es zeigt sich bei den angestrebten Erneuerungen im Sinne der Umkehr vielfach auch, daß das ›Evangelium‹ uns in geschichtlichen Inkulturierungen begegnet, die als solche noch nicht mit dem Evangelium identisch sind. Vielmehr bedarf das Programm einer ›Evangelisierung‹ im Sinne der Erneuerung der Christenheit und der Menschheit immer auch der *Unterscheidung* von Evangelium und Kultur.«[47] Aus dieser Unterscheidung folgt dann aber auch die Einsicht in das *Abschiednehmenmüssen* von bestimmten kulturellen Gestalten des Christentums sowie die Verpflichtung, neue, evangeliumsgemäße Formen des Kirche- und des Christseins zu finden und zu entwickeln. Auch dies gehört zur Selbstevangelisierung der Kirche und hat mit ihrer Erneuerung unmittelbar zu tun. Denn Selbstevangelisierung kann nicht mit Belebung des Bisherigen und Umkehr nicht mit Rückkehr identifiziert werden.[48] Insofern birgt die Verabschiedung einer bestimmten historischen Vorstellung und programmatischen Vision von Europa geradezu die Chance zur Umkehr zum Evangelium, um daraus die Kraft zu finden, »Zeugen Christi zu werden«. Die Situation europäischen Christentums mag heute in vielerlei Hinsicht »ärmer« und ehrlicher zugleich geworden sein. Sie ist aber nicht nur als »leider Gottes« bestehend festzustellen, sondern sie hat eine eigene theologische Dignität. Darauf hat schon vor vielen Jahren K. Rahner hellsichtig hingewiesen, als er von einem »heilsgeschichtlichen Muss« sprach und gleichzeitig feststellte: »Wir haben den Traum eines homogen christlichen Abendlandes immer noch nicht ganz ausgeträumt. Wir werden darum oft am falschen Platz wild, wenn wir in diesem Traum gestört werden; wir suchen oft am falschen Platz und mit unzulänglichen Mitteln dieses ideale Wunschbild zu realisieren und greifen daher an der falschen Stelle an.«[49]

Wenn Neuevangelisierung Europas mehr sein soll als bloßes Appellieren an vergangene Zeiten, mehr auch als Moralisieren und Memorieren von Glaubenswahrheiten, wie sie im Katechismus umfassend enthalten sind, dann bedarf es einer gründlichen »Pastoral der Vermittlung«. Damit ist ein methodisches Verfahren gemeint, wie es etwa in der lateinamerikanischen Befreiungstheologie verfolgt wird. Ausgehend von einer umfassenden Analyse der Wirklichkeit, die

---

[47] K. Kertelge, Neutestamentliche Bemerkungen zum Stichwort »Neu-Evangelisierung«, in: Hg. J. J. Degenhardt, Die Freude an Gott – unsere Kraft (Festschrift O. Knoch), Stuttgart 1991, 408–416, 409. Vgl. auch R. Zerfass, Der Bruch zwischen Evangelium und Kultur, in: Theologie der Gegenwart 33 (1990) 119–125.

[48] Vgl. F. X. Kaufmann, Das janusköpfige Publikum von Kirche und Theologie. Zur kulturellen und gesellschaftlichen Physiognomie Europas, in: Hg. P. Hünermann, Das neue Europa. Herausforderungen für Kirche und Theologie, Freiburg – Basel – Wien 1993, 11–41, 36 ff.

[49] K. Rahner, Theologische Deutung der Position des Christen in der modernen Welt, in: Ders., Sendung und Gnade. Beiträge zur Pastoraltheologie, Innsbruck – Wien – München ⁴1966, 13–47, 36.

im Lichte des Glaubens zu interpretieren bleibt, sind vom Evangelium her Handlungsfelder und -prioritäten neu zu bestimmen, damit das Evangelium als befreiende Botschaft und damit als *gute Nachricht* auch heute vernommen werden kann. Es scheint, als könnten einige Vertreter und Vertreterinnen der Neuevangelisierung auf all dies verzichten: leider zum Schaden von allem, wie ich meine. Doch ist diese meine geäußerte Kritik gleich zu relativieren. Denn ich habe nur die Position von Johannes Paul II. versucht zu konturieren, und auch dies nicht bis ins Detail. Vieles, was ich kritisch angemerkt habe, wird nämlich vom Rat der europäischen Bischofskonferenzen, der 1971 gegründet wurde und der erst ab 1989 von Neuevangelisierung zu reden begann, aufgenommen. In ihren verschiedenen Symposien, die sich mit der Evangelisierung beschäftigten, findet sich m. E. eine etwas andere und differenziertere Sicht unserer europäischen Situation. Die entsprechenden Dokumente bieten nicht allein mehr analytische Elemente, sondern auch einen anderen Zugang zur Problematik und ein anderes Europabild. Doch wäre dies ein weiteres und eigenes Thema.

Fundamentalistische Mission –
Missionarischer Fundamentalismus

Ein Beitrag zur theologischen Selbstbesinnung

Der heute inflationär gebrauchte Begriff Fundamentalismus hat sich schon längst aus seinem protestantischen Entstehungskontext herausgelöst und dabei einen nicht zu übersehenden Bedeutungswandel erfahren. Dass mittlerweile neben religiösen auch gewisse politische und philosophische Strömungen als *fundamentalistisch* bezeichnet werden können, setzt nämlich einen Fundamentalismusbegriff voraus, der von konkreten Inhalten absieht und gerade in seiner Abstraktion verallgemeinerungsfähig wird. Es geht demzufolge nicht mehr um diesen oder jenen Aspekt ursprünglich »fundamentalistischer« Lehre oder Vorstellungswelt, sondern entscheidendes Definitionskriterium wird vielmehr die Art und Weise, wie beliebige Inhalte der Öffentlichkeit vorgestellt werden und zu Gesicht kommen. Als fundamentalistisch gilt dann all das, was sich als unduldsam und fanatisch präsentiert und gebärdet. Dies bedeutet zwar noch lange nicht, dass auf den Begriff Fundamentalismus verzichtet werden sollte, wohl aber legt sich die Vermutung nahe, dass sein analytischer Wert meist hinter seine polemische Verwendung zurücktritt.[1] Mit dem Fundamentalismusvorwurf sollen dann generell konservative Haltungen und Strömungen belegt und diskreditiert werden.

In öffentlichen Diskussionen, aber auch bei einschlägigen Publikationen fällt auf, dass es meistens die anderen sind, denen Fundamentalismus vorgeworfen und deren Denken als fundamentalistisch deklariert wird. Selbst verschafft man sich dadurch den leicht erworbenen Vorteil, den anderen kritisch überlegen zu sein und sich eben gerade nicht durch ein verhärtetes Denken auszuzeichnen. »Nicht von ungefähr kommt es darum, im Unterschied zur historischen Entstehungssituation des Fundamentalismus, niemandem mehr ernsthaft in den Sinn, sich selbstbewußt und ausdrücklich als fundamentalistisch zu bezeichnen. Es ist dies ein keineswegs nebensächlicher Tatbestand, denn er birgt die Gefahr in sich, daß sich die Analyse immer weiter vom Selbstverständnis der untersuchten oder zu untersuchenden Personen und Gruppen entfernt, ihnen also nicht mehr gerecht wird. Insofern markiert die Tatsache,

---

[1] Vgl. St. H. Pfürtner, Fundamentalismus. Die Flucht ins Radikale, Freiburg – Basel – Wien 1991, 43 ff.

daß das Adjektiv fundamentalistisch nur noch als Fremdzuschreibung Verwendung finden kann, den Übergang von einem verstehenden zu einem erklärenden Zugriff, der einerseits einen unbestreitbaren Erkenntnisgewinn erbringt, zugleich jedoch bestimmte Erkenntnismöglichkeiten verschließt.«[2]

Es gibt verschiedene Gesichtspunkte, unter denen man das weltweite Phänomen des Fundamentalismus betrachten und interpretieren kann.[3] So finden sich neben psychologischen Beobachtungen und Interpretationen auch politische, religionssoziologische und nicht zuletzt theologische. Wenn sich die folgenden Überlegungen auf den christlichen Fundamentalismus konzentrieren, dann deshalb, weil sie der wohl schwer zu bestreitenden Tatsache Rechnung tragen wollen, dass der Fundamentalismus eben nicht bloß bei den Anderen gefunden werden kann, sondern eine Realität innerhalb der Kirchen selbst darstellt.[4] Dieser Sachverhalt eines innerkirchlichen Fundamentalismus lässt sich aber seinerseits in verschiedener Hinsicht analysieren (zeitgeschichtlich, sozialpsychologisch u. a.), so dass wiederum zu präzisieren bleibt, wie denn das Thema hier erörtert wird. Im Folgenden soll das Problem des Fundamentalismus nicht, wie dies gelegentlich geschieht, vordergründig im Hinblick auf die *äußere* Bedrohung des Christentums und ihrer Missionsarbeit zur Sprache gebracht werden, sondern vor allem als eine *innere* der Kirche und des Theologietreibens selbst.[5] Näherhin wird es um einige theologische Überlegungen gehen, mögliche Gründe fundamentalistischer Denkstrukturen und Verhaltensweisen innerhalb der Kirchen aufzudecken und sie zu verstehen suchen. Es gibt – dies also ist der Ausgangspunkt – einen auf theologische Gründe rückführbaren Fundamentalismus innerhalb der Kirche und bei uns selbst, und nicht bloß bei den Andern, die man so leicht des Fundamentalismus zu überführen glaubt.

1. Die fundamentalistische Versuchung

Im Allgemeinen wird der Fundamentalismus, aber auch der Neokonservativismus, als eine Form bezeichnet, wie auf die Herausforderungen durch die Mo-

---

[2] H. G. Stobbe, Katholischer Fundamentalismus? Ein Diskussionsbeitrag, in: Wort und Antwort 32 (1991) 6–9, 7.

[3] Vgl. Christlicher Fundamentalismus in Afrika und Amerika. Historische Wurzeln – Erfahrungen – Problemanzeigen. Texte, Fallstudien und Stellungnahmen zu einem Seminar in der Missionsakademie, Hamburg (Weltmission heute Nr. 13), Hamburg 1993.

[4] Die verdrängte Freiheit. Fundamentalismus in den Kirchen, Hg. H. Kochanek, Freiburg – Basel – Wien 1991.

[5] Vgl. K. Müller, Fundamentalismus und Mission, in: Die verdrängte Freiheit, aaO. 198–215, bes. 213; K. J. Rivinius, Fundamentalismus: eine Herausforderung für Kirche und Mission, in: Theologie und Glaube 80 (1990) 485–511.

derne reagiert wird.[6] Die Moderne, die als Aufklärungs- und Vernunftzivilisation beschrieben werden kann, lässt nichts undiskutiert stehen, sondern hinterfragt alles. Über das, was Anspruch auf Verbindlichkeit erheben kann, hat nach aufklärerischer Maxime nicht irgendwelche fremde Autorität zu befinden, sondern die eigene Vernunft, derer die Menschen sich zu bedienen haben und vor deren »Gerichtshof« sich entscheidet, was Bestand hat und weiterhin als vernunftgemäß bestehen kann. Während die Moderne selbst dabei noch an der Einheit der Wahrheit festhielt und nach ihr suchte, verzichtet dazu im Unterschied die Postmoderne bewusst darauf zu Gunsten der vielen Wahrheiten bzw. eines Pluralismus, wonach sich jeder auf Grund des kulinarischen Kriteriums der »Bekömmlichkeit« (Odo Marquard) einen »Cocktail von Plausibilitäten« zusammenmixt, eine Wahrheit, mit der sich dann ruhig leben lässt.

So harmlos wie das Ganze zunächst auch klingen mag, ist es in Wirklichkeit freilich nicht, weil verschiedene Glaubens- und Wertesysteme gleichzeitig nebeneinander existieren und miteinander konkurrieren. Das verlangt von den Menschen ein großes Maß an Toleranz, und zugleich verschärft es den Streit um die Wahrheit, wo die Frage nach ihr nicht suspendiert werden kann bzw. wo das Zusammenleben von Menschen, die unterschiedlichen, oftmals sich gegenseitig ausschließenden Systemen angehören, gesellschaftlich zu regeln ist. In einer seiner zahlreichen Veröffentlichungen beschreibt der Religionssoziologe P. L. Berger die Unbehaglichkeit dieser Situation folgendermaßen: »Wird die Last der Relativität zu groß, kann diese Toleranz schlagartig in sich zusammensacken, und ein rasender Derwisch tobt durch eine Situation, die bislang der eines friedlich-freundlichen Seminars für interkulturelle Kommunikation glich. Die Kinder aufrechter, durch und durch protestantischer amerikanischer Durchschnittsbürger werden zu libertären Bohemiens, die alles tolerieren außer Intoleranz: ›Ach, Sie sind Kannibale? Wie interessant! Ich glaube, wir würden allesamt viel gewinnen, wenn wir Ihren Standpunkt besser verstünden.‹ *Deren* Kinder wiederum neigen dazu, jeden religiösen, politischen oder ästhetischen Fanatismus, der ihnen begegnet, mitzumachen. Und was mit Individuen passieren kann, das kann auch mit größeren Gruppen, ja mit ganzen Gesellschaften passieren.«[7] Das Nebeneinander von Toleranz und Fanatismus ist darum nach Berger ein wichtiges Merkmal modernen Lebens.

Von diesen Entwicklungen sind auch Christentum und Mission unmittelbar betroffen. Vor dem »Gerichtshof der Vernunft« (I. Kant) scheint nämlich keiner und nichts eine Chance zu haben. Nichts kann mehr einen allgemein verbindlichen Geltungsanspruch erheben, weil Verbindlichkeit Kritisierbarkeit

---

[6] Th. Meyer, Fundamentalismus. Aufstand gegen die Moderne, Reinbek bei Hamburg 1989.
[7] P. L. Berger, Sehnsucht nach Sinn. Glauben in einer Zeit der Leichtgläubigkeit, Frankfurt – New York 1994, 75.

ausschließen bzw. Unantastbarkeit voraussetzen würde. Wer in diesem Zusammenhang auf die Menschenrechte als eine mögliche grundlegende »Konsensbasis« hinweist, und sie als Gegenargument ins Felde führt, der muss sich eines Besseren belehren lassen und hat – wie sich auf verschiedenen Konferenzen gezeigt hat – mit Widerspruch zu rechnen, weil bestimmte, der Menschenrechtserklärung zu Grunde liegende Voraussetzungen (z. B. der unbedingte Wert des Individuums) gerade nicht von allen geteilt werden. Wem solche Unantastbarkeit allerdings zukommt, so argumentieren viele Fundamentalisten, ist allein Gottes Wort, vorausgesetzt freilich, dass auch hier nicht etwa mittels historisch-kritischer Exegese Rückfragen gestellt werden, welche den festen und verlässlichen Grund ins Schwanken bringen. Der Protest, wie er von gewissen fundamentalistischen Positionen auch innerhalb der Kirchen erhoben wird, scheint genau dies zu implizieren: es gibt einen Punkt, wo die kritische Prüfung halt machen muss, weil die Achtung vor dem Letzten Kritik ausschließt. Wer trotzdem solche Kritik wagt, zeigt mit ihr, dass es ihm an der nötigen Achtung gebricht und der geht an jene grundlegenden Fundamente, auf denen er selber steht. Diese stark vom Bedürfnis nach letzter Sicherheit und Gewissheit bestimmte Argumentation ist wohl in psychologischer Hinsicht verständlich, und das mit ihr verbundene Anliegen sollte nicht leichtfertig abgetan werden.[8] Denn der durch den Prozess der Modernisierung bewirkte weltanschauliche Pluralismus führt zwangsläufig zu Identitätskrisen, da er es sowohl erschwert, ein eigenes und unverkennbares Profil zu finden als es auch entsprechend zur Geltung zu bringen. »Wenn jemand Barock, Klassik, Gregorianik, Pop, Rock und Volksgesang zugleich hören muß, kann er auch die schönste Musik nur noch als Geräusch wahrnehmen« (M. Hättich). Fragwürdig und einer theologischen Kritik zu unterziehen bleibt die Argumentation, welche aus Ehrfurcht vor dem Letzten dieses vor dem kritischen Nachfragen zu schützen sich genötigt fühlt dennoch, weil ihr ein bestimmter Offenbarungsbegriff zu Grunde liegt, wonach Gott in der Offenbarung das Gesetz seines Heilswillens definitiv promulgiert hat, und deswegen auch keine kritischen Rückfragen an dieser seiner Kundgabe zugelassen werden. Nur wenn diese – hier zugegebenermaßen pointiert skizzierte – Haltung als dem christlichen Offenbarungsbegriff widersprechend aufgewiesen werden kann, wird der fundamentalistische Protest, wie er innerhalb der Kirchen und unter deren Mitgliedern anzutreffen ist, und der sich in der praktischen Missionsarbeit auswirkt, im Kern angegriffen und an der Wurzel entkräftet werden können.

Der christlichen Mission bläst der neuzeitlich-moderne Wind der erwähnten »Aufklärungs- und Vernunftzivilisation« stark und schon länger ins Ge-

---

[8] Vgl. M. Odermatt, Der Fundamentalismus. Ein Gott – eine Wahrheit – eine Moral? Psychologische Reflexionen, Zürich 1991, bes. 138 ff.

sicht, auch wenn gegenwärtig gewalttätige Fundamentalismen anderer Provenienz beinahe täglich für Schlagzeilen sorgen und den politisch-gesellschaftlichen »Handlungsdruck« enorm verstärkt haben. Aber deswegen hat der »Gerichtshof der Vernunft« noch lange nicht auf Freispruch für die christliche Mission plädiert. Denn abgesehen von ihrer geschichtlichen Hypothek, die es den Kritikern und Gegnern leicht macht, sie endlich zu verabschieden, sorgt sie gerade deshalb für gefährlichen Zündstoff, weil sie ja aus der festen Grundüberzeugung lebt, dass es einen verlässlichen Grund – ein Fundament gibt –, auf den sich alle einlassen können, noch mehr: Dieses Fundament erhebt – was die Bestimmung und den letzten Sinn des Menschen ausmacht – Anspruch auf allgemeine und exklusive Verbindlichkeit, auch wenn das oft nicht sachgemäß verstanden wird. »In keinem anderen ist das Heil zu finden. Denn es ist uns Menschen kein anderer Name unter dem Himmel gegeben, durch den wir gerettet werden sollen.« (Apg 4, 12). In diesem für das christliche Selbstverständnis wesentlichen Anspruch, der allein in Jesus »den Weg, die Wahrheit und das Leben« sieht (Joh 14, 6), wird dann mit ein Grund für jenes unheilvolle, intolerante Verhalten gesehen, das Religion nicht dem friedlichen Zusammenleben der Menschen dienen lässt, sondern das Religion zu deren Diskriminierung bis hin zur radikalen Vernichtung pervertiert.

Dass immer wieder nach der »Legitimität der Mission« gefragt wird, zeigt deutlich genug, in welcher Weise uns das »geistige Klima«, in dem wir leben und dem wir uns nicht ungestraft entziehen können, auf die Frage einzugehen fordert. Die Frage nach dem Grund der Mission so zu stellen, dient nämlich nicht allein einer dauernd erforderlichen Selbstvergewisserung der Christen, ob und inwieweit sie ihrer Bestimmung und Sendung gemäß leben, sondern sie impliziert darüber hinaus auch eine apologetische Stoßrichtung, welche die Befürworter christlicher Mission argumentativ zusehends in die Ecke treibt, weil sie nicht bloß ihr Tun zu begründen, sondern auch noch zu rechtfertigen haben. Gründe allein genügen deshalb nicht; sie müssen als solche von andern auch akzeptiert werden können, um Geltung zu besitzen, wobei für diese Akzeptanz die Vernunft maßgebend ist. Die Tatsache, dass viele Christen sich vom Nazarener und dem Evangelium ansprechen lassen, mit Mission aber – wie sie selber sagen – »nichts« anfangen können, unterstreicht das eben Gesagte. Mission ist nicht bloß theologisch zu begründen, sondern darüber hinaus vor dem Forum einer »allgemeinen Vernunft« zu rechtfertigen, die gegenüber den vorgebrachten (mehr oder weniger) überzeugenden Gründen und Motiven durch ihr ideologiekritisches Interesse, das dieselben verdächtigt und als unwahre zu entlarven sucht, immer übermächtig zu sein scheint. »Die Hermeneutik des Verdachts« macht es also nicht leicht, das christliche Selbstverständnis und das ihm entsprechende Handeln in einer »modernen Welt« zur Sprache zu bringen. Wer deshalb das Thema Mission meidet oder es negativ problematisiert, kommt – ob er sich selbst nun als Christ bezeichnet oder nicht – in den heutigen »Plausibilitätsstrukturen« unbeschwerter und »angesehener« durch. Denn es »scheint viel leichter zu sein, Gründe zu formulieren, die den Geltungsanspruch einer Norm, eines Lösungsansatzes, einer Weltanschauung erschüttern, als Gründe vorzubringen, die geeignet sind, diesen Geltungsanspruch zu legitimieren und von ihm zu überzeugen. Die ideologiekritische Vernunft ist ›stärker‹ als die legitimierende, selbst wenn die legitimierende nicht von vornherein diskreditiert wird.«[9]

Bleibt dann gegen die »Diktatur des Verdachts«, die im Gefolge der modernen Aufklärungs- und Vernunftzivilisation errichtet wurde, aber nur noch die Möglichkeit, dass man den Spieß umdreht und heimlich selbst zum Fundamentalisten wird, weil man ohnmächtig sich nicht das Letzte nehmen lassen will, das für das eigene Leben wichtig geworden ist? Diesen Weg scheinen in der Tat nicht wenige innerhalb der Kirchen einzuschlagen. Ob man sich dabei angeblich gelassen und ohne spürbare Anfechtung durch eine allmähliche Identifikation mit dem »heiligen Rest« oder der »kleinen Herde«, welche Gottes Willen gerade in »apokalyptischer Zeit« treu folgt, ein elitäres Bewusstsein aufbaut, oder selbstbewusst als »Lehrer der Welt« unermüdlich und mit viel Einfallsreichtum seine Weisheit der »tumben Masse« aufoktroyiert, um sie für seine eigene Überzeugung zu gewinnen, tut wenig zur Sache. Jedesmal wird in psychologischer Sicht die eigene, durch die gesellschaftliche Entwicklung und Situation bedrohte und verletzte Identität kompensiert. Das eine Mal handelt es sich um eine introvertierte, das andere Mal um eine extravertierte Kompensation.[10] Und diese Kompensation hilft mit, die kognitive Dissonanz, d. h. »jene schmerzliche Nichtübereinstimmung dessen, was wir glauben, mit dem, was andere mit großer Selbstsicherheit behaupten«[11], zu verringern. Der fundamentalistische Protest richtet sich jedenfalls – ob heimlich oder offen – gegen jene Attitüde, die alles hinterfragt, bezweifelt und verdächtigt, und er scheint die Unvereinbarkeit von Achtung vor dem Letzten und Kritik zu implizieren, wenn er darauf besteht, dass es einen Punkt zu geben hat, wo die kritische Vernunft halt machen muss, weil die beiden sich gegenseitig ausschließen. Wenn wir demgegenüber aber nicht an der Möglichkeit einer vernünftigen und verbindlichen Argumentation der Sache des Evangeliums festhalten und damit auch an seiner universalen Bestimmung, bliebe den Christen am Ende in der Tat nur noch eine blinde, autoritäre Behauptung oder aggressive Vertei-

---

[9] J. Werbick, Der Streit um den »Begriff« der Offenbarung und die fundamentalistische Versuchung der Theologie, in: Hg. J. Werbick, Offenbarungsanspruch und fundamentalistische Versuchung, Freiburg – Basel – Wien 1991, 11–35, 16.
[10] M. Odermatt, Der Fundamentalismus, aaO. 127–131.
[11] P. L. Berger, Sehnsucht nach Sinn. Glauben in einer Zeit der Leichtgläubigkeit, aaO. 13.

digung ihres Standpunktes, dessen Verwerfung sich als fundamentalistisch nahelegen muss.

Bietet vielleicht die Postmoderne einen zeitgemäßeren Weg, um der fundamentalistischen Versuchung nicht erliegen zu müssen und dennoch am christlichen Selbstverständnis festhalten zu können? Demnach wäre des Christentum neben vielen anderen eine der Möglichkeiten, sein Heil zu finden, nur hätte es dann auf den Wahrheitsanspruch, mit dem es bisher auftrat und den es in seiner Mission weltweit geltend machte, zu verzichten. »In keinem anderen ist das Heil zu finden« (Apg 4, 12). Dieser in den Augen vieler als »fundamentalistische Kurzformel« eines dogmatischen Absolutismus geltende Satz wäre in seinem Wirklichkeitsgehalt jedoch von geringer Reichweite. Für die Angehörigen dieser Religionsgemeinschaft – so das Argument des um Seriosität beflissenen, aufgeklärten, postmodernen Zeitgenossen – mag es zwar durchaus solch verbindlichen Wahrheitsanspruch geben, eine allgemeine Verbindlichkeit jedenfalls wäre angesichts der verschiedenen Wahrheitsansprüche ausgeschlossen. Doch bliebe ernsthaft zu fragen, ob bei solcher, anscheinend toleranten Selbstbegrenzung des Wahrheitsanspruchs das Evangelium noch von allgemein menschlicher Relevanz wäre und konsequenterweise nicht unmittelbar auf jegliche Form missionarischen Handelns zu verzichten sei. Wie soll man schließlich den Widerspruch auflösen, der daraus erwächst, dass man etwas für sich selbst als Wahrheit gelten lässt, ohne sie auch anderen gegenüber als solche zu vertreten und für sie einzustehen? Möglicherweise steht dahinter die Angst, man könnte als »Fundi« gelten und damit sein Gesicht verlieren. Wer allerdings kein solches hat, dessen Angst ist unbegründet, weil er nichts zu verlieren hat, und er sollte sich auch nicht wundern, wenn er als Gesprächspartner auf kein großes Interesse stößt, ja ungefragt bleibt. Dass sich gegen eine unverbindliche »Profillosigkeit« christlicher Identität zu Recht ein »innerkirchlicher fundamentalistischer« Protest erhebt, ist deshalb naheliegend, weil damit das christliche Selbstverständnis aufgegeben wird. Und das vom anglikanischen Theologen W. R. Inge stammende Bonmot: »Wer den Zeitgeist heiratet, findet sich bald als Witwer wieder.«[12] könnte sich schnell und bitter bewahrheiten. Wenn man jedoch auch nicht hinter die heutige Situation der Moderne und Postmoderne zurückgehen und überkommene Vorstellungen wiederbeleben möchte, so braucht es eine theologische Kritik am Fundamentalismus, welche dessen Grundoption als eine falsche Alternative nachweist und zugleich eine andere Möglichkeit andeutet, wie am christlichen Wahrheitsanspruch festgehalten werden kann, ohne ihn autoritär behaupten oder »zeitgemäß« begrenzen zu müssen. Die Auseinandersetzung betrifft deshalb vor allem den Offenbarungsbegriff.

---

[12] Zit. bei P. L. Berger, Sehnsucht nach Sinn. Glauben in einer Zeit der Leichtgläubigkeit, aaO. 16.

2. Ein problematischer Offenbarungsbegriff

Der Glaubende verlässt sich auf das, was unbedingt verlässlich ist, und für Christen hat sich solche Verlässlichkeit im Gott Jesu Christi endgültig bezeugt. Von dieser unbedingten Verlässlichkeit Gottes berichten die Schriften der beiden Testamente und sie erinnern die Menschen gleichzeitig daran, sich auf keinen anderen Grund zu verlassen. »Daß die Identität des Christlichen zu identifizieren ist an den grundlegenden Offenbarungen der Verläßlichkeit Gottes und an den Texten, die sie – nach dem Urteil der Kirche – authentisch bezeugen, aber auch am Zeugnis der Gemeinde, die, von Gottes Geist inspiriert, hier und jetzt in Wort und Tat ›Ja und Amen‹ sagt zu Gottes Verläßlichkeit, das kann unter Christen nicht umstritten sein. Streit wird aber sein, wenn es darum geht, die Fundamente in ihrem Fundamentsein zu identifizieren und darüber Klarheit zu gewinnen, *wie* sie Fundamente sind.«[13] Soll beispielsweise die Bibel, welche die Identität des Christlichen garantiert, wörtlich genommen werden, oder ist sie nicht vielmehr in einem *metaphorischen* Sinn das Fundament des Glaubens?

Schon damit beginnt nach dem Urteil von Fundamentalisten das Unheil, denn wenn die biblischen Schriften als das sichere Fundament für den christlichen Glauben als literarische Schriften betrachtet und analysiert werden, so ist deren »Entheiligung« eingeläutet. Deshalb sind die biblischen Texte so zu nehmen, wie sie dastehen: als endgültige und erschöpfende Antwort auf die zentralen menschlichen Fragen. Würde man sich nämlich darauf einlassen, die biblischen Texte seien vielleicht nur in der einen oder in der anderen Hinsicht wahr, im Übrigen enthielten sie jedoch viel Zeitbedingtes, das darum auch einseitig und überholt sei, so nähme das Unheil seinen verhängnisvollen Lauf. Und weshalb sollte nicht in derselben Haltung und mit ähnlichen Argumenten in einem nächsten Schritt dann an die »dogmatische Substanz« des christlichen Glaubens herangegangen werden? Fundamente – dies ist die feste Überzeugung von Fundamentalisten – dürfen in keiner Weise aufgeweicht werden. Nur dadurch, dass sie als von Gott selbst gesetzte Fundamente betrachtet und belassen werden, vermögen sie der Brandung durch die Stürme der Aufklärungs- und Vernunftzivilisation standzuhalten und einer langsamen Unterspülung zu entgehen, an deren Ende der Zusammenbruch des Ganzen stünde. Deshalb handeln sie nach dem Motto: »Wehrt den Anfängen!«

Wenn es bei der theologischen Auseinandersetzung mit dem Fundamentalismus, wie bereits angedeutet, um den Offenbarungsbegriff geht, so lassen sich charakteristische Merkmale eines christlichen, insbesondere katholischen Fundamentalismus auch aus seinem Offenbarungsbegriff ableiten und von ihm

---

[13] J. Werbick, Vom entscheidend und unterscheidend Christlichen, Düsseldorf 1992, 34.

her verstehen. Bis zum Zweiten Vatikanischen Konzil war, wie der emeritierte Tübinger Fundamentaltheologe Max Seckler verschiedentlich aufgewiesen hat, ein instruktionstheoretisches Offenbarungsverständnis[14] vorherrschend, und dieses Verständnis bestimmt nach wie vor auch fundamentalistische Positionen innerhalb des Christentums. Offenbarung besteht demnach vor allem in der Mitteilung religiöser Wahrheiten durch Gott, und die Produkte solcher Mitteilung heißen »geoffenbarte Wahrheiten«, die treu und unverkürzt an die kommenden Generationen weiterzugeben sind. Offenbarung belehrt nach diesem Verständnis die Menschen über die göttliche Heilsordnung und darüber, wie sie sich in rechter Weise auf diese Ordnung einstellen können. Die neuzeitlichen Wissenschaften und mit ihnen die kritische Vernunft können demgegenüber nichts bieten, was die Wahrheit des Heils der Menschen betrifft, weil Hypothesenbildungen und dauernde Verdächtigungen dazu nicht ausreichen. Diese verbindliche Wahrheit hat vielmehr selbst zum Menschen zu kommen. »Das traditionelle katholische Verständnis von Offenbarung und dann in unserem Jahrhundert auch das fundamentalistische Offenbarungsverständnis halten an diesem instruktionstheoretischen Modell fest, weil es ihnen zuverlässigen Schutz gegen die Irrungen und Wirrungen des neuzeitlichen und modernen Wissenschaftsverständnisses zu bieten scheint.«[15] Faktisch bedeutet ein solches Offenbarungsverständnis allerdings Gesprächsverweigerung bzw. Kommunikationsabbruch, weil alles wissenschaftliche Bemühen um Wahrheit und menschliche Wahrheitserkenntnis überhaupt kein positives inneres Verhältnis zu diesen »geoffenbarten Wahrheiten« gewinnen können.

Wer diesem instruktionstheoretischen Offenbarungsverständnis folgt, kann »die unmittelbare Zugänglichkeit der Wahrheit voraussetzen, weil der, der die dem Erkennen vorgegebenen Fakten schuf, den Menschen selbst auch den unmittelbaren Zugang zu ihnen erschloß«.[16] Weil Offenbarung unmittelbaren Zugang zur Wahrheit verschafft, deshalb bedarf es auch keiner menschlichen Vermittlung, wie sie etwa wissenschaftliche Forschung und ihr Bemühen um Wahrheitserkenntnis darstellt. Durch Mitteilung von »göttlichen Informationen« über das, was ist, wird Wahrheit unmittelbar zugänglich, und weil es sich in der Offenbarung um unmittelbare göttliche Wirklichkeit handelt, ist sie auch schlechthin verlässlich. Von einem solchen Offenbarungsbegriff her wird

---

[14] M. Seckler, Dei Verbum religiose audiens: Wandlungen im christlichen Offenbarungsverständnis, in: Hg. J. J. Petuchowski – W. Strolz, Offenbarung im jüdischen und christlichen Glaubensverständnis, Freiburg – Basel – Wien 1981, 214–236; Ders., Der Begriff der Offenbarung, in: Hg. W. Kern – H. J. Pottmeyer – M. Seckler, Handbuch der Fundamentaltheologie, Bd. 2 (Traktat Offenbarung), Freiburg – Basel – Wien 1985, 60–83, bes. 64 ff.
[15] J. Werbick, Vom entscheidend und unterscheidend Christlichen, aaO. 45.
[16] J. Werbick, Der Streit um den »Begriff« der Offenbarung und die fundamentalistische Versuchung der Theologie, aaO. 21.

eine fundamentalistische Intoleranz Abweichlern gegenüber dann nur konsequent, und sie ist auch nicht zu umgehen. »Die unwissend Irrenden sind hier leichter zu ertragen als die intellektuell sein Wollenden im eigenen Haus, die sich Gottes Satzung zurecht interpretieren und sie aufweichen. Gottes Satzung ist nicht interpretations- oder korrekturbedürftig; sie gilt so, wie sie dasteht – in der Bibel, im Denzinger, im Catechismus Romanus, im Ordo Missae.«[17] Ein solcher Offenbarungsbegriff schafft, dies dürfte unmittelbar einleuchten, gültige Verbindlichkeiten, die mit »göttlicher Autorität« zur Geltung zu bringen und auch einzufordern sind; es gibt klare Grenzen zwischen Teilhabern an dieser Wahrheit und Irrenden und Abtrünnigen. Freilich scheint es aber genausowenig eine echte Suche nach der Wahrheit zu geben, zu welcher jede Zeit und jede neue Situation auch die Glaubenden herausfordern. Vielmehr ist Gehorsam gegenüber dem Gegebenen geboten. Denn wer unabhängig von ihnen immer schon weiß, was Wahrheit ist, der braucht nach ihr nicht zu suchen und deren Stimme neu zu hören, sondern hat sie vielmehr stets zu wiederholen und mit allen Mitteln einzuschärfen und zu sichern.[18] Menschliche Erfahrungen haben hier wenig Autorität und spielen kaum eine positive Rolle, sondern werden vor allem insofern wahrgenommen, als sie die sündige Natur und Erlösungsbedürftigkeit des Menschen bestätigen. Es legt sich vom »instruktionstheoretischen Offenbarungsverständnis« dann auch leicht ein »Lehramtsfundamentalismus« nahe, der bei Klärungsbedarf hinsichtlich der »göttlichen Wahrheit« zu aktivieren ist, weil dem Lehramt ein unmittelbarer zweifelsfreier Zugang zu dieser Wahrheit unterstellt wird.

Die geoffenbarte göttliche Wahrheit, welche den Menschen den rechten Weg zum Heil weist, bleibt in diesem Verständnis dann in allen Dingen des Lebens zur Geltung zu bringen, wobei neben der »kultischen«, genau einzuhaltenden Verehrung Gottes, die Sexualmoral ein bevorzugtes Feld darstellt. Jede »Abweichung« oder kritische Rückfrage wird zur Infragestellung Gottes selbst. Ist nicht auffallend, wie auch unwichtige Angelegenheiten zur »Wahrheitsfrage« stilisiert werden, indem immer wieder auf das Letzte rekurriert wird? Und ist nicht auch darin ein Grund zu sehen, warum viele in den nachkonziliaren Entwicklungen innerhalb der katholischen Kirche einen Fundamentalismus am Werke sehen, der sie als integralistische, ja totalitäre Bewegung erscheinen lässt? J. Werbick bringt m. E. die fundamentalistische »Systemlogik«, welche die Ehrfurcht vor Gott mit der Wahrung auch des kleinsten seiner Rechte auf dem Spiele stehen sieht, treffend auf den Punkt, wenn er kritisch bemerkt: »Wer

---

[17] J. Werbick, Der Streit um den »Begriff« der Offenbarung und die fundamentalistische Versuchung der Theologie, aaO. 23.
[18] Vgl. P. Eicher, Die verwaltete Offenbarung. Zum Verhältnis von Amtskirche und Erfahrung, in: Concilium 14 (1978) 141–148.

Gottes Recht – und sei es an der äußersten Peripherie – in Frage stellt, für den ist die Wiederherstellung seiner eigenen Heiligkeit durch Jesu blutiges Opfer umsonst geschehen. Wer die Deduktionen des kirchlichen Lehramts aus den unmittelbar (in der Natur und der Schrift) gegebenen Setzungen des heiligen göttlichen Willens nicht ebenso heilig hält wie die Bibel selbst, sondern der kritischen Nachfrage aussetzt, der gibt dem geschichtlichen Wahrheitsrelativismus recht gegen das unveränderliche göttliche Glaubensgesetz, dessen Achtung allein den Menschen zum Heil gelangen läßt. Die Wahrheit des Christlichen ist die Norm dessen, was der Mensch *glauben muß*, will er sich nicht an der Heiligkeit dessen vergreifen, der die Norm setzte bzw. der Kirche die Vollmacht gab, die Wahrheit konkret einzufordern: aus der Grundnorm abzuleiten.«[19]

3. »... auf den Spuren der Wahrheit vorwärtsschreiten«

»Gottes Gesetz« ließe sich freilich auch anders verstehen, nämlich als Medium der Wahrheitsermittlung, als Wegweiser, wie Menschen zur Wahrheit ihres Lebens gelangen, wenn sie sich von ihm ganz in Beschlag nehmen lassen. Die Wegmetaphorik spielt innerhalb der Religionsgeschichte allgemein, aber auch in den biblischen und frühchristlichen Traditionen, wie sich verschiedentlich nachweisen lässt, eine bedeutsame Rolle.[20] Schon die entscheidende Selbstoffenbarung Gottes – »Ich bin für euch da und werde für euch dasein« (Ex 3,14) – erfolgt auf dem Weg, den Gott seinem Volk erschließt und den zu gehen er das Volk immer wieder anhält. »Der Herr zog vor ihnen her, bei Tag in einer Wolkensäule, um ihnen den Weg zu zeigen, in der Nacht in einer Feuersäule, um ihnen zu leuchten. So konnten sie Tag und Nacht unterwegs sein.« (Ex 13,21). Im Gehen dieses Weges wird Gott als der *Gott mit uns* erfahren und auf dem Weg erweist sich Gott als derjenige, der seine Verheißungen wahrmacht. Die Schriften erzählen Gottes Weg mit seinem Volk und zugleich die Erfahrungen dieses Volkes mit seinem Gott, dessen Verlässlichkeit es immer von neuem erfahren darf.

Nach christlichem Selbstverständnis ist Jesus die Selbstoffenbarung Gottes, in dem sich Gott als der Gott mit uns *endgültig* zu erkennen gibt und den Menschen zugänglich wird. In dieser Selbstoffenbarung offenbart sich Gott aber als das absolute Geheimnis, das von den Menschen je neu zu entdecken und zu ergründen bleibt. Gerade deshalb sind auch die Christen nicht im Besitz

---

[19] J. Werbick, Vom entscheidend und unterscheidend Christlichen, aaO. 54 f.
[20] Vgl. N. Brox, Der Glaube als Weg. Nach biblischen und altchristlichen Texten, München – Salzburg 1968; H. Waldenfels, Kontextuelle Fundamentaltheologie, Paderborn – München – Wien – Zürich 1985, 349 ff.

der Wahrheit, sondern sie suchen diese in Jesus Christus immer neu herauszuhören und ihr auf die Spur zu kommen. Weil sich in Jesus Gott selbst geoffenbart und in ihm uns alles geschenkt hat (Röm 8,32), ist diese Geschichte aber auch einmalig und einzigartig. Christlicher Glaube realisiert sich deshalb im Bekenntnis zur Einmaligkeit Jesu Christi und in der Nachfolge des Nazareners und seines Weges. An diesem Fundament haben Christen festzuhalten und zwar unabhängig davon, ob ihre Zeitgenossen den mit ihm verbundenen Wahrheitsanspruch anerkennen oder als intolerant anmaßend ablehnen. Sie haben es um ihrer selbst willen zu tun, wenn denn auf ihr Wort und auch auf sie Verlass sein soll, und sie haben sich mit allen Mitteln sowohl um das Erkennen als auch um die Vermittlung dieser Wahrheit zu bemühen. Origenes bemerkt dazu an einer Stelle seines Johannes-Kommentars: »Von Gott durch Jesus Christus wohlgeführt, wollen wir den großen Weg des Evangeliums gehen. Er ist uns ein lebenbringender Weg, wenn wir ihn sowohl erkennen als auch gehen, und zwar bis zu Ende ... Wir wollen weder der Länge des Weges erliegen noch ob unserer Schwachheit ermüden, sondern angetrieben von der Säule der Wahrheit auf ihren Spuren vorwärtsschreiten.«[21]

Wer sich auf Jesus einlässt und mit ihm den Weg geht, der nimmt nicht nur Teil an dessen Schicksal, sondern auch an seiner Bestimmung, die zum wahren Leben führt und ihn selbst als die Wahrheit seines Lebens erfahren lässt. Das Festhalten an der Einmaligkeit und Einzigartigkeit Jesu Christi kann aber nicht Besserwisserei oder gar Intoleranz anderen religiösen Wegen gegenüber bedeuten, auch wenn dies leider nur allzu oft der Fall war und ist. Solche Haltungen sind deshalb auszuschließen, weil das christliche Wahrheitsbewusstsein die in Jesus Christus geschichtlich offenbar gewordene Wahrheit als die endgültige Bestimmung antizipiert, sich von ihr ganz in Beschlag nehmen lässt, sie aber als göttliche Wahrheit niemals vereinnahmen kann und »nur in der Relativität unserer Erfahrung und Reflexion zugänglich« ist.[22] Das entschiedene Ja zum eigenen Weg impliziert darum zunächst eine Relativierung des Neins zu anderen Wegen, solange diese nicht als dem Weg der Christen widersprechend feststehen.[23] Wenn Gott in Jesus Christus sich endgültig selbst geoffenbart hat, so bedeutet dies für die an ihn Glaubenden nicht, dass sie die Anderen ablehnen

---

[21] Zit. in: N. Brox, Der Glaube als Weg, aaO. 20.
[22] W. Pannenberg, Systematische Theologie, Band 1, Göttingen 1988, 64.
[23] Vgl. J. Werbick, Heil durch Jesus Christus allein?, in: Hg. M. von Brück – J. Werbick, Der einzige Weg zum Heil? Die Herausforderung des christlichen Absolutheitsanspruchs durch pluralistische Religionstheologien, Freiburg – Basel – Wien 1993, 11–61, bes. 44 ff. Auf die auch für das Thema des Fundamentalismus wichtige Problematik einer »Theologie der Religionen« kann in diesem Zusammenhang nicht eingegangen werden. Sie soll aber hier ausdrücklich erwähnt sein.

oder den eigenen Weg deswegen zu relativieren haben, um andere Wege überhaupt anerkennen zu können.

Christen lassen sich identifizieren als solche, welche der Verheißung des Evangeliums trauen, dieses für sich und für alle Menschen als das entscheidende Wort der Wahrheit gelten lassen und in ihrem missionarischen Handeln Andere dazu einladen, diesen Weg mitzugehen. Ihre Gewißheit erwächst aber – nochmals sei es gesagt – nicht aus einer Wahrheit, die sie von Vornherein als Ganze bereits besitzen und somit auch an Andere »aushändigen« könnten, sondern aus dem Gehen dieses Weges, der in den Fußspuren Jesu Christi (1 Petr 2, 21) ein Weg zur Vollendung des Menschen bei und durch Gott zu werden verspricht, und auf dem sie Gottes befreiender und Gerechtigkeit schaffender Herrschaft Raum geben. Jesus ist damit für sie *der* Weg. Diese Wahrheit, deren Erkennen immer nur Stückwerk bleibt (1 Kor 13, 9) und der eine Praxis dankbarer Zeugenschaft entspricht (vgl. 1 Joh 1, 1 ff.), hört nicht auf, sich den nach ihr suchenden Weggefährten und Weggefährtinnen, die nach zerschlagener Hoffnung und Gewissheit ratlos traurig unterwegs sind, weiterhin zu erkennen zu geben (vgl. Lk 24, 13 ff.).

Wer sich von dieser Wahrheit aber so in Beschlag nehmen lässt, dass er den Weg, der zu ihr zu führen verspricht, selbst zu gehen wagt, wird dann von seinen eigenen Erfahrungen auch sprechen und für ihn argumentativ eintreten wollen, selbst wenn er für das Erreichen seines Zieles nicht einstehen kann. Christen sind demzufolge diejenigen, die sich auf den Weg Jesu gemacht haben, um Gottes Wahrheit in der Zeit zu finden, indem sie sich von seinem Geist führen lassen. Indem sie auf den Fußspuren des Gekreuzigten den Weg gehen, hören sie die Wahrheit des Lebens immer neu heraus und finden sie die Gewissheit, dass Gott sich als verlässliches und unbedingtes Mitsein offenbart. »Wenn und insoweit sie sich Gottes Geist öffnen, eröffnet sich ihnen die Wahrheit, die er als der Weg zum Leben selbst ist (Joh 14, 6). So können sie zu Zeugen werden, an denen die Wahrheit dieses Weges aufleuchtet.«[24]

Gottes Selbstoffenbarung wird dann im Unterschied zum instruktionstheoretischen Offenbarungsverständnis nicht zeitenthoben verstanden, wonach einmal »geoffenbarte Wahrheiten« möglichst unverfälscht weiterzugeben sind, und die sich durch die kritischen Infragestellungen der Zeit und anderer Wege nicht anfechten lassen dürfen. Ebensowenig wird jedoch völlig offen und orientierungslos nach einer Wahrheit gesucht, über deren Verlässlichkeit und Gültigkeit niemand ein Wort zu sagen wagt, weil die »Geschmäcker« eben verschie-

---

[24] J. Werbick, Zurück zu den alten Gewißheiten? Zum Offenbarungsverständnis christlicher Fundamentalismen, in: Religionsunterricht an höheren Schulen 37 (1994) 137–144, 144. Zum Selbstverständnis missionarischen Handelns als Zeugnis vgl. G. Collet, Missionarisches Handeln, in: Hg. E. Arens, Gottesrede – Glaubenspraxis. Perspektiven theologischer Handlungstheorie, Darmstadt 1994, 150–163, bes. 156 ff.

den sind oder man auf dem einmal eingeschlagenen Weg scheitern könnte und deshalb mit seinem eigenen Leben dafür einzustehen ein allzu großes Risiko darstellen würde. Die Entschiedenheit, mit der das »Wort des Lebens« zur Sprache gebracht wird, sollte daher nicht vorschnell mit Fundamentalismus gleichgesetzt werden, zumal dann nicht, wenn Christen sich bereit halten, »jedem Rede und Antwort zu stehen, der nach dem Grund der Hoffnung fragt, die sie erfüllt« (1 Petr 3, 15).

Nachweis der Erstveröffentlichungen

Von der Marginalisierung zur Verabschiedung? Zur Stellung von Missionswissenschaft innerhalb der Theologie
(unveröffentlicht)

Mission und Kommunikation. Zum Beitrag von Missionswissenschaft für die Gegenwärtigkeit von Theologie
in: Zeitschrift für Missionswissenschaft und Religionswissenschaft 74 (1990) 1–18

Bekehrung – Vergleich – Anerkennung. Die Stellung des Anderen im Selbstverständnis von Missionswissenschaft
in: Zeitschrift für Missionswissenschaft und Religionswissenschaft 77 (1993) 202–215

Zwischen lokaler Identität und universaler Solidarität. Überlegungen zu den Aufgaben heutiger Missionswissenschaft
in: Salzburger Theologische Zeitschrift 3 (1999) 26–42

Katholische Missionswissenschaft. Zwischen kolonialer Ideologie und theologischem Anspruch
in: Die katholisch-theologischen Disziplinen in Deutschland 1870 – 1962. Ihre Geschichte, ihr Zeitbezug (Programm und Wirkungsgeschichte des II. Vatikanums, Bd. 3), Hg. H. Wolf, Verlag Ferdinand Schöningh Paderborn – München – Wien – Zürich 1999, 291–319

Europäische Kirche wird Weltkirche. Konsequenzen und Herausforderungen
(ursprünglich in: Die eine Welt und Europa, Hg. H. Schmidinger, Styria-Verlag Graz – Wien – Köln 1995, 89–117 – hier wesentlich erweitert)

Kontextuelle Theologien: Eine Herausforderung für die »universale« Theologie und das kirchliche Lehramt in: Einheitsglaube oder Einheit im Glauben. Zur Problematik von Partikularität und Universalität des christlichen Glaubens in einer fragmentierten Welt, Hg. J. Piepke, Steyler-Verlag Nettetal 2001, 125–155

Inkulturation
> in: Neues Handbuch theologischer Grundbegriffe. Erweiterte Neuausgabe, Hg. P. Eicher, Bd. 2, Kösel-Verlag München 1991, 394–407

Theologische Begründungsmodelle von Inkulturation
> in: Inkulturation zwischen Tradition und Modernität. Kontexte – Begriffe – Modelle, Hg. F. Frei, Universitätsverlag Freiburg 2000, 337–353

»Vom theologischen Vandalismus zum theologischen Romantizismus?« Fragen zu einer multikulturellen Identität des Christentums
> in: Concilium 30 (1994) 19–27

Zwischen Anpassung und Widerstand. Bemerkungen zur Inkulturation des Evangeliums
> in: Provokation Mission. Lernerfahrungen aus der weltweiten Mission, Hg. K. Schäfer, (Evangelisches Missionswerk in Deutschland) Hamburg 2000, 54–63

Theologie der Mission oder der Missionen? Beobachtungen zum Umgang mit einem umstrittenen Begriff
> in: Concilium 35 (1999) 84–91

Missionarisches Handeln
> in: Gottesrede – Glaubenspraxis. Perspektiven theologischer Handlungstheorie, Hg. E. Arens, Wissenschaftliche Buchgesellschaft Darmstadt 1994, 150–163

»Ein noch nicht ganz ausgeträumter Traum?« Missionstheologische Anmerkungen zur Neuevangelisierung Europas
> in: Wege der Theologie ins dritte Jahrtausend (FS H. Waldenfels), Hg. G. Risse – H. Sonnemans – B. Theß, Bonifatius-Verlag Paderborn 1996, 805–822

Fundamentalistische Mission – missionarischer Fundamentalismus. Ein Beitrag zur theologischen Selbstbesinnung
> in: Jahrbuch Mission 27 (1995) 84–99

Personenregister